関西学院大学研究叢書　第201編

買物行動と感情

「人」らしさの復権

石淵 順也 著

有斐閣

目　次

序　章　買物行動における感情の働きの解明を目指して ── 1

1　本書の狙い …………………………………………………… 1
　　私たちはどんな「人」か　1
　　「感情」を持つ私たち　2
　　買物行動と感情──「無視（軽視）」，「理性の敵」から「人」の賢さの学へ　3

2　本書の構成 …………………………………………………… 4

第 1 部　買物行動と感情の理論

第 1 章　買物行動研究の潮流 ── 1920 年代から 1980 年代初頭の研究
―――――――――――――――――――――――――――― 8

はじめに──実店舗の重要性　8

1　買物行動の定義と分類 ………………………………………… 9
　　1-1　買物行動の定義──拡張の意図　9
　　1-2　買物行動に含まれる意思決定・選択　11
　　1-3　関連概念との区別　12
　　1-4　レビューの意図　13

2　買物行動の萌芽的研究 ………………………………………… 14
　　2-1　商品別の買物行動の特徴　14
　　2-2　購買習慣研究　15

3　来店前の買物行動研究 ………………………………………… 17
　　3-1　買物動機研究　17
　　3-2　買物目的地選択行動の研究　18
　　3-3　ストア・イメージ研究　22
　　3-4　状況要因と買物目的地選択・選好　26

4　店舗内の買物行動研究 ………………………………………… 30
　　4-1　動線，フロアー移動の研究　30
　　4-2　衝動購買研究　32
　　4-3　店頭プロモーション研究　41
　　4-4　混雑と店舗内行動　47

5　満足評価 ……………………………………………………… 48
　　5-1　主要研究　48

i

  5-2 まとめと課題 50
 結　論 51
  まとめ──買物行動における認知，情報処理の働きの解明 51
  残された課題──感情の無視（軽視） 52

第2章　感情研究の系譜 ── 56

はじめに 56

1　定義と用語 ………………………………………………………… 57
 1-1 定義と学説 57
 1-2 概念と用語 62

2　感情の生起メカニズム──研究小史 ……………………………… 63
 2-1 末梢か中枢か 63
 2-2 基本感情理論 63
 2-3 認知・評価の重要性 64
 2-4 脳科学・神経科学的研究から見た感情 66

3　感情の機能 ………………………………………………………… 70

4　感情の捉え方，プロセスを巡る論争 ……………………………… 73
 4-1 認知が先か，感情が先か 73
 4-2 基本感情は実在するか 74
 4-3 基本感情理論と対立する主張 80

5　感情の測定 ………………………………………………………… 83
 5-1 測定手法 83
 5-2 言語尺度による測定 84
 5-3 生理・行動指標による測定 85

6　感情と認知 ………………………………………………………… 86
 6-1 感情と認知 86
 6-2 感情と記憶 87
 6-3 感情と意思決定 92

 結　論 94
  まとめ 94
  「買物行動と感情」を捉える視座──瞬間的なディスオーガナイザーと
  時間横断的なオーガナイザー 95

第3章　買物行動における感情──成果と課題，本書の研究枠組み ── 99

はじめに 99

1　感情に着目した買物行動研究──1980年代からの新しい潮流 …… 100

    1-1 先駆的研究　100
    1-2 買物出向前・出向時の感情　102
    1-3 店舗内行動と感情　111
    1-4 買物後の感情研究　131
  2 何が問題か······139
    2-1 偏った感情観　139
    2-2 短期志向　143
    2-3 買物プロセスの分断　144
    2-4 「見えないもの」が見えない　145
  3 本書における感情の捉え方······146
    3-1 コア感情　146
    3-2 快感情の働き　151
    3-3 覚醒の働き　153
  4 買物プロセスと感情に関する研究枠組み······156
    4-1 買物プロセスと感情　156
    4-2 以降の章の展開　157
  結　論　158

第2部　買物プロセスにおける感情の働き

第4章　買物動機と感情——感情的動機の働き────164
  はじめに　164
  1 既存研究······165
    1-1 買物動機の研究　165
    1-2 買物動機と買物行動　168
    1-3 買物状況と買物行動　169
  2 問題意識と調査設計······169
    2-1 問題意識と仮説　169
    2-2 調査設計　171
  3 分析結果······174
    3-1 サンプル構成と単純集計　174
    3-2 動機の2分法の検討　175
    3-3 数量化Ⅱ類による目的地（都市階層）選択行動分析　178
  結　論　186
    まとめと実務への示唆　186
    今後の課題　187

目次　iii

第 5 章　買物目的地選択と感情——感情経験の活用 ── 189

はじめに　189

1　買物行動と感情経験 ……………………………………… 190
   1-1　店舗内行動と感情経験　190
   1-2　店舗選択行動と感情経験　191
   1-3　感情経験の有益性　191

2　問題意識，仮説，調査設計 ……………………………… 193
   2-1　感情経験　193
   2-2　問題意識と仮説　195
   2-3　調査設計　197

3　分析結果 ………………………………………………… 198
   3-1　事前分析　198
   3-2　構造方程式モデルによる分析　201
   3-3　感情経験の有益性　203

結論——感情経験を使い分ける消費者　205

第 6 章　店舗内行動と感情——オーガナイザーとしての快感情 ── 208

はじめに　208

1　既存研究 ………………………………………………… 209
   1-1　店舗内動線の研究　209
   1-2　店舗内感情の研究　213
   1-3　快感情と創造性に関する研究　216

2　仮説導出とデータ ……………………………………… 218
   2-1　問題意識，研究枠組み，仮説　218
   2-2　構成概念　221
   2-3　データ概要　223

3　分析結果 ………………………………………………… 225
   3-1　快感情は店舗内の消費者を創造的にするか　225
   3-2　快感情，動線長は創造的購買，衝動購買を促進するか　226
   3-3　創造的購買傾向は行動に結びついているか　228
   3-4　創造的購買が長期的来店行動に与える影響　229

結　論　231
   まとめ——快感情と創造的購買の重要性　231
   実務への示唆——購買タイプの長期的効果と賢く購買に至る
   プロセス　233
   今後の課題　233

第7章 満足評価と感情——快感情の持続の働き ———————— 236

はじめに　236

1　既存研究の検討・・・237
　1-1　顧客満足の認知・感情の側面　237
　1-2　快感情の持続と顧客満足　241

2　問題意識とデータ概要・・・・・・・・・・・・・・・・・・・・・・・・・・・・・・・・・・・・244
　2-1　問題意識と分析枠組み　244
　2-2　データ概要　245

3　分析結果・・・246
　3-1　記述統計量，正規性，尺度の信頼性の確認　246
　3-2　快感情の持続の品目比較　250
　3-3　構造方程式モデルによる分析　250
　3-4　小　結　254

結　論　255
　まとめ　255
　今後の課題　256

第3部　買物行動と感情研究の新展開

第8章　通り過ぎられない買物場所の魅力——愛着と選択の歪み
———————————————————————— 260

はじめに　260

1　既存研究レビュー・・261
　1-1　小売吸引力モデルの研究小史　261
　1-2　既存の実証研究の成果の一般化——λの異常値　263
　1-3　「通り過ぎられない」効果に関する既存研究　265

2　仮説導出とモデル・・・・・・・・・・・・・・・・・・・・・・・・・・・・・・・・・・・・・・・267
　2-1　問題意識と仮説　267
　2-2　構成概念とモデル　270
　2-3　データ概要　275

3　分析結果・・・278
　3-1　何が問題か　278
　3-2　フロー阻止効果は実在するか——仮説1～仮説4の検証　279
　3-3　フロー阻止効果と固有魅力度のハイブリッド・モデルの開発——仮説5，仮説6の検証　285
　3-4　分析結果に関する小結　288

結　論　289
　　まとめと考察　289
　　愛着研究への貢献——新しい測定と空間依存に基づく愛着生成　290
　　実務への示唆——ミニ「キタ」化するミナミ，強力なニッチャー
　　　「駒川」　291
　　課　題　293

第9章　消費者特性と感情——感情重視のマーケティングは誰に有効か
　　　　　　　　　　　　　　　　　　　　　　　　　　　　　　　298

　はじめに　298
　1　既存研究・・・299
　　1-1　経験価値マーケティングの概要と課題　299
　　1-2　日常の感情経験と年齢　300
　2　仮説と調査設計・・・302
　　2-1　問題意識と仮説　302
　　2-2　調査設計　303
　　2-3　分析プロセス　304
　3　分析結果・・305
　　3-1　記述統計量および年齢層間平均差の分析　305
　　3-2　仮説1の検討　306
　　3-3　仮説2の検討　310
　結　論　313

終　章　本書の成果と買物行動・感情研究の今後　　　　　　315

　1　本書のまとめ・・・315
　2　「人」らしい買物行動の研究——ディスオーガナイザーとオーガナイザーの
　　相克と協奏・・317
　3　私たちはどこまで来たか——「感情」がなくても買物はできるのか・・・・・・319
　4　これからどこへ行くべきか——買物行動と「感情」研究の今後・・・・・・・・320

あとがき　323

参考文献一覧　325

索　引　352

序章

買物行動における感情の働きの解明を目指して

1 本書の狙い

私たちはどんな「人」か

「問題を認識し，解決のための選択肢を探す。選択肢から解決策を選び実行する。成否の評価を行い，次回に生かす」。これは何の説明か分かるだろうか。ビジネスの一般論やコンピューター・プログラムの話だと思った方が多いかもしないが，これは多くのマーケティングや消費者行動論の教科書に書かれている消費者の購買[1]意思決定[2]プロセスの説明の要点である（たとえば Engel et al., 1986,1993; Kotler, 1991）。確かに，このプロセスは私たち消費者の商品入手時の行動の要諦を押えている。しかし，私たちはこの流れを意識して購買することはあるが，日常の買物すべてにおいて，このような硬く，最適化指向の強いプロセスだけで，モノやサービスを購買していると考える人は少ないだろう。

買物行動を含む消費者行動の研究は，1970年代以降，主に消費者の認知や情報処理の側面に焦点を当て発展してきた（青木, 2010, 2012a）。認知科学研究の進展を受け，消費者行動研究は，代替案の評価や購買などの段階の情報処理に焦点を当て，多属性態度モデルによる態度研究（たとえば Bass and Wilkie, 1973），消費者情報処理の研究（たとえば Bettman, 1979），確率的選択モデル研究（Massy et al., 1970），店舗内行動研究（たとえば田島・青木編, 1989）などの分野で，優れた研究成果の蓄積が進んだ。とくに，情報がどのように閲覧，収集，比較されるか，収集した情報にどのような方略（ルール）を適用し購買物を決

I

定するかなど,消費者の購買意思決定プロセスの重要な部分を明らかにしてきたことは間違いない。しかし,これらの既存研究は,思考,情報処理など「人」の認知や理性に焦点を当てるあまり,冷たい「氷の上の魂(Souls on Ice)」(LeDoux, 1996, pp. 22-41)の研究に偏っていたことも否めない。

「感情」を持つ私たち

冒頭の購買プロセスの説明に欠けていたもの,そして買物行動研究を含む既存の消費者行動研究に欠けていたものは,感情である。感情の定義は第2章で後述するが,ここで感情とは,ある状況下で楽しい,怒りがこみ上げるなどの直観的で瞬時に感じる経験の全体的評価だと考えて頂きたい。このような感情と買物の関係を考えたとき,まず思いつくのは衝動購買[3]ではないだろうか。学校や仕事でうまくいかないことがあり,落ち込みやいらだちを感じ,帰宅前にお店に入り,購入予定がなかった服や趣味のものを購買することは多くの人が経験しているだろう。また,このような購買後に,落ち込みから回復し満足する一方,本来支出予定だったものを購買することができなくなり,後悔を経験することもあるだろう。このような衝動購買を念頭に置いたとき,感情は,私たちに無思慮な買物をさせる「理性的判断の阻害者(ディスオーガナイザー)」[4]の側面を持つことは否定できない。

日常的な用語としても「感情」「感情的」「感情論」という言葉は,理性の阻害者,邪魔者を意味するものとして用いられることが多い。たとえば,一般的な辞書である広辞苑では,「感情的」とは「理性を失って感情に片寄るさま」(新村編, 2018, p. 661)と定義されている。また,「感情論」とは「理知に基づかず,感情に左右された議論」(同)と定義されている。これらの定義からも,一般的に,感情は,理性と対立するもの,あるいは理性を邪魔するものとして捉えられることが多いことが窺える。

買物行動研究においても,「感情」は無思慮な衝動購買を生じさせるものとして捉えられることが多い。たとえば,衝動購買の研究者として著名なRookは,「感情的」と「合理的」を対立するものと捉え,衝動購買と感情の強い関係を主張した。具体的には,Rookは「衝動購買は合理的というよりもより感情的」(Rook, 1987, p. 191)であると述べ,感情を理性や合理性と対立するものとして捉えた。また,Rookは「消費者が何かをすぐに買わなければいけない突然でしばしば強力で,しつこい衝迫(Urge)を経験したときに,衝動購買は

生じる」(同)と述べ,感情と深く関わる衝迫が衝動購買を生じさせると主張した。このように,感情を「理性的判断の阻害者(ディスオーガナイザー)」と捉える視点は,多くの買物行動研究の中に深く沈潜している(第3章で後述)。

買物行動と感情──「無視(軽視)」,「理性の敵」から「人」の賢さの学へ

これまでの買物行動研究は,人の「感情」に着目すれば,極端な2つの潮流において進められてきた。1つの潮流は,先述した認知や情報処理に焦点を当てた買物行動研究である。この潮流に属する研究は,そもそも感情そのものを主たる研究対象とはせず,認知的な側面に注目することで,買物行動の説明と予測を試みてきた。この研究の潮流は,後ほど第1章で確認する。2つ目の潮流は,1980年代初頭より始まった感情に焦点を当てた買物行動研究である。この潮流に属する多くの研究は,先述のRookのように,感情を「理性的判断の阻害者(ディスオーガナイザー)」と捉え,衝動購買などの行動の原因と考えてきた。この研究の潮流は第3章で確認する。一部の例外的な研究はあるものの,大局的見地に立てば,これまでの買物行動研究の潮流の中で「感情」が与えられた地位は,「無視(軽視)されるもの」と「理性の敵」という両極端な2つの地位であった。しかし,感情には,他に与えられるべき地位はないのであろうか。

第3の感情の地位を考えるために,私たち自身の買物経験を振り返ってみたい。私たちは,自身の買物経験を回顧してみると,多様で不確実な環境(店舗内,生活場面など[5])に柔軟に適応するため,買物場面で感情が無意識のうちに上手く働いていることに気づくことができる。そもそも,私たちの多くは購買や消費を人生の最重要事項と捉えておらず,1つの購買に割ける時間や労力も限られている。そのうえ,店舗に行ってみると,購買予定の商品が品切れしていることや取り扱いをやめていること,購買予定だった生鮮食品の鮮度が良くないことなど,購買計画の変更を迫られる事態に急に直面することが多々ある。関心があまり高くなく,資源が限られ,さらに不確実性がある環境下で,現況が大まかに自分にとって良好か良好でないかという感情の情報は,溢れる多様な情報を瞬時に整理し,意思決定全体を方向づけ,購買を柔軟かつ迅速に,満足いく水準で成功裏に終えることに貢献する。先述の例であれば,消費者は,店舗内で購買予定の生鮮食品の在庫がないことに気づけば,ネガティブな気持ちになり,直面する買物問題に意識を集中し,別の店舗に行くか,今いる店舗

で代替品として何を買うのが適切か考え,店舗内や自身の記憶などをもとに情報探索を始めるだろう[6]。このようなときに,買物問題と関係のない店舗内の多くの情報(お菓子の新製品の特設棚など)は,消費者にとって瞬時に「背景」や「地」に後退し,ほぼ自動的に意識への侵入が阻まれる(これらの感情の機能は第2章で詳述)。逆に,店舗内で今,自分に良い状況だと感じればポジティブな気持ちになり,購買予定商品以外の商品にも目を向けるかもしれない。このような感情の側面に目を向けたとき,感情は「無視されるもの」でも,「理性の敵」でもなく,むしろ「理性」を支える「優れたまとめ役(オーガナイザー)」[7]であると言えるだろう。

本書の目的は,実店舗への出向を伴う買物プロセス全体における感情の働きを,感情の「理性的判断の阻害者(ディスオーガナイザー)」の側面だけでなく,「優れたまとめ役(オーガナイザー)」の側面も公正に取り上げることにより,買物行動における感情の働きをより正確に,より体系的に明らかにすることである。感情は,時に衝動を生み,人を非計画な行動に駆り立てる。感情は,非合理で無思慮と思われる側面を持つ反面,不確実な環境への適応のために,私たちに賢さを授けてくれる。本書が明らかにしたいのは,まさにこの感情がもたらす「人」らしい賢さである。

2 本書の構成

まず,第1部の第1〜3章で,これまでの買物行動研究,感情研究を確認し,既存研究の成果と問題を明らかにする。第1章では,1920年代から1980年代初頭までの伝統的な買物行動研究を振り返る。買物行動の定義と分類について検討した後,認知や行動に焦点を当てた買物行動研究を下位分野ごとに紹介する。第2章では,伝統的な買物行動研究に欠落していたと考えられる感情について,心理学,脳科学・神経科学分野における既存研究を紹介する。ここでは,感情の定義,研究小史,捉え方,機能,測定,認知との関係など,本書に必要な感情に関する要諦を押さえる。第3章では,研究数は限られるものの,1980年代初頭頃より進められてきた買物行動と感情に関する既存研究を整理し,その成果と問題点を明らかにする。そのうえで,本書が新しい成果として何を付け足すことを意図しているのかを明確にするため,本書の研究枠組みを示す。

第2部の第4〜7章で,買物意思決定プロセスの各段階における感情の働き

に関する実証研究を示す。第4章では、買物出向前の段階に焦点を当て、認知的な購買意思決定を促す「効率的な商品入手動機」と楽しい経験の追求を促す「感情的動機」の存在、およびこれらの動機が買物意思決定プロセスに与える影響を買物日記データの分析に基づく実証研究で示す。第5章では、過去の買物経験に基づき蓄積された感情経験が、現在の買物目的地選択行動にどのように影響するのかを実証研究に基づき明らかにする。第6章では、店舗内での快感情が衝動購買をさせるだけでなく、衝動購買以外のある特定の購買を促し、これが小売企業と消費者の長期的関係の構築に寄与することを、実証研究に基づき明らかにする。第7章では、購買商品の消費時における感情の働きを、快感情の強度と持続に着目し、実証研究に基づき明らかにする。

第3部の第8～9章で、買物行動と感情に関する新たな研究の展開を紹介する。第8章では、消費者は、買物目的地を選択する際、場所への愛着と深く関係すると考えられる「通り過ぎられない魅力」により影響されている可能性があることを、フロー阻止効果モデルという本書独自のモデルで検証した結果を紹介する。第9章では、消費者の消費時の感情経験の異質性に関する理論と実証研究の結果を示す。消費者の感情を重視したマーケティング活動を効果的に行うためには、セグメンテーションに必要となる消費者感情の異質性の知見が必要である。本書では、社会情動選択理論を手掛かりとした理論的検討と実証的検討の結果を紹介する。

最後に、終章で、まとめと今後の課題を述べる。わずかではあるが、本書が既存研究に付け加えた新たな点を整理し、今後の研究の発展のために何が必要かを示す。

注
1) ここで、購買とは消費者が製品やサービスを調達することを指す。詳細は、第1章第1節1-3で後述する。
2) 本書で、意思決定とは、いくつかの可能な行動の選択肢の中から1つを選ぶことを指す（佐伯, 1980; 繁桝, 1995）。選択肢の中から、1つだけでなく複数を選ぶ可能性もある場合は、選択と表現する。詳しくは、第1章第2節1-2で後述する。
3) 衝動購買は、一般的な用語として用いられることも多いが、ここでは、非計画購買（来店前に製品カテゴリー・レベルでもブランド・レベルでも購買予定がなかったが、店舗で購買したもの）の中で、想起購買、関連購買、条件購買に該当しない購買（青木, 1989b, p. 72の定義を一部修正）を指すものとして用いる。詳細は、第1章、第3章、第6章で後述する。
4) Levenson（1999）のディスオーガナイザー（Disorganizer（原著ではDisorganiserと表記））という表現を用いているが、邦訳の「理性的判断の阻害者」は著者の表現である。詳しくは、第

2章，第3章で後述する。
5) 店舗内の例として，欲しい商品がないなど，生活場面の例として，突然，食品や生活雑貨の在庫の消耗に気づくなどが挙げられる。
6) 本書の対象は，実店舗での買物行動だが，ここでは実店舗内における携帯端末を用いた情報探索も含まれる。
7) Levenson（1999）のオーガナイザー（Organizer〔原著ではOrganiserと表記〕）という表現を用いているが，邦訳の「優れたまとめ役」は著者の表現である。詳しくは，第2章，第3章で後述する。

第1部

買物行動と感情の理論

第1章

買物行動研究の潮流
——1920年代から1980年代初頭の研究——

❖ はじめに——実店舗の重要性

　本章では，1920年代から1980年代初頭までの買物行動研究がどのように進められてきたのかを確認する。ただし，本章の目的は，買物行動研究の歴史を平面的に，子細にレビューすることではない。主要研究の確認を通じ，各時代，各分野で何が問題となり，何が明らかにされてきたのかを確認し，感情を考慮した買物行動研究がどのような経緯で登場したのか，その大きな流れを明らかにすることが本章の目的である。本章のレビューを通じ，とくに明らかにしたい点は，この時代の買物行動研究が，消費者の感情の側面ではなく，認知や行動の側面に焦点を当て，買物行動の説明・予測に尽力してきた点である。

　本書は，全体を通じ実店舗での買物に焦点を当てる。実店舗に焦点を当てる理由は2つある。1つ目の理由は，その消費支出に占める比率の高さである。近年，インターネットの存在感が増しているが，一般世帯の消費総額に占める実店舗での購入比率は，どれくらいの割合だと思われるだろうか。総務省が5年おきに行っている全国消費実態調査[1]の2014年調査結果によれば，標本抽出され集計に用いられた5万4,599世帯の消費支出額のうち，購入経路が分かっている1ヵ月の平均消費支出額[2]は15万905円[3]である。このうち，一般小売店[4]，スーパー，コンビニエンス・ストア，百貨店，生協・購買，ディスカウント・ストアと量販専門店，その他[5]などの実店舗での消費支出額は14万5,232円であり，金額ベースの実店舗消費支出比率は96.2％にもなる。ただ

その他にはリサイクル・ショップや問屋などに加え，美容室や飲食店が含まれている。より物販に限定した実店舗消費支出比率を出すため，その他の金額を分子・分母両方から除いた場合でも，実店舗消費支出比率は94.1％である。また，食料[6]に限った場合，実店舗消費支出比率は97.4％，その他を除いた実店舗消費支出比率は96.6％にもなる。世帯主の年齢，居住地，世帯人数などによりこの比率に差はあるものの，インターネット通販が優勢であると思われている昨今においても，日本の平均的な世帯は，総消費支出額のうち92〜94％程度を実店舗で支出している。実店舗での買物行動は，その規模の大きさから重要である。

実店舗に焦点を当てる2つ目の理由は，企業から消費者への価値提供の手段が豊かであり，企業がより多様な働きかけができるマーケティングの場であるという点である。Schmitt（1999）が提唱した経験価値は5つあり，創造的・認知的経験価値，肉体的経験価値，準拠集団や文化との関連づけなどであるが，中でも感覚的経験価値，感情（情緒）的経験価値の重要性は高く，近年は感覚マーケティング（Sensory Marketing）という研究群の成果蓄積も進み，学術面，実務面で注目を集めている。インターネット販売の場合，サイト閲覧者の視覚，聴覚に影響を与えることは難しくないが，嗅覚，触覚，味覚を含めた五感すべてに統合的に働きかけることは現状では難しいだろう。しかし，実店舗は五感への働きかけを駆使し，来店者により多様な買物経験を提供し，買物行動に影響を与えることができる。実店舗は，購買時点で多様な働きかけが可能であるという点で，小売企業はもちろん，小売企業と協力しPOPや陳列などの手段でブランド構築を図る製造企業にとっても有用である。

以上の理由から，本書では実店舗における買物行動を取り上げるが，次の第1節で，定義，内容，類似概念との相違を述べる。

1 買物行動の定義と分類

1-1 買物行動の定義──拡張の意図

われわれは，買物という言葉を日常的に用いるが，そこにはさまざまな意味が含まれている。たとえば，「夕食の食材の買物に行く」という場合，買物に赴く場所の選択行動に加え，選択した場所への移動行動，到着した店舗内での情報収集，商品選択，決裁，自宅などに戻る再移動行動などが含まれる。これ

らのうちの特定の行動を指す場合もあれば，全体を指す場合もあり，「買物」という言葉は，人と場面により多様な使われ方をしている。

　学術的に，買物を行うことを「買物行動」と呼ぶが，研究者によってその定義は異なる。たとえば，鈴木 (1995) は，買物行動を「買物場所の選択に関する行動」(鈴木, 1995, p. 38) とし，店舗外での買物場所の選択行動に限定している。これに対し，中西 (1983) は，買物行動を「購買行動のうち消費者が実際に小売店の店頭で物品を購入することに関わる部分」(中西, 1983, p. 1) とし，買物目的地の選択だけでなく，店舗内での行動も指すものとしている。したがって，中西の定義に基づけば，インターネット通販は，購買行動ではあっても買物行動ではない (中西, 1983, p. 1 の注を参照)。また青木 (2012b) は，買物行動を「買物場所の選択，店舗の選択を内容とする部分」(青木, 2012b, p. 32) とし，店舗間買物行動と店舗内買物行動が含まれるとしており，中西 (1983) の定義に近い。ただし，青木 (2012b) は，買物行動には，「無店舗販売 (ネットを含む通信販売など) を利用したホームショッピングなども含まれる」(青木, 2012b, p. 32) としており，この点で中西とは異なる。

　本研究では中西 (1983)，青木 (2012b) の定義を拡張し，買物行動を買物動機の生成から，買物目的地を選択・出向し，実店舗内で購買し，購買物を消費・評価するまでの認知的，感情的，行動的な一連のプロセスを指すものとする。中西 (1983)，青木 (2012b) との共通点は，買物場所の選択だけでなく，店舗内行動も含めている点である。また，中西 (1983) とは，実店舗に限定して考えている点も共通している。

　既存研究 (中西, 1983; 青木, 2012b) からの拡張点は，買物動機生成の段階，および消費・評価の段階も含めている点である。詳細は第3, 4章で述べるが，買物動機生成の段階を含めている理由は，買物動機が後の段階，とくに買物目的地選択に大きく影響すると考えられるためである。既存の買物行動研究の多くは，買物動機として効率的な商品入手の動機を前提とすることが多かった。たとえば，特定品目の品揃えの幅の代理変数として売場面積，従業員数などの規模を店舗魅力度と考えた Huff (1962) の研究は，消費者が購入物を決めており，その商品の入手可能性が高い，売場面積の広い店が選ばれることを暗に仮定している。しかし，効率的に日常的な食料品を入手したいという買物動機ではなく，買物自体を気分転換として楽しみたいという買物動機が強い時，目的地選択において特定品目の品揃えの幅はそれほど重要ではなくなり，感情的な

経験ができるかどうかがより重要になるかもしれない（詳細は第4章で後述）。効率的な商品入手の動機から視野を広げ，動機の多様性に目を向けるなら，買物動機と買物目的地選択行動は切り離すことができない。

　また，消費・評価段階を含めている理由は，満足評価が次回以降の買物行動にも影響すると考えられるためである。既存の買物行動研究は，1回の買物出向を中心に考えることが多かったが，われわれの実際の買物行動は前回の買物行動に影響されている。消費時，購買物に満足できないとき，その商品の製造企業だけではなく，購買した店舗への評価にも負の影響が及び，次回以降の買物目的地選択に影響すると考えられる。時間軸を考慮したとき，消費・評価の段階を買物行動からそぎ落とすことは難しくなると考えられる。

　上述の定義拡張に問題がないわけではない。問題の1つは，買物行動と消費者行動の定義の違いが不明瞭になる点である。たとえば，Wilkie（1994）は，消費者行動を「ニーズや欲望を満たすために，製品やサービスを選択，購買，使用，処分する際に人々が従事する精神的，感情的，肉体的活動」（Wilkie, 1994, p. 14）と定義しており，確かに本研究の買物行動の定義と類似している。しかし，大きく異なる点として強調したいのは，実店舗，および実店舗の選択・店舗内行動への焦点化である。コアはあくまで，店舗選択行動・店舗内行動であるが，その説明と予測には，前後のプロセスを取り込む必要がある。本書は，このような意図で，既存の定義を拡張している点に留意されたい。

1-2　買物行動に含まれる意思決定・選択

　上述した買物行動には，さまざまな意思決定や選択が含まれる。ここで，意思決定とは，いくつかの可能な行動の選択肢の中から1つを選ぶことを指す（佐伯, 1980; 繁桝, 1995）。そのため，1つだけを選ぶのではなく，複数を選び，金銭や時間などの資源を配分する可能性がある場合は，選択と呼ぶ。

　買物行動にはさまざまな意思決定・選択が含まれるが，4つの段階に整理することができる（表1-1）。第1の買物動機の段階では，動機が意識されているか否かにかかわらず，動機に基づいた買物行動を実施するか否かの意思決定が行われる。生活課題の発生（外出着の劣化など）により動機が明確に認識されても，時間的，金銭的制約から買物行動を実施しないこともある。買物行動を実施することが意思決定されれば，第2段階では，買物目的地の選択が問題となる。この段階では，どの都市に出向するか，どの商業集積に出向するか，ど

表 1-1 買物行動に含まれる意思決定・選択

段階	意思決定・選択
買物動機の生成	買物行動の実施の可否
買物目的地の選択	都市・商業集積・店舗レベルでの選択
店舗内での選択	売場・フロアーの選択，購入カテゴリーの選択，ブランドの選択，数量の選択，支払い方法の選択
消費・評価	消費の実施・延期，廃棄の実施・延期

の店舗に出向するか，階層的な意思決定が生じることが多い（山中, 1968）。また，場合によっては1つだけを選択せず，集積内の複数店舗を買い回る，複数目的地選択が行われることもある。店舗が決まった後，第3段階では，店舗内での意思決定・選択が行われる。この段階では，売場・フロアーの選択，購入カテゴリーの選択，ブランドの選択，数量の選択，支払い方法の選択などが行われる。最後の消費・評価段階では，購入物の消費をいつ行うか，廃棄を行うか否かなどの意思決定，事後評価が行われる。

1-3 関連概念との区別

買物行動と購買行動との違いを明確にしておきたい。まず，購買行動の既存研究における定義を確認する。中西（1983）は購買行動を「消費者がその消費する財やサービスを小売企業から調達することに関連する一切の行動」（中西, 1983, p. 1）としている。また，青木（2012b）も同様に，購買行動を「消費者行動の中でも，具体的な形での製品・サービスの入手・調達に関わるレベル」（青木, 2012b, p. 31）としている。本書は，これらの研究にならい，消費者の購買行動を，財・サービスの入手・調達に関わるすべての行動とする。また，インターネット通販は，購買行動に含まれるものとして考えるが，本書の定義に基づけば買物行動には含まれない。つまり，先の買物行動の定義と合わせて考えれば，本書では，買物行動は購買行動の中に含まれているものと考える。

買物行動と消費者行動の違いも明確にしておきたい。1-1でも述べたが，本書における弁別のポイントは，実店舗の選択と実店舗内の行動への焦点化である。本書では，消費者行動の定義（Engel et al., 1993; Wilkie, 1994 など）に含まれる「ニーズ（問題）認識」に対応する買物動機の生成の段階や，「使用，処分」に対応する購買物の消費・評価の段階を含むものとして考える。この拡張の意図は，いたずらに買物行動の意味や領域の拡張を目指すことではない。真

の意図は，2つある。1つ目は，拡張した段階（買物動機生成など）が店舗選択や店舗内行動に与える影響は無視できないものがあり，その関係も研究対象に含めることにより，買物行動をより正確に理解したいという点である。2つ目は，買物行動を動態的に捉える視点の獲得である。既存研究の多くは，1回の買物目的地選択，1回の店舗内行動を取り上げ，複数サンプルを集計しクロスセクショナルな分析を行うものや，ID付きPOSデータなどをもとに時系列での購買履歴（行動レベル）の分析を行うものが多かったが，現実では，買物行動によって得た購入物の消費・評価や買物経験の評価は，次回以降の買物行動に影響を与える。第6章で後述するが，このような評価の動態的な影響を研究対象とするためにも，本書は，消費・評価段階も買物行動の領域として捉える。

1-4 レビューの意図

本章第2～4節では，1920年代から1980年代初頭までの買物行動研究を取り上げ，実店舗における買物行動の主要研究を見ていく。冒頭でも述べた通り，レビュー目的は，研究史を平面的に，子細にレビューすることではない。1980年代初頭までの買物目的地選択行動の既存研究については中西（1983）が優れたレビューを行っており，店舗内行動の既存研究については青木（1989a）が優れたレビューを行っている。本章のレビューは，これらの既存研究のレビューと重複する部分はあるが[7]，主要な買物行動研究のレビューを通じ，研究の大きな流れや，年代や下位分野を越えて通底する特徴を確認することが目的である。とくに，確認したい点は3点である。

1つ目は，1980年代初頭までの買物行動研究は，主たる研究対象として認知や行動に焦点を当てていた点である。先述の通り，本書は買物行動を「認知的，感情的，行動的な一連のプロセス」と捉えるが，モチベーション・リサーチなどの一部を除き，買物行動研究は萌芽期から1980年代初頭の長きに渡り，感情よりも，認知と行動に焦点を当てていた。以降のレビューでは，各時代において何が問題となり，何が明らかになったのか，発見物を公平に扱い，貢献と課題を確認する。

2つ目は，研究分野の細分化による買物プロセスの分断である。萌芽期において，商品分類や流通の問題とともに始まった買物行動研究も，研究の発展に伴い，買物動機研究，目的地選択行動研究，店舗内行動研究など，研究分野は買物意思決定プロセスに対し垂直的に分化していった。研究の分化により，特

定テーマの研究の蓄積が進み，明らかになった点も多いが，反面，段階を越えた関係の研究，買物行動プロセス全体を俯瞰する研究は登場し難くなっていった。たとえば，買物動機研究において，買物動機の詳細な分類研究は進展していくが（第4章で後述），反面，買物動機と目的地選択行動との関係や店舗内行動との関係を見る視点は稀薄になっていった。レビューを通じ確認したいのは，まさにこの点である。

3つ目は，感情に対する関心の高まりと，その一方での感情理論の軽視である。1980年代初頭までの買物行動研究は，認知や行動に焦点を当てた研究が圧倒的に多かったが，いくつかの研究は，買物行動の感情的な側面に着目をしていた。このような感情への関心の高まる過程を確認することで，研究対象として感情を取り上げる際に何に注意が必要か，感情を考慮した研究はなぜ必要なのか，研究に対して何が期待されているのか，今後どのような方向を目指すべきかについて，より発展的な理解を目指す。

以上3点を確認するため，次の第2節で，1920年代から始まる買物行動研究の萌芽期の研究を確認する。また，第3節では，1950年代頃から1980年代初頭頃までの来店前の買物行動に関する既存研究を確認する。さらに，第4節で同時期の来店後の店舗内行動の既存研究，第5節で同時期の退店後の満足評価の既存研究を確認する。

2 買物行動の萌芽的研究

2-1 商品別の買物行動の特徴

買物行動研究の起源をどこに求めるかは難しい問題だが，多くの研究者の共通認識は，Copeland（1923）の商品分類ではないかと考えられる。Copelandの商品分類とは，消費者の観点から商品を，最寄品，買回品，専門品の3つに分類するものである。ここで消費者の観点とは，買物出向に要しても良いと考える労力の程度，購買予定カテゴリー内のブランド比較の重要性，特定ブランドへの関与の程度の3つの次元である（Holbrook and Howard, 1977）。

3つの商品カテゴリーの特徴は，消費者の買物行動に焦点を当てると次のようになる。最寄品は，買物出向に時間や労力を費やすことを望まず，ブランド比較もあまり重要ではなく，欲望が生じた場合，近くの店舗で入手できるものを購入するような商品である。平均的な価格は低く，購入頻度が高いことも特

徴である。これには，日常的な食料品などが該当すると考えられる。買回品は，買物出向に時間や労力を投じることを厭わず，ブランド比較が重要であるため複数店舗を比較して回ることがあるような商品である。平均的な価格は最寄品よりは高く，購入頻度は最寄品より低い点も特徴である。これには，外出用の服などが該当すると考えられる。専門品は，買物出向に時間や労力を投じることを望まず，ブランドへの関与が高く，特定店舗への出向や特定ブランドの購入を来店前に決めているような商品である。買回品に近いが，消費者が商品カテゴリーの知識を有し，特定ブランドへの関与が高いことが特徴である。

　上記の商品分類は，買物行動自体の研究を意図したものではなく，商品分類が主目的であるが，商品分類と消費者視点での買物行動の特徴が表裏一体となっている点で買物行動研究の源流と考えられる。Copeland の定義は，その後アメリカ・マーケティング協会（American Marketing Association）の定義に引き継がれたが，Holton（1958）による批判を受け，論争に発展した。本書では，これ以上，商品分類論に立ち入らないが，その後も研究は発展している。詳しくは，石原（2003）を参照されたい。ただ，ここで確認しておきたいことは，萌芽的な買物行動研究は，商品種類に着目し，商品種類ごとに買物行動が大きく異なることを重視していた点である。この視点は，後述する買物動機研究にも引き継がれたが，ここではその源流を確認するに留めたい。

2-2　購買習慣研究

　買物行動研究の萌芽期のもう1つ重要な研究として，DuPont 社の消費者購買習慣研究（Consumer Buying Habit Study）がある。1935年から始まったこの調査は，スーパーマーケットにおける消費者の買物行動を数年おきに調査している研究である[8]。残念ながら初回の 1935 年調査の詳細な資料は入手できなかったが，Stern（1962, p. 60）の論文に，表 1-2 に示す DuPont 調査の 1945〜59 年の調査結果が掲載されている。

　まず調査の概略を説明する。調査は，スーパーマーケットの入口で買物客に何を買うつもりかを聞き，買物後，出口で再び，実際に何を買ったかを質問する形式で行われた（Stern, 1962, p. 59）。購買の予定と実際をもとにした購買パターン分類は，Kollat（1966）に紹介されており，特定計画購買（Specifically Planned）とは，来店前に計画されていた特定ブランドを実際に購入した購買，一般計画購買（Generally Planned）とは，来店前にニーズは認識されていたが，

表 1-2　DuPont 調査に基づく購買パターンの経年変化

購買パターン	1945	1949	1954	1959
特定計画購買	48.2%	33.4%	29.2%	30.5%
一般計画購買	11.0%	26.7%	21.0%	15.9%
代替購買	2.6%	1.5%	1.8%	2.7%
非計画購買	38.2%	38.4%	48.0%	50.9%
合計	100.0%	100.0%	100.0%	100.0%

（出典）Stern（1962），p. 60, Table 1 を筆者が翻訳し，使用。

製品カテゴリーとブランドは店内で決めた購買．代替購買（Substituted）[9]とは，計画されていた製品カテゴリーやブランドとは異なるブランドを購入した購買を指す。非計画購買（Unplanned）は，来店前にニーズ認識も製品カテゴリーでの購入計画もなかったものを購入した購買を指す。

表 1-2 の DuPont 調査結果で重要な点は，1945 年から 1959 年までの計画購買，非計画購買などの購買パターンは大きく変化しており，とくに非計画購買が増加している点である。表によれば，1945 年には非計画購買は 38.2％であったが，1959 年には 50.9％にまで増加している。Stern はその理由について，小売業者の販売方法の変化への消費者の適応を指摘し，非計画購買がますます重要になってきていることを指摘した。

　DuPont 調査は，後の店舗内行動研究の礎となり，複数の下位研究分野を生み出した。衝動購買研究，客動線研究（動線研究と略す）はその代表であろう。DuPont の調査対象は多岐にわたっていたようだが，表 1-2 に示した通り，非計画購買について経年調査を行っており，焦点は非計画購買，衝動購買にあったと考えられる。この調査結果に刺激を受け，Clover（1950），West（1951），Stern（1962），Kollat（1966），Kollat and Willett（1967），大槻（1980, 1982）などにより衝動購買の研究分野が確立する。一連の衝動購買研究は，本章第 4 節 4-2 で確認し，感情と関わる研究は第 3 章で確認する。

　また，DuPont 調査は，動線研究にも大きな影響を与えた。後述する初期の動線研究は，動線長の規定因やパターン分類に焦点を当てていたが，その後に登場した研究（小林 1989 など）は，非計画購買の規定因として動線長に着目する。これらの研究の非計画購買などの購買パターン分類は，DuPont 調査の分類やそこから発展した Stern（1962），青木（1989b）の分類が用いられることが多い。DuPont 調査は，動線研究に購買パターンの分類基準や，入口・出口における購入予定と実際の把握などの調査方法の研究の基礎を提供し，後進研

究の発展に大きく貢献した。

3 来店前の買物行動研究

3-1 買物動機研究

　買物動機とは，人はなぜ買物を行うか，買物によってどのような欲求を満たしたいか，その動機を指す。なぜ特定の店舗で買物をするかは店舗選好の理由であり（Schreier and Wood, 1948），なぜ商品を購入するかは購買動機であり（青木，2012a），買物動機とは区別される。買物動機の研究は，人の購買動機を，質的調査により直接的に明らかにしようとするモチベーション・リサーチ（青木，2012a）に端を発していると考えられる。典型的なモチベーション・リサーチは，購買動機を探り出すため，質問票の代わりになぜで始まる質問（例，なぜそれを買ったのか，なぜその機能が重要だったのか）を面接で行う（Schreier and Wood, 1948）。この手法が注目を集める契機は，1950年の*Journal of Marketing*に掲載された4本の論文だったとも言われているが（Packard, 1957），Packardの著作である「隠れた説得者」（*The Hidden Persuaders*）もその一翼を担ったと考えられる。

　モチベーション・リサーチの特徴はいくつかあるが，「潜在意識や無意識の世界に潜む一見非合理な動機や情動的な動機を積極的に取り扱った点」（青木2012a, p. 58）が挙げられる。モチベーション・リサーチの影響を受けた買物動機研究も，その初期から「情動」「感情」を重視している。ここでは，初期の研究としてTauber（1972）を取り上げる。

　Tauber（1972）は，深層面接法による調査から，11個の買物動機を提示した。Tauberは30名の被験者に最近の買物出向を思い出してもらい，デプス・インタビューを行った。その結果，個人的動機として，役割遂行，気分転換，自己満足，新しい流行の学習，肉体的運動，感覚的刺激（の追求）の6つを示した。また社会的動機として，家庭の外での社会的経験，類似の関心を持つ他者とのコミュニケーション，仲間であるグループとの交流の魅力，地位と権威，値切りの楽しみの5つを示した。感情との関係は明示されていないものの，気分転換，感覚的刺激の追求，他者とのコミュニケーション，交流の魅力，値切りの楽しみなどは，感情との関わりが明白であろう。ただ，これらの動機は，定性的調査に基づき示されたもので，定量的調査結果までは示されていない。また，

感情の分類や次元など心理学的な理論を背景に持つ研究ではない点にも注意が必要である。

ここで確認したいことは，初期の買物動機研究は，役割遂行など商品入手に関わる動機だけでなく，感情的な動機も重視していた点である。しかし，1960年代より行動主義心理学や認知心理学の勃興を受け，モチベーション・リサーチは研究の主流ではなくなり，質的調査に基づく買物動機研究も廃れていった。そのため，買物動機の感情的側面は主要な研究テーマではなくなった。感情的側面は，1980年代より再び注目されるが，その詳細は第3章で後述する。

3-2 買物目的地選択行動の研究

3-2-1 原初的研究

買物動機に基づき，消費者が実店舗で買物を行うためには，まず，どこへ買物に行くかを選択する必要がある。このような行動を買物目的地選択行動と呼ぶ。ここでは，1920年代から1980年代初頭までの買物目的地選択行動の研究小史を確認する。

買物行動の空間的側面に着目した原初的研究は，Reilly（1929, 1931）であろう。Reilly の研究は，消費者個人の店舗選択行動ではなく，都市レベルでの流入交易額の比を人口と距離により説明を試みるものである。Reilly の法則と称される公式は式1である。

$$\frac{B_a}{B_b} = \frac{\dfrac{P_a}{D_a^2}}{\dfrac{P_b}{D_b^2}} \tag{1}$$

式1の公式は，2都市の中間に位置する都市Tから，都市Aが吸引する交易額（B_a）と都市Bが吸引する交易額（B_b）の比は，都市A，Bの人口（P_a, P_b）に比例し，都市Tから都市A，Bへの距離（D_a, D_b）の2乗に反比例するというものである。Reilly は，1920年代のテキサス州における各都市のデータを分析した際，人口，距離と交易額の関係に気づき，さらに距離Dの乗数が1.51〜2.5の範囲にあることを分析から経験的に発見し，距離のべき数を2とした（Reilly, 1929, p. 50）。つまり Reilly は，万有引力の法則を闇雲に当てはめたのではなく，データの観察と分析に基づき，公式を作成した。

Converse（1949）は，この Reilly の法則を発展させ，式2の商圏分岐点の公

式を導出した。式2は，都市Bから分岐点（Breaking Point）までの距離（BP_b）は，都市AとBの距離を1+都市A，Bの人口比（P_a/P_b）の平方根（ここで$P_a>P_b$）で割ることで算出できることを意味する。Converseは，実際に1940年代のイリノイ州のChampaign-UrbanaとBloomington-Normalの2都市が，2都市の間に位置するFarmer Cityから吸引する交易額（消費者調査に基づく数字）の実際の比は45対55であり，式1のReillyの公式から計算される比は48対52でほぼ合致していることを紹介したうえで，式2を用いれば，2都市の通常の商圏（Normal Trade Area），すなわち勢力を分岐する距離を高速道路の地図と人口の数字で割り出せると主張した（Converse, 1949, p. 379-380）。

$$BP_b = \frac{D_{ab}}{1+\sqrt{\frac{P_a}{P_b}}} \tag{2}$$

ReillyとConverseの研究に対して，いくつかの疑問が呈された。経験的な問題点として，Nishiji（1960）は日本のデータを用いて分析した場合，2乗ではなく距離の比そのものの方が，適合度が良いことを指摘した。より理論的な問題を提起したのはHuff（1963）である。Huffは，Reillyの公式は経験的に発見されたもので理論的根拠が弱いこと，決定論的であって確率論的にデータの散らばりを説明するメカニズムが含まれていないこと，個人の消費者の選択行動を説明・予測できないことを指摘した。

3-2-2 確率的選択モデルの登場

Huff（1962）は，Reillyの研究の問題を解決するため，買物目的地選択行動を確率的な選択行動として捉え，ハフ・モデルと呼ばれるモデル（式3）を構築した。Huffは起点iに住む消費者がある買物目的地jを選択する確率（π_{ij}）は，消費者がある目的地から吸引される力（以下「吸引力」）を，選択可能な目的地の吸引力の和で割ったものに等しいと考えた。さらに，ある目的地の吸引力は，目的地jの売場面積（S_j）に比例し，居住地iから目的地jまでの旅行時間（T_{ij}）のλ乗に反比例すると考えた。ここでλは旅行時間の影響度を表すパラメータである。Huffはロサンジェルスで収集された2品目に関する買物出向データをもとにモデルの説明力の評価を行い，ハフ・モデルが買物行動の高い割合を説明することを明らかにした。

$$\pi_{ij} = \frac{S_j \cdot T_{ij}^{\lambda}}{\sum_{j=1}^{J} S_j \cdot T_{ij}^{\lambda}} \tag{3}$$

また，山中（1968, 1975）は，日本の複数都市の買物出向データとハフ・モデルに基づく予測が一致しないことから，ハフ・モデルに品目間の規模の影響度の違いを表すパラメター μ を加えた「修正ハフ・モデル」を提示した。μ は，売場面積（S_j）が吸引力に及ぼす影響を表すパラメターであり，山中（1975）は，μ の推定値が食品などの最寄品では小さい値，衣服などの買回品では大きな値となること，モデル適合度も従来のハフ・モデルより高いことを実証研究で示した。

Huff and Batsell（1974）は，小売吸引力の決定要因を魅力度要因と距離抵抗要因に一般化し，規模以外の多様な魅力度要因や，旅行時間以外の都市の交通要因などの距離抵抗要因も導入できる一般化モデルを提示した。この定式化は，従来の売場面積や旅行時間以外の要因もモデルに取り込むことを可能にし，後進研究の発展に寄与した。以下，取り込む要因を拡張した研究を3つ紹介する。

拡張研究の1つ目として，Nakanishi（1976）は，従来のモデルを拡張し，店舗の雰囲気のストア・イメージ（本章第3節3-3で後述）次元における店舗の優劣の評価が買物出向比率に影響することを明らかにした。具体的には，大阪市郊外に2店のスーパーが存在する地域において，2店舗への買物出向回数（月平均），2店舗に関する7項目のストア・イメージの優劣をアンケート調査により収集し，出向回数を従属変数，集計したストア・イメージをロジット変換したものを独立変数とする回帰分析を行った。分析の結果，衣料品において，店舗の雰囲気が出向回数に及ぼす正の影響は5％水準で統計的に有意であった。同様に，チェーン全体のストア・イメージを多次元尺度構成法により測定し，魅力度変数として導入した研究として，Stanly and Sewall（1976）の研究がある。

2つ目の重要な拡張研究として，Nakanishi and Yamanaka（1980）の固有魅力度モデルが挙げられる。Nakanishi and Yamanaka は，目的地の規模だけでは商業集積の魅力度を十分説明できないことを指摘し，規模で説明できない目的地の魅力度を表す「固有魅力度」という概念を示し，それを導入した「固有魅力度モデル」を提示した（第8章で後述）。

3つ目の拡張研究として，若干レビュー時期の範囲を越えるが，上田（1989）の商圏シミュレーション研究が挙げられる。上田は，小売吸引力モデルを拡張し，価格や店員などのストア・イメージや，居住地から店舗までに存在する鉄

道線路の影響などを考慮し，新店舗の商圏シミュレーション研究を行った．

既存研究のより詳細なレビューは，第5章および第8章で行うが，消費者の買物目的地選択の認知的・行動的側面に着目した近年の研究として Bell et al.（1998）の買物出向コストに着目した研究，Iyer and Kuksov（2012）の消費者の目的地選択に影響する買物経験への投資の有用性をゲーム理論により検討した研究なども登場している．

3-2-3 まとめと課題

ここまで見た通り，既存研究は，消費者の買物目的地選択の説明と予測に関心を持ち，そのためのモデル構築と決定要因の特定を行ってきた．中西（1983）は，小売吸引力の決定要因を大きく4つに整理した．4つの要因とは，表1-3に示す，市場地域特性とその動態（人口分布や交通体系など），個別消費者特性と状況特定的要因（人口統計的特性や買物欲求など），立地点特性と競合施設特性（周辺店舗の種類や非商業施設の種類など），店舗特性とマーケティング要因（売場面積，販売促進など）である．

ここで，既存研究の成果と課題を整理する．成果として注目すべきは，小売吸引力モデルの説明力，予測力の高さである．買物目的地選択の予測モデルは，他にも介在機会モデルなどがあるが（第8章で後述），ハフ・モデルに端を発す

表1-3 小売吸引力の決定要因

市場地域特性とその動態	立地点特性と競合施設特性
消費者人口（世帯）分布 消費者購買力分布 地域内産業構造 地域内流通構造 地域内小売施設の種類と分布 交通体系の構造 気象条件	商店街特性（都心，近隣商店街，SC） 周辺店舗の種類 非商業施設の種類 接近可能性（電車駅，バス停留所からの近さ，駐車施設の有無など） 付近の交通状況，地形 競合施設特性（立地点，店舗特性，マーケティング要因）
個別消費者特性と状況特定的要因	店舗特性とマーケティング要因
人口統計的特性（性別，年齢，職業，教育程度など） 社会経済的特性（所得，家族構成，ライフサイクルの段階，ライフスタイル，価値観など） 買物欲求（商品の品質，デザイン，必要量など） 買物制約（予算，時間，在庫，レベルなど） 買物知識（商品，店舗） 消費者イメージ（商業地域，特定企業，特定店舗）	売場面積・レイアウト 内外装 アメニティ（快適さ）設備（空調，エスカレーター，託児施設）など 駐車場 品揃え（品質，価格，スタイルなど） 販売員の質と数 広告 その他の販売促進（催事，バーゲンセール）

（出典）中西（1983），p.16，表1.1の表形式を一部変更し，使用．

る小売吸引力モデルは，他モデルに比べ，明快で論理的整合性がある仮定に基づき構築されており，その仮定は消費者の選択行動の要諦を押さえていると考えられる。地域や主たる買物品目により，モデルの説明力に差はあるものの，小売吸引力モデルは，その説明力が評価され，日本では大規模小売店舗法に基づく，大型店出店の影響評価にしばしば用いられた。このことからも，小売吸引力モデルは実用的有用性で優れていると言える。

だが大きな課題も2つある。1つ目は，説明力の地域差である。小売吸引力モデル（修正ハフ・モデルなど）を用いて買物行動の予測を行うと，買物出向データが収集された地域（とくに都市部）によっては，モデルの説明力は必ずしも高くない。中西（1983）は，地域に固有の都市構造，たとえば固有の交通体系や流通構造などの検討の必要性を指摘しているが，既存研究の多くは特定地域ごとに買物出向データを分析しており，都市構造・交通体系の違いを考慮した研究が不足している。そのため，地域間で適合度に差が生じる理由の解明や，その解決策に関して課題が残されている。この点は第8章で後述する。

2つ目は，小売吸引力の決定要因の客観的・認知的要因への偏りである。既存研究は，売場面積などの客観的マーケティング変数や，価格や接客などに関する認知的ストア・イメージを小売吸引力モデルの決定要因に用いることが多かったが，商業集積内や店舗内での楽しいなどの感情経験は，表1-3にも挙げられていない。この点は第3章で後述する。

3-3 ストア・イメージ研究

3-3-1 ストア・イメージとは

先述の小売吸引力モデルでは，消費者は買物場所を選択する際，売場面積や居住地から買物場所までの旅行時間を考慮して，買物場所を決定することが仮定されていた。しかし，現実の消費者を考えたとき，この仮定には大きく2つの問題がある。1つ目は，売場面積や，旅行時間以外の要因，あるいはそれらと比例関係にない要因が考慮されないことである。Huffは売場面積を特定品目の品揃えの幅の代理変数として用いているが，消費者は品揃えの幅だけでなく，店舗内の非商業施設（休憩場所の快適さなど）や従業員の接客態度なども考慮して，買物場所を決めていると考えられる。2つ目は，消費者が，買物場所の選択プロセスにおいて，実際に使用していると考えられる主観的属性の軽視である。図1-1は，中西（1984a）の消費者の意思決定プロセスのモデルで

図1-1 消費者の意思決定プロセスモデル

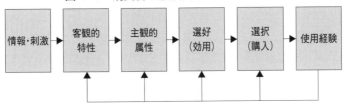

（出典）中西（1984a），p. 21, 図1.3を一部修正し，使用。

あるが，現実の消費者は，売場面積や旅行時間などの客観的特性をそのまま選択に用いず，主観的属性，すなわち，あの店なら欲しい商品が手に入りそうというイメージや，家から近いなどのイメージを用いて選択を行っていると考える方が現実的であろう。モデルの説明力や予測精度を上げるためには，客観的特性だけでなく，主観的属性も考慮することが望ましいと考えられる。

ストア・イメージは，買物場所選択の際，消費者が主観的属性として使用すると考えられている概念である。ストア・イメージとは，「店舗への来店や買物経験と広告や人的コミュニケーションによって形成され，消費者が店舗より知覚した物的・機能的属性と非物的・心理的属性の複合体として，店舗選択や買物行動に影響を与える心理的状態」（小島，1977, p. 35）を指す。ストア・イメージは文字通り，消費者が店舗レベルで形成するイメージであり，商業集積レベルの集積イメージ（山中，1986），都市レベルの都市イメージ（木下，1991）も存在する。

3-3-2 主要研究

1950年代から1970年代にかけて，買物行動研究の分野では，ストア・イメージの研究が多く行われた。たとえば，ストア・イメージとはどのような構成概念かについて取り上げた概念的研究（Martineau, 1957, 1958a, b; Kunkell and Berry, 1968; Berry, 1969），尺度開発，測定，好意度などの外的基準との関係を取り上げた実証研究（Anderson and Scott, 1970; Marcus, 1972; Doyle and Fenwick, 1974-1975; 山中 1975; Hawkins and Albaum, 1975-1976 ; 田村, 1976; James et al., 1976; Jain and Etger, 1976-1977; 上田 1988）などがある。

この時代のストア・イメージ研究は，ストア・イメージの次元特定や，態度や意図の説明や予測に力を入れていた。たとえば，James et al.（1976）は，ブ

ランド・イメージ研究で用いられていた多属性態度モデルを，ストア・イメージ研究に応用し，店舗への態度との正の相関関係を明らかにした。具体的には，69名の大学生の8つの衣料品店に関する自由回答記述をもとに，6つのストア・イメージ次元を特定した。次に，199名の大学生を対象に，①8つの店舗についての感情的態度，②6つのストア・イメージの重要度（7点尺度），③8つの店舗に関する6つのストア・イメージ次元での評価（7点尺度）について質問票調査を行った。感情的態度（上記①）と重要度と評価の積和（上記②と③をイメージごとに掛け，それらを足し合わせた点数）の相関係数は0.51（1％水準で有意）と高く，個人単位での両変数の8店舗の順位の相関も0.86（1％水準で有意）と高く，態度とストア・イメージの関係の強さを明らかにした。

また，山中（1986）は，商業集積の固有魅力度（本章第3節3-2-2で先述）と商業集積のイメージに関係があることを明らかにした。具体的には，山中は1979年に神戸市で1,800名を対象に行った買物行動に関する質問票調査のデータをもとに，16商業集積の固有魅力度を推定した（推定方法の詳細は第8章参照）。表1-4の1列目は，固有魅力度を従属変数，集積イメージなどを独立変数とする重回帰分析の結果である。分析の結果，商店街や店舗のデザインのイメージ，スーパー・専門店の有無が固有魅力度と関係していることを明らかにした。しかし，接客その他のサービスは固有魅力度と負の有意な関係が見られ，多重共線性などの分析上の問題が生じている可能性がある。

研究の進展に伴い，Lindquist（1974-1975），小島（1977）などの優れたレビュー研究も登場した。後に，ストア・イメージ研究は，Mazursky and Jacoby（1986）の感情的イメージも含めた研究，Baker et al.（1992）などの店舗内環境要因研究へと発展していくが，この点は第3章で後述する。

3-3-3 まとめと課題

ストア・イメージ研究の成果として，目的地選択時の重要イメージの特定が挙げられる。表1-4は，商業集積イメージが，商業集積の好意度，選択に与える影響を分析した実証研究の結果をまとめたものである。調査対象，分析手法，説明変数が異なるため，一貫した結果を見出すのは困難であるが，大きな範疇で見れば，商品に関するイメージ，集積の設備，非商業施設要因は好意度や選択に比較的一貫して影響しており，いくつかの重要な次元が存在することがわかる。

表1-4 集積イメージと外的基準（好意度，選択など）の関係

	研 究 者		山中（1986）	Nevin and Houston (1980)	大阪商工会議所 (1992)
	目 的 地		神戸市内の15商業集積	マディソン市のダウンタウンと郊外の4つのショッピングセンター計5商業集積	大阪府内40商業集積と近くのお店1の合計41商業集積
	サ ン プ ル		1,800名（18の統計区に居住する主婦，1統計区当たり100名）	827名（郵送調査）	3,550名（大阪都市圏に居住する主婦，訪問留置法）
	イメージの測定方法		非商業施設は実数，それ以外のイメージの評価方法は不明	16項目の5点評価の言語尺度	20項目の5点評価の言語尺度
	イメージ項目の因子分析結果		—	3因子（品揃え因子，設備因子，市場姿勢因子）	4因子（商業力，アメニティ，サービス，親しみやすさ・気軽さ）
	分 析 手 法		固有魅力度を従属変数，各イメージ，施設実数を独立変数として回帰分析（分析は商業集積単位）	小売吸引力モデルに3つの因子得点と愛顧店の有無（ダミー変数）を入れた段階的回帰分析（以下の結果はダウンタウンのみの分析結果）	5点尺度の全体好意度を従属変数，18のイメージ項目を独立変数とした段階的回帰分析
集積イメージ	商 品	商品の品質	n.s.	0.159（品揃え因子）***	
		商品の品揃え		0.159（品揃え因子）***	
		商品が豊富			
		商品の種類が豊富			n.s.
		同種商品の品数が豊富			0.0555***
		高品買の商品が豊富			0.0791***
		新商品の早期取り扱い			n.s.
	価 格	平均の価格水準の低さ		−0.167（市場姿勢因子）***	n.s.
		価格の安さ	n.s.		
	店 員	店員の態度	−1.379	−0.167（市場姿勢因子）***	
	雰 囲 気	雰囲気のよさ	n.s.		
		快適さ		0.197（設備因子）***	
		保守的		−0.167（市場姿勢因子）***	
	買物しやすさ	落ち着いて買物可能			0.1719***
		短時間で効率的買物			0.1172***
	利 便 性	便利さ	n.s.		0.0972***
	サ ー ビ ス	アフター・サービス良好			n.s.
	構 成 店 舗	店舗の質		0.159（品揃え因子）***	
		店舗の多様性		0.159（品揃え因子）***	
		配置		0.197（設備因子）***	
	設 備	飲食施設充実		0.197（設備因子）***	0.1167***
		休憩所充実			0.0581***
		レジャー施設充実			
		駐車場充実	n.s.	0.197（設備因子）***	−0.0284*
		公園・ベンチ	n.s.		
		アーケード・カラー舗装	n.s.		
		商店の配置	n.s.		
		スーパー・専門店の有無	1.293		
		商店街や店舗のデザイン	1.575		
	イ ベ ン ト	バーゲン内容充実		0.159（品揃え因子）***	n.s.
		イベント・文化的催し物充実		0.159（品揃え因子）***	0.0394**
	そ の 他	閉店時間が遅い			0.0715***
		さまざまな情報が入手可能			0.1448***
		暇つぶしできる		0.159（品揃え因子）***	
物理的特性	構 成 店 舗	愛顧店の存在		.379***	
	非商業施設	文化宗教・集会施設	n.s.		
		学校	n.s.		
		福祉・健康医療施設	n.s.		
		金融サービス施設	n.s.		
		娯楽施設	n.s.		
		その他施設	n.s.		
	決 定 係 数			0.37	0.3547
	F 値			85.75***	160.03***

大きな課題は3点ある。1つ目は，小島（1977）が指摘する通り，一般化するには研究が不足している点である。2つ目は，主観的ストア・イメージ（例，雰囲気が良い）と客観的特性（例，店舗内の照明の明るさ，レイアウト）の関係に関する研究の不足である。選択への影響が大きいストア・イメージにどのような客観的特性が影響するのかが分からなければ，実務上有用ではない。この点について，店舗や商店街の景観とイメージの関係を数量化一類で分析した牧田（1990）の研究や，部門別のイメージ形成を分析した上田（1988）の研究があるが，このような研究はきわめて少ない。3つ目は，認知的，機能的なイメージが主に取り上げられ，感情的イメージが取り上げられていない点である。Kotler（1973）は小売業における店舗雰囲気の重要性を指摘していたが，買物目的地選択におけるイメージ要因として店舗雰囲気に着目したというよりは，店舗内行動に影響する要因として着目していた。また，Kotlerは店舗雰囲気のより細かな規定次元に関して，理論的検討までは行わなかった。

3-4　状況要因と買物目的地選択・選好
3-4-1　主要研究
　これまで買物目的地選択研究，ストア・イメージ研究の課題を指摘してきたが，両分野共通のより大きな課題は，小売企業が操作可能な要因だけに注目し，消費者を取り巻く状況要因を軽視している点である。まず状況要因とは何かについて整理を行う。
　状況要因の重要性は心理学分野で早くより指摘されている。Lewin（1935）は人間の行動は人格（Personality）と環境（Environment）の関数であると主張している。また消費者行動研究の分野でも状況要因の重要性は，1970年代前半頃より指摘され始めたが（たとえばWard and Robertson, 1973），状況の定義，構成次元を巡り，当初，混乱があった。
　そこでBelk（1974, 1975）は，Lewinの枠組みを踏襲し，図1-2に示す通り，対象，人，状況の違いを重視する観点から，客観的状況を「個人の基本的傾向や特徴の外側にあるもので，行為が向けられる対象以外のもの」と定義した。また，Belkは消費者行動に関する状況要因を，物理的環境（買物場所選択における天候，店頭購買行動における音楽など），社会的環境（同伴者など），時間的視角（前回購入からの時間，時間圧など），課題（買物動機，必要条件など），先行条件（所持金，気分，体調など）の5つに分類し，状況要因を明確に示した。

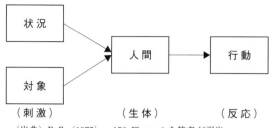

（出典）Belk（1975），p. 158, Figure 1 を筆者が訳出．

　Belk の定義と分類を踏まえた買物行動に関する状況要因の代表的な研究を，2つ紹介する。1つ目は，Miller and Ginter（1979）の研究である。彼らは，8つのファストフード・チェーンの店舗選択について，状況の効果差があることを実験研究で示した。具体的には，状況特定的な店舗属性知覚と属性重要度の測定値を用いることで，店舗選択の予測は，状況を特定しないときと比べて改善すること，特定店舗の選択傾向は状況により大きく変わること（図1-3），属性の重要性は状況が異なれば変わること，特定ブランドの知覚は状況が異なれば変わることなどを4つの状況ごとの分散分析により実証した。この研究は，店舗属性の1つである利便性（Convenience）が時間的利便性なのか，距離的な利便性なのか，明確でないなどの課題はあるが，店舗選択における状況要因と選択対象の関係を示した萌芽的研究である。

　2つ目の代表的研究である Mattson（1982）は，時間圧や使用者（自己消費 vs. 贈答）といった状況要因が店舗属性の重要性や選択可能性（出向意図）に影響することを実験研究により明らかにした。具体的には，ある1つの商圏内から無作為に抽出した120人の女性を対象に，実験調査を行った。実験は，4状況（時間圧〔高，低〕×使用者〔自己消費，贈答〕）×3製品（セーター，スカーフ，ネックレス）の反復のある実験計画で行われた。調査では，各状況下で，行きたいお店（の業態）とエリア，順序，1番目と2番目に行きたいと回答した店舗の属性の重要性を，質問票を用いて調べた。分散分析の結果，贈答品を買いに行く場合，1番目，2番目に訪れたい店として，百貨店や専門店などの高い品質の店をより選ぶこと，重要な店舗属性として返品や店員の助け，ブランド名声をより考慮することが分かった。また時間圧の高い状況で買物に行く場合，接客対応，店舗への慣れ親しみといった属性をより重視して店舗を選ぶこと，商品と自分の好みとの合致はあまり重視しないことなどが分かった。

図 1-3 状況別の選択回数の相違

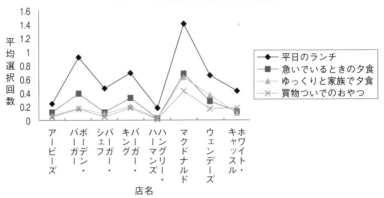

(出典) Miller and Ginter (1979), p. 116, Figure 1 を筆者が訳出。

3-4-2 客観的状況と主観的状況を巡る論争：Belk-Russell 論争

Belk の状況の定義と分類を踏まえた買物行動研究が進展したが，Belk の状況の定義には，いくつかの問題がある。たとえば，状況要因として挙げた課題には，買物目的，買物動機などが該当すると考えられるが，現代の消費者行動研究では，動機は内的，個人的な要因として捉えられることが多い（たとえばHoward and Sheth, 1967,1969; Engel et al., 1995 参照）。

Belk の状況定義のより大きな問題は，客観性を重視した状況の捉え方と，その結果としてのむやみな羅列である。この点を巡り，Belk と心理学者のRussell と Mehrabian は *Journal of Consumer Research*（以下 JCR）誌上で激しい論争を行った。この論争は，買物状況だけではなく，ブランド選択の状況や消費状況を含む広範なものである。まず，Russell and Mehrabian (1976) は，Belk の客観的な環境特徴による状況分類では環境の差異を適切に記述できないと 2 つの理由で批判した。1 つ目は，客観的な状況要因を列挙すると無限にあり，実用的ではないという点である。2 つ目は，Belk が分類に用いている要因は，要因間で重複が多いという点である。とくに Russell and Mehrabian は 1 つ目を重視しており，代替的な環境記述の手段として，主観的に知覚された3 つの感情次元（快〔Pleasure〕，覚醒〔Arousal〕，支配〔Dominance〕，以下 PAD と略す）による方法を提案した。その提案の根拠として Mehrabian and Russell (1974) は，実験研究の結果，さまざまな感覚刺激に対して安定して生じるの

は，PAD の3次元の感情的反応だけだったためであると主張した。

これに対し，Belk（1976）は JCR 誌上で反論した。Belk は，やはり客観的な観点から状況を特徴づける必要があるとし，2つの点で反論した。1つ目は，人間の内的，心理的，感情的状態と行動の関係がわかっても，客観的な状況的条件や客観的状況的条件と感情的状態の関係に注意を向けなければ，感情的状態が本当に行動を生じさせたのかどうか分からないはずだという点である。Belk はこの点について次のような自動車事故のケースを例示した。

「いま自動車の正面衝突事故の原因を調べたいとしよう。個人差の要因を取り除いた後，（中略）事故の瞬間の運転手の覚醒水準が異常に高いことが分かるかもしれない。事故直前の原因を特定できたことに満足して，運転する前にすべての人を落ち着かせることを勧めることができるかもしれない。しかしこれでは，事故を促すような状況的な条件について何も分かったことにならない。事故と覚醒水準のおもしろい関係は分かったが，この内的な状態が実際に事故を引き起こしたのか，それとも今にも事故が起こりそうだという予測が覚醒水準を上げたのか，それとも事故率を増大させる状況的条件が覚醒水準を増大させたのか，われわれには分からない。客観的な状況的条件や，客観的状況的条件と覚醒の関係に注意を向けなければ，上記の仮説を区別することはできない」（Belk, 1976, p. 175）。

2つ目は，状況の行動に対する効果には，感情的反応を媒介し行動に影響するパスと直接パスの2つがあり，Mehrabian and Russell の説明は状況効果の部分的説明でしかないという点である。この点に関しても Belk は次のような事例で反論した。

「車が高速道路の出口付近でガソリンがなくなり始めたとする。もし出口近くのガソリンスタンドが α というブランドのガソリンしか売っていなければ，当然 α を買うだろう。もし β しか売っていなければ β を買うだろう。状況に対応したこの購買パターンは，状況が生じさせる PAD や他の心理的反応に関わらず変わらないだろう。Russell と Mehrabian が包括的に状況を記述するものとして提案したものによる媒介的反応の影響を受けずに，状況は購買行動に強く影響する。」（Belk, 1976, p. 176）。

JCR 誌上でこのような激しい論争が繰り広げられたが，その後，このような状況の捉え方をめぐる主観・客観論争は立ち消えになった感がある。しかし，この論争を通じて明確になったことは，消費者は客観的な状況を，感覚受容器

から取り入れ，それ自体のまま意思決定や選択に用いているわけではないという点であろう。消費者は，客観的状況を前にし，それを評価し，解釈し，今自分が置かれている状況を理解している。第2章で後述するように，その際に生じる怖い，楽しいといった感情経験は，まさに Russell and Mehrabian の言う主観的状況であり，消費者の意思決定や選択に大きく影響する。第3章で後述するが，この論争後，1980年代より，買物行動分野では主観的感情経験を取り入れた研究が急増する。この論争はその契機の1つであったと考えられる。

3-4-3 まとめと課題

既存研究の大きな貢献は，状況要因と選択対象の交互作用の存在を明らかにした点である。この点は，操作可能なマーケティング要因のみに焦点を当てる既存研究の枠組みに見直しを迫るものである。たとえば，買物目的地選択において同様の効果が認められるなら，特定の状況（日常的な食料品の購入など）ではある商業集積が非常に大きな魅力度を持つことが類推される。この点を組み込んだ目的地選択モデルの開発は研究上重要であるだけでなく，実務上も店舗の正確な商圏予測，集積や店舗のポジショニング戦略の策定に有用であると考えられる（詳細は第8章で後述）。

大きな課題が2点ある。1つ目は，買物時の重要な状況要因の特定である。一般化するにはまだ研究が不足しており，より多様な消費者，業態を対象とした研究が必要である。2つ目は，主観的状況の評価である感情と買物行動における選択の関係に関する研究の不足である。ここまで確認した既存研究は，時間圧，消費状況，購入目的などの状況要因を取り上げていたが，これらの消費者を取り巻く環境の情報は，消費者の心の中で感情経験として意識され，選択に影響している可能性がある。この時代に，状況要因が感情経験を介在して選択に影響することを取り上げた買物行動研究はなかった。

4 店舗内の買物行動研究

4-1 動線，フロアー移動の研究
4-1-1 主要研究

店舗内の買物行動（以下店舗内行動）の研究には，動線研究，衝動購買研究，店舗プロモーション研究，混雑に関する研究などいくつかの下位分野が含まれ

る[10]。最初に取り上げる客動線（以下，動線）とは，買物客の入店から退店までの店舗内の移動経路を指す。この時代の動線の把握方法は，直接観察法という調査員が買物客を追尾する方法が主であった（近年の手法は第6章で後述）。動線研究は，1960年代に萌芽期を迎え，コロニアル研究，Farley and Ring（1966）など先駆的研究が登場した。多くの先駆的研究の主目的は，直接観察法により，動線の把握，動線長の規定因の検討を行うことであった。以下，この時期の主要研究を紹介する。

　Farley and Ring（1966）は，直接観察法を用い，動線モデル化の先駆的研究を行った。具体的には，4つのスーパーマーケットで直接観察法により収集した1,337の動線データを用い，売場間遷移確率を従属変数，売場吸引力，主動線ダミー，角度調整変数を独立変数として回帰分析を行った。分析の結果，統計的検定結果は示されていないが，3つの独立変数とも遷移確率に正の影響を与えていることが確認された。また，店舗ごとの3つの独立変数の回帰係数の推定値は，店舗間で類似していることも示された。

　また，山中（1975）は，Farley and Ring（1966）の売場遷移確率の規定因モデルを，百貨店のフロアー移動データに適用し，フロアー間の遷移確率が，距離要因と目的要因により決まることを明らかにした。山中は，百貨店の来店客1,800名の動線データを収集し，8階建の百貨店内のフロアー間遷移確率を計算した。フロアー間遷移確率を従属変数，フロアー間の移動階数（距離要因），来店後最初に商品を購入した人のフロアーごと構成比（目的要因）の2つを独立変数とする回帰分析を行った（分析では2変数とも対数化）。R^2は0.17と高くないが，両独立変数は遷移確率に有意な影響を与えていた。

　また，大槻（1980）は，スーパーマーケット内の74名の買物客の行動データから，動線距離と滞留時間の相関係数が0.586と高く，動線距離が延びると滞留時間が長くなり，滞留時間が長くなると購入個数が増加する可能性があることを指摘している。さらに，青木（1989a）は，店舗内行動全般の膨大な研究を丁寧に整理し，動線研究についてもレビューを行っている。

4-1-2　まとめと課題

　ここで動線研究の成果と課題を整理する。大きな成果は，Farley and Ring（1966），山中（1975）など複数の研究が，商品入手に関わる売場魅力要因が動線やフロアー移動を規定することを明らかにした点である。商品入手動機，認

知を重視するこれらの研究の潮流は，後に非計画購買との関係を取り上げた小林（1989）の研究，店頭プロモーション効果と動線の関係を取り上げた Hui et al.（2013）の研究などに発展する。詳細は第6章で後述する。

　課題として，感情と動線の関係が取り上げられていない点が挙げられる。大槻（1980）が指摘した，動線距離と滞留時間の関係の背後には，第3変数として快感情の存在が考えられる。疑似相関の可能性を検討するためにも，店舗内での感情経験を取り上げ，変数間の関係を整理し，分析する必要がある。

4-2　衝動購買研究

4-2-1　萌芽的研究

　店舗内行動の研究として早くから，研究対象となったのが衝動行動（Impulse Buying）である。本章第2節 2-2 で確認した購買習慣研究に端を発する衝動購買研究では，萌芽期の 1950 年代頃は衝動購買の定義が厳密ではなく，入店前に購買予定がなかった品目を退店時に購買した場合を，衝動購買と呼んでいた（Applebaum, 1951; West, 1951 を参照）。たとえば，Applebaum は，「購買完了後，購買された品目（Items）を，リスト化された（来店時に買物リストや心の中のリストを確認し，作成した）品目と突き合わせ確認する」（Applebaum, 1951, p. 178）ことで，衝動購買を確かめるとしている。West も同様に，衝動購買を「買物前に購買しようと計画していた品目以外の，店舗内で購買を決めた品目」（West, 1951, p. 363）と定義した。ここで，品目がカテゴリー・レベルであるのか，ブランド・レベルであるのかまでは厳密に定義されていない点に留意が必要である。West（1951）は，カテゴリー別に衝動購買率を計算していることから，カテゴリー・レベルであった可能性が高いが，ブランド・レベルと区別して集計されていたか否かは不明である。以下，当時の研究を確認する。

　Clover（1950）は，ある事件を利用し，店舗マネジャーへの聞き取り調査をもとに，衝動購買の重要性とその品目差を示した。具体的には，1948年の1～2月にテキサス西部の3つの街でガス供給が止まったことで，街のほとんどすべての小売店が営業休止になった。この営業休止は2度あり，事前に街の住人に知らされることはなく，当日ラジオを通じ伝えられた。Clover はこの事件を衝動購買の研究対象として目をつけ，最初のガス供給停止のあった日の前週から起算した5週間を研究対象とした。その5週間中，1, 3, 5週目は通常通りの営業だったが，2週目，4週目に突然の営業休止日があった。Clover は，

154店舗のマネジャーに，①40時間の営業時間減少で年間売上が減少すると思うか，②売上全体に占める衝動購買による売上はどれくらいの割合だと思うか，③1週目を基準としたときの2～5週の週ごとの売上増減を質問した。Cloverは，衝動購買が重要な店ほど，営業休止日があった週の翌週に売上が埋め合わされにくいという仮説を考えた。つまり，もし衝動購買傾向が弱く計画購買傾向が強い商品なら，購入できなかった商品は翌週あるいはそれ以降に必ず購買され，休止日の売上減少分は翌週以降に上乗せされると考えた。

聞き取りの結果，63.6%のマネジャーが，2日の営業休止で年間売上は減少すると回答した。つまり，多くのマネジャーは，衝動購買は営業時間の長さに比例して生じると考えており，営業時間の減少により失った売上は取り戻せないと考えた。また，全マネジャーの平均の主観的な衝動購買率は21.8%であったが，業種別に見ると，雑貨店では60.5%，食料品店では26.0%，家具店では3.8%と大きく異なっていた。このようなマネジャーの主観は正しいのであろうか。

実際の週別売上増減率の全店平均は，営業休止日があった2週目は通常営業の1週目を0としたときに比べ−17.7%，通常営業の3週目は−0.5%とほぼ0，営業休止日のあった4週目は−14.0%，通常営業の5週目は−3.6%であり，営業休止日があった週の売上減少分は，翌週に上乗せされないことが示された。ただし，店舗の業種・業態によりこの傾向は異なる。たとえば，衝動購買傾向が強い雑貨店は2週目が−16.5%に対し3週目は+0.6%とほぼ回復しなかったのに対し，計画購買傾向が強い百貨店では2週目−25.5%に対し，3週目は+20.0と回復しており，業種・業態間で売上変動パターンは異なる。このような業種・業態構成の影響もあるが，全体的傾向として，営業休止によって減少した売上は翌週以降回復することはあまりないようである。Cloverは以上の結果から，小売店にとっての衝動購買の重要さを主張した。

実務家であったWest (1951) は，Cloverの研究に興味を持ち，自身が勤めるCanadian Industries LimitedのCellophane部門が実施した一連の衝動購買の調査結果をもとに，商品カテゴリー全体の売上のうち約38%が衝動購買によるものであるという調査結果を発表した。West (1951) は，カナダの6都市で2年間に4回実施された，5,300名に対する入店時・退店時の消費者インタビューの調査の結果（1万5,500の購買品目）を用い，カテゴリー（キャンディー，化粧品など）と業態（食料品店，雑貨店など）の組み合わせごとに，衝動購買率

を計算した。計算の結果，全平均は先述の通り約38％であったが，雑貨店でのキャンディーとナッツについては82.8％と非常に高く，百貨店における文具も57.3％とやや高かった一方，ドラッグストアでの文具は19.8％と低かった。以上の結果からWestは，衝動購買比率が全体的に高いことと，カテゴリーと業態で大きな差があることを示した。

4-2-2　衝動購買の実態と規定因

　Stern（1962）は，DuPontの調査結果をもとに衝動購買が増加していることを指摘したうえで，既存のDuPont調査の非計画購買（衝動購買）には「異なる種類の衝動購買が混在している」（Stern, 1962, p. 59）とし，純粋衝動購買，想起衝動購買，示唆的衝動購買，計画的衝動購買からなる4分類[11]を示した。この分類は，後に青木（1989b）により精緻化され，狭義の非計画購買を想起購買，関連購買，条件購買，衝動購買の4つに分ける分類の基礎となった。

　また，Sternは衝動購買の増加は，小売企業の販売方法の革新に起因するところが多いと考えた。Sternは，衝動購買に影響する具体的な要因として，低価格販売，緊急に必要となることが少ない商品特性，大量流通による消費者露出の増大，セルフ・サービスによる自由度の増大，マス広告，棚位置や店頭プロモーションによる刺激，購買サイクルの短期化，小型化・少量化，冷凍庫などによる家庭内貯蔵の容易化の9つを挙げている。列挙された要因から，Sternは，衝動購買の規定因として，メーカーや小売企業のマーケティングの変化を重視していることが分かる。

　Kollat（1966），Kollat and Willett（1967）は，スーパーマーケットにおけるフィールド調査データをもとに，衝動購買の詳細な実態と，衝動購買に影響する要因を統計的分析により明らかにした。2研究は同一データを用いているが，若干重複していない部分もある。Kollatらは，全国チェーンのスーパーマーケットにおいて，ラテン方格法により，店舗タイプ，時間帯（朝，夕方），曜日（金，土，日，火か水）についてランダムになるよう割り付け，店頭で4週間質問票に基づくインタビュー調査を行い，596名の回答を得た。このうち196名に対しては，より詳細な情報を収集するため，店頭調査から2日以内に自宅でインタビュー調査を行った。

　店頭調査は2種類実施しており，1つ目は入店・退店時の2回調査するタイプ（実験群），2つ目は退店時のみ調査するタイプ（統制群）であり，これらも

被験者間でランダムに割り付けられた。調査回数の操作は，入店時に購買意図を質問することの購買行動への影響を検討するために行われた。しかし，食料品の総購買金額，購買した異なる製品カテゴリー数，製品カテゴリーごとの購買頻度に関して，群間で5％水準で統計的に有意な差はなかった。

　Kollat（1966）は上述のデータの分析から，食料品の購買意思決定プロセスの段階ごとの特徴と，非計画購買と他の購買パターン（Other Types）に購買意思決定プロセスの特徴の点で顕著な差がないことの2つを明らかにした。1つ目の食料品の購買意思決定プロセスの各段階の特徴として，問題認識（Problem Identification）は，購買した製品の消耗あるいは備蓄減少がきっかけで生じることが多いことを明らかにしている。また，情報探索段階の特徴として，購買ブランドの広告を想起できる消費者は40％程度であること，パッケージや容器を詳細に見る消費者は7％以下で，ディスプレイから得られた情報を想起できる消費者は4％以下であること，代替案評価段階の特徴として，購買決定前に1ブランドしか検討しない消費者はおよそ82％もおり，短期的には1ブランドに忠誠度が高く，長期的ではいくつかのブランドに忠誠度が高いことなどを明らかにした。また，2つ目として，Kollatは非計画購買と他の購買パターンの間で，購買意思決定プロセスの各段階での特徴，たとえば製品カテゴリーの購買経験の有無，ブランドを取り上げた広告との最近の接触の有無，パッケージや容器の情報をよく見たか否かなど22の点について，5％水準で統計的に有意な差がないことを明らかにした。

　Kollat and Willett（1967）は，同データをもとに，1買物当たりの非計画購買数が計画購買数に比べて多いこと，非計画購買数には買物出向間で差があり個人差が大きいことを明らかにした。Kollat and Willettは，入店時の購買意図の計画水準[12]と，退店時の購買結果[13]の組み合わせにより，購買パターンを9つ[14]に分類した。分類に基づき，Kollat and Willettは，計画購買を入店時に製品カテゴリーとブランド・レベルで購買意図があり，その通り購買したパターン，非計画購買を入店時にニーズ認識がなく購買意図もなかったが，ブランドを購入した購買パターンと定義した。計画購買と非計画購買の違いを，購買品目数とその構成比をまとめたものが表1-5である。表から，計画購買数は，非計画購買数に比べ0～7個の範囲に集中していることが分かる。計画購買数の平均は約2.5個に対し，非計画購買数の平均は約8個であった。また，非計画購買数の標準偏差は9.2であり，個人差が大きい。さらに，平均的な消費者は，

表1-5 計画購買,非計画購買数の分布

購買数	計画購買	非計画購買
0-7	93.8%	66.0%
8-15	5.7%	16.4%
16-23	0.5%	10.0%
24-31	―	4.7%
32-40	―	1.9%
合計	100.0%	100.0%

(出典) Kollat and Willett (1967), p. 23, Table 1 を筆者が一部修正。

表1-6 非計画購買と以前の購買の関係

購買の構成	非計画購買数	構成比
以前に製品カテゴリーの購買あり		
家庭内在庫切れ；同一ブランド購買	813	63.6%
家庭内在庫切れ；異なるブランド購買	78	6.1%
家庭内在庫補充；同一ブランド購買	297	23.2%
家庭内在庫補充；異なるブランド購買	52	4.1%
以前に製品カテゴリーの購買なし	39	3.0%
合　計	1,279	100.0%

(出典) Kollat and Willett (1967), p. 29, Table3 を筆者が一部修正。

全購買品目数の50.5%を非計画購買が占めており，店頭での選択が大きな割合を占めることが明らかになった。

また，Kollat and Willettは，非計画購買が，店頭での何らかのきっかけで家庭内の在庫切れを思い出すことや，在庫補充を考えることから生じ，多くの場合，購買経験のあるブランドを購買することを明らかにした。表1-6は，非計画購買と家庭内在庫の状況，以前購買ブランドとの異同をまとめたものである。これによると，店頭で家庭内在庫の消耗を思い出し，同一ブランドを購買することや，消耗していないが補充することを店頭で思い立ち同一ブランドを購買する割合の合計が，総非計画購買の86.8%を占めている。店頭での商品への露出やPOP，特売などのマーケティング手段により購買意図が生じ，その際，過去の購買経験に基づき感情依拠的に同一ブランドが購買されている点は，店頭マーケティングの重要性を示唆している点で興味深い[15]。

さらに，Kollat and Willettは，非計画購買の規定因として，6つの要因を明らかにした。具体的には，個人単位での非計画購買率[16]を従属変数とし，χ^2検定，相関係数の検定を行い，①関係も影響もない要因，②関係はあるが影響はない要因[17] (表1-7)，③関係も影響もある要因 (表1-8) を明らかにした。表

表1-7 非計画購買に関係するが，影響しない要因

A. 人口動態的変数
　　1. 世帯人数
　　2. 買物客のジェンダー
B. 一般的な食料品買物行動変数
　　1. 1週間に行われる買物出向数
　　2. 店舗までの距離
　　3. 曜日
　　4. 時間帯
　　5. 店舗規模

（出典）Kollat and Willett（1967），p. 24の文中表を筆者が訳出。

表1-8 非計画購買に関係し，影響する要因

A. 取引規模変数
　　1. レシート金額
　　2. 購入した異なる製品数
B. 取引構造変数
　　1. 買物出向のタイプ（主要 or 補充）
　　2. 製品購買頻度
C. 買物グループの特徴
　　1. 買物リストの存在
　　2. 結婚年数

（出典）Kollat（1966），p. 195, Figure 4 を筆者が一部修正し，訳出。

図1-4　購入された異なる製品カテゴリー数と非計画購買率の関係

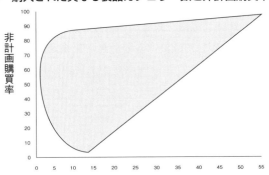

（出典）Kollat and Willett（1967），p. 25, Figure 3を筆者が一部修正。

1-8の関係も影響もある要因のうち，異なる製品カテゴリーの購買数[18]と非計画購買率の関係は図1-4である。図1-4は，当時のグラフィック技術の限界で分かりにくいが，散布図であり，線で囲まれている領域に回答が分布していると考えてほしい。これによれば，異なる製品カテゴリーでの購買数が少ないときには非計画購買率にばらつきがあるが，多い場合は非計画購買率が高いことが明らかになった。また，買物出向のタイプの違いによる影響も大きく，補充の買物の場合は，非計画購買率が33％以下の買物客比率が高く，主要な買物の場合は，非計画購買率が56％以上の買物客比率が高い。

以上の結果から，Kollat and Willettは顧客コミットメント仮説（Customercommitment Hypothesis）を提唱した。従来，衝動購買は店舗内の刺激により忘れていたニーズを思い出し生じるものと考えられてきた。しかし，Kollat and Willett は，入店時の購買意図の測定の不完全さが，衝動購買をより多く生じているように見せていると考えた。具体的には，従来の調査法では，買物客は入店時に製品カテゴリー，ブランドの購買意図を回答するが，購買予定品目数が多い場合や，異なる製品カテゴリーの購買予定品目数が多く複雑な場合，すべてを回答する手間や時間を惜しみ，完全に回答しないことが考えられる。その結果，見せかけ上，非計画購買が多く生じているように見えるというのが，Kollat and Willett が示した仮説である。この仮説は従来の見解と異なり，確かに興味深いが，この仮説ですべての衝動購買が説明できるわけではないだろう。むしろ，衝動購買の実態を把握する際に，その把握方法によっては上振れを起こす可能性があると警鐘を鳴らしたものであると理解した方が良い。

　Kollat and Willett の研究以降，規定因の研究は続き，Prassad（1975）の百貨店とディスカウント・ストアにおける非計画購買規定因の研究，Bellenger et al.（1978）の製品ラインごとの非計画購買の規定因に関する研究，Cobb and Hoyer（1986）の判別分析によるコーヒーとトイレット・ペーパーの非計画購買の規定因の研究，Iyer（1989）の店舗環境の知識と時間圧が非計画購買に与える影響を取り上げた研究などが行われた。一連の研究により，業態別，商品別に，人口動態的要因や状況要因などが非計画購買に与える影響が明らかになった。

　また，大槻（1980）は，DuPont 調査と同じ購買パターン分類で，日本において非計画購買の実態調査を行い，アメリカに比べ非計画購買がかなり高いことを明らかにした。表1-9 は，1980 年に売場面積約 700㎡のスーパーマーケットで，女性買物客 430 名に対して行った調査結果である。この結果によれば，全体の 71.5％が非計画購買に当たり，購買パターン 2～4 を足した店舗内決定率は約 87％と高いことが分かった。非計画購買の割合は分野間で差があるが，最も低い牛乳・卵・冷凍食品・日配品でも 58％，最も高い加工肉では 81.9％にもなることが分かった。1977 年のアメリカの調査では，非計画購買は 46.8％，店舗内決定率は 64.8％であり，大槻はこの比較からアメリカに比べ，日本の消費者は非計画購買率，店舗内決定率が高いことを指摘した。

　大槻は，この理由として，日本の消費者は週 4，5 日くらい最寄りのスーパーに出向するため，買い忘れがあれば翌日買えば良いと考え，買物リストを

表 1-9 日本における非計画購買の実態（1980年2月調査）

購買パターン	加工食品・嗜好品	牛乳・卵・冷凍食品・日配品	加工肉	水・漬物・惣菜・練製品	生鮮野菜・肉・水産物	家庭用品・住文化用品	総計
1. 特定計画購買	36 3.6%	114 19.4%	8 11.1%	62 12.4%	187 23.4%	18 5.9%	425 13.0%
2. 一般計画購買	151 15.1%	116 19.7%	5 6.9%	51 10.2%	94 11.8%	57 18.7%	474 14.5%
3. 代替購買	7 0.7%	17 2.9%	0 0%	1 0.2%	0 0%	5 1.6%	30 0.9%
4. 非計画購買	804 80.6%	341 58.0%	59 81.9%	387 77.2%	519 64.9%	225 73.8%	2,335 71.5%
合 計	998 100.0%	588 100.0%	72 100.0%	501 100.0%	800 100.0%	305 100.0%	3,264 100.0%

（注）1. 上段数値は購買品目数，下段数値は品目内での％。％は小数点以下第2位を四捨五入しているため，列合計が100％にならないものがある。
2. 購買パターンは表1-2のアメリカにおける調査と同様である。特定計画購買とは，来店前に計画されていた特定ブランドを実際に購買した購買，一般計画購買とは，来店前にニーズは認識されていたが，製品カテゴリーとブランドは店内で決めた購買，代替購買とは，計画されていた製品カテゴリーやブランドとは異なるブランドを購買した購買を指す。非計画購買とは，製品カテゴリーでもブランドでも来店前に購買予定がなかったが，購買した購買を指す。

（出典）大槻（1980），p.38，表2を一部修正。

作成する人が少ないことを指摘した（1979年調査で買物リスト作成者の割合は平日7％，土日12％）。さらに大槻は，そのため，日本の女性買物客は店内で考え購入する習慣を身につけているという見解を示した。では，店舗内のどのような要因が衝動購買に結びつくのであろうか。

大槻（1982）は，衝動購買に結びつく店舗内刺激を図1-5のように整理した。この図によれば，衝動購買の必要性が認識されるのは，店舗内で理性的動機や情緒的動機から商品の必要性が認知される純粋想起による場合（青木，1989bの条件購買などが該当すると考えられる）と，店舗内の広告や多商品から助成想起される場合（想起購買，関連購買）の2つに大別される。また，純粋想起は，値引きや説得などによる理性的動機により生じる場合と，五感刺激とその相互作用により生じる情緒的動機により生じるとされている。大槻は，かなり早くから五感刺激と関係する情緒的動機と衝動購買の関係に着目していた点が興味深い。ただ，課題として，ここで言う「情緒」の内容や，情緒が衝動購買に結びつく機序が明示されていないこと，実証的な結果が伴っていないことが挙げられる。

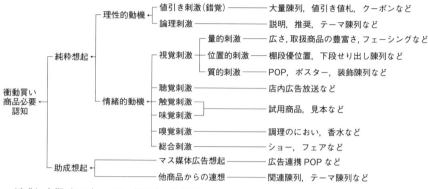

(出典) 大槻 (1982), p. 158, 図2を一部修正。

4-2-3 まとめと課題

　成果は大きく2点に整理できる。1つ目は，衝動購買の定義と分類の明確化である。West (1951) では，来店前の決定がブランド・レベルであるのか，製品カテゴリー・レベルであるのか，必ずしも明確でなかった。また，生起原因により，衝動購買には種類があると考えられるが，この点も明確でなかった。これに対しStern (1962) は4つの衝動購買タイプを示し，Kollat and Willett (1967) は，純粋な衝動購買は，入店時にニーズ認識がなく購買意図もなかったが，ブランド購入した購買パターンであるとした。衝動購買，非計画購買の整理と定義は，青木 (1989b) によりさらに明確化されるが，この点については第3章，第6章で後述する。

　2つ目は，衝動購買の実態把握である。DuPont調査やKollatらの調査によれば，アメリカの消費者の全購入品目に占める衝動購買品目数は約50％であり，買物のかなり大きな割合を占めていること，店頭での買物客への働きかけが重要であることが明らかになった。また，大槻 (1980) の日米比較によれば，日本の買物客の衝動購買率は約70％と相対的に高いことも分かった。Kollat and Willettが指摘するように調査手法の影響も否定できず，結果を鵜呑みにすることは危険であるが，一連の衝動購買研究は店頭マーケティングの重要性を明らかにした点で優れている。

　課題は，感情的要因の軽視である。この時代の研究の多くは，衝動購買の生起原因として，品目差 (West, 1951)，個人差 (Kollat and Willett, 1967)，マーケ

ティング要因(Stern, 1962),買物出向のタイプ・条件(Kollat and Willett, 1967)などの影響が指摘されてきたが,感情の影響については実証的に明らかにされていない。大槻(1982)による情緒的動機の影響の指摘はあるものの,実証的な研究結果までは示されていない。

4-3 店頭プロモーション研究
4-3-1 価格プロモーション

買物客は,店内での特売,目立つエンドに置かれた商品,かわいいPOP広告などにより,衝動購買を行うことや,購入予定ブランドを変更することがある。このような価格によるプロモーション,棚・陳列によるプロモーション,POPなどの広告プロモーションは,店頭プロモーションと総称される。以降,これらの店頭プロモーションが店舗内行動に与える影響に焦点を当てた研究を確認する。

価格プロモーションとは,特売などの値引き販売を指す。価格プロモーションの初期研究には,Applebaum and Spears (1950),Hawkins (1957) などがあり,これらの研究の焦点は,値下げ効果の記述であった。たとえば,Hawkins (1957) は,価格と売上の変化に関する二次資料の観察を通じ,売上シェア1位ブランドの値上げはシェア減少につながる傾向があることを指摘している。Hawkinsは,Applebaum and Spearsのデータから,5製品カテゴリー内の18ブランド[19]の価格の2つの期間の変化とシェアの変化の関係を記述的に分析し,分野,ブランドによって異なるものの,おおむね1位ブランドの値上げは良い結果を生まないことを指摘した。

Barclay (1969) は,実験計画法に基づく店頭価格操作により,特定ブランドが自社ライン全体の利益に与える影響を検証した。具体的には,Quaker Oats Companyの3ブランド(A~C)のうち,A,Bの価格を操作し,A~Cのライン全体の利益がどのように変わるかを実験した。実験は,表1-10のような2(Aの価格)×2(Bの価格)の要因配置で3ヵ月間行われ,2~3ヵ月目のみ効果検証に用いられた。分散分析の結果,ブランドAの値上げはライン全体の利益に負の影響を与えること,ブランドBの値上げ,AとBの交互作用については正負どちらの結果もありうることが明らかになった。Barclay自身が結果への落胆ぶり[20]を記述している通り,この研究結果は値上げの効果に関して明快ではない。明快な結果が得られなかった理由として,売上ではなくライ

表 1-10 Barclay (1969) の実験操作

実験条件番号	ブランドAの価格	ブランドBの価格
1	現価格	現価格
2	現価格	現価格＋4セント
3	現価格＋4セント	現価格
4	現価格	現価格＋4セント

(出典) Barclay (1969), p.427 の表（番号なし）を一部修正。

ン利益という複雑な従属変数を用いたこと，競合ブランドの影響を考慮していなかったことが考えられる。しかし，既存研究のような記述にとどまらず，実験計画法に基づく実験研究を行った点は大きな貢献である。

　この後，Woodside and Taylor (1974) の実験研究，商品カテゴリーの効果に与える違いを考慮した守口・恩藏 (1989) の研究，上田・守口編 (2004) の研究などが展開されていく。最近では，Gauri et al. (2017) など大規模な店頭価格と販売データをもとにした分析で，値引き商品の種類の多さは利益に負の影響を及ぼすこと，値引き率の大きさはいくつかの商品カテゴリーの購入者を増加させることなど，成果が整理されつつある。本書の目的は，価格プロモーション研究の最新動向を押さえることが目的ではないため，これ以上立ち入らない。ここでは，価格プロモーション研究が，価格という客観的変数が売上などの成果に与える影響に焦点を当て，進められてきたことを確認するに留める。

4-3-2　棚・陳列に関する研究

　商品棚の何段目に，ブランドAを何列並べれば，Aの売上を増やすことができるのであろうか。この問題は，多くの小売企業を悩ませるものである。ここでは，フェイス数，棚段，エンド陳列などの店頭の棚・陳列が売上数量に与える影響に焦点を当てた研究を確認する。

　Cox (1964) は，商品カテゴリーのフェイス数と売上数量の関係を店頭実験により検証し，一部商品（ひき割りトウモロコシ）でのみフェイス数の増加が売上数量の増加に結びつくことを示した。Coxは，2チェーンの6店舗で，重曹（必需品）と粉末ジュースの素[21]，ひき割りトウモロコシ，コーヒー用粉末クリーム（以上3つは衝動購買商品[22]）のフェイス数をラテン方格法に基づき，1週間ごとに操作する実験を6週間行った。仮説は，直観的導出から，①必需

品の場合，フェイス数の増加は売上増加に結びつかない，②衝動購買商品の場合，フェイスの増加は売上増加に結びつくというものであった．分散分析の結果，仮説①は支持され，仮説②はひき割りトウモロコシでのみ支持された．つまり，フェイス数の増加が売上数量の増加に結びついたのは，ひき割りトウモロコシの1品だけであった．

また，Cox（1970）は，先の研究が商品カテゴリーを対象としていたのに対し，今度は個別ブランドのフェイス数を操作する店頭実験を行い，衝動購買商品カテゴリーのブランドで，かつ売上シェアが上位のブランドの場合のみ，ブランド・フェイス数の増加がブランド売上数量の増加に結びつくことを示した．Cox は，6店舗で，コーヒー用粉クリーム（衝動購買商品）の2ブランド（シェア上位ブランドが Coffeemate，下位が Creamora），塩（必需品）の2ブランド（シェア上位ブランドが Morton，下位が Food Club）のフェイス数を乱塊法に基づき，1週間ごとに操作する実験を3週間行った．仮説は，①必需品の場合，フェイス数と売上数量の間には関係がない，②衝動購買商品で，かつ消費者の受容が高いブランド（シェア上位ブランド）の場合，フェイス数と売上数量の間には関係がある，③衝動購買商品で，かつ消費者の受容が低いブランド（シェア下位ブランド）の場合，フェイス数と売上数量の間に関係がないという3つであった．分析の結果，コーヒー用粉クリームの上位ブランドである Coffeemate のみ，フェイス数の増加が売上数量の増加に結びついていることが度数集計，分散分析から確認され，3つの仮説は支持された．

さらに，Frank and Massy（1970）は，フェイス数だけでなく，商品が陳列される棚の段位置（以下，棚段）も考慮した分析を行い，棚段よりフェイス数が売上数量に明確に結びつくことを示した．彼らは，実験ではなく店舗のフェイス数などの陳列状態，売上数量などを一定期間収集し，そのデータを分析する販売監査法[23]を用い，30店舗で63週間，加工食品カテゴリーの上位7ブランドの3サイズの棚状況，売上数量などのデータを収集し，385の時系列データ[24]を収集した．時系列的に棚状況の変更がそれほど多くなかったため，クロスセクショナルな重回帰分析を行った結果，フェイス数と棚段の交互作用は見られなかったこと，主効果のみのモデルに基づくと棚段の効果は弱いこと，フェイス数の増加は売上数量の増加に明確に影響することなどが分かった．また，高売上店に限れば，1フェイスの増加が，週単位の売上数量を60％増加させることなども明らかにされた．Frank and Massy の貢献は，これまでの実験

法によるデータではなく自然な販売環境で収集されたデータで,フェイス数の増加が売上数量に与える正の効果を明確に示した点であろう。

また,Chevalier (1975) は,エンド陳列の売上に与える効果を検証するため店頭実験を行い,値引きを伴うエンド陳列が売上数量の増加に結びつくこと,エンド陳列されるブランドが所属する商品カテゴリーの競争状態によってその効果が異なることなどを明らかにした。Chevalier は,1つのチェーンの4店舗で,8つの商品カテゴリー内の2つの異なるブランド,つまり16ブランド×2つの価格水準×2回の繰り返し(1回目から4週間後)の条件の中から,毎週異なる2つの特別陳列を各店舗で行う実験を16週間行った。5つの仮説の詳述は省くが,分析の結果,64ケースの平均として,値引きを伴うエンド陳列は,エンド陳列を行わない通常販売の週に比べて約6倍弱(正確には572%)の売上をもたらすことが示された。また,分散分析の結果,トップブランドとそれ以外のシェア格差が大きい業界ではなく,互角の競争をしている業界のブランドがエンド陳列されたときに,大きな売上増加に結びつくという興味深い点も明らかになった。

これらの研究以降も,客観的な棚・陳列と成果の関係の研究は引き続き行われ,日本でも守口・恩藏 (1989),寺本 (2012) などの研究成果へと発展していく。ここでは,この時代の店頭プロモーション研究が,フェイス数,棚段,エンド陳列の有無という客観的特性が売上数量などの成果に与える影響に焦点を当てて,進められてきたことを確認するに留める。

4-3-3 POP広告の研究

店頭プロモーション研究の下位分野として,店舗内での販売時点の販売促進 (Point-of-sale Promotion, 以下POP広告と略す) が売上に及ぼす影響に焦点を当てた研究群がある。スーパーマーケットの登場など小売業態の変化に伴い,新しい販売促進方法の有効性への関心が高まり,POP広告の効果について店頭で実証研究が行われるようになった。ここでは3つの代表的な研究を紹介する。

Farrell (1965) は,POP広告はその販促ツールの高価・廉価にかかわらず売上数量に強い影響はなく,むしろ特別広告,価格,代替品の価格の方が影響することを店頭実験で示した。Farrell はミネソタの12店舗で2週間ごとに5回,合計10週間,カリフォルニア・メロン(カンタループ)に関する3種類のPOP販促ツール,1つの統制群(POPツールなし)をラテン方格法に基づき操

作する実験を行った。3つのツールは，①低価格のつるし広告，②中価格のピクニック・テーブルを模したディスプレイ・ケース，③高価格の動く仕掛けのあるディスプレイ・ケースである。共変量として，メロンの期間平均価格，他の果物（バナナ，桃，ぶどう，スイカ）の期間平均価格，来店客数，メロンの特別広告の有無，平均気温などを用い，分散分析，回帰分析を行った結果，POPツール間で売上への影響に有意差がなかったこと，メロンの価格は売上数量に負の影響を及ぼすこと，代替品のぶどうの価格，気温はメロンの売上数量に正の影響を及ぼすことを明らかにした。Farrell の研究は，POP 広告の訴求点が3ツール間で異なり[25]，実験統制に問題があること，対象商品がやや特殊であることなどの課題はあるが，店頭実験により POP 広告の有効性の検証を試みた萌芽的研究である。残念ながらその有効性を示すには至らなかったが，価格や特別広告など他のマーケティング手段に対する相対的有効性を検証しようとした点が優れている。

　これに対し，Woodside and Waddle（1975）は，POP 広告の有効性を，価格割引も考慮した店舗実験で示した。Woodside and Waddle は，4つのスーパーマーケットで，4週間にわたり毎週，インスタント・コーヒーに関する POP の有無（2水準）と値引きの有無（2水準）を操作し，売上数量への影響を調べた。POP 広告は手書きの5×7インチの大きさで，ブランド名，内容量，価格，数量制限なしなどの内容が書かれていた。また，値引きは通常価格の20％の値引きの有無のみである。また，5週目は，持越し効果を検証するため，売上データが収集された。分散分析の結果，価格，POP 広告の主効果，価格と POP 広告の交互作用の売上数量に対する効果が1％水準で有意に認められた。とくに，値引きは POP 広告と組み合わせたとき，売上数量に大きく影響することが示された点は興味深い。また，持越し効果は認められず，値引き，POP 広告の売上数量に対する効果は短期的であることも示された。Woodside and Waddle の貢献は，Farrell よりも厳密な実験統制で，シンプルに POP 広告および POP 広告と値引きの相互作用効果を示した点にある。

　Mckinnon et al.（1981）も，POP 広告の有効性を，POP 広告の内容，価格割引を考慮した店舗実験で示した。Mckinnon らは，百貨店内で6つの商品（バスタオル，パンスト，女性用スラックス，男性用スラックス，男性用ジーンズ，男性用シャツ）について，3週間にわたり，POP 広告（なし，価格のみ表示，価格と2〜3の便益記述文の3水準）と値引きの有無（なし，20％割引〔1商品のみ

30％割引〕の2水準）を操作し，売上数量への影響を調べた。分析の結果，POP広告は，価格割引の有無にかかわらず，価格のみの内容表示よりも，価格と便益記述文の両方の内容表示がある方が1日の平均売上数量に正の影響があること，また価格とPOP広告の有無（POP広告ありの2条件となし）の交互作用は有意であり，値引き時にPOP広告はより売上数量に影響することが確認された。

　これらの研究の成果として，POP広告は単に売上数量に正の影響を与えるだけでなく，価格割引と同時に行ったときに売上数量への正の影響がより大きいことが明らかになった点が挙げられる。課題として，認知的な側面のみに焦点が当てられており，POPに対する感情的反応などが取り上げられていない点が挙げられる。

4-3-4　まとめと課題

　店頭プロモーション研究全体の成果は2点に整理できる。1つ目は，小売企業が操作可能な客観的変数と成果との関係を明らかにした点である。具体的には，シェア上位製造企業ブランドの値上げの売上数量に対する悪影響を明らかにしたこと，シェア上位企業のフェイス数の増加は売上数量増加につながること，棚段はフェイス数ほど売上数量への効果が見込めないことなど，実務に有用な関係を明らかにした点が優れている。2つ目は，複数手段の交互作用，相対的効果を明らかにした点である。たとえば，フェイス数と棚段ではフェイス数の方が売上数量への効果が大きいこと（Frank and Massy, 1970），POPと値引きは同時に行ったときにより大きな売上数量増加をもたらすこと（Woodside and Waddle, 1975）などが明らかにされており，他分野に比べ，この分野は複数のマーケティング手段の交互作用，相対的効果を明らかにしようという意識が強い。この点も実務に有益な示唆をもたらす点で優れている。

　店頭プロモーション研究全体の課題として，感情的側面の軽視が挙げられる。店頭プロモーション手段は直接的に売上数量に影響するだけでなく，楽しいなどの感情状態に影響し，間接的に売上数量に影響している可能性がある。しかし，この時代の研究は，操作可能なマーケティング変数と売上数量の関係のみに注目し，感情の効果については検討していない。

4-4 混雑と店舗内行動
4-4-1 主要研究

　店舗内の実際の混雑あるいは主観的に知覚された混雑度が，店舗内行動に与える影響を研究する「小売混雑」(Retail Crowding) 研究という分野がある。この分野の研究として，先駆的研究である Harrell et al.（1980）の研究，理論的整理を行った Eroglu and Harrell（1986）の研究，実験研究により知覚された混雑度の規定因を検討した Eroglu and Macleit（1990）などの研究がある。ここでは2つの主要研究を紹介する。

　Harrell et al.（1980）は，実店舗での調査に基づき，知覚された混雑が消費者の適応戦略を促し，予定以上に店舗滞在を楽しむ傾向があることを明らかにした。Harrell らは，1つのスーパーマーケットで6日間に質問票をもとにした面接調査法で収集した600名のデータを用い，パス解析を行った。分析の結果，実際の混雑度（客数ベース）が，閉じ込められた感覚（Confined, Closed Feeling）や移動が制限（Restricted Movement）される感覚などの知覚された混雑を高めること，知覚された混雑を理由に消費者が予定買物時間からの逸脱を許容し，時間消費を楽しむ傾向があることを明らかにした。

　Harrell らの貢献は，実際の混雑と知覚された混雑を区別し，後者が消費者の適応戦略を促すことを明らかにした点である。しかし，2点課題が挙げられる。1つ目は結果を額面通りに解釈すると，小売企業に誤った示唆を与える可能性がある点である。混雑度が高すぎれば，消費者は不快に感じる，あるいは覚醒しすぎる可能性がある。最適水準が存在する可能性が高いが，その点について十分な検討がなされていない。2つ目は，店舗内滞在の楽しさという「感情」に関わる概念を直感的に導入し，理論に基づいた検討がなされていない点である。Harrell らの研究は，1つ目の問題を考えればネガティブな感情も同時に取り上げる必要があった可能性が高い。感情をどのように捉えるか，取り上げるべき感情次元は何か，理論に基づいた研究枠組みの検討が必要である。

　レビュー対象期間をやや越えるが，Eroglu and Macleit（1990）は，知覚された混雑が，課題志向の有無，時間圧，主たる購買商品の知覚リスクにより変化することを明らかにした。Eroglu and Macleit は，混雑度が5水準で異なる実店舗の写真と，課題志向，時間圧，主たる購買商品の知覚リスクを各2水準で操作したシナリオを作成し，112名を対象に実験調査を行った。分析の結果，購買すべきものがある状況（課題志向あり），時間圧が高い状況，知覚リスクの

高い商品（実験ではカメラとレンズ）を購買する場合，同じ混雑度の写真を見ていても，知覚された混雑度はより高かった。また，課題志向がある場合，混雑していない状況で満足度がより高くなることなども明らかにした。

　Eroglu and Macleit の貢献は，実験手法を用い，知覚された混雑の規定因を明らかにした点にある。しかし課題として，知覚された混雑の形成やその店舗内行動や評価への影響を検討する際に，感情的要因について一切検討されていない点が挙げられる。

4-4-2　まとめと課題

　この時代の小売混雑研究の成果として，客観的な混雑ではなく，主観的混雑度の重要性を明らかにした点が挙げられる。その規定因を探ることにより，消費者の混雑度の知覚を下げ，店舗内行動に少なくとも悪い影響を与えない施策を検討でき，実務的示唆の大きい研究分野であると言える。

　しかし，大きな課題が2点ある。1つ目は，消費者の主観的知覚やその影響を取り上げる際，移動の制限や知覚リスクなど認知的側面の検討に偏っている点である。Harrell et al.（1980）が示唆したように，知覚された混雑は，感情的側面にも影響を及ぼす可能性が高いため，認知，感情の両側面を考慮した研究が必要であろう。2つ目は，感情を考慮する際の理論への立脚の必要性である。Harrell et al.（1980）のように，知覚された混雑が感情に影響することを取り上げている研究もあるが，これらの研究は理論に基づかず直観的に感情を取り上げている。第2章で後述する感情の理論を考慮した検討が必要である。

5　満足評価

5-1　主要研究

　第4節では店舗内の買物行動研究を確認したが，最後に本節で満足評価に焦点を当てた3つの主要研究を確認する。ここでは，店舗満足に関する萌芽的研究である Miller（1976）の研究，店舗・製品の双方に関係する満足の概念規定に基づく実証研究を行った Oliver（1980）の研究，店舗満足の規定要因を検討した Westbrook（1981）の研究を取り上げる。

　Miller（1976）は，店舗への満足・不満足の個人差の研究を行い，年齢が若く，居住年数が短く，配偶者の教育水準が高いと，自身が最もよく行く食料品

店に対し，より不満を感じていることを明らかにした。Miller は，要求水準（Level of Aspiration）理論に基づき，中高年の主婦は買物経験が豊かであるため，要求水準（期待）が高く不満が生じやすい等の満足度の個人差に関する仮説を立て，180 名の主婦に対し，質問票と食料品の購買記録による調査を行った。主婦は，最も行く，あるいは最もお金を支出している食料品店に対する満足度を 7 点尺度 1 項目で回答した。回答者属性とのクロス集計等の分析の結果，40 歳以上よりも，20 ～ 39 歳の主婦の方が，最もよく行く食料品店に対する不満が高く，11 年以上の居住歴の主婦よりも 10 年以内の居住歴の主婦の方がやや不満が高く，夫の教育歴が長いほど不満が高いことが分かった。

　Miller の貢献は，店舗満足度に関する萌芽的な研究を行い，その個人差を検討した点にある。しかし，大きな課題が 2 つある。1 つ目は，店舗満足の概念定義が明確でなく，測定も 1 つの言語尺度項目のみで行っている点である。具体的には，Miller の研究で言う満足度は，購買物に対する満足度か，店舗内での経験に関する満足度か，どちらを指し，測定しているのか明確でない。2 つ目は，第 3 変数の検討不足である。若い主婦は，収入の制約のため，自身の期待を満たせるような食料品店で買物ができない可能性がある。満足度を従属変数，回答者属性を独立変数とした重回帰分析で，世帯年収は独立変数に含まれており有意ではないが，年齢との相関，多重共線性，疑似相関の検討が十分ではない。

　満足の概念規定を本格的に検討し，実証研究を行った研究は Oliver（1980）だと考えられる。Oliver の研究は，買物に関わる満足の研究ではなく，インフルエンザ・ワクチンの接種に関する満足度の研究である。詳細は第 7 章で述べるが，Oliver は，満足が，事前の期待と知覚された成果の差異によって決まること，すなわち期待が成果より大きい場合に不満足の状態となり，成果が期待と同等かそれ以上の場合に満足の状態となることを明らかにした。

　Westbrook（1981）は，満足研究が製品・サービスに偏り，店舗満足の概念規定が明確でないこと，およびそれに基づく規定因の研究が不足していることを指摘し，販売員に対する満足や特売に対する満足などが店舗全体の満足に影響することを実証研究より明らかにした。Westbrook は，小売店に対する満足を「愛顧する小売業者から得られる経験の全集合の評価への感情的反応」（Westbrook, 1981, p. 71）と定義し，「特定の財やサービスの使用，消費，所有から得られる経験の評価への感情的反応」（同）である製品・サービスに対する

満足とは区別した。Westbrook は，百貨店の買物客 206 名に対し，質問票による調査を行い，店舗全体に対する満足を 7 点の DT（Delighted-Terrible）尺度と，9 点の円環（Circles Scale）尺度の合計点で測定し，接客や内装などの店舗内での経験に関する満足を 24 項目の DT 尺度で測定した。24 項目の店舗内経験の満足項目を因子分析し，抽出した 8 因子の因子得点を独立変数，全体満足得点を従属変数として回帰分析を行った結果，とくに従業員への満足，特売への満足，提供する製品・サービスへの満足，店舗内環境への満足などが全体満足に影響していることを明らかにした。

　Westbrook の貢献は，店舗満足と製品・サービスの消費・所有に関する満足を区別したこと，店舗満足の規定因を実証的に検討したことにある。ただ，大きな課題が 2 点ある。1 つ目は，規定因として，店舗環境の認知的側面を過度に重視している点である。分析に用いた 24 項目は，販売員，価格，品揃え，広告の認知的な評価であり，感情的側面は考慮されていない。2 つ目は，従属変数である全体満足を感情的反応と定義しているが，この定義が感情の理論的研究に基づいていない点である。理論的に，感情の次元や分類の検討は行われておらず，測定においても，満たされている程度や経験の良さを 2 尺度で測定しているのみである。2 つの課題をまとめると，満足とその規定因の両方とも，理論に基づき，感情的側面が検討されていない。

5-2　まとめと課題

　満足研究の成果として，事前の期待（要求水準）と知覚された成果の差異という認知的側面の重要さを明らかにした点が挙げられる。この枠組みは，知覚矯正効果，同化効果を考慮した嶋口（1994）の研究，売り手と買い手の公平性の知覚が満足に与える影響を検討した Oliver and Swan（1989）の研究に引き継がれる。

　この時代の満足研究の課題として，感情的側面の考慮が不足している点が挙げられる。満足評価に感情が関わっていることはわれわれの日常経験からも想像がつくが，快・不快などの感情をどのように捉え，満足との間にどのような関係があるか，理論的な検討が必要である。

❖ 結　論

まとめ——買物行動における認知，情報処理の働きの解明

　本章では，1920年代から1980年代初頭までの主要な買物行動研究を，買物行動のプロセスに沿って，分野ごとに確認してきた。ここでは大きな潮流としての成果を3点確認しておきたい。1つ目は，効率的な商品入手のための買物における認知，情報処理と購買の関係を明らかにした点である。各分野の成果は先述したが，多くの研究は，消費者が効率的な商品入手のために客観的な情報を処理して選択を行うプロセスの一部をモデル化してきた。たとえば，3-2で見た買物目的地選択行動モデルの多くは，魅力度変数として品目別の売場面積を用いるが，これはある品目の購買を考える消費者は，その品目の売場面積が大きいほど満足できる商品を入手できる可能性が高いと考え，その店舗を選択する可能性が高まることを仮定したモデルである。また，4-2で確認したKollat and Willett（1967）の研究は，消費者が店舗内で商品やPOPなどに接触し，家庭内の在庫切れや在庫僅少を思い出し，その補充を行う消費者モデル（消費者像）を描いていた。4-3で確認したフェイス数やエンド陳列などの店頭プロモーション研究も消費者が商品に容易に接触できることで，情報が処理され，購買に至るプロセスのモデルが描かれていた。分析に用いられる売場面積，フェイス数，価格などは小売企業が操作できる変数であり，実務的な示唆でも優れていた。

　2つ目は，買物プロセスの段階ごとに，商品入手を前提とした認知的側面に着目した研究が集中的に行われたことにより，分野ごとに多くの成果が蓄積されたことである。中でも，ストア・イメージ研究，衝動購買研究，店頭プロモーション研究は研究数も多く，店頭プロモーション研究の分野では，各プロモーション手段の売上数量増大に対する相対的有効性の検証も早くから行われている。

　3つ目は，消費者の感情への関心の高まりの契機である。3-4で取り上げたBelkとRussellおよびMehrabianの論争は，買物の状況だけでなく，ブランドの選択状況や消費の状況も含めた状況の捉え方に関するものであったが，消費者を取り巻く状況の要約としての感情への関心が高まる契機になったと考えられる。この論争，心理学分野での感情研究の進展，第3章で詳述する

Donovan and Rossiter の先駆的研究が,1980 年代より始まる買物行動と感情研究の進展を促進したと考えられる。

残された課題——感情の無視(軽視)
　大きな課題は 3 点ある。1 つ目は,認知への傾注と感情の無視あるいは軽視である。この点は成果の 1 つ目の裏返しでもある。1980 年代初頭までの買物行動研究は,一部の研究を除き,主たる研究対象として買物行動の認知的側面や行動的側面に焦点を当ててきた。たとえば,目的地選択行動研究の分野では,消費者は店舗の売場面積や目的地までの距離,価格や接客などの要因(表 1-3 を参照)により確率的に目的地を選択するというモデルに基づき,目的地選択行動の説明,予測が試みられた。ここでは,目的地における過去の感情的な経験等は考慮されていない。また,動線・フロアー移動研究においても,売場やフロアーの認知的な魅力やフロアー間の距離などの認知的,客観的変数による,店舗内移動行動の説明,予測が試みられた。衝動購買研究の分野においても,個人差や購買品目数,買物リストの有無などの認知的,客観的変数により衝動購買品目数や率の説明,予測が試みられた。前項「まとめ」でも述べた通り,これらは確かに大きな成果であるが,認知や情報処理に傾注するあまり買物行動の感情的な側面を無視あるいは軽視してきたことは否めない。
　なぜ,認知だけではなく,感情を考慮した買物行動研究が必要なのか。この問いに答えるためには,感情の成り立ち,働きの理解が必要であるが(第 2 章で後述),最も大きな理由は,認知を重視した情報処理モデルを背景に持つ買物行動研究の消費者像と現実の消費者の乖離である。序章で言及した通り,多くの消費者は,人生の重大事象に比べ,日常的な食料品購買などの買物課題や,その購買物に対して関与が低い。また,出向先店舗では,購買予定ブランドが品揃えされていないことや,価格や鮮度などの面で購買条件に合わず購買計画の変更を余儀なくされることも多い。関与が低く,不確実な環境に適応し,効率的に課題を解決するために,現実の消費者は感情を上手に利用している。たとえば,先述の購買計画の変更を余儀なくされる状況に直面すれば,ネガティブな感情を感じ,課題の解決に専念するために,課題に無関係な店舗内の商品などの情報の意識への侵入は自動的に遮断されるだろう。また,Tauber(1972)が指摘した退屈をしのぎたいなどの感情経験自体が買物目的である場合,商品入手が目的の買物とは明らかに出向先や店舗内行動が異なるだろう。これらの

感情的側面は，これまでの認知や行動を重視した買物行動研究では説明，予測が難しいと考えられる。

2つ目は，買物行動研究におけるプロセスの分断であり，成果の2点目の裏返しである。萌芽期の買物行動研究は，商品分類のため，買物プロセス全体の特徴に着目した研究を行っていた。しかし研究の発展に伴い，買物行動研究は，買物動機研究，目的地選択行動研究，店舗内行動研究など，買物プロセスの段階ごとに細分化していった。細分化の進展は，研究蓄積と成果の深化を促す一方，段階を越えた関係の研究，買物行動プロセス全体を俯瞰する研究は登場し難くなっていったと考えらえる。

3つ目は，一部研究における「感情」の取り上げ方である。1つ目で述べた通り，多くの研究が認知的，客観的変数にのみ注目する中で，一部の研究は「感情的なもの」を取り上げ始めていた。たとえば，動機研究において Tauber (1972) は値切りの楽しみや気分転換などを買物動機として挙げ，ムード・コントロールという感情的な側面に着目していた。ストア・イメージ研究では，Kotler (1973) は小売業における店舗雰囲気の重要さを指摘し，Nevin and Houston (1980) や山中 (1986) も商業集積の魅力度を規定する要因として雰囲気を取り上げ，実証研究に用いていた。また衝動購買研究では，大槻 (1982) は，実証的証拠は示していないものの，衝動購買に情緒的な動機が関わっていることを示唆していた。これらの研究は，確かに買物行動と感情の研究に関する原初的な研究ではあるが，感情の理論に基づいた「感情」を扱ってはいない。では感情の理論とは何か。感情とはどのように定義されるものか，感情の理論に基づかないことの問題点は何かを明確にするために，次の第2章で心理学，脳科学・神経科学分野における感情研究の要点を確認する。

* 本章第3節3-4は，石淵 (2001) の一部を修正，加筆したものである。

注————
1) 「平成26年全国消費実態」は，2人以上の世帯を5万1,656世帯，単身世帯を4,696世帯，あわせて5万6,352世帯を対象に調査が行われ，集計に用いられた有効回答は，5万4,559世帯であり，有効回答率は96.8%であった。また標本抽出は，市部では層化2段階抽出法，群部では層化3段階抽出法が用いられた。抽出単位は世帯単位である。
2) 品目102〜981の総額であり，食料品から衣服，家電，化粧品など幅広く含まれている。
3) 経路不明を含めると24万3,781円である。
4) 一般小売店とは，スーパー，コンビニエンス・ストア，百貨店，生協・購買，ディスカウン

ト・ストア，量販専門店に該当しない実店舗を指す。具体的には，個人商店，ガソリンスタンド，新聞小売店，チケット・ショップなどを指す。また，飲食・サービスはその他として集計されており，この分類に含まれていない。
5) 一般小売店，スーパー，コンビニエンス・ストア，百貨店，生協・購買，ディスカウント・ストア，通販以外の店を指す。たとえば，美容院，クリーニング店，問屋，市場，露店，行商，リサイクル・ショップなどが含まれる。飲食店（レストラン，ファーストフード，居酒屋等）や自動販売機も含まれる。
6) 品目102～398・39X・39Yの総額であり，米，肉，魚，野菜など幅広く含まれている。
7) 主要研究のレビューは重複するが，本章ではClover（1950），Farrell（1965）など既存レビューでは子細に取り上げられていない研究も扱う。
8) その後も調査は行われ，1970年代の調査結果はより詳細に公表されている。詳しくは，青木（1989a）を参照。
9) DuPont調査の「代替購買」の定義の説明は，Stern（1962）とKollat（1966）でやや異なっている。Sternは代替購買（Substituted）を，特定計画購買あるいは一般計画購買からの変更を指すとし，ブランドだけでなく，製品カテゴリーの変更も含むものとしている。これに対し，Kollatは，「ブランド代替購買（Brand Substitution）」と表し，購入計画があったブランドとは異なるブランドを購入した購買とし，特定計画購買からの変更を示唆している。本書では，青木（1989a, p. 106）の記述を参考に，Sternの説明を採用した。
10) スキャンパネル・データやID付POSデータを用いた店舗内購買行動分析に関しては，すでに詳しいレビューが存在するため割愛する。主要研究としてGuadagni and Little（1983），寺本（2012），手法・モデルのまとめとして阿部・近藤（2005），レビューとして青木（1993），小沢（2008）がある。
11) Stern（1962, pp. 59-60）は4分類を次のように定義した。純粋衝動購買（Pure Impulse Buying）とは，いつもの購買パターンを打ち破る新奇性や逃避による購買を指す。想起衝動購買（Reminder Impulse Buying）とは，消費者が店頭で商品を見て，家庭内在庫が枯渇していたり少なくなっていることを思い出したり，広告を思い出したりするなどで生じる購買を指す。示唆的衝動購買（Suggestion Impulse Buying）は，店頭で初めてその商品を見て，事前の知識はないが，機能性などからその必要性を視覚化（Visualize）できたときに生じるものを指す。示唆的衝動購買は，想起衝動購買とは事前知識の有無で異なり，純粋衝動購買とは感情的な製品のアピールではなく，機能性の評価に基づいているか否かの点で異なる。計画的衝動購買（Planned Impulse Buying）とは，特定商品の購買を考えつつ，特売やクーポン次第では他の商品を買ってもよいと考えているときに生じる購買である。
12) 入店時の購入意図の計画水準は，製品カテゴリーとブランドの両方で計画あり，製品カテゴリー・レベルであり，製品クラス・レベルであり，ニーズ認識のみあるレベル，ニーズ認識もないレベルの5水準であった。
13) 退店時の購買結果は，製品カテゴリー・ブランド購買，非購買，ブランド変更の3水準であった。
14) 組み合わせ上ありえないもの，たとえば来店時に製品カテゴリーだけ決めていたが，ブランド変更を行ったなどの組み合わせは除いたため，9つになった。
15) これは，青木（1989b）の分類で言えば，想起購買，条件購買が多いことを意味している。
16) 非計画購買率とは，非計画購買数を総購買数で割った比率である。
17) 関係はあるが影響はない要因とは，その要因が異なる製品カテゴリー購買数を介して，非計画購買数に影響しており，異なる製品カテゴリー購買数を一定にすると，影響が認められない要因を指す。
18) 異なる製品カテゴリーの購買数とは，ある製品カテゴリーで購入があれば1と数え，総製品

カテゴリーでその合計を算出したものである。そのため,「もし買物客が牛乳2本とパン1つを購入した場合,異なる製品カテゴリーの購買数は2となる」(Kollat and Willett, 1967, p. 22)。
19) 18ブランドのうち,ケーキ用小麦粉はブランドAとその他 (Others) の2ブランドの2回の実験結果があり(実際には3回行われているが,結果が公開されているのは2回のみ),その他にはブランドA以外のものがまとめられている。詳しくは,Hawkins (1957), p. 431を参照。
20) 「比較的高い実験誤差の影響があり,実験にはがっかりさせられた。しかし,これがマーケティング実験の一般的な真実である」と述べている (Barclay, 1969, p. 429)。
21) Cox (1964, p. 64) はTangと大文字で表記していることから固有名詞であると推察し,「タン」(Tang)というブランド名でモンデリーズ社(Cox論文の発刊当時はクラフトフーズ社)が発売しているオレンジ味の粉末ドリンクの素として訳した。
22) Cox (1964) はImpulse Productsとし,何も説明をしていないが,店頭プロモーションに呼応する形で,衝動購買される傾向がある商品という意味で,「衝動購買商品」と訳した。
23) 原語はStore Audit Runであり,青木 (1989a, p. 189) の訳に従い,販売監査法と訳す。
24) 計算上,30店舗×7ブランド×3サイズ=630データとなるが,店舗によっては全サイズを取り扱っていない店もあるため,分析に使用できるデータは385となった。
25) 中価格ツールではメロンの万能性を訴求し,高価格ツールではベリーやアイスクリームなどと一緒に食べることを提案する内容となっており,ツールの豪華さ以外の要因も同時に操作されている可能性が高い。

第2章

感情研究の系譜

❖ はじめに

　第1章で買物行動研究が，認知や行動の側面に焦点を当て発展してきたことを確認したが，現実のわれわれの買物行動を思い浮かべたとき，そこに違和感を覚える人は多いはずである。確かに，われわれは，生活に必要な商品の入手という目的を達成するために，買物場所を選び，出向した店舗内でお目当ての商品の購買を行うことがある。しかし，われわれは商品入手の目的だけではなく，退屈やストレスの解消などの気分転換を主たる目的として買物に出かけることがある。また，われわれは店舗内で楽しい気持ちになり予定外の商品を購入することもしばしば行っている。これらの行動には，推論，比較といった認知的な情報処理の側面だけでなく，「感情」的な側面が関わっていると考えられる。買物行動は人間行動の部分集合であるが，感情的側面を適切に取り上げず，買物行動を見ることは，「人」らしさの大きな部分を損なうことになる。

　本章の目的は，この「感情」とは何かについて，心理学，脳科学・神経科学の研究成果に基づき整理と確認を行い，買物行動と感情の関係を捉えるための視座を明確にすることである。心理学分野は，消費者行動研究よりはるか以前から感情に関する研究を行っており，その系譜と蓄積を無視し，軽々しく感情を論じることはできない。膨大な感情研究の蓄積を，限られた頁数内で論じることには限界があるが，感情の要諦，買物行動研究に必要とされる知見を中心に整理を行い，第3章以降で買物行動と感情の関係を捉える視座を明確にする。

本章第1節で，定義の多様性と本書の立場を中心に述べる。第2節で定義とも関わる研究系譜，第3節で感情の機能，第4節で感情の捉え方，プロセスを巡って行われてきた重要な論争について述べる。第5節で感情の測定，第6節で認知と感情の関わりについて述べる。感情は，心理学分野でも明らかになっていない部分が多いうえ，現在も脳科学や神経科学を巻き込んだ研究が続く状態であるが，本章では現在までの知見をもとに整理を行う。最後に，感情研究のまとめと，買物行動と感情の関係を捉える視座を示す。

1　定義と用語

1-1　定義と学説
1-1-1　3つの立場

　感情を定義することは極めて困難なことであるが，これまで研究者が感情をどのように考え，本書がどのように考えるかを示すため，必要最低限の議論を行う。感情とは何かについてまだ一致した見解はなく，研究者により考えは異なる。図2-1は，Scarantino（2016）が整理した感情研究の系譜図である。主要学説の内容，学説間の関係は後述するが，図2-1は，学説間で対立する部分はあるものの（本章第4節で後述），各学説は必ずしも相互に背反ではなく，感

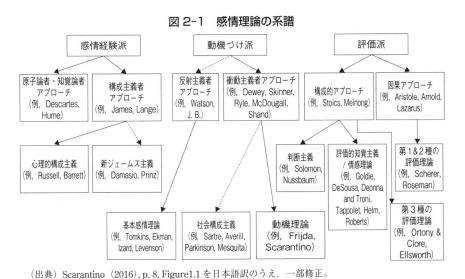

図 2-1　感情理論の系譜

（出典）Scarantino（2016），p.8, Figure1.1 を日本語訳のうえ，一部修正。

図2-2 一般的な感情生起のプロセスの略図

刺激 ──────▶ 評価 ──────▶ 感情

(注) 図中の「評価」は高次の認知的処理ではなく,Arnold (1960a, b) が主張する無意識に行われる良い悪いなどの評価である (LeDoux, 1996, pp. 49-50)
(出典) LeDoux (1996), p. 52, Figure 3-6「汎用評価モデル (General Purpose Appraisal Model)」を筆者が訳出。

情のどの側面を重視しているかにより,主観的感情経験 (Feeling)(以下,感情経験と訳す[1]) を重視する立場,目標への動機づけ (Motivation) を重視する立場,評価 (Evaluation) を重視する立場の大きく3つに分けられることを示している[2]。批判を恐れず言えば,感情が生起するプロセスは,図2-2に示すように,刺激を受け取った生体が,高度ではない評価を無意識,瞬時に行い,それをもとに,感情経験,生理的変化,行動への動機づけを生じさせるプロセスであると言える。どの段階を感情の核心と考えるかにより,大きく3つの立場がある。まず各立場の研究者の感情の定義を確認する。

第1の感情経験派は,人の心の中での主観的な感情経験を重視する立場である。ここでの感情経験とは,何かを感じることであり,「主観的に感じ取る心の動き」(遠藤, 2013, p. 16) を指す。感情研究の開祖と目される James (1884) は,身体的・生理的変化などの末梢の変化が中枢である脳で知覚されたものを感情経験と呼び,感情経験を研究対象として重視した。また,感情経験派の心理的構成主義に属する Russell は,コア感情 (Core Affect) という構成概念を提唱し,「(コア) 感情とは,快・不快と覚醒が統合的に混ざり合っている,簡便で,非熟慮的な感情状態として,意識的にアクセス可能な神経生理的状態」(Russell, 2003, p. 147) であると定義している。Russell は,(コア) 感情を意識的にアクセス可能だが,「解釈,ラベリング,原因帰属をしなくても感情状態自体は存在している」(Russell, 2003, p. 148) ものと考えており,感情は人が意識しなくても,また解釈しカテゴリカルな名称をつけなくても,存在するという立場を取る。Russell とともにコア感情を提唱 (Russell and Barrett, 1999) した Barrett も同様の立場[3]から,コア感情を「ある特定時点での,個人と環境との関係の神経生理的バロメーター」(Barrett, 2006, p. 31) であると定義している。

第2の動機づけ派は,目標に向け,生体を駆り立てる動機づけの側面を重視する立場である。この立場の研究者は,感情を「良く遭遇する緊急の状況」へ

の対処(生存のための逃走など)のためのプログラムとして進化の過程で獲得されたものであると捉え,その動機づけの働きと背後にある進化論を重視することが多い。たとえば,動機づけ派の基本感情理論に属する Levenson は,感情[4]を「変化する環境の要求への適応の効率的なモードを表す,短期的に生じる心理的,生理的な現象」(Levenson, 1994, p. 123) と定義している。また,Frijda は,感情を「個人の幸福や関心事に関係している出来事を認知・行動システムに知らせるプロセス」(Frijda, 1994, p. 113) であるとし,接近・回避行動[5]の動機づけを行う機能的なものとして位置づけている。また,アージ理論を提唱した戸田も,感情を「野生環境における生き延び方略」(戸田, 1992, p. 8) であると考えている。戸田も用いている熊やライオンなどの猛獣との遭遇の例で考えよう。突然,野山で野生のクマに出くわした場合,恐怖と同時に,心拍が早まり,対処プログラムが起動し,逃走を始める。この一連の対処プログラムは,「遺伝的な手続きプログラム」(戸田, 1992, p. 9) であり,進化の過程を通じて形成されたものである。ここで,よく遭遇する緊急の状況は「危険生物との遭遇」であり,その状況下での目標は「生き延び」であり,そのための行動として「逃走」プログラムが瞬時に立ち上がる。動機づけ派が考える感情の本質は,ある状況に接するや否や,目標に向け,自動的に全身を整合的に調整し,行動を組織化していく点にある (Levenson, 1999)。中でも基本感情理論派の研究者の多くは,このようなプログラムは生得的,文化普遍的に備わっており,脳や身体に固有の神経的基盤が存在すると考える (Tomkins, 1962, 1963; Ekman, 1992a; Izard, 1977)。

　第3の評価派は,感情が生じる際の評価を重視する立場である。ここでの評価は,感情が生じる際の,状況や対象の極めて簡便な分類・認識[6]だけでなく,その分類・認識に基づく快・不快の評価も指す。この簡便な分類・認識は,一次的評価(Primary Appraisal) (Lazarus, 1991) や,感情の質の知覚(Perception of Affective Quality) (Russell, 2003) と呼ばれるものである。たとえば,Lazarus は,刺激に対する初期の評価である一次的評価を「人の幸福と関連する何かが生じているか否か」(Lazarus, 1991, p. 133) の評価と考え,自身のストレス研究の枠組みを拡張する形で,感情生起の仕組みを考えた。具体的には,人は,対象や状況を,目標関連性(個人が心配する問題や関心がある問題があるか否か),目標一致・不一致度(個人の欲しいものと一致しており目標が達成しやすいか否か),自我関与タイプ(自己同一性や自我関与が脅かされるか否か)の3点から一

次的評価を行い，該当する場合に感情が生じると考えた（Lazarus, 1991, pp. 149-150）。また，Ortony らは，「（自身を取り巻く）状況の解釈の仕方により決定される，特定の特徴に関する出来事や人や物への感情価が付与された反応」（Ortony et al., 1988, p. 13）と捉え，人が経験する特定の感情は，自身を取り巻く環境に対する認知や解釈で決まる，対象に対する好き・嫌い，楽しい・楽しくないなどの評価であると考え，評価の側面を重視している。

1-1-2 本書の立場

ここまで，感情の本質をどのように捉えるかにより感情の定義が異なることを確認してきたが，生得的で普遍的な基本感情の有無，感情経験の生成プロセス，感情と認知（評価）の先行性と関係性など，現在も結論が出ていないいくつかの論争は残っているものの（第 2, 4 節で後述），感情システムを構成する要素として「感情経験」「動機づけ」「評価」が重要であることは多くの研究者の共通認識であると考えられる。本書で，感情とは「自身を取り巻く環境や刺激の評価，体内の生理的変化，記憶からもたらされる情報をもとに瞬時に決まる，評価的で主観的な経験や，動機づけのシステム」を指すものとして用いる。主観的な感情経験が，外部の刺激，内部の生理的変化，記憶の 3 つより決まるという考え方は，LeDoux and Phelps（2000）の考え方に基づいている。図 2-3 の通り，今の感情経験は，今まさに目前にある刺激だけから決まるものではない。LeDoux は，「感情経験は他の意識経験同様，ワーキング・メモリー（作業記憶）で形成される」（LeDoux, 1996, pp. 267-303）と考えているが，生理的な覚醒と深く関わる扁桃体（Amygdala），記憶に関わる海馬（Hippocampus）もその形成に関与すると考えている。これはわれわれの日常経験とも合致する。たとえば，多くの聴衆を前に発表を行う際に感じる緊張した何とも言えない感情は，着座する聴衆や部屋内の光や音といった刺激からだけでなく，自身の心拍数上昇や内臓変化がもたらす覚醒水準や，過去に同様の発表をしたときに失敗した苦い経験の記憶からも生じる。また，「自身を取り巻く環境と体内の生理的変化」から決まるという点は，Russell のコア感情[7]の考え方とも合致する（Russell and Barrett, 1999; Russell, 2003, 2009）。さらに，この感情状態は直面する課題への対処体制を素早く整えるため，瞬時に生成されると考えられる（Tooby and Cosmedies, 1990; Levenson, 1999; Cosmedies and Tooby, 2000; Nesse and Ellsworth, 2009）。また，その対処体制には心拍数を上げるなどの生理的な変化

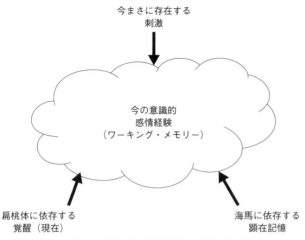

図 2-3 感情経験の形成

（注）図中の「今の意識的感情経験」は原表では Immediate Conscious Experiece だが、表タイトルおよび p. 167 の the subjective experience of an emotional state という表現を参考に、「感情」という表現を加えた。
（出典）LeDoux and Phelps（2000), p. 167, Figure 10.5（どのように感情経験は生じるか（How feelings come about））を筆者が訳出。

だけではなく、瞬時に逃走を図るなどの行動変化も含まれる。進化の過程で繰り返し直面してきた問題（捕食者の接近、希少な食糧の獲得機会など）に対しては、とくにこのような一連のパッケージが用意されていると考えられる（Tooby and Cosmedies, 1990; Cosmedies and Tooby, 2000）。

　本書の感情の捉え方は3つの立場で言えば、第1の感情経験を重視する立場、中でも心理的構成主義に近いが、動機づけや評価の側面を軽んじているわけではない。人の感情経験は、瞬時の評価や、特定の行動への動機づけ（例、逃走）と密接に関係しており（戸田, 1992）、直面する環境や対象の瞬時の評価から生じ、良いものであると評価されれば対象に接近することを動機づけ、悪いものなら、回避することを動機づけると考えられる（Arnold, 1960a, b）。各感情とそれに対応する固有の行動との結びつきが生得的・文化普遍的であるか否か、各感情に固有の神経的基盤が存在するか否かの論争（本章第2節および第4節で後述）には深く立ち入らないが、原始時代からの感情の成り立ちを考えたとき、感情が特定の行動の動機づけのシステムとして機能していることは否めない。同様に、先の定義は、感情（経験）が生成されるために、外界の刺激と感情経

験の間に何らかの（低次の）評価が存在することを否定するものでもない[8]。感情経験，動機づけ，評価は，それぞれ感情を理解するうえで重要であることは間違いないが，本書は，主観的な感情経験が買物行動に与える影響の大きさを重視し，この立場を取る。この点は第3章で詳述する。

1-2 概念と用語

　ここで感情（Affect），とくに感情経験に関わる概念，用語を整理する。概念，用語を区別する次元として，経験の強弱，持続期間，原因の明確さの3次元が用いられることが多い。まず，「感情」とは，3つの次元の水準にかかわらず，情動（Emotion），ムードあるいは気分（Mood）を含む総称的用語として用いられることが多い。情動は，動機になるぐらい強く激しい心的状態であり，持続期間は一時的で短く，生起原因が明確な感情状態を指す（Lazarus, 1991; 谷口, 1997; Watson, 2000; 濱・鈴木, 2001; 高橋, 2002, 2008; 北村・木村, 2006; 大平, 2010a）。情動は，怒りや喜びなどさらに細かい分類が可能である（高橋, 2008）。これに対し，ムードは比較的穏やかで，ある程度持続し，生起原因が明確でない感情状態を指す（Isen, 1984a; Lazarus, 1991; Parrott and Spackman, 2000; Frijda, 2000; Watson, 2000; 土田, 1996; 谷口, 1997; 濱・鈴木, 2001; 高橋, 2002, 2008; 北村・木村, 2006; 大平, 2010a）。ムードは情動と異なり，ポジティブ・ネガティブの大きな分類のみである点にも注意が必要である（高橋, 2008）。

　第4章以降の実証研究で扱う「感情」は，各章でその内容を説明するが，第4章の買物動機の感情的側面を除き，強度と持続期間の点でムードに近い。しかし，店舗や商業集積内で生じた感情経験は，生起原因がある程度明確である点でムードとはやや異なる。完全に対応する用語がないため，本書では「感情」という用語を主に用いる。

　また，本書の実証研究で，感情を捉える際，コア感情の次元であるPleasureとArousal（Activation）の次元を用いることが多いが，それぞれ快「感情」，覚醒という表現を用いる。Pleasureを快感情と訳すことは，Positive AffectやPositive Moodとの違いを曖昧にする恐れもあるが，本書では，心理学で想定されるような非日常的なレジャーを行うときの楽しさ[9]や動機づけになるような激しい怒りなど，極めて強度の強い快感情や不快感情は主たる研究対象ではない。むしろ，買物中の比較的穏やかな楽しい状態を取り上げることが多いため，Pleasureを快感情と同様に扱う。

2 感情の生起メカニズム——研究小史

2-1 末梢か中枢か

　感情とは何かという問いにより正確に答え，感情を明確に理解するためには，感情はどのように生起するのかを理解する必要がある。その生起メカニズムは長く研究がなされており，感情研究の小史とも言える。未だ解明されていない部分も多いが，この生起メカニズムの研究の流れを，本書に必要な範囲で簡潔に示す。

　19世紀後半，James (1884, 1890) は，感情[10]は，生体が刺激を受けとり，内臓や骨格筋などの末梢[11]の身体的変化（Bodily Changes）が生じ，その状態（フィードバック）を脳が感じている状態であると考えた。この説は，末梢起源説（身体フィードバック説）と呼ばれる。「悲しいから泣くのではなく，泣くから悲しい（We feel sorry because we cry.）」(James, 1890, p. 1065) というジェームズの言はあまりにも有名である。同様に，19世紀後半，Lange (1885) は血管や血流の変化という身体的変化を感情の源と考えたことから，この説はJames-Lange説と称されることが多い。この説は，当時，勃興してきた生理学の影響を強く受けていると考えらえる（大平, 2010b）。悲しいから泣くという考え方が常識であった時代に，常識とは異なるこの考え方は感情研究に大きな影響を与えた。しかし，この説は「科学的証拠に基づかない思弁的思考」（大平, 2010, p. 16）であり，実証結果に基づく主張ではない点に注意が必要である。

　20世紀前半，James-Lange説に対し，Cannon (1927) は，脳が感情の生起の源であると考えた。この説は，中枢起源説（視床説）と呼ばれる。Cannonは，視床の役割を重視している。彼は，刺激の情報が皮質下領域の視床に送られ，そこで感情的な情報を持つと分類されたものは感覚皮質に送られ，感情経験が生じると考えた。この説は，Cannonの弟子であり，実験的に検証したBardの名をとり（濱・鈴木, 2001），Cannon-Bard説と呼ばれることも多い。この説は，当時勃興してきた生理学，神経科学の影響を受けていると考えられる（大平, 2010b）。

2-2 基本感情理論

　1960年代，感情が生じるのは，事象に固有に対応する表情，生理的反応，

感情経験などに関する一連の神経生理的なハードウェアおよびプログラムが人間に生得的に備わっているためであり，特定の事象に出会った瞬間それらが起動する，と考える基本感情理論が勃興した。1-1 でも触れた Tomkins（1962, 1963, 1980）は，まさにこのような基本感情の存在を主張した。Tomkins は，Darwin の進化論に基づき，基本感情は，よく遭遇する野生環境の中の危機を生き延びる目的で遺伝的に形成されてきたため，生得的に備わっていると考える。後ほど本章第 4 節で詳述する通り，基本感情理論に立脚する研究者は多いが，細部の見解は論者間で異なる。しかし，神経生理的なハードウェアおよびプログラムの存在，生得性，感情ごとの固有の反応パターンの存在は，多くの基本感情論者が共通して主張する点である。

また，このような考え方は Tomkins の弟子である Ekman や Izard にも引き継がれ，Ekman は表情と感情の関係，Izard は認知と感情の関係などの研究を発展させた。基本感情理論は，末梢起源説や中枢起源説のように感情生起のもととなる場所を特定するというよりは，感情を「顔にある，または全身に広く分布している筋肉や腺の反応の集合」（Tomkins, 1962, p. 243）と捉え，脳や末梢など体の全身にシステムとして存在するという立場を取る点に特徴がある。

2-3　認知・評価の重要性

Tomkins が基本感情を提唱した 1960 年代前半，Schachter and Singer（1962）は，興味深い実験結果をもとに，感情は，生理的覚醒とその原因に関する認知から生じると主張した。この説は，情動 2 要因説（理論）と呼ばれる。彼らは，生理的覚醒を生じさせるエピネフリン（アドレナリン）を用いた実験により，この主張の論拠を示した。具体的には，Schachter and Singer は，実験群の被験者を 2 群に分け，①エピネフリンを注射し，その作用を説明した群，②エピネフリンを注射し，その作用を説明しなかった群を準備した。さらに，③生理食塩水を注射し何も説明しなかった統制群も用意し，計 3 群を準備した。その後，これら 3 群の被験者と研究者側の協力者を実験室に呼び，同席する協力者に楽しそうにふるまう，あるいは怒りを表す等の感情表出をさせたところ，②エピネフリンを注射し，その作用を説明しなかった群の被験者は，協力者と同じ感情を経験したと報告した。Schachter and Singer は，この結果から，感情経験が意識されるためには，生理的覚醒に加え，認知的な帰属が必要であると主張した。

Schachter and Singer の貢献は，感情生起の起源を巡る議論が末梢か中枢かに過度に集中する中，生起（正確には感情経験の認識）に認知的な帰属が関わっている可能性があることを示した点である。しかし，大きな課題が2つある。1つ目は，再現性の問題である。他の研究者たちは，追証実験を行ったが，Schachter and Singer と同様の結果が出ないことを指摘している（Marshall and Zimbardo, 1979; Maslach, 1979; Cotton, 1981）。2つ目は，そもそも生理的覚醒も認知的な解釈なしで生じるのかという順序やプロセスの問題である（遠藤, 2013）。Schachter and Singer は生理的覚醒が生じその後に認知的解釈が行われる，あるいは両者が同時に生じ，感情経験が意識されると考えているが，そもそも生理的覚醒は簡略な解釈もなしに生じるのかという点である。

　Arnold（1960a, b）は，上記の点に対し，状況や刺激が感情経験を生じさせる際，状況や刺激の認知的な評価（Appraisal）が介在することを主張した。Arnold は「事物が評価されると，好きか嫌いかの（感情）経験はすぐ自動的に生じる」（Arnold, 1960b, pp. 33-34）とし，評価を自動的に行われる簡便な評価と考え，状況や刺激が自分にとって良いか悪いかの判断を瞬時に行うものと考えた。

　Lazarus（1966, 1968, 1991）は，Arnold（1960a, b）と同様に，外部の状況・刺激と感情の間に，評価が存在することを主張した。Larazus は，どのような感情が生起する，しないは，状況や刺激の一次的評価（Primary Appraisal），二次的評価（Secondary Appraisal）により決まると考える。一次的評価は，本章第1節でも若干触れたが，「人（自身）の幸福と関連する何かが生じているか否か」（Lazarus, 1991, p. 133）の評価であり，この感情の機能に関する視点は Arnold（1960a, b）の影響を受けている。一次的評価で自身の幸福との関連度を評価するため，人は，対象や状況を，①目標関連性，②目標一致・不一致度，③自我関与タイプの3つの基準により，ほぼ自動的に一次的評価を行う（Lazarus, 1991, pp. 149-150）。さらに，二次的評価は，対処の選択肢に関わる評価であり，「特定の行動が，害を防ぎ，状況を良くするか否か，あるいはさらなる害か利益をもたらすか否か」（Lazarus, 1991, p. 133）に関する評価である。二次的評価は，④責任の所在（原因や責任は自身にあるのか，外部にあるのか），⑤対処可能性（遭遇している人や問題の要求を管理できるかどうか，できるならどうやって行うか），⑥将来の期待（物事が良い方向か，悪い方向に変化しやすいかどうか）の3つの基準により行われる。

表2-1 Lazarus による「幸せ・楽しさ」感情生起の評価

一次的評価要素
1. 目標関連性があるなら，幸せを含むあらゆる感情が生じうる。
2. 目標一致度が高いなら，幸せを含む快感動が生じうる。
3. 自我関与は無関係。
二次的評価要素
4. 責任の所在は無関係。
5. 対処可能性は無関係。
6. 将来の期待が正なら，良い将来が続くことを期待し，人生の展望が一般的に好ましいなら，実存的背景が幸せを感じるために不可欠なものとなる。もし将来の期待（と実存的背景）が抑制されるか，望ましくないなら，幸せは静められるか，徐々に弱くさせられる。

（出典）Lazarus (1991), p. 268, Table 7.1. を一部修正し，著者が訳出。

Lazarus が考える評価と感情生起の関係を確認するため，幸せ（Happiness）・楽しさ（Joy）が生じるための評価をまとめたものが表2-1 である。Larazus は，幸せ・楽しさが生じるには，一次的評価のうちの目標関連性があり，目標一致度が高く，二次的評価の将来との期待が条件に該当することが必要であると考えた。幸せ・楽しさの生起に，一次的評価の自我関与，二次的評価の責任の所在や対処可能性は関わらない。Lazarus の理論の特徴は，1つ1つの感情に，このような評価次元を措定している点にある。このような評価を重視する Lararus の考え方は，その後 Scherer の要素処理論へと発展していく（本章4-3で後述）。

2-4 脳科学・神経科学的研究から見た感情

Arnold, Lazarus など感情生起における評価の役割を重視する動きが強まる中，心理学ではなく，脳科学，神経科学の分野の研究者が，感情に関する興味深い見解を示し始めた。ここでは，その代表例として，Damasio (1994, 2003) と LeDoux (1996) を紹介する。

Damasio (1994) は，感情（Feeling）とは「人の本性（Nature）と環境との適合あるいは不適合を知るためのセンサーである」(Damasio, 1994, p. XV 〔Introduction, p. 15〕) と主張する。人の本性とは，「遺伝的に設計された適応システムとして継承している本性と，人が成長の過程で獲得した本性からなる」(Damasio, 1994, p. XV) ものであり，人の心身全体を指すと考えて良いだろう。人が，自身と環境の適合状況を知るためには，外界を監視するだけでなく，身体的変化を監視することで「刻々と変わっていく身体風景の眺望（"View" of the Ever-changing Landscape of Your Body)」(Damasio, 1994, p. 144) を得る必要がある。Damasio (1994) は，島領域（Insula），体性感覚野（Somatosensory Area）などがその役割を担うと主張し，その把握された身体状況を「情動」（Emotion）と呼び，感情（Feeling）と区別する。身体から脳にフィードバックされた情報が情動，さらに対象と同時に情動が認識されたものである感情を生起させるという Damasio の考えは James の考えに近いため[12]，Damasio は新ジェームズ主義と称されることもある（Scarantino, 2016）。

　さらに重要な点として，Damasio は，合理的な意思決定や計画に，感情が関わっていると主張し，その見解を支えるソマティック・マーカー（身体感覚）仮説を提唱した。たとえば，ハイリスク・ハイリターンの投資を持ち掛けられたとき，不快な身体感覚[13]を経験することがあり，この身体感覚は，すぐさま「危険な選択肢を拒絶させ，生じる可能性のある有害な結果をより詳細に分析」(Damasio, 1994, p. 174) するよう警告する。Damasio は，この例から，感情が意思決定を支えていることを主張しており，人が過去の経験に基づき対象について感情的な評価を瞬時に行い，ポジティブな身体感覚と選択の予測結果が同時に現れるときには，良い選択肢としてクローズアップし，ネガティブな身体感覚と予測結果が同時に現れるときには自動的に拒絶するメカニズムがあることを主張した。Damasio は，この評価メカニズムには，感情，情動が深く関わっていると考える。そのため，感情に関する脳部位を損傷した患者は，身体感覚の情報がないことから，リスクの高い選択肢を平気で選ぶ傾向があることを例示した。

　Damasio の主張の新しい点は，身体情報の大切さに再度注目したこと，人を非合理に導くと考えられがちな感情が実は合理的な判断や意思決定に深く関わっていることを仮説として示したことであろう。ただ，残念ながらこれらはまだ完全に検証されたわけではなく，今後のさらなる脳科学，神経科学の研究の進展を待たねばならなければならないだろう。

　LeDoux (1996) は，ネズミの脳の研究を通じ，刺激情報が視床を経て感覚皮質で解釈が行われ，扁桃体に入る通常の高次経路（High Road）とは別に，刺激情報が感覚皮質を経由せず直接，扁桃体に入る低次経路（Low Road）を発見した（図2-4）。LeDoux は，この低次経路が生体の自動的で瞬間的な感情的反応[14]（例，逃走）を可能にすると主張した。LeDoux は，Lazarus などの認知や評価に重きを置く評価派の感情理論を高く評価しながらも，評価派は，意識

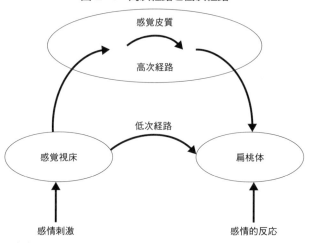

図 2-4 高次経路と低次経路

(注) 図中の Emotional Stimulus, Emotional Responses はそれぞれ感情刺激と感情的反応と訳している。詳細は注 14 を参照。
(出典) LeDoux (1996), p. 164, Figure 6-13 を筆者が訳出。

的な評価を強調しすぎるあまり，感情を認知の枠にはめ，「認知という怪物に飲み込まれる」(LeDoux, 1996, pp. 68-69) ことになると批判した。

対案を示すため，LeDoux は，ネズミに音を聞かせ，同時に電気ショックを与えることで，音を聞いただけで恐怖反応が生じる恐怖条件づけを行ったねずみを作成し，ネズミの聴覚視床にトレーサー（神経伝達を追跡する化学物質）を注入し，このトレーサーが皮質を経由せずに，扁桃体に到達していることを確認した。図 2-4 の低次経路がその経路に当たり，皮質を経由する高次経路よりも約 2 倍速く扁桃体に情報を伝え，逃走などの感情的反応をより迅速に生じさせることを明らかにした。たとえば，人が，森の奥深くの山道でがさがさと何かが動く音を聞いたとき，その音を精緻に分析するよりも早く，危険を察知し，心拍を上げ逃走への準備を整えながら，注意をその方向に集中できるのは，この低次経路のおかげであろう。LeDoux はこのような低次経路での情報伝達が生じるには，捕食者を目撃する（自然のトリガー），以前捕食者に遭遇した場所である（学習されたトリガー）などのトリガーが寄与していると考えている。

LeDoux は，低次経路の長短も指摘している。低次経路の長所は，先述の通り，短時間で情報を処理し，行動に移ることができるため，人が繰り返し遭遇してきた問題に対し，自動的に迅速に対処でき，生存などの目標を達成するこ

とができる点である．短所としては，刺激の細かい区別はできない点である．ただ，生存という目標を前にしたとき，多少細かい区別を誤っても，危険ととっさに判断したものに対して迅速に対処したほうが安全であり，そのため低次経路は退化せず残っていると考えられる（LeDoux, 1996）．

　LeDoux の大きな貢献は，低次経路の発見である．より正確には，人の刺激の処理には低次経路，高次経路があり，生存に関わるような重要情報は，素早く低次経路で伝達されることを明らかにした点である．ただ，残された大きな課題が2つある．1つ目は，LeDoux 自身が指摘しているように，感情経験の形成過程の解明である．LeDoux は感情経験の形成に，ワーキング・メモリーが関与していることを指摘しているものの，まだ未解明の部分が多いとしており，今後のさらなる研究が必要であろう[15]．2つ目は，快感情への適用の問題である．LeDoux は，自身の研究において「焦点が当てられている脳の機能単位は，恐怖システム」（LeDoux, 1996, p. 127）であると明言し，提案モデルが恐怖以外の感情にどの程度適用可能かについて言及していない．Levenson（1999）のように，ポジティブ感情とネガティブ感情ではその機能が異なることを強く主張する研究者もおり，快感情の働きを LeDoux のモデルだけですべて説明できると考えることには慎重になるべきであろう．

　研究小史を通じて，感情生起に関し，確認できたことが4つある．1つ目は，当然ではあるが，まだ研究途上であることである．LeDoux（1996）は，感情を「神経系の生物的機能」と言い切り，心理的状態として捉えてきた従来の研究を批判するが，主観的な感情状態がどのように形成されるかなど未解明の部分も多い．2つ目は，研究途上ではあるが，感情生起には，身体の特定部位1ヵ所ではなく，脳，臓器，血管など全身が関わっていることが明らかになりつつある点である．3つ目は，感情生起に際し，何らかの評価が存在することである．評価の仕組みは未解明の部分が多いが，刺激情報を速さ重視の低次経路に送るか，正確さ重視の高次経路に送るか，経路を決める簡便な評価が存在すると考えられる．4つ目は，感情生起に関する研究の多くが，恐怖，怒りなどネガティブな感情に焦点を当て，感情が生存のために重要な役割を果たしていることを主張している点である．この側面は否定しえないものであるが，感情の機能とはそれだけなのであろうか．次節で，この感情の機能を確認する．

3 感情の機能

本章第1〜2節で，研究者が感情をどのようなものとして捉え，どのように生起すると考えるかについて確認した。研究者の多くは主にネガティブな感情を取り上げ，感情は進化の過程で猛獣との遭遇などの繰り返し生じる重大な問題を解決するために発達してきたと主張するが，感情の機能は本当にそれだけなのであろうか。第3節では，Levenson（1994, 1999）に基づき，ポジティブな感情も含め，感情の機能を確認する。

Levenson（1999）は，Levenson（1994）の感情機能分類を再整理し，5つの個人内機能と，2つの個人間機能を挙げている。まず，個人内機能（Intrapersonal Functions）の5つを紹介する。第1の機能は，変化する環境への対応のためのホメオスタシス（Homeostasis）の解除機能である。ホメオスタシスとは，Cannon（1932）が提唱した概念で，生体内の平衡状態を保とうとする自動調整機構である。たとえば，体温が上昇しすぎた場合，発汗により体温を下げ，体温を一定の範囲内に留めようとする。このような機構，および保たれる平衡状態をホメオスタシスと呼ぶ。このホメオスタシスの一時的な解除により，人間は脅威となる環境変化に対し，体内環境を瞬時に整え，対処準備を行う。たとえば，森で熊に遭遇した場合，人間は怖いと感じると同時に逃走準備のために心拍を上げ，全身の筋肉がいつでも動き逃走できるよう瞬時に準備する。この機能は，とくにネガティブ感情が担う機能であると考えられる。

第2の機能は，ホメオスタシスの回復機能である。特定の行動とほぼ自動的に結びついているネガティブ感情と異なり，ポジティブ感情は，心身に良くないネガティブ感情からの回復の役割を担っており，何もしない（Undoing）行動と結びついている（Levenson, 1988; Fredrickson and Levenson, 1998）。1つのものですべての感情を説明する（One-size Fits All）のは困難であり（Levenson, 1999, p. 493），ネガティブ感情とポジティブ感情はその存在理由，機能が異なると考えられる。

第3の機能は，オーガナイザーとしての行動と認知の階層の変更の機能である。より分かりやすく言えば，進行中の行動や思考を中断し，意識や注意を変更する機能である。これは第1の機能と深く関わっており，優先度の高い緊急事態に対処する準備を整えるためには，それまで行っていた行動や思考を中断

し，意識，注意を向ける方向を瞬時に変更する必要がある。感情は，非合理なディスオーガナイザーとして見られがちだが，ネガティブ感情に関わるこの機能はむしろオーガナイザーである。このメカニズムは，「洗練されていて，適応的で，高度に組織化された」(Levenson, 1999, p. 496) ものである。

第4の機能は，感情経験（Subjective Feeling）をもたらす機能である。感情経験については本章第1節で述べたが，Levensonは，感情経験はさらに2つの役割を果たすと考える。1つ目はシグナルとしての役割である。これは，感情経験は，自身が今どう感じているかを明確にし，その状態をもたらした出来事について考えたり，将来の計画を立てたり，人に話し，感情経験を共有することを促す役割を果たすことを指す。2つ目は古典的オペラント条件付けによる学習である。ポジティブ感情経験は，その状態をもたらした行動を再び実行することを促進し，ネガティブ感情は，そのような行動を再び実行することを避けることを促す役割を果たす。

第5の機能は，記憶の連想構造を提供する機能である。具体的には，記憶の貯蔵と再取得を指している。たとえば，悲しいときに過去の悲しい出来事を思い出すことがあるが，これはBower（1981, 1991）の感情と記憶の連想ネットワーク・モデルに基づけば，人間が長期記憶内に感情のノードがあり，そのノードにエピソード記憶がリンクされているからである。この機能が有用であるかどうか分からない場面もあるかもしれないが，緊急時に，過去の似た感情経験時の知識や対処策を引き出す基盤となる。

第6と7の機能は個人間機能（Interpersonal Functions）である。まず第6の機能は，集団間の違いを認識する機能である。たとえば，われわれは，若者と高齢者の違いや，ジェンダー間の違いの認識のため，それらに感情的な情報（Emotional Quality〔感情的な質〕）を結びつけている。社会的認知において，この機能は重要な役割を果たしている。第7の機能は，個人の違いを認識する機能である。集団間と同様に，個人間においても，感情的な情報が社会的認知のために用いられる。

Levenson（1999）の上記の7つの機能には挙げられていないが，他にLevenson（1994），Keltner and Haidet（1999, 2001）は，他者に感情を伝達し，他者の行動を促す機能も挙げている。たとえば，子供が泣き，感情を周囲の大人に伝達すると，大人は食べ物を与えるなどの行動をとるだろう。

上述した機能は，個人内・個人間という生体に基づく2分法ではなく，その

機能から，4つに大別できる。これは，遠藤（2013）の3分類を参考にしているが[16]，本書は Levenson（1999）の主張に基づき，ポジティブ感情の役割とネガティブ感情の役割の違いを重視し，4つに大別する。

 1つ目は，ネガティブ感情を主とする緊急対処機能であり，Levenson（1999）の第1と第3が該当する。人間は生命の危険にさらされ恐怖を感じた場合，それまでの思考を断ち切り，対象に意識を集中し，逃げる，あるいは戦うために，無意識に心拍数を上げ，血流，筋肉の状態を整えるだろう。

 2つ目は，主にポジティブ感情による回復や人間の成長を促す機能であり，Levenson（1999）の第2が該当する。Levenson は「1つの統一理論で感情の機能を説明することは不可能である」(Levenson, 1999, p. 501) と述べ，「少なくともポジティブ感情とネガティブ感情の機能は別々に考えなければいけない」（同）と主張する。本書はこの点を重視し，先の第1の機能と本機能は分けて考える。回復の側面として，Fredrickson and Levenson（1998）は，ネガティブ感情に誘導された被験者が，その後感情的に中立な映像よりもポジシティブな映像を見る方が，心臓血管系の後遺症が素早く回復することを実験により示した。また，成長の側面として，Fredrickson（2001）は拡張・形成理論を提唱し，ネガティブ感情と異なり，ポジティブ感情は，思考と行動のレパートリーを一時的に広げ，人の成長を促す拡張機能を有すると主張した。ポジティブ感情は，ネガティブ感情によるダメージからの回復に加え，人の成長を促す機能も有すると考えられ，ネガティブ感情とは機能面で区別する。

 3つ目は，学習機能である。強い感情経験が記憶（記銘，貯蔵）と関わっていることは，動物実験（Packard et al., 1994），人間による実験（Cahill et al., 1996）で示されている。この点は，認知と感情の関係の問題でもあるため，第6節で後述するが，感情は，重要な情報を記憶する，あるいは特定状況下で過去の類似状況の情報を想起（検索）する際に，重要な役割を担っている。

 4つ目は，集団における他己の区別とコミュニケーションの機能である。集団に適応するため，他者や他集団に対して持つ感情的な情報は，他者と自己，他集団と所属集団の違いを識別するのに有用である。また，集団内で他者との関係を構築し，よりよく生活するため，感情は重要な役割を果たしている。

4 感情の捉え方，プロセスを巡る論争

4-1 認知が先か，感情が先か

　第1～3節で，各学説の感情の定義，感情生起に関する研究小史，感情の機能を見てきたが，感情に関する見解を巡る研究者間の対立や論争は，敢えて捨象してきた。対立，論争は数多くあるが，ここでは感情システムを理解するうえで欠くことができない，Zajonc-Lazarus 論争と基本感情を巡る論争の2つを取り上げ，何が解決され，何が残されているのかを確認する。

　1つ目は，認知（評価）と感情の生起順序を巡る Zajonc と Lazarus の論争である。第2節 2-3 で触れた通り，1960～70年代の感情研究では，認知科学の勃興を受け，Arnold や Lazarus が主張した，刺激の評価が感情を生起させるという評価（認知）を重視した感情理論が支配的であった。これに対し，Zajonc (1980) は，単純接触原理に基づき，認知的操作（Cognitive Operations）がなくても感情は生起すると主張し，従来の認知的評価理論に異を唱えた。具体的には，Moreland and Zajonc (1979) の構造方程式モデルによる分析結果などを根拠に，刺激の露出が認知と感情に相互に独立に影響することを主張し，認知が感情生起に先行するという支配的な見解に異を唱えた。これに対し，Lazarus (1982, 1984) は，「Zajonc が選好（Preference）と称しているものが評価」(Lazarus, 1982, p. 1022) であり概念規定に誤解があるとしながらも，「認知は感情生起の必要かつ十分条件である」（同，p. 1019）と主張し，反論した。

　感情と認知の関係を問い直す1つの契機を生んだこの論争は興味深い点もあるが，この論争は，真理を巡る論争と言うよりも，概念規定の相違による論争と理解されることが多い（高橋, 2002; 大平, 2010b; 遠藤, 2013）。概念規定に関する齟齬は2つある。1つ目は，認知（評価）の定義である（高橋, 2002; 大平, 2010b）。Lazarus が評価（Appraisal）という用語で指す内容は，Arnold 以来の，対象や状況が自分にとって良いか悪いかの簡便で無意識的で自動的な評価であり，対象の意味を解釈し，理解するというような高次の認知までは含んでいないと考えられる。これに対し，Zajonc が認知という用語で指す内容は，後者の高次の「意識の介在する情報処理」（高橋, 2002, p. 6）を主に指しており，両者が認知（評価）という用語で指す内容の相違が，この論争の原因であると言われている（高橋, 2002; 大平, 2010b; 遠藤, 2013）。2つ目の齟齬は，感情の定義

である（高橋, 2002）。Lazarus は感情生起の前に先行事象が必要であるとし，先行事象のある感情のみを感情としているのに対し，Zajonc は先行事象のない気分のようなものも含めて感情と捉えており，「Zajonc がより広義の定義を採っていた」（高橋, 2002, p. 7）と言われている。

　この論争は定義の問題であり，有意義ではないという評価も多い（大平, 2010b）。このような評価はもっともであるが，感情生起に関する認知（評価）の自動性，二重過程を考える重要な契機になったと考えられる。この論争とは別に，LeDoux（1996）は高次経路と低次経路の存在を明らかにしているが（第2節2-4を参照），自動的で無意識な評価に基づく感情生起は，低次経路に該当し，Zajonc が批判した意識的な認知の後に生じる感情生起は高次経路に該当すると考えらえる。

4-2　基本感情は実在するか

4-2-1　基本感情とは

　基本感情[17]（Basic Emotion）は，この学説（図2-1および第2節2-2参照）に立脚する学者間でも，「基本」の定義や内容などに関して相違点があるが（Ortony and Tuner, 1990），大まかに言えば，進化の過程で獲得された，特定の刺激に対し特定の神経生理的変化，表出，感情経験などの反応を生み出す，神経的基盤を有するシステムである。また，基本感情は進化の過程で獲得されたものであるが故に，遺伝的に組み込まれた生得的なシステムであり，文化普遍的なシステムである（Tomkins 1962,1963; Ekman, 1992a）。たとえば，基本感情理論の開祖と目されることの多い Tomkins は，「感情（Affcets）とは，受容できるかできないかのどちらかの感情的フィードバックを生み出す，顔面や全身にも広く分布する筋肉や腺の反応の集合である」（Tomkins, 1980, p. 142）とし，「これらの反応の集合は，個々の感情のためのプログラムが蓄積されている皮質下の中心で引き起こされる」（同）と考えた。また Tomkins は「これらのプログラムは，生得的に授けられており，遺伝的に固有である」（同）と考えた。第2節2-2で触れた通り，Tomkins の基本感情理論は表情をとくに重視している点，特定の感情には特定の反応プログラムがあり，人には遺伝的にそのような神経的機構が備わっていると考える点が特徴である。図2-5は，一般的な基本感情のモデルであり，刺激の評価に応じ，生得的実体としての感情がすぐさま起動し，特定の反応傾向が生じるというモデルである。

図2-5 基本感情理論のモデル

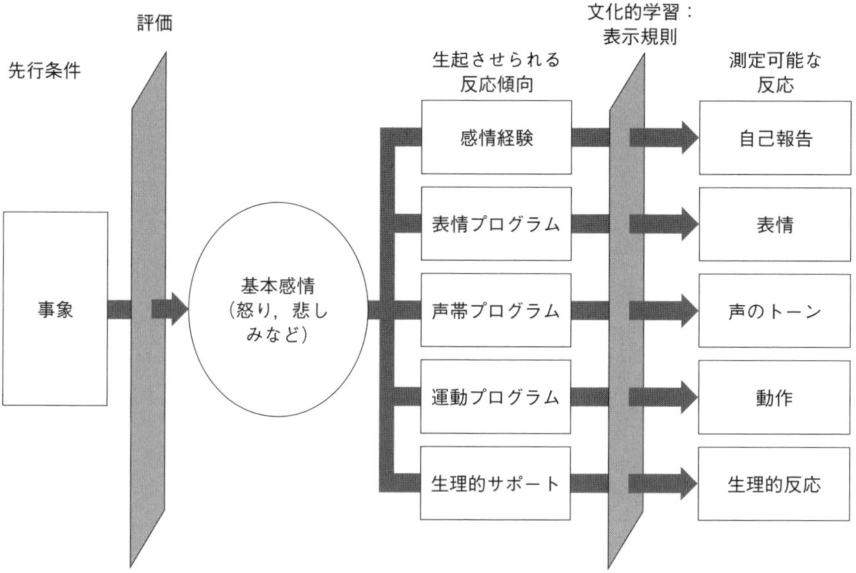

```
先行条件  評価                    生起させられる    文化的学習：
                                反応傾向          表示規則        測定可能な反応

                                 感情経験                        自己報告

                                 表情プログラム                   表情

事象     基本感情
         (怒り，悲し     声帯プログラム                   声のトーン
         みなど)
                                 運動プログラム                   動作

                                 生理的サポート                   生理的反応
```

(出典) Levenson (1994), p.126 の図（図表番号なし）を筆者が一部修正。

Tomkins の弟子である Izard は「感情（Emotion）とは，神経生理的，運動・表出的，感情経験的な構成要素からなる複雑な現象である」(Izard, 1977, p.64)とし，「これらの要素が感情を生み出すために相互作用する個人内プロセスは，進化的，生物発生的現象である」(同) としている。Tomkins に近い定義ではあるが，Izard は，この学派内では比較的感情経験を重視しており，表情だけでなく，感情経験でも基本感情を識別することができると考えている点が特徴である (Izard, 1991)。

4-2-2 基本感情の仮定

基本感情理論に立脚する研究者たちが主張する仮定の数と内容には，やや違いはあるが[18]，ほぼ共通する大きな仮定は3点ある。1つ目の共通する仮定は，基本感情は，人の生存のために，進化の過程で一種のデフォルト処理機構として発達してきたという進化論的前提[19]である（遠藤，2013）。心理学者と人類学者である Cosmides and Tooby (2000) は，人間は適応的問題[20] (Adaptive Problem)（たとえば，捕食動物の発見，限られた食料供給，潜在的伴侶との出会いなど）

第2章 感情研究の系譜 75

を解決するために，感情システムを発達させたと考える。Cosmides and Tooby は，人は自身を取り巻く状況を監視し，その中で「特定の状況の存在を伝える手がかり」(Cosmides and Tooby, 2000, p. 102) を検出するや否や，「デーモンプログラムのように感情プログラム（問題への対処プログラム）が活性化する」(同) と考えている。

 2つ目の共通する仮定は，基本感情は固有の神経生理学的基盤を有するという前提である。これは1つ目の仮定とも密接に関わるが，多くの研究者がこの仮定を支持している。たとえば，Thompson (1988) は，各感情に，固有の神経生理学的な実体があることを論じている。また，Ekman (1972, 1992a) は，表情が感情ごとに固有であることを強く主張している。Levenson et al. (1990) も，被験者に特定の表情を作らせることにより，固有の感情経験が生じることを4つの実験で示しており，各基本感情ごとの表情筋と感情のつながりの存在を強く主張している。

 3つ目は，基本感情は，文化普遍的であるという前提である。この前提も1つ目の前提と密接に関わる前提である。この前提は，とくに感情表出とその解釈に関して主張される (Tomkins, 1962, 1963)。たとえば，Ekman and Friesen (1971) は，マスメディアや，文字を持つ文化とほぼ接触がないニューギニアの民族の大人189名，子供130名に，基本感情を含む短い話（楽しい感情の例：友達が来たので，彼はうれしい）を聞かせ，その後，西欧での表情筋の研究に基づき特定の基本感情を表出している人の顔写真3枚を見せ（子供の場合は2枚），話に登場した感情を表していると考える写真を選んでもらう実験を行った。その結果，たとえば大人の場合，一部の例外[21]を除き，正解率は80～90％であった。この結果から，Ekman and Friesen は基本感情の表出と解釈の普遍性を主張した。

 また，Darwin の影響を強く受け，基本感情の表出に関する人と動物の共通性を主張する研究者もいる。たとえば，Plutchik は，基本感情理論の仮定の1つとして「異なる種において感情表出の形が異なるにもかかわらず，同一のある共通する要素，典型的パターンがある」(Plutchik, 1980, p. 129) と主張する。

 しかし，人間に限っても，文化圏が異なれば多少の表出の違いは生じる。これに関して Ekman (1972) は，表情の感情プログラムは生得的で普遍であるが，後天的に学習される表示規則 (Display Rules, 図 2-5 参照) が文化ごとに異なることから生じるものであると説明した。

他にも，共通すると考えられる仮定はいくつかある。たとえば，基本感情以外の感情は，基本感情が混合して生まれるという前提は，多くの研究者が支持している（Plutchik, 1962; Tomkins, 1963; Ekman and Friesen, 1975）。

4-2-3　基本感情の認定基準と数

　では，具体的に何が基本感情に該当し，何が該当しないのか。基本感情の存在を主張する研究者たちは，いくつかの基本感情の認定の基準を示し，具体的な基本感情を示している。

　Izard（1977, 1991）は，5つの基準をもとに，10個の基本感情を示している。5つの基準とは，基本感情には，①各々特定の神経的基盤があり，②各々特定の表情（表出）があり，③各々特定の意識できる感情経験があり，④進化生物学的過程を通じて形成されたものであり，⑤適応的機能を持つ体制化と動機づけの機能がある，という基準である。これら5つの基準を満たす10個の基本感情として，Izardは，興味（Interest），喜び（Enjoyment），驚き（Surprise），悲しみ（Sadness），怒り（Anger），嫌悪（Disgust），軽蔑（Contempt），恐れ（Fear），恥（Shame），罪（Guilt）を挙げている。

　Izardと兄弟弟子であるEkman（1972, 1992a）は，9つの基準をもとに，6～11個の基本感情を示している。9つの基準とは，基本感情には，①表情や声などの明確に区別できる普遍的なシグナルがあること，②他の霊長類でも同じような表出が観察されること，③特定の感情に固有の自律神経系（Autonomic Nervous System（ANS））の活動の反応パターンがあること，④猛獣等との遭遇など感情生起に先行する事象に共通性があること，⑤自動的反応や表出などの反応システム間に一貫性があること，⑥本人が意識するより先に素早く感情が生起すること，⑦持続時間が短いこと，⑧自動的に行われる評価メカニズムにより感情が生起されること，⑨意識的に生起するものではなく，評価システムにより無意識・自然に生起すること，を挙げている。Ekmanは，もともとEkman（1972）において，怒り（Anger），嫌悪（Disgust），恐れ（Fear），喜び[22]（Happiness/Joy），悲しみ（Sadness），驚き（Surprise）の6個を基本感情と認めていたが，その後Ekman et al.（1982）では興味（Interest）を足した7個を基本感情と認め，さらにEkman（1992a）は，不確かではあるとしながらも，侮蔑，罪悪感，恥，困惑，畏怖も基本感情である可能性[23]があると主張し，11個の基本感情があることを示唆している。

4-2-4 揺れる基本感情理論

　基本感情理論は，Tomkins に端を発し，弟子の Izard や Ekman に引き継がれ，文化普遍性，種間普遍性など多くの研究成果を上げてきた。しかし，この理論に対して批判も多い。ここでは既存研究を整理し，4 つの問題点を示す。

　1 つ目は，研究者間・内での基本感情の数と種類の不一致である（Ortony and Turner, 1990）。表 2-2 は，基本感情論者が考える基本感情の種類と判断基準である。表 2-2 から分かる通り，Tomkins（1984）は基本感情を 9 つと主張し，弟子の Ekman（1972）は 6 つ，あるいは Ekman et al.（1982）は 7 つと主張し，すべての研究者間で基本感情の数が一致しない。また，基本感情と判断する基準も研究者間で一致しておらず，その結果，基本感情と認められる感情も異なる。また，研究者個人内でも時系列で一貫しておらず，Ekman は 1972 年には基本感情を 6 個，1982 年には 7 個であると述べていたが，1992 年には 11 個の可能性を指摘し，1999 年には 17 個であると主張している。「基本」と言いながら，これほど研究者間・内で一致しないことは，基本感情理論の正しさに疑念を抱かせざるをえない。基本感情論者は，相違は基本の定義が研究者間で異なるからだと答えるかもしれないが，表 2-2 にもある通りなぜそのような「基本」の多様な基準が存在するのかというさらなる疑念が生じる。そもそも，本当に「基本」感情は存在し，研究者の捉え方により異なって見えているだけなのか，そもそも神経生理的実体を伴う基本感情というものは存在せず，研究者の心理的構成物なのか，どちらなのか分からない。

　2 つ目は，評価，基本感情，反応の固有の関係性に対する疑念である（遠藤，2013）。図 2-5 で示した通り，基本感情理論は，ある評価（森の茂みで動く黒く大きな物体がある）により，特定の感情（恐怖）が自動的に生起し，感情経験（怖い），表情（緊張に強張り），運動プログラムによる動作（逃走）などが発動すると考え，これらが固有で不可分なパッケージとして存在すると考える。しかし，Ortony and Turner（1990）は，特定の感情が特定の反応パターンのみに結びついているわけではないことを主張する。たとえば，危険な動物と遭遇したときに戦うという選択肢もあるが，戦うという反応は恐怖という感情だけに結びついているわけではなく，怒りという感情にも結びついているだろう。また，遠藤は，感情に関する脳の神経回路が，「各基本感情に 1 対 1 対応で存在するといったものなのかどうかに関してはまだ分からないことが多いと言わざるを得ない」（遠藤, 2013, p. 227）としている。

表 2-2　基本感情の一致度

	基本感情数	基本感情に含める基準	怒り(Anger)	嫌悪(Disgust)	軽蔑(Contempt)	悲しみ(Sadness)	苦悩(Distress)	不安(Anxiety)	恐れ(Fear)	混乱(Panic)	罪悪感(Guilt)	恥(Shame)	驚き(Surprise)	幸福(Happiness)	楽しみ(Joy)	興味(Interest)	期待(Expectancy)	受容(Acceptance)
Ekman (1972)	6	普遍的表情	○	○		○			○				○	○				
Ekman, Friesen, and Ellsworth (1982)	7	普遍的表情	○	○	(○)	○			○				○	○				
Izard (1971)	10	固有のハードウェアの存在	○	○	○		○		○		○	○	○		○	○		
Oatley and Johnson-Laird (1987)	5	前提内容を必要としない	○			○		○						○				
Panksepp (1982)	4	固有のハードウェアの存在	○ (Rage)						○	○							○	
Plutchik (1980)	8	適応的な生物学的プロセスへの関わり方	○	○		○			○				○		○		○ (Anticipation)	○
Tomkins (1984)	9	神経発火(活性化)の密度	○	○	○		○		○			○	○		○	○		

(注) 1. Ortony らは 14 名を挙げているが，14 名すべてが必ずしも基本感情の考え方の強い信奉者ではないと表下に注記していた。そのため，筆者がその中から強い信奉者と考える 6 名 (Ekman の研究を 2 つ挙げているため，研究数は 7 つ) を抽出し，整理した。また Ortony らが基本感情を箇条書きしていたのを，筆者が表形式に修正した。
2. Ortony らの論文では，Ekman et al. (1982) は Interest を含めた 7 つを挙げているため，表を修正した。また Ortony らの元表には挙げられていないが，Ekman et al. (1982, p. 43, Table 3.2) の基本感情は Anger, Disgust, Fear, Joy (Happiness), Sadness, Surprise の 6 つとなっているが，Ekman (1972) は 6 つを主張していたため，両方を併記した。Ortony らの元表には挙げられていないが，Parkisapp (1982) は 6 つを主張していたため，両方を併記した。Ortony らの元表には挙げられていないが，Tomkins は 9 つを主張していたため，表 1 を筆者が修正。

(出典) Ortony and Turner (1990), p. 316, Table 1 を筆者が修正.

3つ目は，文化普遍性に対する疑念である。これは生得性の仮定とも深く関わる問題である。Ekman（1972）は，DarwinやTomkinsに依拠し，感情表出（表情）とその理解は，文化を越え普遍的であると主張し，感情表出の神経文化理論を提示した。神経文化理論は，環境の事象により顔面感情プログラム（Facial Affect Program）が起動するが，学習された表示規則（Display Rules）によってその表出は調整されると考える感情表出の普遍性と文化差を説明するモデルである。顔面感情プログラムとは，特定の事象から特定の感情が起動すると，一連の表情筋の動きを生じさせるプログラムを指しているが，「このプログラムは，すべての人類で不変（Constant）である」（Ekman, 1972, p. 216）と仮定されている。これに対してRussell（1994）は，異なる文化圏である表情の写真を見せると正答率が低い感情が存在することを指摘し，感情表出やその理解の普遍性に疑義を呈している。

 4つ目は，検証手法の問題である。Russell（1994）は，基本感情論者の文化普遍性の検証方法に問題があると指摘している。多くの検証研究が，他文化に属する人の複数の表情写真を見せて，少数の名義尺度の選択肢から正解を選ばせる形で検証を行っているが，怒りと喜びなど文化を越えても弁別しやすい表情の選択肢を入れておけば正答率は高まる可能性がある。また，Ershadi et al.（2018）は，恥などの高次の感情，集中しているという認知的状態，眠いという身体的状態を表す表情など，基本感情以外の一般的な表情も，文化を越えて伝わることを，役者を職業とする人による無言の表情写真を用いた実験で示した。Ershadiらの基本感情理論への批判のポイントは，基本感情論者が，基本感情の表情とそれ以外の表情の異文化間での解釈の比較実験を行っていない点であり，基本感情のみの正答率の高さを示せば，生得的な表情プログラムが存在すると錯誤する可能性がある。

4-3 基本感情理論と対立する主張

4-3-1 社会構成主義

 基本感情理論の問題は先述した通りだが，基本感情理論に批判的な立場をとり，感情の概念規定や生起プロセスに関して異なる見解を示す学説を3つ取り上げる。3つとは，社会構成主義，要素処理論（要素プロセス論），次元論（心理的構成主義）である。

 1つ目の社会構成主義の立場の研究者は，感情は社会や文化によって構築さ

れると考える。この立場は，感情の生得性，文化普遍性，固有の神経生理的基盤の存在を否定することが多い。代表的な研究として Harrè（1986），Averill（1980a, b）が挙げられる。ここでは Averill を中心に紹介する。Averill は，感情を「行為としてよりはむしろ情熱として解釈され，状況の個人による評価を含む，一時的な社会的役割（社会的に構成されたシンドローム（行動様式）[24]」（Averill, 1980a, p. 312）と定義する。Averill は，特定の感情の全事例が，ある神経生理的反応や主観的経験を共通して持つという基本感情理論の仮定を否定し，個人の解釈や社会の役割を重視する。たとえば，人が怒りを感じているとき，社会的にどのように行動すべきか，感情状態をどのように解釈するかについて社会的な規定があり，人はこの影響を受けると主張する。そのため，「社会は，社会システムの中で実用的に有用な数だけ感情を形作り，成形し，あるいは構築することができる」（Averill, 1980a, p. 326）と主張する。

　Averill の主張の興味深い点は，単に感情表出の文化的差異，個人的差異を主張するだけでなく，人の感情に対する能動性や社会構成的側面を強調する点である。Averill は，人は，基本感情理論が仮定するように感情に受動的，自動的に支配されるものではなく，能動的に感情を利用する側面を有することを主張する。Averill（1980b）によれば，ニューギニアの高地に住むグルルンバ族[25]（Gururumba）には，村人がある日突然「イノシシ」（Wild Pig）として，怒りをあらわに粗野になり村で略奪を行ったり，物を壊したりしながら，村を離れ森で生活する習慣があるという。数日後，「イノシシ」はその間の記憶を失い人に戻り，村の日常生活に復帰するのだが，村人もそれを当然のこととして受け入れる。この事例から Averill は，人は感情に受動的に従い，感情に関する社会的ルールを受動的に甘受しているのではなく，怒りを表すといった感情的反応は社会的に構築されるものであり，人はそれを利用することでストレスの解消を図ることを意図的に行っていると主張する。このように，Averill は，感情を「社会に内在する対立を解決する手段として，社会によって制度化された反応」（Averill, 1980b, p. 37）であると主張する。

4-3-2　要素処理論

　2つ目は，Scherer が主張する，評価を重視する「要素処理論」（Component Processing Model）である。Scherer も社会構成主義と同様に，感情の生得性や固有の神経生理的基盤の存在に否定的だが，かといって社会構成主義のように

「無限の感情が存在する」(Averill, 1980a, p. 326) という立場は取らない。Scherer (1984a, 1984b, 1995, 2001) は，人は状況を評価し，それによりさまざまな構成要素が集められることにより，感情が生起すると考える。Schererは，人は状況を，①新奇性，②直観的楽しさ（接近・回避の評価），③自身の目標や欲求に積極的に関わる程度，④状況への対処能力，⑤社会的規範や自己の基準との適合度の5項目で評価し，これらの項目への該当の程度に従い，表情，姿勢，生理的反応などが順次生じ，それらが集まって感情が生じ，感情経験が生じると考える。状況を評価し感情が立ち上がっていく様は，Lazarus (1968, 1991) の評価理論に似ている部分もあるが，Lazarus の評価理論はすべての基準に該当した場合に1つの感情が生起するという考え方であったのに対し，Schererの要素処理論は，5つの評価基準に関連した構成要素が順次立ち上がり，感情が生成されるという柔軟な生起プロセスを仮定している点に特徴がある。

4-3-3　次元論（心理的構成主義）

　3つ目に，次元論あるいは心理的構成主義がある。この立場は，人の感情経験は2次元程度の少数の次元上の1点として捉えることができ，基本感情論者が離散的に捉えていた怒り，喜びなどの感情も次元上の1点として捉えることができるとする立場である。この立場に属する学者として Schlosberg (1954)，Watson (2000) などが挙げられるが，この中で基本感情理論を最も厳しく攻撃するのは，コア感情の存在を主張する Russell (2003)，Barrett (2006, 2015) らである。詳しくは3章第3節で後述するが，コア感情とは，「快に関する感情価と覚醒価が統合的に混合された，単純で，非熟慮的な感情状態として意識的にアクセスできる神経生理的状態」(Russell, 2003, p. 147) を指す。コア感情は，快 (Pleasure) と覚醒 (Arousal) の2次元で規定される主観的感情状態であり，人が意識しようがするまいが存在しており，その状態に名前を付けられたり，解釈されたり，原因に帰属されたりすることなしに，存在することができる。コア感情は，主観的感情経験とは異なり，必ずしも人による経験の意識や把握を求めていない点に注意が必要である。

　先述の通り，Russell や Barrett の基本感情理論への批判は，基本感情論者の検証手法の問題など多岐に渡るが，Barrett (2006) は，とくに感情が実体 (Entities) であるとする基本感情理論の仮定を厳しく批判する。Barrett は，こ

の問題を考えるために記憶を例として挙げる。多くの人が「記憶」が存在することは否定しないが，現在，誰も，記憶をコンピューターのファイルのような実体があるものと考えたりはしないし，脳内でそのファイルを解剖学的に探したりはしない。ところが，感情の研究となると，Ekman, Izard など基本感情論者の多くは，感情を固有の神経生理的な実体が存在すると仮定し研究を進めているとし，Barrett はこの仮定を厳しく批判している。

　残念ながら，本書執筆の現在において，基本感情を巡る論争には結論が出ていない。また，要素処理論を主張し，基本感情理論に対立していた Scherer (2009) が，Russell らのコア感情論を批判するなど，反基本感情理論の研究者たちも一枚岩ではなく，相互に立場が異なることも明確になってきた。心理学者に加え，脳科学，神経科学の研究者による研究が進んでおり，成果が待たれるが，少なくとも感情に関わる研究を行う際，自身がどの立場に立つのか，その立場は何を前提にしているのかを明確に意識することが重要である。

5　感情の測定

5-1　測定手法

　第1～4節まで確認した感情の理論はもちろん重要だが，科学として理論の正しさを検証するために必要となるのが，感情（状態）の測定である。理論から構築された感情に関わる仮説を検証するためには，何らかの方法で感情状態を測定し，仮説の正しさを検証する必要がある。しかし，ここで注意が必要なのは，理論が仮定する感情のカテゴリーや次元の相違である。本章第1, 2節で確認した通り，基本感情を仮定する学派と心理的構成主義（次元論）では，基本感情の有無に関する前提が大きく異なるうえ，仮定する感情のカテゴリーや次元も異なる。そのため，理論で仮定されている各々の感情を測定するための手法が，それぞれ開発されている点に注意が必要である。

　感情の測定は，言語尺度による測定とそれ以外の生理・行動指標による測定の2つに大別される。言語尺度による測定とは，尺度構築法に基づき構築された感情のカテゴリーや次元に関する項目を用い，SD 法や Likert 法によって被験者が自記式で回答する手法である。生理・行動指標による測定とは，皮膚電位反応，表情筋の変化，眼球運動，心拍，姿勢などである。以降，それぞれを説明する。

5-2 言語尺度による測定

　心理学分野および消費者行動研究分野の実験研究で，感情測定の方法として用いられることが多いのは，被験者が主観的感情経験を言語尺度で回答し，測定する方法である。主要な言語尺度として，Plutchik（1980）の尺度や Izard（1977）の DES（DES-II）尺度，Mehrabian and Russell（1974）の PAD（Pleasure, Arousal, Dominance）尺度，Watson et al.（1988）の PANAS（Positive and Negative Affect Schedule）尺度などがある。

　注意が必要なのは，これらの言語尺度の背後には，感情観の違いがある点である。第 2, 4 節で確認した通り，Plutchik（1980），Izard（1977）は基本感情を前提とし，自ら仮定する基本感情を測定する尺度を構築した。これに対し，Mehrabian and Russell（1974），Watson et al.（1988）は心理的構成主義あるいは次元説に立つ研究者であり，Mehrabian and Russell（1974）は快，覚醒，支配の 3 次元，Watson らは，ポジティブとネガティブの 2 次元を測定する言語尺度を構築した。消費者行動分野では，消費場面などで両学派の尺度のどちらが適合度が高いかを検証する研究が行われているが（Havlena and Holbrook, 1986; Machleit and Eroglu, 2000），経験的妥当性のみで尺度，および背後にある理論の優劣の判断を行うことは，理論，感情観を軽視しており，危険である。この点は，第 3 章でも取り上げる。

　言語尺度の長所，短所を確認する。大きな長所は 2 つある。1 つ目は，簡便で測定が容易な点である。言語尺度による測定は，大掛かりな装置を必要とせず，紙や Web ベースの質問票で行うことができる。2 つ目は，被験者がまさに「主観的に感じている状態」に関する回答が得られる点である。言語尺度による測定は，感情状態の把握力，言語能力の影響は受けるが，特定の生理指標のみの測定と異なり，まさに統合された主観的感情経験を把握することができる。短所は，長所の 2 つ目の裏返しであり，感情状態の把握力，言語能力に影響されること，また言語で回答することで認知的な影響を受けることが挙げられる。しかし，Thayer（1970）は言語尺度による覚醒の回答と，実際の心拍の間に高い相関があることを指摘しており，言語尺度による回答が，極端に認知や言語能力の影響を受けるとは一概に言えない。また言語尺度ではないが，質問票内で画像を利用して回答させる Lang（1980）の SAM や，座標上に感情状態を布置する Russell（1980）の Affect Grid などの手法もある。

5-3 生理・行動指標による測定

　言語尺度のように人の自主的なアウトプットではなく，身体の変化を直接測定し，感情状態を測定する方法もいくつかある。具体的には，皮膚系の指標（皮膚電位反応，発汗など），筋肉系の指標（表情筋筋電図など），眼球系の指標（瞳孔変化，眼球運動，瞬目など），心臓・血管系の指標（心拍，心拍変動性，血圧，呼吸など）などが挙げられる（鈴木, 2001; 大平, 2002; 中野, 2005; 日本人間工学会PIE 研究部会編, 2017）。

　快・不快の次元は，生理指標の中でも表情筋との関係が指摘されている。大平は，「一般に，悲しみや怒りといった不快感情では，皺眉筋活動の増加が，幸福感のような快感情では，大頬骨筋活動の増加が観測」（大平, 2002, p. 43）されるとしている。Ekman（1972）が早くから指摘している通り，表情と快（幸福）の関係は深く，逆の関係もあるようである。Levenson et al.（1990）は，怒りや幸せなどの表情をするよう被験者に指定することで，被験者にその感情状態が生まれることを，4つの実験により明らかにしている。役者や学生などを対象にした実験により，Levenson らは，表情により生じたポジティブ感情とネガティブ感情状態で，心拍数や皮膚伝導水準などの生理指標にも差が生まれることを示した。

　覚醒の次元は，生理指標の中でも心拍変動性に関する指標との関係が指摘されている（阪本他, 2011; 三宅, 2017）。阪本他（2011）は，TV 視聴時の脳活動，瞬目率，心拍変動性などとアンケートによる感情状態の関係を学生対象の実験で検討し，交感神経の活動と関係のある LF/HF[26]が興奮や緊張など覚醒状態が高いことと関係していることを指摘した。また，三宅（2017）も交感神経の活動と LF/HF 比率の関係を指摘した。しかし，「単一指標のみで生体の状態を評価するのは望ましくない」（三宅, 2017, p. 76）ことや，「心拍変動性から交感神経の活性化および覚醒状態を示すことに成功している研究と失敗している研究が拮抗している」（森, 2017, p. 268）ことも指摘されており，LF/HF 指標単独で覚醒水準を評価することには，慎重になるべきだろう。他にも脳に関する指標と主観的感情の関係を取り上げた研究もある。Wilson-Mendenhall et al.（2013）は，fMRI を用いて快と前頭葉眼窩皮質の神経活動，覚醒の扁桃体（扁桃核）の神経活動との関係を指摘している。

　生理指標による測定の長所，短所を確認する。長所は2つある。1つ目は，認知や言語を介さず，測定できる点である。2つ目は，手法にもよるが基本的

にリアルタイムで測定できる点である。しかし，短所も2つ挙げられる。1つ目は，測定負荷と非日常性である。機器の軽量化，非接触性は進展しているものの，完全な日常生活下で生理指標を測定することは難しいだろう。とくに，本書の主題である買物場面における感情の働きを調べるために，店舗内で機器を買物客に装着させることは難しい。また，仮にできたとしても，装着した被験者が日常通りの買物行動を行えるか疑問も生じる。2つ目は，機器・設備の必要性である。言語尺度が簡便に測定できるのに対し，生理指標を測定するためには，さまざまな機器・設備が必要になる。

6 感情と認知

6-1 感情と認知

ここまで，感情システムに焦点を絞り，研究系譜，機能，測定などの研究成果の確認を行ってきたが，感情システムは生体内で孤立した存在ではなく，認知システムと相互作用し，人の行動に影響を与えている（竹村, 1997）。認知，感情の定義にも依存するが，たとえば，多属性態度モデル（Fishbein and Ajzen, 1975）は，認知的な要素の評価[27]がなされた後，感情（的な態度）が生じ，最終的に意図，行動が生じるという考え方に基づいていた。しかし，近年は，図2-6のように，むしろ感情と認知の両システムは独立ではあるが相互作用しながら行動に影響するという考え方を支持する研究者が多い。脳・神経生理学者

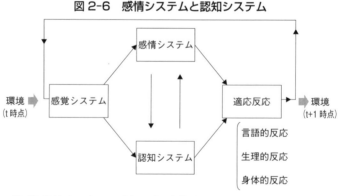

図2-6 感情システムと認知システム

（出典）竹村（1997），p.80，図4-1を一部修正。

のLeDouxも「感情と認知は独立しているが相互作用している心的機能である」(LeDoux, 1996, p. 69) と主張している。第2節で確認したLeDoux (1996) の低次経路は，図2-6において感覚システムから直接，感情システムに入る経路であり，高次経路は，認知システムから感情システムに入る経路であると考えられる。本節では感情と認知の関係，とくに感情が認知に与える影響に関する研究を取り上げ，その成果を確認する。認知という用語は広範なものを指すが，ここではとくに記憶，意思決定（社会的判断）を中心に，感情との関わりを取り上げる。

　心理学研究の成果に基づき，感情が記憶，意思決定に与える影響を理論的に確認することは，買物行動における感情の働きを理解するうえで重要である。たとえば，楽しい気分になったとき，過去の楽しい買物経験を思い出すのは，感情と記憶の相互作用による現象であると考えられる。また，仕事が原因で不快な気分のときに，気分転換のために百貨店などに立ち寄るのも，感情と意思決定の相互作用による現象だと考えられる。本節では，このような現象の背後にある感情と認知の関係に焦点を当てた既存研究の成果を確認する。

6-2　感情と記憶

6-2-1　3つの研究領域

　感情が記憶，とくに長期記憶に及ぼす影響は，1900年代初頭よりすでに関心を集め，当時の多くの研究はフロイトの影響を強く受け，楽しい出来事は悲しい出来事よりも記憶されやすいかといった点が研究の焦点であった (Singer and Salovey, 1988; Berkowitz, 2000)。その後，1980年代より記銘時や想起時のムード，および記憶材料の類型を考慮した研究の端緒がつけられた（たとえばBower, 1981)。この時代の研究は，認知心理学の影響を受け，記銘や想起時のムードや記憶材料を操作し，記銘時のムードと記憶材料の感情価の一致が記憶に与える影響などに着目した実験研究であった。1990年代より本格的に始められた神経生理学的な実験研究は，なぜそのような現象が生じるのかについて，動物を用いた実験的な研究が行われた。たとえばPackard et al. (1994) は，ねずみを用いた実験で，扁桃体の興奮が，記銘に重要な役割を果たす海馬に伝わり，記憶が高まることなどを明らかにしている。

　感情が記憶に与える影響の研究において，長年，高い注目を集めているのはムード一致仮説 (Mood Congruent Hypothesis) に関する研究である。この仮説

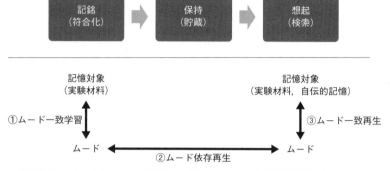

図2-7 ムード一致効果研究の種類

(出典) Parrott and Spackman (2000), p. 478, Figure 30.1 を参考に筆者作成。

には，図2-7の通り，情報処理の段階と一致内容により，3つの下位研究分野がある（川瀬，1996; Parrott and Spackman, 2000）。1つ目はムード一致学習研究，2つ目はムード依存再生研究，3つ目はムード一致再生の研究分野である。以下，各分野の成果と課題を確認する。

6-2-2 ムード一致学習

ムード一致（不一致）学習（Mood-congruent and Mood-incogruent Learning）研究とは，記憶材料の感情的トーン（Emotional Tone）と記銘時の感情状態の一致（不一致）が学習に与える影響を研究する分野である。たとえば，ポジティブな感情状態のもとでポジティブな記憶材料（例，「楽しい」などの形容詞）を学習したとき，一致していないときに比べて学習が進むという仮説である（不一致仮説は逆）。これは実験操作の後に，中立な感情状態で再生させることで確かめることが多い。Bower et al.（1981）は学生を被験者としてこの効果を実証している。Bowerらは，被験者16名を2グループに分け，催眠術で被験者8名を幸せな状態，8名を悲しい状態に誘導し，幸せなアンドレに関する物語と，不幸なジャックに関する物語の2つを読ませ，翌日中立な感情状態で再生させた。その結果，幸せな状態で物語を読んだ被験者は，幸せな学生の物語の内容をより多く再生し，悲しい状態で物語を読んだ被験者は，不幸な学生の物語の内容をより多く再生した。

6-2-3 ムード依存再生

　ムード依存再生（Mood-dependent Recall）[28]研究とは，学習時の感情状態と再生時の感情状態の一致（不一致）が再生を促す効果に関する研究分野である。たとえば，ポジティブな感情のもとである単語（多くの場合無意味なつづり）を学習させ，数日後再びポジティブな感情を誘発させたうえで再生させた人々は，ネガティブな感情を誘発させて再生させた人々よりも，再生率が高いという仮説である。この研究群は，先のムード一致学習仮説と異なり，記憶材料の感情的内容とムードの状態との関係を一切考慮しない点が特徴である。

　この仮説に関する研究が多くなされ，支持する結果が報告されている（Bower, 1981, 1991; Mecklenbrauker and Hager, 1984; Forgas et al., 1988; Eich, 1995; Fiedler, 1990; Fogas, 1993; Eich et al., 1994）。しかし，この研究には批判も多い。1つ目は，支持しない結果を示している研究も多いという点である（川瀬, 1996）。事実いくつかの研究ではこの仮説は支持されていない（Isen et al., 1978; Nasby and Yando, 1982; Mueller et al., 1991; Bower and Mayer, 1991）。そのため，ムード依存再生は感情と記憶に関わる現象の中で最も信頼できないことで悪名高いとまで言われている（Parrott and Spackman, 2000）。2つ目は，実験上の問題である。出来事の感情的トーンが記銘時の感情状態と関係するのが普通であり，純粋なムード依存再生が生じることを示すのは非常に難しいという点である（Parrott and Spackman, 2000）。3つ目は，特定の条件下でのみ，ムード依存再生の効果は現れるという点である。Ucros（1989）によれば，メタ分析の結果，ムード依存再生の効果は記憶材料の内容にかかわらず有効であると主張しているが，その後の研究でいくつかの条件が必要であることが指摘されている。Blaney（1986）は実験手続き上の条件が整ったときにのみ現れることを指摘しているうえ，多くの研究が記憶材料として意味的な記憶よりも内部で保持されているエピソード記憶を材料に用いたときの方が，この効果が現れやすいことを指摘している（Beck and McBee, 1995; Eich and Metcalfek, 1989; Bower, 1991; Eich, 1995; Fiedler, 1990; Forgas, 1993; Eich et al., 1994）。また，この効果は，強く安定したムード下で現れやすいことも指摘されている（Eich, 1995）。これらの指摘に基づけば，ムード依存再生は，ある条件が揃ったときにのみ生じる限定的な効果と考えるべきであろう。

6-2-4 ムード一致（不一致）再生

　ムード一致（不一致）再生（Mood-congruent〔incogruent〕Recall）研究とは，記憶材料の感情的トーンと再生時の感情状態の一致（不一致）が再生に与える影響を研究する分野である。たとえば，感情的に中立な状況下で，被験者に楽しい記憶材料について学習させ，後に楽しい状況下で再生させ，どれくらい楽しい内容を再生できるかを実験することで，ムードに一致する内容が再生（想起）される度合いを研究する。この研究群は，先のムード依存再生研究と異なり，再生時のムードと記憶材料の一致を重要視している点が特徴である。

　この分野の実証研究の多くは，ポジティブ感情とネガティブ感情で非対称な効果が現れるという興味深い結果を示している。研究の多くは，ポジティブ（幸せ），あるいはネガティブ（悲しい）などの感情を Velten 法などにより誘発させ，ムードと再生内容の一致・不一致を検討する。その結果，多くの研究がネガティブなムード下よりも，ポジティブなムード下の方が，ムード一致再生が生じやすいことを示している（Blaney, 1986; Isen, 1987; Singer and Salovey, 1988）。これに対して，多くの研究が，ネガティブなムード下ではムード不一致再生が生じやすいことを示している（Erber and Erber, 1994; Berkowitz and Troccoli, 1990; Sedikides, 1994）。Bower の「感情ネットワーク仮説」「感情プライミング仮説」に基づけば，感情のノードがプライムとなって関連する記憶が活性化され再生されると考えられ，ポジティブ，ネガティブの両方でムード一致再生が生じることが予想される。しかし，多くの研究がムードの非対称性を示しているのは，われわれの情報処理がより複雑なものであることを示唆していると考えられる。つまり，この非対称性は，ポジティブ・ムード下ではその状態を維持したいという動機が働き，逆にネガティブ・ムード下ではその状態を改善しようという動機が働くために生じると考えられる（Forgas, 1991）。

　しかし，Parrott（1994）は，ムード導出の仕方次第ではポジティブ，ネガティブのどちらでも生じると指摘している。たとえば実験室外での自然に生じた感情を用いるときや，実験室内でも感情状態を変えることが実験の意図であることに気づいていない被験者を実験に用いるとき（音楽をムード導出に使うとき）などは，どちらのムード下でもムード不一致再生が生じやすいということを指摘した。しかしこの指摘は，実験操作によって誘発したムードではなく自然に発生したムードは非常に微細であること，また実験室外だと他のコントロールできない要因（たとえば温度）が大きく影響することに注意すべきであ

る。事実，谷口（2000）は多くの研究が実験環境を軽視していることを指摘しており，ムードの誘発は，誘発されたことが被験者にあまりにも明白なために，ある種の要求特性（実験者の意図を察して期待に応えようと反応すること）が生じる可能性が高いことを指摘している。

6-2-5 ムード一致現象の基盤

では上述のようなムード一致（不一致）はどのような理由で生じるのであろうか。ここでは，2つの代表的な説明を確認し，まとめを述べる。

(1) 記憶の連想ネットワーク・モデルによる説明

最も広く受け入れられている説明は，記憶の連想ネットワーク・モデル（Associative Network Model）である。Isen et al.（1978），Bower（1981）らは，感情を長期記憶内のネットワークのノードとして位置づけ，ムード一致効果を説明している。つまりこれらのモデルでは，感情が認知的な記憶構造の中に位置づけられており，特定の感情ノードが活性化されるとリンクを伝わり，次々にその感情に関係する記憶が蘇り，ムード一致再生が生じると考えられている。さらにBower（1991）は感情のノードと直接リンクする「評価ノード」を導入して，説明力を高める試みも行っている。しかし，Parrott and Spackman（2000）は，この連想ネットワーク・モデルだけでは，説明できない点があることを指摘している。第1に，なぜ活性化が，無数のリンクによって薄められず拡散するのかについて説明できないこと，第2に，別のムードに比べて特定のムードの方が，記憶の一致再生が容易に観察されるのはなぜかを説明できないこと，第3にムード不一致効果を説明できないことを指摘している。第1の点は感情に限った問題ではない。しかし，第2，第3の点は，連想ネットワーク・モデルだけではムード一致効果を説明できないことを示していると言える。

(2) ムード維持・改善動機による説明

ムード不一致効果はネガティブなムード下で生じやすいことが指摘されているが（たとえば不安についてMathews and Macleod, 1994），これについて連想ネットワーク・モデルだけでは説明は難しい。Moffitt and Singer（1994）やSinger and Salovey（1993）は自己に関する記憶を守ろうとする動機は，適切な感情的出来事を再生させ，現在の感情状態（ムード状態）を変えようとすると

主張している。たとえば，ネガティブな感情状態を改善するために，過去の楽しかった出来事を思い出し，落ち込んだ状態から自分を救い出すことは多くの人が経験していることである。Lazarus（1991）が主張する Emotion Focus Coping も同様の点を指摘しているといえる。このような動機の記憶再生に与える影響は無視できない。

(3) まとめ

ムード一致現象の説明，原因の解明についてはまだ論争があり，明確な答えを本章で出すのは難しい。しかし，ムード一致効果がかなり信憑性の高い効果であることは Sedikides（1992）のメタ分析からも明らかになっている。この論文によると，43 本の論文中の 84 個の実験結果を分析したところ，62％の研究がムード一致効果を支持している。これを高いと見るか低いと見るかは難しいが，Parrott and Spackman が指摘するように動機的な側面にも目を向ければ，一致，不一致の両方が生じることは説明できるであろう。しかし，感情が人間の認知過程に与える影響とはこれだけであろうか。これまで見てきた記憶研究では，感情はむしろ記憶内のノードとして捉えられており，感情が学習，再生に与える影響が議論の中心であった。だが，感情は記憶に影響を与えるだけでなく意思決定を方向づける役割も果たしている。次項で，この点を確認する。

6-3 感情と意思決定

6-3-1 ポジティブな感情と意思決定

ここでは，ムードが意思決定や問題解決に与える影響を確認するが，まずポジティブなムードの効果を 3 つ確認する。1 つ目は，ポジティブ・ムードが，一般的に，簡便で処理負荷の少ない意思決定方略（ルール）の使用を促進する点である。たとえば，Isen and Means（1983）は，ポジティブ・ムード下の被験者は，中立なムードにある被験者に比べて，重要な属性について条件を満たさない選択肢を削除し，選択肢を絞り込む逐次削除型の方略を用いることが多く，意思決定に要する時間が少ないことを，架空の自動車の選択実験により示した。2 つ目は，ポジティブ・ムードが，評価をポジティブな方向に歪める点である。たとえば，Isen et al.（1978）はポジティブなムード下では，自分が所有している製品に対して，ポジティブな属性（材料，側面）についてより多く再生する傾向があり，その結果全体的に好意的な評価を行うことを示した。こ

れは，先述のムード一致再生の効果でもあるが，それだけではなく，Isen and Shalker (1982) は，新奇の刺激も，ムード一致の方向に評価が歪められることを明らかにしている。3つ目は，ポジティブ・ムードが，創造的問題解決を促進する点である。たとえば，Isen et al. (1991) は，医学部の学生が，レントゲン写真などのいくつかの診断手がかりをもとに，ガン患者を見分ける実験を行い，ポジティブ・ムード下の学生が，統制群やネガティブ・ムード下の学生よりも，真のがん患者をより短時間でより正確に判断すること，短時間で判断した後にさらに治療方法を検討していたことを明らかにした。

　このような結果から，Isen (2000) は，ポジティブ・ムードは単に記憶の再生に影響して対象に対する評価を歪めて意思決定に影響するだけでなく，意思決定や問題解決を改善する役割を果たしており，創造的な問題解決を促す役割を担っていると主張している。たとえば，ポジティブ・ムードにある被験者は，統制群に比べた多様な連想をできるだけでなく (Isen et al., 1985)，対象間の類似性や差異性をよく見分けるようになり，柔軟に対象を分類できることを示している (Isen and Daubman, 1984; Isen 1987; Kahn and Isen, 1993; Isen et al. 1992)。

6-3-2　ネガティブな感情と意思決定

　ネガティブ・ムードは，一般的に，精緻で処理負荷の比較的高い意思決定方略（ルール）の使用を促進すると言われている。たとえば，Schwarz (1990) は，ネガティブ・ムード下では，人は慎重に情報を精査するシステマティックな意思決定方略を用いると主張した。同様に，Forgas (1995) も，感情の意思決定に与える影響を統合的に説明する感情混入モデル（Affect Infusion Model）の中で，ネガティブ・ムードは，本質的な情報処理戦略（Substantive Processing Strategy）の使用を促進し，精緻な方略を用い，時間をかけて意思決定を行うと主張した。

　これに対し，Mano (1999) は，ネガティブ・ムードが意思決定に与える影響は一様ではなく，覚醒水準で異なると主張した。Mano は Russell (1980) の快と覚醒の高低で，ムード状態を4つに分け，ネガティブ・ムード下（高覚醒は苦悩，低覚醒は退屈）の人の買物意思決定を検証をした。結果は，高い苦悩を抱えている被験者は，購買意図が高いこと，より退屈な被験者は好ましい環境下（小売店内）での購買意図がより高く，望ましくない環境下での購買意図は低くなること，退屈は関与と経験の質の購買意図に対する効果を強調するこ

と（2つの要因間に交互作用が存在すること）を示した。ネガティブ・ムード下で人は常にネガティブに意思決定をするわけではない。ムードを改善するために，自らのネガティブな感情経験をできるだけ早く人に話したり（川瀬，2000），積極的にムードを改善する手段として買物行動を利用すると考えられる。

❖ 結　論
まとめ

　第1節で感情の捉え方に関する学説は3つに大別されること（Scarantino, 2016），第2節で各学説がどのような文脈で登場し，どのような主張を展開したかを確認した。小史を確認する過程で，多くの研究者が主にネガティブ感情に焦点を当て，進化論に基づき，感情が野生環境で繰り返し生じる重大な課題（捕食者からの生存など）を解決するための緊急処理プログラムとして発達してきたことを主張していることを確認した（Tomkins, 1962; Tooby and Cosmedies, 1990; 戸田，1992; Cosmedies and Tooby, 2000 など）。しかし，感情にはポジティブな感情もあり，生存を確かにすること以外にもさまざまな機能があると考えられる。第3節では，注目されることが少なかったポジティブ感情も含め，感情の機能を取り上げた。そこでは，既存研究（Levenson, 1999; 遠藤，2013）をもとに感情の大きな機能として，緊急対処機能，回復や人の成長を促す機能，学習機能，コミュニケーション機能の4つがあることを確認した。

　第4節では，各学説に立脚する研究者が，感情の捉え方，生起プロセスを巡り繰り広げた論争を確認した。感情を巡り多くの論争が存在するが，とくに感情と認知（評価）の関係を巡って行われた Zajonc-Lazarus 論争（Zajonc, 1980; Lazarus, 1984 など），基本感情の存在の有無を巡って今も行われている基本感情を巡る論争（Ortony and Turner, 1990; Ekman, 1992b; Russell, 1994 など）を確認した。論争を簡潔にたどることで，感情システムの理解のために，感情と認知（評価）の関係，神経生理的基盤の存在の有無と文化間・種間普遍性をどのように考えるかが重要であることを確認した。学説間の隔たりを確認したうえで，第5節では，各学説と深く関わる感情の測定について触れた（Mehrabian and Russell, 1974; Izard, 1977; Plutchik, 1980 など）。そこでは，言語尺度による測定，生理・行動指標による測定を確認した。第6節では，認知とくに記憶や意思決定・選択と感情の関係について，既存研究をもとに確認を行った（Bower, 1981; Isen and Means, 1983 など）。

「買物行動と感情」を捉える視座——瞬間的なディスオーガナイザーと時間横断的なオーガナイザー

　感情経験，感情を一言で表現することは難しい。しかし批判を恐れず，簡潔に表現するなら，感情経験とは「人と環境の適合の程度が主観的に意識されたもの」である。また，経験として主観的に意識されるか否かにかかわらず，感情とは，「適合の程度をもとに，（環境適応や生存などの）目標に向け，人を動機づけるシステム」である。本章で確認した通り，感情経験が人と環境の適合度を表しているという考え方は，Levensonの「変化する環境の要求への適応の効率的なモード」（Levenson, 1994, p. 123），Damasioの「人の本性と環境との適合あるいは不適合を知るためのセンサー」（Damasio, 1994, p. XV〔Introduction p. 15〕），Barrettの「ある特定時点での，個人と環境との関係の神経生理的バロメーター」（Barrett, 2006, p. 31）など多くの研究者が指摘しているものである。また，感情が生存などの目標に向け，人を動機づけるという点も，基本感情理論や人類学などの研究者（Tomkins, 1962; Tooby and Cosmedies, 1990など）が多く支持する点である。

　この適合評価とそれに伴う動機づけ（感情システム全体）は，瞬時の刹那的な判断のみであるように見えながら，時間横断的である点に特徴がある。より具体的に言えば，人類としての遺伝と個人の過去の経験に支えられ，今の適合を即座に判断するが，その目的は将来を見据えている。たとえば，察知した危険からネガティブな感情を惹起し，生存のために即座に逃走するまでの一連の流れは，今とその先の生存という「将来」を見据えている。また，休日の穏やかでポジティブな感情状態のときに何も考えず公園を散歩し，何もしないこと（Undoing）によりストレスを取り除くことも，生存という「将来」を見据えた行為であり，本屋で何気なく新刊の本をぱらぱらめくる行為も，新しい刺激に接し気分を持ち上げることや，新しい知識を得ることで，より生存の可能性を高める。さらに，ソマティック・マーカー仮説（Damasio, 1994）が正しいのであれば，ブランド選択や店舗選択時の推論，選択・意思決定に，感情は過去の経験に基づき選択肢を効率的に絞ることに寄与し，今の選択行動，将来の満足やリピート行動を支援している。感情システムには，後先を考えず今しか見ない側面もあることは確かであるが，感情の本性はそれだけではなく，時間横断的な視座を持ち，選択・意思決定を支えているという認識が重要である。

　次の第3章で，感情と買物行動の関係に焦点を当てた研究を見ていく前にと

くに確認しておきたいのは，2つの感情観の存在である。ここで，2つの感情観とは，感情が長期的な環境適応を促す側面に焦点を当てた「オーガナイザー（優れたまとめ役）」の感情観と，感情が瞬間的（刹那的）な行動を誘発する側面に焦点を当てた「ディスオーガナイザー（理性的判断の阻害者）」の感情観である。第3節で確認したLevenson（1999）の主張に見られるように，感情には「ディスオーガナイザー」の側面と，「オーガナイザー」の側面がある。「ディスオーガナイザー」の側面とは，感情が目的的行動や合理的思考を妨げる側面である（Levenson, 1999）。この例として，刹那的な怒りに任せて，旧知の人を罵りこれまでの人間関係を破壊することや，興奮に任せて深酒をし，翌日後悔することなどが挙げられる。一方の「オーガナイザー」の側面とは，恐怖などのネガティブ感情が生存確率を高めるために，複数の反応システムを整合的に作動させること（Levenson, 1999），ポジティブな感情が，ネガティブ感情からの回復を促すこと（Levenson, 1999），人の行動とレパートリーを広げること（Fredrickson, 2001），創造的な問題解決を促進すること（Isen et al., 1987）などの側面である。「オーガナイザー」という概念は，元々Levenson（1999）が提唱した概念であるが，本書はその概念を拡張して用いる[29]。この例として，野生環境下で猛獣に遭遇した場合に，ネガティブ感情（恐怖）が生じ，逃走のために，血流，心拍，筋肉を整えることや，休日に穏やかなポジティブ感情（快）を経験しているときに，新しい趣味に挑戦することなどが挙げられる。諸刃の剣である感情には，「ディスオーガナイザー」，「オーガナイザー」の両側面[30]があり，どちらかに傾注して一方のみを見るのではなく，両方の側面を視野に入れることが，買物行動における感情の働きの正確な理解につながると考えられる。このような視座に立ち，次の第3章では，買物行動と感情の関係に焦点を当てた既存研究を検討し，本書の研究枠組みを示す。

* 本章第6節6-2は，石淵（2001）の一部を修正，加筆したものである。

注
1) 遠藤（2013）はFeelingを情感と訳し，濱・鈴木（2001）は感情と訳しており，研究者間でも必ずしも一致していない。
2) 第3節で後述するが，Moors（2009），Levenson（1999）の機能分類と対応する部分がある。
3) ただし，BarrettとRussellのコア感情に対する考え方は完全に一致しているわけではない。Russellが評価と生理的覚醒からコア感情が決まり，それが主観的に意識されるときに感情経験

となるプロセスを考えているのに対し，Barrett（2005），Barrett et al.（2015）は，概念的行為理論（Conceptual Act Theory, 以下 CAT）を提唱し，Russell の提唱するルートだけでなく，概念的な「事前知識が感覚的な刺激に適用され」（Barrett et al., 2015, p. 91），解釈する行為によっても感情経験は影響を受けると考え，知識の重要性を強調している。

4) Levenson（1994）の原語は Emotions であり，日本語訳として情動が望ましいかもしれないが，「英語圏においては Emotion が，日本語圏においては『感情』が，感情に関わる最も包括的な用語として用いられている」（今田, 1999, p. 141）ことが多く，混乱を避けるために「感情」という表現を用いる。

5) Arnold は「対象が楽しい（と評価された）なら接近し，楽しくないなら，回避する可能性がある」（Arnold, 1960a, p. 58）と述べ，接近（Approach）を人や物などの対象に対し，物理的，精神的に近づく傾向や行動，回避（Avoidance）は逆に離れる傾向や行動を指す。

6) たとえば，クマに出くわしたときに瞬時に行われる危険であるとの評価を指す。Lazarus（1991）は一次的評価と呼ぶ。

7) コア感情の詳細は，第 2 章第 4 節，第 3 章で後述する。

8) 本章第 4 節で後述するが，Zajonc（1980）は，感情が認知（評価）の過程がなくても生起することを主張しているが，そもそも外界の刺激の評価や解釈なしに，特定の感情を生起させ，適切な行動への体制を瞬時に整えることは不可能である（遠藤, 2013）。この評価システムとして，高次あるいは低次どのようなレベルの評価システムを想定するか研究者間でまだ差異はあるが，評価が感情生起に必要であるという認識は多くの研究者に共有されている（Russell, 2003）。

9) コア感情の元の理論枠組みは，Mehrabian and Russell（1974）の，快（Pleasure），覚醒（Arousal），支配（Dominance）の 3 次元であるが，Mehrabian and Russell は尺度構築に際し，さまざまな状況スキットを被験者に提示し，感情状態を測定している。その分析結果で，快が最も高かった状況スキットは，晴れた日に，山間部の静かでほとんど人のいない湖で，ボートで引っ張られながら水上スキーを楽しむ，非日常的なレジャーの状況だった。詳しくは，Mehrabian and Russell（1974），pp. 206-215 を参照。

10) 原典は Emotion であり，強い身体的，生理的変化を伴う強い「情動」を仮定していると考えられるが，本書では用語の混乱をさけるため，情動を含むより広い意味の「感情」を使用する。詳しくは注 4 を参照。

11) 末梢という言葉は，脳などの中枢以外という意味で用いる。

12) Damasio は，自身の考えが James の考えに近いことを認める一方，James が仮定する，人は特定の刺激や状況に出会ったとき，特定の身体反応パターンを経験し，それにより特定の感情が生じるという固有パターンの存在に対し，柔軟性が低いと批判し，自身の考えとは異なることも主張している。

13) Damasio はこれを内臓的感覚と非内臓的感覚の双方を含むと主張する（Damasio, 1994, p. 173）。つまり，情動でもあり感情でもあると考えられる。

14) LeDoux は，Feeling という用語で主観的な感情経験を表し，それ以外の脳，臓器，身体の感情に関わる活動を Emotion という用語で表現する。そのため，原語の Emotional Responses は情動反応と訳すのが適切かもしれないが，冒頭述べた通り，本書では身体変化，主観的経験すべてを含め感情と表現する立場を取っており，本書内での混乱を避けるため，感情的反応と訳す。以降，LeDoux が用いる Emotion は感情と訳し，Feeling は感情経験と訳すことで区別する。

15) LeDoux は，Damasio ほど，主観的な感情経験に強い関心はない。事実，LeDoux は「感情経験は，感情の問題ではない。それは，どのように意識的経験は生じるかという問題である」（LeDoux, 1996, p. 268）と主張し，感情経験は「おそらく他の意識的経験と同じ方法で形成される」（同, p. 269）と主張している。具体的には，感情経験の形成には，ワーキング・メモリーが強く関わり，扁桃体が皮質，覚醒，内臓に与える影響により，経験が感情経験に変換されること

を仮説的に主張している。
16) 遠藤 (2013) は動機づけ機能，学習機能，自己認識機能の3つに大別している。
17) 基本情動と訳す研究者も多いが (遠藤, 1996, 2013; 唐沢, 2010; 大平, 2010a)，Basic Emotion を基本感情と訳す研究者も多い (濱・鈴木, 2001; 余語, 2010; 川口, 2002)。注4で述べた理由に基づき，本書では基本感情と訳す。
18) Plutchik (1980) は，感情の心理進化理論 (Psychoevolutionary Theory of Emotions) の基本的仮定として10個を挙げ，Izard (1991) は5個を挙げている。
19) この前提に立ちながら，基本感情を否定する研究者として Ellsworth (2007) が挙げられる。
20) 同様の問題について，Ekman は基本的生活課題 (Fumdamental Life-tasks) (Ekman, 1992a, p.171)，Plutchik は機能的生活問題 (Functional Survival Problem) と呼ぶ。
21) 正解が「恐れ」のときに，選択肢として「恐れ」「驚き」「悲しみ」の写真を見せた場合，正解率は28％と低かった。恐れが正解の場合，他にも正解率が48％，52％と低いケースがあった。
22) Ekman (1972) では幸福 (Happiness) と表記しているが，Ekman et al. (1982) では喜び (Joy) と表記している。
23) Ekman (1992a, p. 192) は Excitement も基本感情であるかを検討しているが，否定的な立場を示している。
24) 現語は Socially Constituted Syndrome である。Averill はしばしば Syndrome という用語を「系統的に共変する反応の集合」(Averill, 1980a, p. 307) の意味で用いる。Averill は，特定の感情 (例，怒り) に特定の固有の共通する事象 (表情，生理的覚醒，主観的経験，敵対者への罵倒などの行動など) が固定的に結びついているというような基本感情理論の前提を否定し，感情の行動様式 (Syndrome) は，より緩やかではっきりしない共通特徴を持つ (Polythetic) もので，ある感情はその特徴を持っているからと言って，他の感情がその特徴を持っていないわけではないと考える。たとえば，人が他者を大声で罵る行為は，怒りを感じている場合だけでなく，恐れを感じている場合でも生じる。
25) Averill はこの事例を Newman (1964) の著作から引用している。
26) 心拍変動のデータをスペクトル解析して得られる HRV スペクトルには2つのピークがあり，約 0.25Hz の成分を高周波数 (High Frequency: HF)，約 0.10Hz の成分を低周波数 (Low Frequency: LF) と呼び，両者の比が LF/HF 比率であり，自律神経とくに交感神経の活動指標として用いられることが多い (三宅, 2017)。
27) ここでの評価は，Lararus や Scherer などの要素に該当する，しないの自動的で簡便な評価ではなく，ある属性の対象が有している程度を評価し，それに属性の重要性を掛け合わせるような心的計算を伴う高次の心的処理を指す。
28) 川瀬 (1996) はこれをムード状態依存効果と呼び，Eich and Macaulay (2000) はムード依存記憶 (Mood-Dependent Memory) と呼んでいるが，ここでは Parrott and Spackman (2000) に従い，ムード依存再生 (Mood-Dependent Recall) という呼び名を用いる。
29) オーガナイザー (Organiser)，ディスオーガナイザー (Disorganiser) という表現は，Levenson (1999, p. 495) の表現を用いているが，Levenson はネガティブ感情にのみ焦点を当て，恐怖などのネガティブ感情が危機に際し，瞬時に複数の反応システムを整合的に作動させる側面のみをオーガナイザーと表現している。これに対し，本書で用いる「オーガナイザー」には，このようなネガティブ感情の機能に加えて，ポジティブ感情の機能も含めており，Levenson の元の概念より，指す内容が広い。
30) 恐れなどの感情を考えた場合，1つの現象が両側面を有する点に注意が必要である。たとえば，猛獣と遭遇した際に経験する恐れは，それまでの思考や行動をすべて中断するディスオーガナイザーの側面を持つ一方，生存確率を高めるために，血流や筋肉などの全身のシステムを瞬時に整えるオーガナイザーの側面も有していると考えられる (Levenson, 1999)。

第3章

買物行動における感情
――成果と課題，本書の研究枠組み――

❖ はじめに

　第2章で確認した感情研究の進展に刺激を受け，消費者行動，マーケティングの研究分野において，1980年代以降，消費者の「感情」を取り上げた研究が増加した。とくに研究蓄積が進んでいる分野は，消費研究と広告研究である。前者の研究として，消費における感情の役割や満足度への影響の研究（Holbrook et al., 1984; Mano and Oliver, 1993; Dubé and Morgan, 1996; Richins, 1997 など），後者の研究として，広告に対する感情的な反応の研究（Edell and Burke, 1987; Holbrook and Batra, 1987; Goldberg and Gorn, 1987; 岸, 1990; Williams and Aaker, 2002; Fisher and Dubé, 2005 など）が挙げられる。また，感情と認知の相互作用に注目した消費者意思決定の研究も増加している（Luce et al., 1999; Shiv and Fedorikhin, 1999 など）。

　買物行動研究においても，感情に焦点を当てた研究は1980年代頃より急速に増加した。まず本章第1節で，買物行動と感情の関係に焦点を当てた研究を確認する。ただし，第1章同様，研究詳細を羅列することが目的ではない。買物プロセスの段階ごとに主要研究を確認することで，各下位分野の研究分布，成果，課題だけではなく，下位分野に共通する傾向および課題を見極めることが目的である。また，レビューでは小売店舗における感情研究だけでなく，一部レストランなどのサービス店舗における感情研究も取り上げる。小売店舗も流通サービスを提供する業種であり，サービス店舗における感情経験に関する

研究の知見は,小売店舗における感情経験を考えるうえで,重要な示唆をもたらすため,レビューに含める。

第2節で,下位分野に通底する課題は何かを明らかにする。課題がなぜ生じているのか,課題間の関係はどのようになっているのかを整理し,一定の傾向を有する既存研究群の課題を示す。第3節では,このような課題を解決するため,買物行動における感情をどのように捉えれば良いのかについて,第2章の知見を踏まえ議論を行い,本書第2,3部の実証研究における感情に対する考え方を提示する。

さらに第4節で,本書の感情観に基づき,買物意思決定・選択プロセス(以下買物プロセスと略す)における感情の働きに関する研究枠組みを示し,第2,3部で展開する各実証研究の位置づけと各章の関係を明らかにする。

1 感情に着目した買物行動研究——1980年代からの新しい潮流

1-1 先駆的研究

本節では,買物プロセスに沿い,買物行動と感情の関係に着目した主要研究を紹介する。最初に,店舗内での感情経験と買物行動に関する研究枠組みを示し,後の研究増加の契機となったDonovan and Rossiter(1982)の先駆的研究を紹介する。第1章同様,買物プロセスに沿い主要研究を説明する方が分かりやすいが,それでは,なぜ1980年代より買物行動と感情に関する研究が急増したのか,なぜ多くの研究が類似する研究枠組みと課題を有しているのかを理解することが難しい。提示順を乱すことになるが,まずこの分野の基礎となった先駆的研究の紹介から始めたい。

Donovan and Rossiter(1982)は,被験者の大学生が店舗内で経験する感情経験をMehrabian and Russellの快(Pleasure)・覚醒(Arousal)・支配(Dominance)の3次元(PADと略す)を言語尺度により測定し,快楽が接近[1]に正に影響すること,快が高いときには覚醒も接近に正に影響することを明らかにした。彼らは,環境心理学者のMehrabianとRussellのモデル(図3-1)に基づき,店舗への接近・回避を説明することを試みた。Mehrabian and Russellモデルとは,環境の刺激に基づき,心の中に3次元の感情状態が生じ,これらの3次元から人の対象や環境への接近・回避が決まると考える,刺激・生体・反応型のモデルである。被験者の大学生30名は,2~3つの商業施設

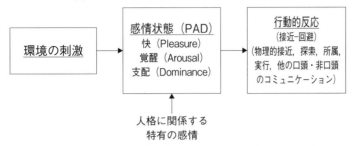

図 3-1 Mehrabian and Russell モデル

（出典）Mehrabian and Russell（1974），p. 8, Figure 1.1 および Donovan and Rossiter（1982），p. 42, Figure 2 をもとに筆者が作成。

に出向し，施設の中心で，Mehrabian and Russell の感情測定尺度，接近・回避を測定する尺度などからなる質問票に回答した。回収した 66 サンプルに基づき，Donovan らは非計画時間消費の意向，非計画支出の意向，態度などの接近に関わる変数を従属変数，感情項目を因子分析し抽出した，快，覚醒，支配の 3 因子の因子得点を独立変数として，回帰分析を行った。分析の結果，快が多くの接近変数に正に影響し，快が高い[2]ときのみ，覚醒が接近に正に影響することを明らかにした。また店舗環境を Mehrabian and Russell の情報率次元で測定し，主観的に解釈された店舗環境と覚醒（Arousal）の関係も明らかにした。

　Donovan らの最大の貢献は，店舗内の感情経験を環境心理学の理論に基づき取り上げた点である。第 1 章で確認した通り，認知，行動に偏っていた買物行動研究が多い中，店舗の雰囲気など，感情に関わる研究はこれまでも存在した。しかし，それらの研究は，極めて直観的で，理論に基づいた研究ではなかった。Donovan らは，理論に基づき 3 次元の感情を仮定し，それが消費者の接近・回避行動に影響することを実証研究で示した点で優れている。しかし，大きな課題が 2 つある。1 つ目は，意図レベルの研究である点である。被験者の学生は，実際に店内で非計画購買，時間消費は行っていない。分析は，あくまで回答された購入意図を用いて行われており，行動レベルの分析は行われていない。2 つ目は，店頭マーケティング手段と感情経験の関係が明らかにされていない点である。Mehrabian and Russell の情報率次元と覚醒の関係を分析してはいるが，実際にどのような店舗マーケティング手段が快楽を高めるかなどの分析は行われていない。

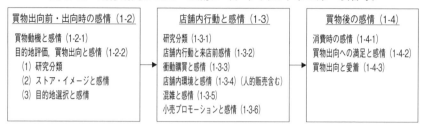

図 3-2 既存研究レビューの流れ（（ ）内は本章の節・項番号）

Donovan and Rossiter の研究は，上述の課題はあるものの，店舗内環境と感情に関する研究枠組みを示し，店頭マーケティング手段を操作した多くの実験研究や，実際の買物客を対象とした研究などが後に生まれる契機をつくった。以降，1-2～1-4 で急増した買物行動と感情の関係に着目した主要研究を，図 3-2 に示す買物プロセスに沿い，紹介する。1-2 では買物出向前・出向時の感情に関する研究，1-3 は店舗内行動と感情の関係に関する研究，1-4 では買物後の感情に関する研究の詳細と，現在までの成果と課題を示す。

1-2 買物出向前・出向時の感情

1-2-1 買物動機と感情

(1) 買物動機次元の研究

買物の開始段階として，買物動機と感情の関係に着目した主要研究を紹介する。買物動機と感情の関係は，第 1 章で触れた Tauber（1972）の研究で取り上げられていたが，Taubar は感情的動機の存在を定性的に示したのみで，定量的結果までは示さなかった。また，Tauber の研究は，感情の次元や分類に関し，心理学的な理論背景を有する研究ではなかった点にも注意が必要である。

1980 年代に入り，複数の定量的研究が，買物動機の感情的側面の存在と，その重要性を明らかにした。ここでは，3 つの主要研究を紹介する。感情的な買物動機の萌芽的研究として，Westbrook and Black（1985）の研究が挙げられる。Westbrook and Black は，既存の買物客分類研究に買物動機の視点が欠落していることを指摘し，Tauber（1972）の研究をもとに新しい買物動機の分類として，経済的な特徴（製品入手に関わる特徴）に関する因子群と，社会的な特徴（経験的な特徴）に関する因子群を示した。具体的には，Westbrook らは買物動機を人格特性と捉え，仮説化された 7 つの動機について，百貨店の買物

客203名に対し，聞き取り形式の調査を行い，データを収集した。確認的因子分析により，経済的な特徴（製品入手に関わる特徴）に関する3つの因子と社会的な特徴（経験的な特徴）に関する2つの因子を抽出し，買物動機の大別として製品指向の動機と経験指向の動機の2つの基礎的次元の存在が示された。

また，高橋（1999）は，Westbrook and Black（1985）の研究で用いられた尺度と動機次元に基づき，一般的な買物客の買物動機を調べ，感情的動機の存在を明らかにした。具体的には，買物客の動機に関する定量的調査を行い，因子分析の結果，役割遂行，期待される効用，選択の最適化，刺激の4つの次元と，彼らと異なるサービス期待の次元と経済性重視の次元の2つを抽出した。刺激の次元は感情に関する次元であり，Westbrook and Black 同様，感情の次元が買物動機の大別において重要であることが明らかにされた。

Arnold and Reynolds（2003）は，感情的動機[3]の分類の精緻化を試み，6つの次元を特定し，測定する言語尺度を構築した。Arnoldらは，尺度構築法に基づき，非学生98名へのインタビュー調査および2回の定量的調査データの分析から，6つの感情的次元を特定した。6つの感情的買物次元は，冒険的買物（Adventure Shopping），社会的買物（Social Shopping），ご褒美買物（Gratification Shopping），アイデア買物（Idea Shopping），役割買物（Role Shopping），お値打ち買物（Value Shopping）である。感情的動機間の相関だけでなく，フロー（Flow）[4]など他の概念との相関係数などを検討し，法則定立的妥当性（Nomological Validity）を確認した。さらに予測妥当性を示すため，店舗内のブラウジング行動と6つの動機間の相関係数も確認し，すべて有意に正の相関があり，とくにご褒美買物との相関が0.49，社会的買物との相関が0.48と高いことも示した。また，拡張研究として，ムード・コントロール動機が買物価値の評価に与える影響を検討した Arnold and Reynolds（2009）の研究もある。

既存研究は，買物動機が，製品入手に関する功利的動機と，経験に関する感情的動機に大別されることを示している。これは，買物経験の評価が主に快楽主義的次元と効用主義的次元の2次元に基づくことを示した Babin et al.（1994）の研究とも対応している。だが，これらの研究（たとえば Westbrook and Black, 1985）は，発見した次元をもとに，買物客の分類研究に焦点を絞る傾向がある。そのため，買物動機の違いが動機生成後の買物プロセスに与える影響は，主たる研究対象として取り上げられることが少ない。この点を取り上げた希少な研究として，Dowson et al.（1990）の研究が挙げられる。

(2) 買物動機と以降の買物プロセスに関する研究

Dowson et al. (1990) は，買物動機が買物場所での買物行動の結果（以下，買物結果）[5]に直接影響するだけでなく，感情経験を媒介して間接的にも買物結果に影響することを明らかにした。Dowsonらは，アメリカ西海岸で行われた野外アーツ・アンド・クラフツ・マーケットで，278名の質問票データを収集した。分析の結果，製品入手動機も経験的動機も，快楽と覚醒の2つの感情経験に影響し，とくに製品入手動機が快楽，経験的動機が覚醒と関係することを示した。また，2つの買物動機は，感情経験を媒介して間接的に買物結果に影響するだけでなく，直接買物結果に影響することも示した。Dowsonらの研究は，買物動機に基づく買物客分類に研究が偏る中，買物動機，とくに感情的動機が，感情経験や買物結果に与える影響を明確に取り上げた研究として優れている。

Dowsonらの研究に刺激を受け，買物動機が店舗内行動に与える影響に焦点を当てた研究が登場する。たとえば，Bell et al. (2011) は，買物動機（買物目的）の抽象性が高いほど，非計画購買を行う商品カテゴリー数（来店前に購買予定がなかった商品カテゴリー数）が増加することを実証研究で明らかにした。具体的には，Bellらは，441世帯が2週間に行った3,014のスーパーマーケットでの買物に関する日記データ（Diary Panel Data）を分析した。日記パネルデータとは，調査協力に応じた消費者が，買物出向ごとに，購買商品とその商品カテゴリーを自宅で記録し，それらの商品の事前の購買予定の有無なども自記式で記入したデータである（レシートとの照合も実施）。また，消費者は，各買物出向の主目的が，特売商品の購買（具体性の高い買物目的），1週間以上分のまとめ買い（抽象性の高い買物目的）かなどの買物目的の具体性・抽象性を5つの選択肢から1つ選ぶ形で回答した。非計画購買カテゴリー数を従属変数，買物目的の具体性・抽象性，店舗選択基準，チラシ広告との接触などを独立変数とするポアソン回帰分析の結果，買物目的が抽象的であるほど，非計画購買カテゴリー数が増加することを明らかにした。

また，McCabe et al. (2007) は，買物動機に基づき消費者を3つのタイプに分け，買物成果に関する目標志向の強い消費者は，お気に入り店舗のサービス知覚品質が高く，社交的消費者，バーゲン志向消費者は，お気に入り店舗のサービス知覚品質が低いことなどを明らかにしている。

(3) 成果と課題

　買物動機と感情に関する研究の成果として，とくに重要な点が1点ある。それは，買物動機には商品入手に関わる功利的動機だけでなく，楽しい経験をしたいなどの感情的動機が存在することが一連の定量的研究により確認されたことである。また，感情的動機にもさらに細かな種類があることが，Arnoldらの研究から分かってきた点も重要である。

　大きな課題として，買物動機に基づく買物客分類の研究は多いが，買物動機が店舗選択や店舗内行動など，動機生成後の買物プロセスの各段階に与える影響を取り上げた研究はまだ不足している点が挙げられる。確かに，Dowsonらの研究以降，Bell et al.（2011）やMcCabe et al.（2007）らの研究が登場しているが，これらの研究には問題もある。たとえば，Bellらは買物動機として購入商品の具体性の程度の1次元のみを取り上げ，既存研究が示すような感情的な動機を有する程度は取り上げていない。既存の買物動機研究の成果を踏まえた店舗選択，店舗内行動研究はまだ不足していると考えられる。

1-2-2　目的地評価および買物出向と感情

(1) 研 究 分 類

　次に，買物場所を選択する行動（以下，買物目的地選択行動）と感情，選択に先立つ買物場所の評価（以下，買物目的地評価）と感情の関係に着目した主要研究を紹介する。多くの研究が存在するが，選択との関わりから，①買物目的地選択のためのストア・イメージ評価（店舗外でのイメージ調査が主で，店舗雰囲気などの感情的要素を含む），およびストア・イメージと態度に関する研究（選択行動レベルではなく好意レベルに焦点），②買物目的地選択行動と感情の関係に注目した研究（実際の目的地選択行動に焦点）の2つの研究分野に分け，主要研究を紹介する。

　分類に関し，3つ注意点がある。1つ目は，買物行動と感情に関する研究の多くは，感情が接近・回避全般に与える影響を取り上げており，従属変数に基づく研究分類が難しい点である。接近・回避には，態度などの評価，非計画滞在・購買などの店舗内行動，来店後行動としての再来店意図，口コミ意図など買物プロセスの段階を超え，幅広い概念が含まれている。これは，本章冒頭に紹介した，Donovan and Rossiter（1982）の研究枠組みの影響が強く影響しているためであると考えられる。そこで，1-2-2で取り上げる研究は，蓄積された

店舗内経験を自宅など店舗以外で測定した研究,および教室などの実験室環境で画像やシナリオにより生成した疑似的な経験を測定した研究で,かつ店舗への態度,出向意図,店舗選択に焦点を当てた研究という2条件を満たす研究に限定する。従属変数として店舗内行動に焦点が当てられている研究や,買物目的地(店舗・商業集積)内で感情状態を測定している研究は,1-3の店舗内行動のレビューで取り上げる。2つ目は,事前感情に着目した研究の扱いである。事前感情とは,買物行動を起こす前のストレスを感じている状態などのネガティブな感情状態であり,これは自宅あるいは店舗入口などの店舗外で測定されることが多い。しかし,これらの研究の焦点は,消費者がどの買物場所を選択するかではなく,店舗内でどれだけ非計画購買を行うかにあることが多い。これらの研究は,買物動機に関わる研究でもあるが,その焦点が店舗内行動にあるため,1-3で取り上げる。3つ目は,買物目的地選択対象の水準として,都市,商業集積,店舗などの水準があるが(山中, 1975),ここでは都市の水準の選択行動研究は割愛し,商業集積,店舗の水準の研究を取り上げ,両者の区別は行わない。対象の水準はレビューで明記するが,対象に限定されない感情と目的地選択の普遍的な関係を確認することが主目的であるため,対象の水準は大きな問題として取り上げない。

(2) ストア・イメージと感情
① 主要研究
　ストア・イメージ(商業集積イメージも含む)と感情に関する主要研究を2つ紹介する。1つ目は,感情的ストア・イメージの形成プロセスに関する研究,2つ目は感情的ストア・イメージと態度の関係に着目した研究である。第1章で確認したストア・イメージ研究は,認知的属性に強く焦点を当てていた。ここでは,感情的属性や経験に焦点を当てた研究を取り上げ,その成果と課題を確認する。
　Mazursky and Jacoby (1986) は,新店舗[6]に関するストア・イメージ形成実験により,楽しさ(Pleasantness)などを含む3つの主要ストア・イメージがどのような手がかりから形成されるかを明らかにした。具体的には,Mazursky and Jacoby は,被験者に来店経験のない実在する3店舗(百貨店,専門店など)について,商品,立地や方針などの一般的な情報,店内写真など48個の情報を集めたアルバムを作成した。大学生120名に,既存研究から構築した①品質,

表3-1 ストア・イメージ形成時の参照情報

	サービス品質		品揃えされた商品の質		楽しさ	
	1店舗評価	3店舗同時評価	1店舗評価	3店舗同時評価	1店舗評価	3店舗同時評価
1 部門毎の販売員の数	17	18	5	5	11	9
2 部門毎のレジの数	16	16	4	4	8	14
3 返品の方針	17	15	6	6	7	10
4 試着室の数	12	11	3	3	8	7
5 クレジットカードの使用	10	10	6	6	5	5
6 立地	9	10	9	9	12	15
7 階数	5	6	5	4	9	7
8 店舗の内装デザイン	4	4	13	11	21	20
9 ブランド名	2	3	13	18	5	3
10 価格帯	2	2	10	11	4	4
11 品揃え	2	1	4	4	2	1
12 特売商品の在庫の割合	1	1	4	3	2	2
13 商品の原材料	1	1	11	11	3	2
14 特売商品の割引	1	1	5	2	2	1
15 商品の色	1	1	2	3	1	0
総度数	660	978	856	869	817	1898

(出典) Mazursky and Jacoby (1986), p. 154, Table 1 を一部修正し，使用。

②サービスの質，③買物の楽しさの3つのストア・イメージの主要次元について，最初に1店舗について2次元のイメージを評定させ，次に残る1次元については3店舗すべてを評定させた。表3-1は，各次元の評定のために参照された情報の割合をまとめたものである。表の列の見出しのサービス品質等は，行の見出しに示したような手がかりをもとに被験者に形成を求めたストア・イメージ次元である。表の行の見出しは，48ある手がかりの情報のうち，良く参照された上位15情報である。表内の数値は，当該ストア・イメージ形成のための手がかりとして情報を参照していた時間の割合である。割合の数値は，1つの手がかりに含まれる情報量で調整された割合である。たとえば，ブランドの価格帯という手がかり情報は，7製品カテゴリーの価格情報があり，立地情報は1つであるため，この情報量の違いを調整している。

表3-1より，ストア・イメージ形成には，いくつかの鍵となる手がかりの情報があることが分かる。具体的には，サービス品質イメージの形成には，従業員の数や返品方針などが手がかりとされており，品質イメージはブランド名だけでなく内装なども手がかりとされていることが分かる。楽しさイメージの形成に関しては，従業員の数，内装だけでなく，立地も重視されていることが分かる。同様に，Zimmer and Golden (1988) も，ストア・イメージの自由記述

の内容分析に基づき，店全体に対する好ましさの次元など，感情に関わるストア・イメージ次元の存在を指摘している。

　Mazursky and Jacoby の貢献は，スナップ・ショットで捉えられることが多いストア・イメージについて，その形成プロセスを実験で捉えることを試みた点にある。また，楽しさという感情的ストア・イメージが，内装などの感覚的手がかりだけでなく，立地環境にも影響されるという点は，大型小売店と街の関わりを考えるうえで興味深い。しかし，大きな課題が2つある。1つ目は感情的ストア・イメージが直観的で理論に基づいていない点である。彼らは感情的ストア・イメージとして「買物の楽しさ」の次元を提示したが，これは基本感情理論，次元論など感情理論に基づくものではない。2つ目に，来店前イメージと経験に基づくイメージがどのように統合されていくかについて検討されていない点である。Mazursky and Jacoby のイメージは，来店前に資料に基づき形成された期待イメージであり，現実の買物経験に基づき形成されたイメージとは異なる。現実では，これらが統合されていく過程があるはずであり，この点について今後研究が必要である。また，Mazursky and Jacoby の研究を発展させた研究として Baker et al. (1994) がある。Baker らは，Mazursky and Jacoby の研究枠組みに，介在変数として品質とサービスの推論を組み込み，ビデオによる実験で検証を行っている。

　Bell (1999) は，商業集積の認知的集積イメージに加え，感情的集積イメージを取り上げ，それらが態度[7]に与える影響を質問票データに基づく分析で明らかにした。具体的には，質問票を用いた郵送調査により，ある都市圏の代表的な5つの商業集積の中から，好みの商業集積に関するイメージ評価，態度，購入意向を質問した。回収した554名（有効回答率46％）のデータを構造方程式モデルにより分析した結果，既存研究で確認されてきた品質や品揃えなどの認知的集積イメージに加え，商業集積の視覚的な心地良さ（エリアを見て回るのが楽しい，店の看板・ファサード〔店舗外観〕を見るのが楽しいなど）などの感情的集積イメージが態度に，統計的に有意な影響を与えていることを示した。

　Bell (1999) の研究の貢献は，認知的集積イメージだけでなく，感情的集積イメージを含め，消費者が実際に買物目的地選択を行う際に考慮すると考えられる要因を網羅的に分析した点にある。しかし，課題として，感情の扱いが極めて雑である点が挙げられる。Mehrabian and Russell (1974) に依拠し，生体内変数として感情を位置づけているが，実証研究で測定されたのは PAD の3

次元ではなく，好き・嫌いの1次元（態度の感情的成分）のみである。また，買物目的地選択に関する理論モデルがなく，直観的で探索的であり，体系的ではない点も課題である。このタイプの類似研究は多く，たとえば Hunter (2006) も，ショッピング・センターに対する来店前の期待感情（感情的ストア・イメージ）が来店願望や意図に及ぼす影響を検証しているが，Bell の研究と同様の課題を有している。

② 成果と課題

上述の研究群の成果は，品質など認知的ストア・イメージだけでなく，店舗での買物の楽しさなどの感情的ストア・イメージが存在すること，感情的ストア・イメージが態度や，来店意向と関係していることを明らかにした点である。しかし，大きな課題が2つある。1つ目は，取り上げられる感情的イメージ次元が，必ずしも感情の理論的研究に基づいたものではない点である。Mazursky and Jacoby (1986)，Zimmer and Golden (1988) は，予備調査段階で消費者に対する質的調査などに基づき楽しさなどの「快」の次元の存在を明らかにしたが，この手法では消費者が意識し難い「覚醒」などの次元は出てこないだろう。ボトムアップ視点から質的調査を用いることは大切だが，同時に理論を考慮した次元の検討も必要である。2つ目は，来店経験に基づく感情的イメージと，経験に基づかないイメージの区別が曖昧であることである。

上述の課題を抱えるストア・イメージ研究は，その後，大きな発展は見られず，代わりに，心理学の感情理論に基づき，店舗内での感情経験に焦点を当てた研究が発展していく。この研究群（「店舗感情研究」と呼ぶ）は，感情経験の先行要因としてどのような店舗内環境要因が重要か，感情経験によりどのような価値や行動が生じるかに焦点を当てる点に特徴がある。これらの詳細は1-3-4, 1-3-5 で紹介する。

(3) 買物目的地選択と蓄積された感情経験

買物目的地選択行動と感情の関係を取り上げた研究は，1-2-1 で先述した買物動機や 1-3 で後述する店舗内行動と感情の研究に比べ，極めて少ない。ここでは，実際の買物目的地選択と，来店・来街経験に基づき蓄積された感情経験の関係を取り上げた数少ない研究を確認する。具体的に，ここで取り上げる研究は，調査対象地域に居住し，各スーパーやショッピング・センターなどへの来街・来店経験がある消費者を調査対象とし，単なるストア（集積）・イメー

ジというよりは，来店・来街経験に基づき蓄積された感情経験に焦点を当てた研究である。経験に基づき蓄積された感情経験は，ストア・イメージと厳密に区別することは難しいが，Mazursky and Jacoby（1986）の研究で用いられたまったく経験を伴わないストア・イメージとは異なる点に注意が必要である。

　Nevin and Houston（1980）は，ウィスコンシン州で郵送による質問票調査から得られたデータを用い，5点尺度で測定した商業集積のイメージを因子分析し，店舗での快適さの因子が集積レベルの選択行動に影響することを明らかにした。ただし，店舗の快適さ自体は1項目のSD尺度で測定されているのみで，駐車場の使いやすさなどの設備に関わる項目と同因子にまとめられ，選択行動との関係が分析されているため，快適さだけではなく商業集積の施設の充実度が選択に及ぼす影響が統計的に有意に認められたという解釈が正しい。

　Nevin and Houston（1980）の研究は，店舗選択行動と感情的集積イメージの関係を扱った初期の研究として重要であるが，本章でいう買物行動と感情経験の研究とは区別をしておきたい。Nevinらの研究は，事前に感情経験の因子を測定することを意図して，尺度を構築しておらず，心理学的な理論背景を有する感情経験の研究というより，伝統的ストア（集積）・イメージ研究に近い。

　感情研究の理論に基づき，蓄積された感情経験が買物目的地への態度や選択に与える影響を取り上げた研究を2つ紹介する。井上・石淵（1997）は，構造方程式モデルを用いて，感情経験が大学内の飲食店の選択に与える影響をMehrabian and Russellモデルおよびその尺度をもとに開発した尺度で検討した。その結果，快，覚醒に上位因子を仮定した2水準因子分析モデルが優れていること，ポジティブ感情因子が態度に大きな影響を与えていることを示した。また井上・石淵（2003）は，6つの地域での買物行動調査データに基づき，修正ハフ・モデル，修正ハフ・モデルに客観的店舗特性を含めたモデル，さらに感情経験を含めたモデルの適合度の比較を行った。全体だけでなく，地域別，業態別，チェーン別などでも適合度を比較した結果，感情経験を含めたモデルの適合度が高いこと，感情経験が選択行動に大きな影響を与えていることが明らかになった。

　しかし，感情研究の理論に基づき，蓄積された感情経験が買物目的地選択行動に与える影響を取り上げた研究は極めて少ない。石淵（2005a），石淵（2006）などがあるが，これらの研究の詳細は，第5章で後述する。ここで，確認しておきたいことは，感情研究を踏まえ感情経験を測定し，それが買物目的地選択

行動に与える影響を検討した研究は極めて少ないという点である。

1-3　店舗内行動と感情
1-3-1　研究分類
　店舗内行動と感情の研究は，本章冒頭に紹介した Donovan and Rossiter (1982) の影響もあり，比較的早くから行われ，成果蓄積が最も進んでいる分野である。この分野は小売環境（Retail Environment）研究[8]，店舗雰囲気（Store Atmosphere）研究[9]と称されることも多い。しかし，厳密には刺激–反応型のモデルに基づき，店舗内のマーケティングに消費者がどのように反応するかのみを取り上げ，消費者の感情状態をまったく見ない研究（たとえば Milliman, 1982, 1986; Hirsh, 1995）と，刺激–生体–反応モデルに基づき，生体内の感情状態も取り上げる研究（店舗感情研究と呼ぶ）の２つに大別される。本書の目的から，ここでは後者のみを取り上げる。

　また，近接分野である感覚マーケティング（Sensory Marketing），経験価値マーケティング（Experiential Marketing）に関する研究との類似点，相違点を確認しておく。感覚マーケティングとは，「消費者の感覚に働きかけ，知覚，判断，行動に影響を与えるマーケティング」（Krishna, 2012, p. 333）である。この分野の研究[10]は，五感の刺激（色，香りなど）を操作し，選択などの反応を調べる実験的研究が多いが，必ずしも生体内の感情を取り上げるわけではない。また，店舗内の感覚刺激に焦点を当てた研究もあるが（Hirsh, 1995 など），製品のパッケージや香り，重さなど製品の知覚に焦点を当てた研究が多い（Deng and Kahn, 2009 など）。また，経験価値マーケティングは統一された見解がないが，既存研究（Pine II and Gilmore, 1999; Schmitt, 1999, 2003）を参考にすると，製品の機能や物理的特性だけでなく，感覚，感情，感動など，消費者が消費時に知覚する価値に焦点を当て，消費者に提供する経験全体を設計し，提供のための仕組みを構築するマーケティングであるといえる。Schmitt (1999) によれば，このような経験価値は，感覚的，情緒的，認知的，行動的，関係的な経験価値の５つから構成されている。経験価値マーケティングはサービス業である小売業もその適用対象だが，多くの研究は，製品やブランドの経験価値に焦点を当てている。また，経験価値マーケティングの関心は，感覚，情緒といった感情的な側面だけでなく，価値を構成するすべての要素が対象であり，必ずしも感情に関心の焦点があるわけではない。以上の理由から，ここでは店

舗内の感情経験に焦点を当てた研究のみを取り上げる。

1-3 のレビューの流れを示す。まず，次の 1-3-2 で，来店前の日常的感情が店舗内行動に与える影響に関する主要研究を取り上げる。次に 1-3-3 で，店舗内の感情経験と衝動購買の関係に焦点を当てた研究を取り上げる。第 1 章で確認した通り，衝動購買研究は長い研究史を有するが，感情を考慮することで何が変わるのかを確認する。1-3-4 では，音楽，香り，接客など小売企業が統制可能な店舗内環境要因と感情の関係に焦点を当てた研究を取り上げる。これらの研究は，音楽などによって高まった感情状態が衝動購買を促す側面も取り上げるため，1-3-3 とも関係するが，単一あるいは複数のマーケティング手段がどのような感情状態を生じさせるかに焦点を当てている点に特徴がある。1-3-5 では，店舗内環境要因の一種であるが，小売企業がやや統制し難い混雑と感情の関係に焦点を当てた研究を取り上げる。最後に，1-3-6 で，小売企業が行うプロモーションと感情の関係に焦点を当てた研究を取り上げる。

1-3-2 店舗内行動と来店前感情

(1) 主 要 研 究

感情は店舗内でのみ生じるものではなく，来店前から何らかの感情状態がある。時には，それが買物動機や購買動機にもなりうる。このような店舗外における日常の感情と買物行動の関係を扱った研究を 5 つ紹介する。

Rook and Gardner（1993）は，来店前感情と衝動購買の関係を取り上げ，快感情や覚醒が強いポジティブなムード下の方が，ネガティブ感情下よりも，衝動購買が生じやすいことを示した。具体的には，Rook らは，割当抽出法で，会社，街角，喫茶店などで 155 名のデータを質問票で収集した。質問票では，最近の衝動購買を想起させ，その衝動購買の原因になったと考えられるムードを 12 個の選択肢から 1 個選ばせ，なぜそのムードが原因と考えられるのかを自由記述させた。さらに，回答者に 12 のムードそれぞれが衝動購買を促進している可能性を 6 点尺度で評価させた。分析の結果，原因と考えられるムードとして快感情や興奮などのポジティブ・ムードが上位に挙げられたことが示された。また，自由記述よりポジティブ・ムードがムード維持動機を生じさせ，衝動購買を促進すること，覚醒は支出したくない状態を乗り越えさせ，衝動購買を促進することなども明らかにした。

Rook and Gardner（1993）の貢献は，店舗外の日常的感情，とくに快感情が，

店舗内の衝動購買を促進している可能性を示した点にある。だが課題として，回顧的に来店前感情や衝動購買経験を質問しているため，実際の来店前感情が測定できていない可能性が高いこと，記憶の再構成の影響を受けている可能性があることが挙げられる。

　Rookらが快感情と店舗内行動の関係を重視したのに対し，来店前の不快感情と買物行動の関係を重視した研究もある。Mano（1999）は，来店前からすでに存在している苦悩や退屈といった不快感情が購買意図[11]に与える影響について，Lazarus（1991）の枠組みをもとに，Swinyard（1993）が用いたのと同様の店舗内における接客場面のシナリオを用いた実験で検討した。その結果，苦悩が高ければ高いほど購買意図は高まること，退屈であればあるほど好意的な環境下での購買意図は高くなり，非好意的な環境下での購買意図は低くなること，退屈さは関与と買物経験の質の購買意図への効果を強調すること，良い環境で行う買物をじっくり考えることで感情は改善する一方，悪い環境で行う買物をじっくり考えると感情は悪くなることを明らかにした。

　また，Hama（2001）は，ストレス解消の手段として，気分転換の買物（Diversion Buying）が有効であることを実験によって示した。Hamaは，ストレス状態における感情状態を直接測定していないが，ネガティブな感情状態の解消のためには，支出額が大きく，支出率が低い買物行動が有効であり，しかも買物の支出の側面と獲得の側面の双方が解消に役立つことをシナリオを用いた実験で示した。

　さらに，Durante and Laran（2016）は，不快感情と深く関連するストレスが，特定品目への支出意思（Willingness to Spend）を高めることを実験研究で明らかにした。Durante and Laranは，7つ実験を行っているが，本書テーマと関係する研究4のみを紹介する。Durante and Laranは，ストレスは必需品への支出意思を高めるという仮説を立てた。この仮説は，人はストレスにより自身のコントロール感を失っているとき，日々を生き抜くことの重要性を高め，そのために生活必需品への支出意思を高めるという考えに基づいている。実験（研究4）は，223名の大学生に対し，2（ストレス：中 vs. 高）×2（支出意思を聞く製品タイプ：必需品 vs. 非必需品）の被験者間実験で行われた。ストレスの操作は，ストレス高群には，「政府と学校の授業料」というテーマの1分間スピーチを10分間で準備し，後で50％の確率で選ばれた人は教室の前に出て大きな声でスピーチしてもらうという指示を伝え，被験者のストレスを高めた。

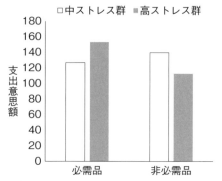

図 3-3 必需品と非必需品への支払意思額

（出典）Durante and Laran (2016), p. 821, Figure 4 を一部修正。

　これに対して，中ストレス群は，同様のスピーチ準備の指示を受けたが，人前でスピーチをさせるとは告げられなかった。製品タイプごとの支出意思は，仮想の買物出向予定を示すことにより調査された。たとえば，必需品群には，「今から家庭用品や普段着や他の必需品など日々の生活で必要なものの買物に行くが，いくらまで支出しようと思うか」を尋ね，PC 画面上で 0～250 ドルの間でスライダーを動かすことで回答させた。分析の結果，図 3-3 の通り，必需品では，中ストレス群よりも高ストレス群の方が 5％水準で有意に支出意思額が高かった（中：$126.83 vs. 高 :$153.04）。逆に，非必需品では，高ストレス群よりも中ストレス群の方が 5％水準で有意に支出意思額が高かった（中：$139.61 vs. 高 :$112.73）。

　Durante らの研究は，直観とやや異なる点が興味深い。通常，高いストレスは，高額な外出着，宝飾品などの非計画購買を促進するイメージがあるが，実際にはコントロール感の回復のために必需品への支出意思額を高めるという点が面白く，オフィス街に立地する日用品を扱う小売店などに実務的示唆がある。

　Kim et al. (2016) は，来店前感情がラグジュアリー・ブランド店のサービス品質知覚に影響することを，来店客対象の調査から明らかにした。Kim らは，韓国のラグジュアリー・ブランド店が入る複合商業施設のラウンジで来店客を対象に質問票調査を行い，372 名の回答を得た。分析の結果，購買動機，ブランドの親しみやすさの調整変数を考慮しても，快適さ（Comfotable），洗練された感じ（Sophisticate）の来店前感情が高いとサービスの知覚品質（下位次元の

点数をすべて合計した全品質）は統計的に有意に高まり，怒り（Anger）の来店前感情が高いと知覚品質は統計的に有意に低くなることを確認した。

　Kim らの研究は実験室環境ではなく，実店舗調査で，事前感情がサービス品質の知覚に与える影響を確認した点で優れているが，課題が2つある。1つ目は，心理学研究の感情理論に基づいた仮説構築，概念測定ができていない点である。Kim らは基本感情を測定したと主張しているが，第2章で触れた基本感情理論に立ついずれの代表的な研究者も「洗練された感じ（Sophisticate）」を基本感情とは主張していない。2つ目は，事前感情を入店後に回顧的に質問しているため，実際の来店前感情が測定できているか疑念が残る点である。

(2)　成果と課題

　店舗内行動と来店前感情の研究の成果は，店舗外の日常的な感情状態と店舗内の行動の関係を明らかにした点である。とくに，苦悩やストレス状態などネガティブな来店前感情状態は，店舗環境（Mano, 1999），品目（Durante and Laran, 2016）などの調整変数効果は受けるものの，店舗での購買意図や動機を高める傾向にあることが明らかになっている。

　既存研究に共通する課題は，企業の統制可能性の低さである。具体的には，小売企業は，来店前の消費者の感情やストレス状態を把握や操作ができない点である。いずれの研究結果も消費者心理として興味深い結果であるが，顧客セグメントや特定の曜日時間などと来店前感情・ストレス状態との顕著な関係が明らかにならなければ，実務上有用とはならないという点は大きな課題である。

1-3-3　衝動購買と感情

(1)　主 要 研 究

　先の 1-3-2 では来店前の感情に焦点を当てた研究を見たが，ここでは，伝統的な衝動購買の定義（たとえば Stern, 1962; Kollat and Willet, 1967; 青木 1989b）を踏まえたうえで，衝動購買と店舗内・退店後の感情の関係に着目した研究を取り上げる。衝動購買を取り上げた研究の中で定義の曖昧な研究，衝動購買の認知的な側面に着目した研究（Dhar et al., 2007; Hui et al., 2009a; Bell et al., 2011）は割愛する。

　Rook（1987）は，衝動購買時の感情の働き，主観的感情経験の重要性を提起した。Rook は，衝動購買を非計画購買よりも，狭義の概念であるとしたうえ

で，衝動購買は「何かをすぐに買わなければいけないという突然の，しばしば強く，一貫した衝迫[12] (urge) を経験するときに生じる」(Rook, 1987, p. 191) もので，「購買衝動は快楽的に複雑で，感情的な葛藤を刺激する」(同) こともあり，「購買結果の考慮無しに生じる傾向がある」(同) と定義した。この裏付けとして，Rook は133名へのインタビューとアンケート調査の回答を2名のコーダーで内容分析を行い，衝動購買の8つの特徴を示した。8つの特徴は，内容の重複を整理すれば，3つに大別される。1つ目は，動機づけである。Rook が挙げた，内発的な購買への衝迫 (Spontaneous Urges to Buy)，強い力と強迫 (Power and Compulsion)，葛藤 (Conflict)，結果の無視 (Disregard for Consequences) の4つは，今のことしか考えられないくらい，購買へと駆り立てる強い動機づけに関わるものであり，時には快と罪悪感による葛藤を生じさせるものである。2つ目は，強い主観的経験を伴うという特徴である。Rook が挙げた，興奮と刺激 (Excitement and Stimulateion)，快楽的要素 (Hedonic Elements) は，多くの消費者は，購買への衝迫を感じたとき，興奮や楽しいなどの強い感情を経験していることを意味している。3つ目は，付随する認知活動の存在である。Rook が挙げた，共時性 (Synchronicity)，製品に生命を吹き込むこと (Product Animation) は，このタイミング，場所で商品に出会ったことに運命を感じることや，その商品が自分に語り掛けているような感覚を受けることを意味している。これらは，購買することの必要性を後づけするような認知活動が関わっていることを示している。

　Rook の貢献は，衝動購買において主観的感情経験の働きが重要であることを定性的調査に基づき示したことである。Rook の衝動購買の定義は，Stern (1962) の純粋衝動購買 (第1章第4節4-2-2参照) に近いが，感情に起因する，抗しがたい「衝迫」と衝動購買の関係を重視している点に特徴がある。

　しかし，課題が2つある。1つ目は，「衝迫」は要するに動機づけとなるような強い衝動であると考えらえるが，衝動で衝動購買を説明するというのは同語反復（トートロジー）に陥っており，説明になっていない可能性がある点である。2つ目は，Rook は，理論に基づかず，衝動購買，「衝迫」，快感情の共起事実のみを指摘しており，概念相互間の関係やメカニズムが分からない点である。具体的には，「衝迫」と快感情はどのような関係にあるのか，それらがどのようなメカニズムで衝動購買に影響しているのか，心理プロセスについて理論的な整理がなされていない。

Rookは,この研究を発展させ,衝動購買と購買後感情の関係を明らかにしている。Gardner and Rook (1988) は,155名を対象に,先の衝動購買の定義を説明した後に,該当する直近の衝動購買に関し,自由記述と言語尺度による回答を求めるアンケート調査を行った。分析の結果,90%以上の消費者が購買後に快感情を経験していること,また衝動購買前は気分の落ち込みなどを経験しており,衝動購買にムード改善効果があることなどを明らかにした。

(2)「衝迫」の継承

Rook (1987) の「衝迫」の概念は,後の衝動購買研究に引き継がれていった。以下,3つの後継研究の要点を示す。Beatty and Ferrell (1998) は,ショッピング・モール内で衝迫を実際に測定し,衝迫にポジティブ感情と店舗内買回行動の認識が影響すること,衝迫が衝動購買[13]に正に影響することを明らかにした。具体的には,アメリカ南東部のショッピング・モールで,533名の買物客を対象に入店・退店時の2回,質問票による面接調査を行った。構造方程式モデルによる分析の結果,状況要因(時間的余裕,金銭的余裕),人格特性(買物を娯楽と捉える程度,衝動購買傾向)が,感情状態(快感情,不快感情),買回行動認識(店舗内で商品を見て回ったと思う程度)に影響し,快感情と買回行動認識が,衝迫[14]に正に統計的に有意に影響し,衝迫が衝動購買に正に有意に影響することを明らかにした。

Flight et al. (2012) は,Rook (1987) の衝迫と,Beatty and Ferrell (1998) の感情が衝迫に影響するという枠組みを発展させ,2つの人格特性(衝動購買傾向,強迫的購買傾向)が,直接的に衝迫に影響すること,感情状態を媒介して間接的に衝迫に影響することを明らかにした。具体的には,大学生353名の買物経験データ,人格特性に関するデータをオンラインで収集した。構造方程式モデルによる分析の結果,衝動購買傾向が直接的にだけでなく,快感情を媒介し間接的にも衝迫に影響すること,強迫的購買傾向が直接的にだけでなく,不快感情を媒介し間接的にも衝迫に影響することを検証した。

Mohan et al. (2013) は,Rook (1987) の衝迫,Beatty and Ferrell (1998) の感情が衝迫に影響するという枠組みに,店舗環境の知覚を組み込み,店舗環境の知覚が衝迫および感情に影響することを明らかにした。Mohanらは,南インドのスーパーマーケット44店の出口で,買物客を対象に質問票を用いた面接調査を行い,720サンプルの有効回答を得た。構造方程式モデルによる分析

の結果,店舗環境の知覚が衝迫と快感情に正に有意に影響し,不快感情に負に有意に影響すること,快感情が衝迫に正に有意に影響すること,衝動購買個数の割合[15]には,衝迫のみが正に有意に影響し,快・不快感情は直接影響しないことを明らかにした。

(3) 規定因としての新奇性,希少性

清野ら(2014)は,よりシンプルに,快感情[16]が,新奇性,希少性の評価を高め,衝動購買を促進することを実験により示した。ここでの衝動購買は,青木(1989b)の衝動購買と同義であり,商品の新奇性や希少性に起因して生じる購買である。90名の大学生を対象に,大学生活で楽しかったことを自由記述させることで快,悲しかったことを記述させることで不快,桃太郎について思い出せることを記述させることで中立の感情状態に誘導した。操作チェックの後,パンダの置物の写真を提示し,新奇性,希少性,必要性,購買意図を各1項目,7点 Likert 尺度で質問を行った。新奇性得点5点以上,必要性得点4点以上,購買意思決定5点以上を満たす回答者を衝動購買傾向ありとし,それ以外はなしに分類した。クロス集計の結果,快感情群のうち衝動購買傾向ありは50%(15/30名),ニュートラル群は10%(3/30名),不快感情群は約6.7%(2/28名)であり,χ^2検定の結果,有意な差が認められた。清野らの結果は,Donovan and Rossiter(1982)の結果とも合致しており,快感情が衝動購買を促すことが示されている。ただ,課題として,衝動購買傾向の有無の判別基準が恣意的であること,快感情が衝動購買に直接影響する効果と,新奇性,希少性評価を媒介して間接的に影響する効果を区別した検討がなされていないこと,実験であるため従属変数が実際の購買ではないことなどが挙げられる。

(4) 個人差・認知的要因

1980年代初頭以降の,衝動購買の実態把握やメカニズム解明に焦点を当てた,衝動購買と感情に関する研究を見てきたが,個人差や認知的要因に焦点を当てた研究も多い。たとえば,Rook and Fisher(1995)は,衝動購買傾向が衝動購買に影響する際に,その購買行動が特定状況下で適切か否かの規範的評価が調整変数として作用することを,大学生,買物客への調査データの分析より明らかにした。

また,Puri(1996)は,衝動購買を,ダイエットの中止や試験勉強を止めコ

ンサートに行くなどの衝動行動の1種と捉え，衝動性（価値）の違いという個人特性により衝動購買の説明を試みた。Puri は自ら開発した消費者衝動性尺度（Consumer Impulsiveness Scale）を用い，消費者を快楽主義者（Hedonics）と慎重な人（Prudents）に分類し，衝動行動のコストとベネフィットのアクセス容易性の違いが，衝動購買を生じさせることを3つの実験により明らかにした。Puri の快楽主義者と慎重な人の2分法を継承し，衝動性の個人差に着目した研究として，Ramanathan and Menon（2006），Ramanathan and Williams（2007）の研究がある。さらに，Sharma et al.（2006）は，衝動購買と類似する概念を整理したうえで，衝動性や最適刺激水準が高い消費者は，衝動購買，バラエティー・シーキング行動を取る傾向が強いことを，大学生，買物客への調査データの分析より明らかにした。

(5) 成果と課題

　研究成果は，大きく2つある。1つ目は，Rook に端を発する一連の研究の成果として，快感情が衝迫に正に影響すること，衝迫が衝動購買に正に影響することが明らかになった点である。2つ目は，快感情が新奇性，希少性を高め，衝動購買が生じる可能性が明らかになった点である（清野他，2014）。ただ，Rook に端を発する研究の課題として，同語反復の問題が挙げられる。先述の通り，衝動購買が衝動に基づく購買であると定義されるなら，衝迫すなわち衝動が衝動購買を促すというのは，単なる同語反復にすぎないと考えられる。Mohan et al.（2013）のように，衝動購買を意図レベルではなく，個数で捉えるなら，心理的次元と行動次元の違いはあるだろう。ただ，Mohan et al.（2013）の従属変数は，非計画購買個数から関連購買個数を引いた個数の総購買個数に占める割合であるため，衝迫から衝動購買比率へのパス係数は，関連購買，条件購買，衝動購買の合計に占める，衝動購買の割合を意味している可能性も排除できない。

1-3-4　店舗内環境と感情

　快感情と衝動購買に関係があることを見てきたが，では快感情を高めるために，小売企業は何をすればよいのだろうか。この問いに答えるには，店舗内環境要因（内装，音楽など）と感情の関係を理解する必要がある。この関係の解明のために進められている3つの研究群を紹介する。1つ目は，この分野の基

礎研究となっている。店舗内環境要因は特定せず，感情と接近・回避の関係に焦点を絞った研究群である。次の(1)で，本章冒頭で紹介した Donovan and Rossiter（1982）の研究に簡潔に触れた後，拡張研究である Donovan et al.（1994）を確認する。2つ目は，単一の店舗内環境要因（音楽，香りなど）と感情の関係に関する研究群であり，(2)で主要研究を確認する。ここでは，五感（官）のいずれか1つに着目した実験研究を示す。3つ目は，複数の店舗内環境要因と感情の関係に関する研究群であり，(3)で主要研究を確認する。

(1) 基 礎 研 究

心理学理論に基づき，店舗内感情経験と接近・回避の関係の解明に取り組んだ先駆的研究は，先述の Donovan and Rossiter（1982）の研究である。彼らは，Mehrabian and Russell モデルに基づき，感情の3次元と接近-回避の関係を明らかにするため，被験者の大学生が商業施設内で回答した質問票データを分析した。分析の結果，快（Pleasure）が接近-回避に大きく影響していること，覚醒（Arousal）は快感情状態のときのみ接近-回避に影響すること，支配（Dominance）は接近-回避にまったく影響しないことを示した。また店舗環境を Mehrabian and Russell の情報率次元で測定し，主観的に解釈された店舗環境と覚醒の関係も明らかにした。

また，Donovan et al.（1994）は，学生サンプルではなく，2店舗の実際の買物客60名を対象に調査を行い，先の自身らの研究の再検証と拡張を行った。拡張研究では，快感情の影響に関する仮説等は同じく支持されたが，快感情下で覚醒が接近に正の影響を与えないなど，自らの過去の研究と異なる結果も示された。調査場所となった店舗業態（ディスカウント・デパートメント・ストア）に問題があったのかもしれないが，より一般性の高い結論を得るために，他業態や商業集積レベルで，適切なサンプルの買物客を対象とする実証研究がさらに必要であろう。

(2) 単一の店舗内環境要因と感情

Donovan and Rossiter（1982）の研究に刺激を受け，店舗内における刺激と感情，行動の関係を扱った多くの研究が登場する。Donovan らの研究と異なり，後発研究の特徴は，店舗内の刺激要因を操作し，単一の五感（官）に働きかけ，感情状態に影響を与え，行動との関係を検討する点である。とくにどの五感に

着目するかにより、いくつかの研究群に分けられる。

　第1の研究群は、音楽を操作し、聴覚を通じて感情状態に影響を与える研究（Yalch and Spangenberg, 1990, 1993 など）である。たとえば、Yalch and Spangenberg（1990）は、音楽の種類（Foreground, Background, 音楽なし）と感情状態、反応としての非計画時間消費（予定時間以上の滞在時間）の関係を調べ、サンプル全体では音楽のないときが最も覚醒水準が高いこと、年齢別では25歳未満では Background のときに最も非計画時間消費が多いこと、25歳以上では Foreground のときに最も非計画時間消費が多いことなどを示した。また、Knoeferle et al.（2017）は、コンビニエンス・ストアでの実証研究により、混雑している店舗内で速いテンポの音楽を流すと、音楽がないときや、遅いテンポの音楽を流したときよりも、客単価を上げることができることを示した。この研究は、直接感情の測定を行っていないが、混雑による不快感情が音楽により減少する可能性を示唆している。

　第2の研究群は、視覚情報を操作し、視覚を通じて感情状態に影響を与える研究（Bellizi et al., 1983; Bellizi and Hite, 1992 など）である。たとえば、Bellizi and Hite（1992）は、店舗内の内装の色が赤のときよりも青のときの方が、快感情が高くなり、購買意図が高くなることを、実験研究により明らかにした。具体的には、107名の大学生に、家具店の店内の色を赤か、青に操作したスライドのどちらかをランダムに提示する被験者間実験を行い、Mehrabian and Russell（1974）の快、覚醒、支配の3次元、購買意図などを測定する質問票を回答させデータを収集した。分析の結果、赤い内装よりも、青い内装の店舗環境の方が快感情が高く、購買意図や非計画時間消費意向などの評価も高かった。しかし、覚醒については、色彩間で統計的に有意な差は認められなかった。また、女性社会人70名に、仮想の4つの価格の異なるテレビ・セットの背景を赤、青に操作したスライドを見せ、4つの選択肢と購買延期の計5つから1つを選ぶよう求める実験も行った。この実験では、赤いスライド背景の条件下では購買延期が増えるなどの興味深い結果も示されている。また、Chebat and Morrin（2007）は、店舗内装の色調が感情（とくに覚醒）に与える影響が、文化・人種により異なることを、モール内の植物や花の色調を寒色系と暖色系で操作した調査から明らかにしている。

　第3の研究群は、店舗内の匂い（香り）を操作し、嗅覚を通じて感情状態に影響を与える研究（Spangenberg et al., 1996; Bone and Ellen, 1999）である。たと

えば，Bone and Ellen（1999）は，既存の匂いに関する22の研究で行われた206の実験結果をもとに，匂いの有無が直接にはムードに影響しないこと，匂いの質に一致するようなムードが発生すること（楽しさに関するムード一致効果のようなもの）を示した。残念ながらこの研究に用いられている既存研究のサンプル数が少なく，まだ明言できないが，匂いもムードに影響を及ぼす重要な要因であることが分かってきている。

　これら店舗内環境要因と感情の関係に着目した研究の貢献は，実務的に有用性が高い点である。これらの研究は，音楽，店舗内装の色，香りなど具体的なマーケティング手段と感情，購買意図との関係を明らかにしており，有用性の点で優れている。しかし，課題が2つある。1つ目は，既存研究は，実験室環境で学生サンプルを用いた研究が多い点である。今後さらに，実店舗内での実験研究が必要であろう。2つ目は，現実の店舗環境は，五感が複合的な感覚要因に晒される環境であり，実験室で単一の感覚に注目した研究の成果が，実際の店舗内で生かせるのかやや疑念が残る点である。

(3) 複数の店舗内環境要因と感情

　上述の五感刺激を操作した店舗感情研究の多くは，単一の刺激（たとえば音楽のテンポなど）を操作した研究が多く，複数の刺激（たとえば音楽と照明）が感情に与える相対的影響を研究対象としていなかった。ここでは，複数の店舗内環境要因が感情に与える影響に着目した主要研究を3つ紹介する。

　Baker et al.（1992）は，雰囲気要因と社会的要因の2つの店舗内環境要因が感情（快感情，覚醒）に与える影響，および感情が購買意図に与える影響を実験により検討し，社会的要因が覚醒に影響すること，2つの感情は店舗内環境要因が購買意図に影響する際，介在変数として働くことを明らかにした。具体的には，Bakerらは，従業員の数と親しみやすさに関する社会的要因（高低2水準）×音楽や照明に関する雰囲気要因（高低2水準）を操作したビデオ（実際のはがき・ギフトカード店で撮影）を4本作成し，147名の学生に対し被験者間実験を行った。分散分析および回帰分析の結果，社会的要因が覚醒に影響すること，社会的要因と雰囲気要因の交互作用項は快感情に有意であり，図3-4に示す通り，社会的要因が低いとき，雰囲気要因が低い場合に比べ高い場合の方が快感情は有意に高くなることが分かった。また，媒介分析の結果，店舗環境要因が購買意図への影響する際に，2つの感情は部分的に介在変数として働く

図3-4 雰囲気要因，社会的要因の快感情への影響

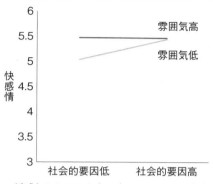

（出典）Baker et al.（1992），pp. 454-455 の記述内容から筆者が作図。

ことを明らかにした。

Baker らの貢献は，2つの店舗内環境要因が感情に与える影響の違いを明らかにした点にある。しかし，大きな課題が2つある。1つ目は，実験要因の水準作成において，複数の要素が操作され，その内容が明瞭にされていない点である。社会的要因は従業員の数と親しみやすさを操作し，社会的要因の高低の2水準を作ったとされているが，これは数，親しみやすさの2つの要因を同時に操作しており実際にどちらが社会的要因の高さ（良さ）にどの程度効いているのか分からない。雰囲気要因も音楽と明るさの2つを同時操作しており，同様の問題がある。2つ目は，店舗内環境要因として取り上げたのは2要因だけであり，他の要因が考慮されていない点が挙げられる。

Sherman et al.（1997）は，実際の買物客を対象とした調査に基づき，従業員や他の買物客などの社会的要因，店舗内装などのデザイン要因が快感情に正に影響し，デザイン要因が覚醒に負に影響し，雰囲気要因が覚醒に正に影響することを明らかにした。具体的には，モール内のアパレル店の出口調査で収集した 909 名の質問票の回答をもとに，4つの店舗内環境要因（社会的要因，イメージ要因[17]，デザイン要因，雰囲気要因）が感情（快感情，覚醒）を介在変数として，反応（支出金額，好意，購買商品数，滞在時間）に影響する関係を，構造方程式モデル（分析には 688 名のデータを使用）で分析した。分析の結果，社会的要因，デザイン要因と快感情の間に正の関係があること，デザイン要因と覚醒の間に負の関係，雰囲気要因と覚醒の間に正の関係があること，快感情と好意

の間および覚醒と支出金額の間に正の関係があることなどを明らかにした。

　Shermanらの貢献は，単一の店舗内環境要因だけでなく，複数要因が感情（快感情，覚醒）に与える相対的影響度を明らかにした点にある。ただ，大きな課題が3つある。1つ目は，店舗内環境要因と感情の概念上および測定上の弁別性への疑念である。Shermanらは，雰囲気要因を店舗環境の非視覚情報の要因とやや曖昧な定義をしているうえ，測定する言語尺度項目に，「楽しい香りがする（Pleasant Smelling）」だけでなく，刺激を特定しない「楽しい（Pleasant）」や「リラックスした（Relaxed）」などを含めている。一方で，快感情の測定項目の中にも「楽しい（Happy）」が含まれており，概念定義の厳密さ，操作上の弁別性に疑問が残る。2つ目は，発見した要因と感情の関係は，業態，個店により大きく変わる可能性がある点である。今後，調査対象店舗を拡大するにしても，結論の一般化は可能なのか，業態レベルなら一般化可能なのか，検討が必要である。3つ目は，解釈がやや難しい分析結果がある点である。デザイン要因から覚醒への影響度は−0.92で1％水準で負の影響があることが示されているが，この点の解釈が示されていない。落ち着く内装は覚醒を下げるということなのか，非線形の関係があるのか，対象店舗の特性なのか，踏み込んだ検討が欲しい。

　Wakefield and Baker（1998）は，モールの買物客データをもとに，デザイン要因や店舗レイアウト要因が興奮（Excitement）に強く影響することを明らかにした。具体的には，アメリカの大型モールの出口調査で収集した438名の質問票調査の有効回答データをもとに，4つの店舗内環境要因（雰囲気要因，デザイン要因，レイアウト要因，多様性要因〔商品，店舗などの多様性〕）と，個人特性である買物に対する永続関与が，感情状態である興奮を介在変数として，反応（店内滞在願望，再来店意図など）に影響する関係を，構造方程式モデルで分析した。分析の結果，雰囲気要因が興奮にやや弱く正に影響することに加え，とくにデザイン要因が興奮に強く正に影響すること，永続関与が高いと興奮も高いなど個人特性の影響も明らかにした。

　Wakefieldらの貢献は，複数の店舗内環境要因と感情（興奮）の関係，興奮は個人の買物関与に影響されることを明らかにした点にある。ただ，課題が2つある。1つ目は，感情理論に基づき，感情が扱われていない点である。確かに，直観的にもモール内での興奮は店舗内行動に影響を与えていそうであるが，基本感情理論や次元論に基づけば，興奮以外にも感情の分類や次元が存在する。

理論に基づき,研究枠組みの中に感情を位置付ける必要がある。2つ目は,結論の一般化の問題である。たとえば,Sherman らの研究では雰囲気要因が覚醒に負の影響を及ぼしていたのに対し,Wakefield らの研究では雰囲気要因が,覚醒と関係する興奮に正の影響を及ぼしていた。同じモール内の研究でも相反する結果が出ており,一般化に向けてさらなる検討が必要であろう。

また,感情を構造変数として組み込んでいないが,感情的な店舗内環境要因(楽しい音楽など)に着目し,複数の店舗内環境要因とサービス品質知覚,価値の関係を分析した研究として Baker et al. (2002) がある。

(4) まとめ

店舗内環境と感情の研究の蓄積は進み,Turley and Milliman (2000) のレビュー論文,Roschk et al. (2017) などのメタ分析研究も登場している。個別研究の詳細は第6章でも後述するが,ここで確認しておきたいことが2つある。1つ目は,1-2で紹介した買物出向前・出向時の感情研究に比べ,店舗内環境と感情を取り上げた研究は極めて多い点である。その原因の1つは,環境心理学の感情研究を本格的に買物行動研究に取り入れた Donovan and Rossiter (1982) の影響が大きいと考えられる。2つ目は,これらの研究は,店舗内で完結する世界に強く焦点を当てている点である。Donovan et al. (1994) や Spangenberg et al. (1996) など実店舗における研究の多くが,1回の買物出向の際に店舗内で経験した感情状態が,その買物出向時の店舗内での非計画購買や非計画時間消費にどれだけ影響するかに,とくに強い関心を持ち,短期視点の研究に傾注している点をここで確認しておく。

1-3-5 混雑と感情

(1) 主 要 研 究

先の 1-3-4 では,小売企業が比較的統制可能な要因(音楽,レイアウトなど)と感情の関係に焦点を当てた研究を確認したが,統制がやや難しいが感情に影響する要因として,店舗内の混雑がある。第1章で,混雑に関する認知・行動的側面を取り上げた研究を確認したが,知覚された混雑の程度は,感情にも影響を及ぼす。以下,混雑と感情の関係に焦点を当てた研究を2つ紹介する。

Hui and Bateson (1991)[18]は,実験研究を通じ,主観的な混雑の知覚が実際の消費者密度(Consumer Density,以下混雑度と表記)だけでなく,知覚された

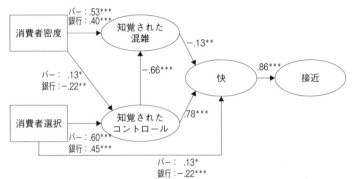

図 3-5　Hui and Bateson（1991）の構造方程式モデルの分析結果

（注）測定方程式，誤差は省略。係数の値は小数点以下第 2 位までの表記に変更。***$p<.01$，**$p<.05$，*$p<.10$。上記モデルの χ^2 値は 68.14（$df=65$，$p=.37$）。上記モデルは，バーと銀行で異なる係数を表記しているパスに関して業種間で異質性を認め，それ以外は同質性を仮定したモデルである。上記モデルは，全パラメータに業種間異質性を認めたモデルよりも適合度が高い。
（出典）Hui and Bateson（1991），p. 179 の Figure 2 および p. 181 の Table 2 をもとに筆者が作成。

選択（Consumer Choice, 選択肢の中から自分が選択したという知覚の程度）に基づくコントロール感や，サービス提供の業種の影響を受けることを明らかにした。具体的には，既存研究と予備調査から導出した 6 つの仮説を検証するため，Hui and Bateson は，教会等で募った実験協力者 115 名[19]に対し，銀行とバーの店舗内の混雑度（3 水準）と知覚された選択（2 水準）をスライドとシナリオで操作した実験（店舗種類は 2 水準で同一被験者にランダムに提示し，繰り返し測定）を行った。店舗の混雑度のスライドは，固定カメラで実店舗内の写真を経時的に撮影し，実混雑状況をもとに，高，中，低の 3 水準の写真を用意した。また，知覚された選択は，シナリオを用いて操作された。たとえば，銀行で知覚された選択が高水準の場合，シナリオには「振替のために ATM とカウンターの両方を選べたが，カウンターを選択し，いつでも選択できる状態である」ことが書かれている。実験は，業種は被験者内，混雑度と知覚された選択は被験者間実験で行われた。分析の結果をまとめたものが図 3-5 である。

　他研究にない貢献で，かつ本書の焦点と関わる重要な結果は 3 つである。1 つ目は，混雑度が快感情を媒介して，接近・回避に影響する点である。Donovan and Rossiter（1982）の研究に端を発する店舗感情研究では，音楽や香りなどを操作した研究が多かったが，混雑度が店舗内行動や愛顧に与える影響

表3-2 Hui and Bateson (1991) の実験条件ごとの知覚された混雑

業種	人的密度	消費者選択条件	消費者非選択条件
銀行	低	3.96	4.88
	中	5.21	5.87
	高	5.73	6.35
バー	低	3.58	4.31
	中	4.01	5.50
	高	5.00	5.60

(注) 値は,知覚された混雑を7点SD尺度で測定した尺度合計平均値。
7に近いほど,混雑していると知覚している。
(出典) Hui and Bateson (1991), p. 181, Table 3 を一部修正し筆者が作成。

も同枠組みで説明できることを示した点は大きな貢献である。2つ目は,消費者密度は直接的に知覚された混雑度に影響するだけでなく,知覚された混雑度を介在変数として間接的にも影響し,その間接的な影響度は業種によって異なる点である。銀行の場合,消費者密度は知覚されたコントロールに負の影響を及ぼすが,バーの場合,弱い影響しか及ぼさず,しかもその影響はプラスである。これは,実混雑度が,業種により正にも負にも働く可能性があることを示しており,混雑度の管理に関し実務上重要な示唆を提供している。3つ目は,表3-2に示す通り,知覚された混雑度の平均値を,全実験条件(2業種×3混雑度×2選択)ごとに計算すると,選択できる条件下の方が,知覚された混雑度が低いことが分かる。これは,知覚された選択を高めることでコントロール感を高めることができるなら,知覚された混雑度を緩和できる可能性があることを示している。たとえば,小売店であれば,通常レジでだけでなく,無人レジがあること自体が知覚されたコントロール感を高め,混雑度の知覚を下げることができる可能性がある。1点目は理論的な貢献として,2,3点目は実務的貢献として重要である。

また,Eroglu et al. (2005) は,快感情以外の基本感情も含めた分析を行い,混雑が,介在変数である基本感情,価値を経て,満足に影響[20]することを示した。Eroglu らは2つ研究を行ったが,研究1の内容はほぼ研究2に包摂されるため,以下研究2のみを示す。Eroglu らは,296名の大学生に,次回の買物後[21]すぐに質問票を回答させる方法で,知覚された混雑(人的混雑〔Human Crowding〕,空間的混雑〔Spatial Crowding〕),Izard (1977) に基づく6つの店舗内での基本感情経験,価値(Babin et al. (1994) の快楽的価値と功利的価値),満

足などのデータを収集した。知覚された混雑は，Machleit et al.（1994）に基づき，人の密度や社会的な相互作用に基づく人的混雑と，商品・設備・配置などに基づく空間的混雑の2次元が仮定されている。構造方程式モデルによる分析の結果，重要な発見が3つある。1つ目は，2つの混雑は，2つの価値には直接影響せず，介在変数である感情を経て影響する点である。この点は，混雑の問題を扱う際，感情を含めた分析が必要であることを示している。2つ目は，人的混雑よりも空間的混雑の方が，満足に与える総合効果が大きい点である。分析では，2つの混雑が，6つの基本感情，2つの価値を経て，満足に影響する構造方程式モデルを採用したが，すべての直接，間接効果を合計した総合効果を比較すると，人的混雑が.12であるのに対し，空間的混雑は－.39であった。基本感情への影響度を見ても，空間的混雑は怒りや嫌悪などのネガティブ感情を高め，楽しさなどのポジティブ感情を弱めている。この結果は，混雑の問題を取り上げる際，人的密度が注目されがちだが，陳列商品の密度や配置などのマーケティング要因が重要であることを示している。3つ目は，総合効果で，人的混雑が満足に正の影響を及ぼしている点である。既存研究で，人的混雑は，購入意図などに負の影響を与えることが強調されがちであったが，この研究は，人的混雑は，ある種の賑わいとして満足に正の影響を及ぼすことを示した。

　Eroglu らの研究の貢献は，混雑研究における感情の重要性を示したこと，人的混雑よりも空間的混雑の重要性が高いことを示したことであるが，課題もある。とくに大きな課題は，買物場所がプールされ分析されており，混雑が感情に与える影響の買物場所間の異質性が分析されていないことである。Hui and Bateson（1991）は，人的密度が知覚されたコントロールを経て知覚された混雑に与える影響が店舗業種間で異なることを明らかにしていたが，Eroglu らの研究にはその知見が生かされておらず，モール，スーパーマーケットなど異なる買物場所での経験のデータをプールし，分析することにより，混雑の効果が相殺されている可能性がある。

(2)　成果と課題

　店舗内の知覚された混雑に関する研究は成果の蓄積が進んでおり，Mehta（2013）のレビュー論文や，Pons et al.（2006）の文化差に関する研究なども登場している。ここでは，混雑と感情の研究に焦点を絞り確認してきたが，この分野の重要な成果が2つある。1つ目は，知覚された混雑は，接近・回避（態

度,満足など)に影響を与える際,介在変数である感情を経て影響を与えるという点である。2つ目は,知覚された混雑が感情に影響する際には,業種・業態が調整変数として働く可能性が高いという点である。Eroglu らの研究は,業種・業態がプールされており分からないが,Hui and Bateson(1991)の研究では,業種・業態により快感情への影響が異なることが示されている。直観的にも,冷静に買物をしたいときに,知覚された混雑は快感情を下げる方向に働き,テーマパークの売店や祭りの会場など賑わいを楽しみたいときには,知覚された混雑は快感情を高める方向に働くことは容易に想像できる。今後,業種・業態の異質性を考慮した研究がさらに必要である。

1-3-6 小売プロモーションと感情
(1) 主要研究

小売業者が行うエンドでの特別陳列,特売,POP などが,買物客の認知や行動に与える影響は第1章で確認したが,これら小売プロモーション[22]は,消費者の感情にも影響を与える。ここでは,狭義のセールス・プロモーションに分類されるクーポンと感情に関する Heilman et al.(2002)の研究,広告と感情に関する Hutter and Hoffmann(2014)の研究[23]を紹介する。

Heilman et al.(2002)は,計画購買予定商品に対する,予期しないクーポン提供が,うれしい驚きを生じさせ,非計画購買を促進することを食料品店での実験で明らかにした。具体的には,Heilman らは,食料品店の入口で 15 品以上購買予定があり,購買予定商品にクーポンによる割引対象商品 4 品目(パスタソース,洗濯洗剤,シリアル,紙タオル)のいずれかが含まれている買物客 192 名を対象に調査を行った。このうち,105 名に対して,購買予定の 4 品目のいずれか 1 つの 1 ドル割引のクーポンを渡し,残りの 87 名には統制群として何も渡さなかった。退店時に,レシート,買物リストを回収し,分析した結果,統制群の非計画購買商品数の平均は 7.76 商品に対し,実験群のそれは 11.37 商品で 1% 水準で有意な差が認められた。また,総購買金額も,統制群平均が $19.6 に対し,実験群は $27.3 であり,1% 水準で有意な差が認められた。

Heilman らの貢献は,計画購買予定商品に対する予期しないクーポン提供が,非計画購買を促進することを明らかにしたこと,その過程でうれしい驚きが関与している可能性を示した点である。しかし,課題として,実際に直接うれしさ,驚きを測定しておらず,介在変数としてどの程度機能しているのか明確で

ない点が挙げられる。この課題に対し，驚きの介在変数としての効果を検証した Hutter and Hoffmann（2014）の研究が登場する。

　Hutter and Hoffmann（2014）は，店舗前に設置したアンビエント広告が驚きの感情を生じさせ，広告自体への態度，口コミ意図を高め，結果として店舗への態度と購買意図を高め，売上を増加させることを実店舗における実験で明らかにした。アンビエント広告とは，消費者の生活環境の中に，広告を普通ではない場所で提示することにより消費者に驚きを感じさせることを意図した広告である（Luxton and Drummound, 2000）。具体的には，Hutter and Hoffmann は，デザイナーに依頼し靴屋の店前に置く3つのアンビエント広告を作成した。3つの広告は，①巨大な靴箱，②足跡（ドア前に 2D でプリント），③靴による道筋（Shoe Path）（店の入口から歩道にかけて，人が歩いた道筋に見えるよう 3D で複数の靴を貼り付けた）であった。実際に店前に設置し，2,464 名の通行客の観察調査，314 名へのインタビューでの質問票調査（有効回答 305 名），店舗の売上高の把握を行ったところ，③靴による道筋のアンビエント広告の設置時に最も多くの人が広告の存在に気付き，広告を見て回ったうえ，言語尺度で測定した驚きも，他の2つの広告設置時よりも高かった。これは売上にも結び付いており，日ごとの売上高を従属変数，売上のラグ変数，季節ダミー，広告設置ダミーなどを独立変数とした回帰分析の結果から，広告設置が1日平均 \$491.95 売上を押し上げる効果があることが分かった。また，構造方程式モデルによる分析の結果，驚きが広告自体への態度と口コミ意図に正に有意な影響を及ぼし，これらを介在変数として，店舗への態度，購買意図を高めていることが分かった。さらに，驚きから広告自体への態度の影響には調整変数として，その店舗での購買経験が影響しており，購買経験がある消費者よりも経験がない消費者の方が驚きから態度への影響度が大きいことが分かった。上記研究以外にも，店頭のデジタル・サイネージで提示する広告内容が快感情，不快感情に与える影響を検討した Garaus et al.（2017）の研究などもある。

(2)　成果と課題

　この分野の大きな成果は，消費者が予期しない，突然の小売プロモーションは，非計画購買，売上，店舗への態度，購買意図，口コミ意図などに正の効果があり，この効果にはうれしい驚きの感情が関わっている可能性が高いことを示した点である。ただ，課題が3つある。1つ目は，この効果に感情が介在し

ていることを示した実証研究はまだ1研究しかない点である。小売プロモーションの種類や業態などを考慮したさらなる研究が必要である。2つ目は、考慮する感情の種類である。小売プロモーションの内容次第では、驚き以外の感情も変化している可能性があり、感情の理論を踏まえた体系的な検討が必要である。3つ目は、馴化である。消費者は、「驚き」のプロモーションにいつか驚かなくなる。学術的課題としてそのメカニズムの解明、実務的課題として、「驚き」のプロモーションの持続的管理に関する検討が必要である。

1-4 買物後の感情研究
1-4-1 消費時の感情
(1) 主要研究

買物後の感情の研究は、その主たる対象により、購入物に対する満足と感情の関係の研究と、1回の買物出向に対する満足と感情の関係の研究に分けられる。最初に、前者を確認する。第1章で確認した通り、1980年代前半までの満足研究は、Oliver (1980) の期待と成果の比較が満足に与える影響の研究など、消費者の認知的要因に焦点を当てた研究が主であった。しかし、1980年代後半より認知的要因に加え、感情的要因も取り入れた研究が進む。その主要研究を4つ紹介する。

先駆的研究としてWestbrook (1987) の研究がある。Westbrookは製品の所有、消費時のポジティブとネガティブな感情的反応が、事前の期待や期待と成果の不一致を介在せずに、満足に影響することを示した。具体的には、2商品の消費時の感情的反応をIzard (1977) のDES-Ⅱ尺度を用いて測定し、因子分析により快感情と不快感情の因子得点を計算した。そして、Andrews and Withey (1976) のCircles測定 (8段階) とDelighted-Terrible尺度 (7段階) の合計の平均値により測定した満足度を従属変数、先の2つの感情因子得点、購買前期待便益、期待問題、全体期待、期待・成果一致を独立変数として階層的OLS法による分析を行い、期待と成果の不一致とは別に、快感情が満足に正に影響し、不快感情が負に影響することを示した。

Westbrook and Oliver (1991) は、Westbrook (1987) の研究を拡張し、敵意、うれしい驚き、興味が満足に影響することを示した。具体的には、Westbrook (1987) の研究がポジティブ、ネガティブの2次元のみで感情を捉えていたのに対し、Westbrook and Oliver (1991) は、感情次元を拡張することで、より

現実の消費感情経験およびその満足への影響を明らかにした。

　また，Oliver (1993) は，属性満足概念を既存の研究枠組みに組み込み，属性満足が快感情に正に影響すること，属性不満足が不快感情にプラスに影響すること，属性満足が不快感情に負に影響すること（自動車のケースのみ）を示した。具体的には，Bettman (1974) の属性満足概念をもとに，属性満足・不満足が快・不快感情に影響するなどの5つの仮説を，自動車（有効回答 125 名）と大学のコース評価（有効回答 178 名）のデータを用いて検証した。DES-Ⅱ（5段階評価）を用いて感情を測定し，属性満足・不満足に関しては，フォーカス・グループ・インタビューや文献調査から，自動車について 19 属性，大学のコース評価について 18 属性の項目を選び，満足，不満足別に6段階で測定した。2段階最小自乗法による分析の結果，属性満足・不満足と快・不快感情の関係が確認されたが，満足への影響度に着目すると，自動車でもコース評価においても期待・成果不一致が満足に大きく影響していた。

　さらに Mano and Oliver (1993) は効用的製品評価と快楽的製品評価が消費者の感情（ポジティブ，ネガティブ，覚醒）に影響し，感情が満足に影響するモデルを構築し，検証を行い，これらの関係を明らかにした。具体的には，118名の学生を対象に，低関与条件と高関与条件を無作為に割り当て，関与，製品評価，感情状態，満足について測定を行った。低関与条件では，最近購買した購買頻度の高い安価な製品を思い出すように求め，製品名，ブランド名，価格を記入したうえで，質問票を回答させた。高関与条件では，最近購買した最も高価で複雑な製品を思い出させたうえで，同様の記入を行わせた。相関分析，2段階最小自乗法による分析の結果，快楽的製品評価が快感情に影響し，さらに満足に影響するパスの影響度の大きさが確認された。また高関与な場合，効用的製品評価と快楽的製品評価が高くなることも示した。

(2) 成果と課題

　既存研究の成果として，感情が期待・成果の比較とは独立して満足に影響することが実証研究より明らかにされた点が挙げられる。ここで確認した研究以外にも Söderlund and Rosengren (2004)，Chaudhui (2006) の研究など，多くの研究があるが，詳細は第7章で後述する。

　課題として，既存研究の多くが，消費時の感情の強度のみに注目している点が挙げられる。とくに取り上げられることが多い感情は，快・不快感情である

が，多くの研究は強度が満足度に与える影響のみを取り上げており，快感情の持続など時間的な変化については取り上げていない。

1-4-2 買物出向への満足と感情
(1) 主要研究
　次に，1回の買物出向（店舗環境と購買物を含む）に対する満足と感情の関係の研究を確認する。第7章で詳述するが，満足の対象が買物出向である場合，満足の定義次第で，循環論に陥る可能性があることに注意を要する。満足の定義・操作化には大きく2つの立場がある。1つ目は，感情的側面を重視し，満足を定義する立場であり（Oliver, 1980; Eroglu and Machleit, 1990），測定時には「楽しい」「満たされている」などのLikert尺度項目を用いる。2つ目の立場は，感情的側面に加え，認知的側面も含め，満足を定義する立場であり（Oliver and Swan, 1989），測定時には，先の項目に加え，「この店舗での買物成果は，期待と同じかそれ以上である」などの期待と成果の比較に関するLikert尺度項目を含める。前者の立場の場合，感情で感情を説明する循環論に陥っている可能性がある。以降，満足の捉え方が異なる2つの研究を紹介する。

　Machleit and Mantel（2001）は，店舗内での感情経験が買物出向への満足（Shopping Satisfaction，以下買物満足と略す）に与える影響は原因帰属によって異なること，感情の中でもとくに感謝（Gratitude）と怒り（Anger）が買物満足に影響を及ぼすことを明らかにした。Machleit and Mantelは，フィールド研究（研究1）と実験研究（研究2）の2つを行ったが，より包括的な結果を示した実験研究のみを紹介する。Machleit and Mantelは，被験者になじみのない大学内の本屋で混雑度を操作し撮影した動画[24]を作成した。実験では，最初に大学生に混雑の原因帰属に関するシナリオ（「もっと店員が必要である」（外部〔店舗〕への原因帰属）と「この時間混んでいることは知っていたが，自分に時間がなくやむをえずこの時間に来店した」（内部〔自己〕への原因帰属の2水準）を読ませ，その後55秒の動画を見せ，その後に計画購買の成否（購買予定の本が買えたか否かの2水準）に関するシナリオを読ませ，最後に買物満足（Eroglu and Machleit, 1990の感情的側面を重視した4項目のSD尺度）や感情状態などを測定する質問票に回答させた。実験は被験者間配置で行われた[25]。分散分析の結果，混雑が外部に帰属される条件下では人的混雑は買物満足に負の影響を及ぼすが，内部に帰属されるときには買物満足に影響しないことが示された。また，

感情の介在変数としての効果を分析した結果,感謝と怒りの2つの感情が,帰属が買物満足に与える影響および,計画購買の成否が買物満足に与える影響で介在変数[26]として働くことを明らかにした。

　Machleit and Mantel の貢献は,買物満足の規定因として,店舗内環境(混雑)の原因帰属と計画購買の成否が影響すること,さらにそれらの関係に介在変数として感情が働くことを示した点である。ただ,課題として満足の概念規定の曖昧さが挙げられる。満足を測定する4項目[27]を見ると,満足概念の感情的側面が中心であり,感謝などの快感情や態度の感情的成分との弁別性に問題がある可能性がある。Oliver and Swan (1989) のように,満足概念を感情的側面だけでなく,認知的側面も含め測定するなど,概念の明確化と操作化の検討が必要である。

　Burns and Neisner (2006) は,満足を認知的側面と感情的側面の両面で捉える立場に立ち,期待・成果の不一致に関する認知的評価と,怒りおよび恥の感情が買物満足に影響することを実験研究により明らかにした。具体的には,Burns and Neisner は,158名の大学生を対象に,シナリオを用いた2(期待の高低) × 2(成果の高低) の被験者間配置実験を行った。実験で,被験者は,ある仮想の店舗の概観やその店舗への来店経験などについて書かれた期待の高低を操作するシナリオを読み,その後,当該店舗での買物経験の優劣を操作するシナリオを読み,感情状態や期待・成果の不一致度,満足を回答した。感情状態に関しては Izard (1977) の尺度を用い,3つの感情(怒り-喜び,驚き,恥)を測定した。買物満足は,Oliver and Swan (1989) の尺度を用い,測定した。これらをもとに,満足を従属変数,期待・成果の不一致度,3つの感情を独立変数とする回帰分析を行った。分析の結果,サンプル全体では期待成果の不一致,怒り,恥が買物満足に影響していることが分かった。また,条件別では,期待が高く,成果が低い実験条件のときのみ,全体分析と同じ3つの変数が5％水準で有意に買物満足に影響することが確認された。

　Burns and Neisner の研究には大きな課題が3つある。1つ目は,結果の一般化である。彼らは,小売環境下では,感情より認知(期待と結果の不一致)の方が買物満足に大きな影響を与えると結論づけているが,それは実験操作において写真や画像,香りなど五感に訴えかける刺激ではなく,文章のシナリオを用いたためである可能性が考えられる。2つ目は,認知的要因の循環論である。買物満足の測定,期待・成果の不一致の測定の両方に,期待と成果の比較

に関する項目が含まれており，分析が循環論に陥っている可能性がある。3つ目は，競合モデルとの比較，媒介分析の欠落である。Burnsらは，4つの独立変数が並列的に満足に影響する線形回帰モデルに基づく分析を行っているが，競合モデルとして，不一致が直接満足に影響するだけでなく，感情を介在変数として間接的にも影響する経路を入れたモデルも考えられる。このような競合モデルとの比較，および媒介分析が必要であろう。

(2) 成果と課題

既存研究の成果として，製品満足と同様に，感謝，怒り，恥などの感情が買物満足に影響することが実証的に明らかにされたことが挙げられる。課題が2つある。1つ目は，満足の概念規定，測定の問題である。Machleit and Mantelのように，満足を感情的な概念と規定して測定すると，感謝などポジティブな感情との弁別性の問題が生じる可能性が高い点である。2つ目は，製品満足同様，感情の強度に研究の焦点が傾注している点である。小売店舗への継続的な来店を考えるなら，快感情の持続とそれに伴う満足の持続など時間的次元を考慮した分析が必要である。

1-4-3 買物出向と愛着

(1) 愛　　着

店舗での買物に満足し，リピート行動を行ううちに，消費者は買物場所に愛着を抱くことが多い。特定の買物場所に愛着を抱く段階になると，意識的に出向先の検討や選択すら行わず，愛着に基づき自動的に買物に向かうことも多い。重要なのは，このような愛着は，商業集積や店舗や個々の属性評価に還元するのが難しいという点である。

愛着と感情の関係を明確にするため，概念の出所とマーケティング分野への援用例を確認する。愛着（Attachment）は，もともと発達心理学の分野で親と子供など人間関係を考察するために導入された概念であり，危険な状況（怖い，疲れた，具合が悪いなどの状況）下で不安が生じたときに，特定の対象に近づき，安心感を高めようとする傾向を指し（Bowlby, 1969），特定の対象に対する特別な感情的結びつきを意味する。愛着は，感情と関わりがあり（Izard 1977, 1991; 遠藤 2010, 2013），親と子の関係だけでなく，恋愛など大人間の関係にも当てはまると考えられている（Shaver and Hazan, 1988）。愛着概念は，マーケティング

分野にも援用され，人と所有の関係（Belk, 1988, 1992），人とブランドの関係（Fournier, 1998; 青木, 1999）などの説明にも用いられている。また，環境心理学分野では，人が場所に対して有する強い絆を「場所に対する愛着（Place Attachment）」と呼ぶ（Low and Altman, 1992, p. 2, 8）。近年，この「場所に対する愛着」概念は，目的地選択行動の研究において注目を集めている。以下，飲食店に対する愛着研究であるが，小売店舗に対する愛着研究へも示唆のある主要研究を2つ紹介する。

(2) 主要研究

Brocato et al. (2015) は，出向場所（飲食店）に対する愛着が将来の店舗変更意向が減少させること，愛着は「場所の意味（Sense of Place）」から形成されること，場所の意味はさらに3つの要因から決まることを，2つの調査から明らかにした。Brocato らは，研究1で，大学生196名に愛着を感じるバー・クラブについて，場所の意味を構成する「場所との同一性（Place Identity）」，「場所への依存（Place Dependence）」，「従業員との社会的絆（Social Bonds with Employees）」の3要因と，場所への愛着の強さ，成果変数としてポジティブな口コミ，店舗スイッチ意向，相対影響度を見るためのサービス品質の4要因を既存言語尺度や自ら構築した尺度を用い，7点 Likert 尺度で測定した。

場所の意味とは，物理的環境に対する人の解釈や人が持つ意味であり，場所での経験の蓄積が場所の意味を作り出す（Manzo, 2001）。場所の意味を構成する3要因を説明する。1つ目の場所との同一性は，消費者の自己イメージと場所の物理的，社会的側面の一致性である。2つ目の場所依存は，満たされていないニーズを満たそうとする際の機能性の観点からの環境評価であり（Backlund and Williams, 2003），他の場所による代替性を下げる（Milligan, 1998）。3つ目の従業員との社会的絆は，もともとは特定の場所での人々の絆を指すが（Low and Altman, 1992），Brocato らは従業員と顧客の間の絆に限定している。回答データに基づき，各々の尺度の信頼性に問題がないことが確認された。

構造方程式モデル分析の結果，おおむね仮説は支持された。仮説は，図3-6のモデルの各々のパスであり，場所の意味を構成する3因子は，愛着に有意に正に影響しており，愛着も成果変数である口コミに正に，店舗変更意図に負に，有意に影響していた。興味深い点が1点ある。既存研究では，飲食店などのサービス業での口コミやリピート行動（変更意図の逆）は，サービス品質から

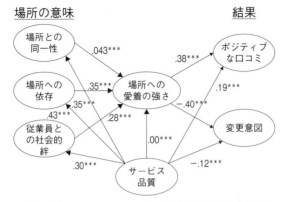

図3-6 場所への愛着の形成と働き

(注) ***p<.01。モデルの適合度は χ^2=1090.42 (df=423), CFI=.93, IFI=.93, SRMR=.13
(出典) Brocato et al. (2015), p. 202, Fig. 1 および p. 208, Table 2 をもとに筆者が作成。

強い影響を受けると考えられていたが (Zeithaml et al., 1996), Brocato らの研究では, 直接効果で比較すると, サービス品質からの影響度よりも, 愛着からの影響度の方が大きい。これは, サービス業において, 愛着がサービス品質の知覚以上に重要な役割を果たす可能性があることを示唆している。

また Brocato らは, 研究2で, 3つの場所の意味のうち, 場所との同一性が評価（物理的環境の質）とノスタルジアから影響を受けること, 場所依存が他の場所との差別性から影響を受けること, 社会的絆（研究2では従業員との絆と顧客間の絆の2つに分割）がノスタルジアから影響を受けることを明らかにした。具体的に, Brocato らは回答者が愛着を感じる, あるいは感じない着席形式のレストランについて, Web アンケートで3つの場所の意味, それらを規定する3要因について7点 Likert の言語尺度で回答させ, 907名のデータを収集した。関与等も考慮した構造方程式モデル分析の結果, 3つの規定因と場所の意味に関する3因子の関係は正に有意な関係であることが確認された。同様の研究として, モールの知覚された価値が愛着を作り, 愛着が態度に影響することを検証した Allard et al. (2009) の研究, 買物時のコミュニケーションなどが地域への愛着を形成することを検証した鈴木・藤井 (2008) の研究, 地域への愛着が買物の楽しさに影響することを検証した鈴木他 (2010) の研究, 店舗の楽しさと愛着の関係を取り上げた Johnson et al. (2015) の研究などがある。

さらに，Vizcaíno（2018）は，愛着の中でも場所との同一性に着目し，店舗のプロモーション活動が店舗愛顧意図に直接影響するだけでなく，場所との同一性が介在変数として店舗愛顧意図に影響することを明らかにした[28]。具体的には，Vizcaínoは，85名の大学生に実験用携帯アプリでレストランを検索してもらい，実験群にはレストランの店の窓に手書き風でメニューやブランチの内容が書かれているファサードを見せ，統制群には同じ店だが窓に何も書かれていないファサードを見せた。その後，店舗愛顧意図を測定するため，「この店のなじみ客になりたいか」を7点Likert尺度で，場所との同一性について既存研究の3項目の7点Likert言語尺度で，共変量であるストア・イメージとプロモーション価値も既存研究の尺度を用い，7点Likert尺度で測定した。操作チェックの後，店舗愛顧意図を従属変数，ストア・イメージ，プロモーション価値，ウィンドウ・サインの有無を独立変数として回帰分析を行った結果，サインの有無は5％水準で正の有意な影響を与えていた。また，サインの有無から店舗愛顧への直接経路，場所との同一性を介在変数とする間接経路に関する媒介分析を行った結果，間接効果，直接効果とも正の値であり，場所との同一性の部分媒介効果が確認された。

　Vizcaínoの研究の貢献は，プロモーション手段が直接的だけでなく，場所の同一性を経由して間接的にも店舗愛顧意図に影響することを示した点にある。しかし，大きな課題が2点ある。1つ目は，実験の現実性である。通常，場所との同一性は経験をもとに時間をかけて形成されるものであると考えられるが，本研究ではアプリでファサード提示直後に測定しており，現実の場所との同一性とは異なるものを測定している可能性が高い。また，ファサード以外に提示された刺激がなく，共変量としてのストア・イメージも，経験に基づき形成される実際のストア・イメージとは異なる。2つ目は，愛着自体をモデルに組み込んでいない点である。愛着は，場所との同一性だけでなく他の要因によっても形成されるが（Brocato et al., 2015），Vizcaínoは場所との同一性のみを取り上げ，愛着もモデル内で扱っていない。悪く言えば既存研究からご都合主義的に変数を抜きとりモデル構築を行っているため，理論的貢献が明瞭でない。

(3) 成果と課題

　既存研究の成果として重要な点は，人と場所の感情的絆である「場所に対する愛着」は，買物や外食の出向において，特定の場所が繰り返し選択され，経

験が蓄積されている場合，品質などの評価よりも愛着が，選択に大きく影響する可能性があるという点である。しかし，大きな課題が2点ある。1つ目は，競合を考慮した選択レベルの研究がない点である。既存研究は，愛着と愛顧意図，態度，好意など心理的状態の関係を回帰分析や構造方程式モデルで検証している。確かにこの関係は重要だが，競合の買物場所を考慮せず，経験の蓄積により形成された愛顧が，当該の特定の場所に対する態度等に影響するのは当たり前であろう。むしろ大切なのは，競合も考慮した買物目的地選択時に，特定の場所への愛顧が，認知的な魅力の面で同等あるいは優位な競合の買物場所の魅力を弱め（あるいは特定の場所への魅力を高め），認知的な属性に基づく目的地選択をいかに「歪める」かである。愛着がこのような「歪み」を生むことは，製品選択レベルで Lambert-Pandraud and Laurent（2010）が示しているが，買物行動研究では行われていない。

2つ目は，愛着の動態性を捉える視点の不足である。Brocato et al.（2015）は，愛着を規定する3要因を特定して検証しているが，これらは愛着の原因というより構成要素であろう。これら構成要素に，回顧的に調べたノスタルジアが与える影響も取り上げているが，愛着は繰り返される選択の動態的なプロセスの中で捉えなければ，態度の感情的成分との弁別が難しくなるばかりか，その形成プロセスの理解も困難であろう。困難ではあるが，時系列の選択行動の変化を捉えるなど，分析に用いるデータ収集法により工夫が必要であろう。第8章では，これら2点の課題に挑戦する。

2　何が問題か

ここまで，1980年代頃より登場してきた買物行動と感情の関係に焦点を当てた既存研究を見てきた。個別分野の成果と課題はすでに述べたが，これらの研究には共通する課題がいくつかある。大きな課題を4点取り上げる。

2-1　偏った感情観

感情に焦点を当てた既存の買物行動研究の問題点の1つ目は，既存研究が感情のディスオーガナイザー（理性的判断の阻害者）の側面に偏った感情観を有している点である。1-3-3で確認した Rook（1987）は，「感情的」と「合理的」を対立的に捉え，衝動購買が感情的な側面に関わっていることを主張した。

Rook は,「消費者が何かをすぐに買わなければいけない,突然でしばしば強力で,しつこい衝迫（Urge）を経験したときに,衝動購買は生じる」(Rook, 1987, p. 191) と述べ,抗しがたい「衝迫」を原因として重視している。また,Rook は「衝動購買は合理的というよりもより感情的であり」(同),「静観的に購買を行うときよりも,衝動的に購買を行うときに,消費者はコントロールできないとより感じがちである」(同) と述べ,感情的であることと合理的であることを対極的に捉え,衝動購買は感情に突き動かされてどうしようもなく生じるものであると主張した。さらに,Rook は質問票による探索的な自由回答形式の調査を行い,135 名の回答を分析し,衝動購買時に「突然の衝迫（sudden urge)」を感じること,この衝迫を「興奮する（exciting）」「スリルを感じる（thrilling）」などと表現していることから,この「興奮（excitement）」がより穏やかで合理的な消費者意思決定と衝動購買を区別するものであると述べ,感情,とくに興奮の寄与を強調した。

　感情が抗しがたい「衝迫」を生み出し,その衝迫が冷静な思考を奪い,衝動購買を行わせるという見方[29]を,以降では買物行動における「感情の瞬間的ディスオーガナイザー観」（以下「感情ディスオーガナイザー観」と略す）と呼ぶ。この感情ディスオーガナイザー（理性的判断の阻害者）観は,明示的に言及される場合と暗黙の前提として含まれる場合があるが,多くの既存研究の中に深く沈潜している。Donovan and Rossiter (1982) は,快感情[30]が予定外の購買意図を高めることを学生サンプルデータで示し,Donovan et al. (1994) は一般買物客の入口・出口調査で同様の検証を行い,快感情が衝動購買を生み出すことを主張した。Sherman et al. (1997) も,構造方程式モデルを用いた実証研究により,快楽と覚醒が支出金額に影響することを示している。これらの研究は,感情と衝迫（衝動）の関係を明示的に取り上げていないが,暗にそれを前提とし,予定外の購買に結びついていることを示している。

　感情ディスオーガナイザー観を踏襲し,より直接的,明示的に,感情と衝迫（衝動）の関係を取り上げた研究として,1-3-3 で確認した Beatty and Ferrell (1998),Mohan et al. (2013) がある。これらの研究は,感情と衝動購買の間に,介在変数としての衝迫を入れた構造方程式モデルを用いて,実証研究を行い,Rook のモデルをより精緻化したモデルを検証した。さらに,Rook のモデルの精緻化は進み,Sharma et al. (2006) は,感情ディスオーガナイザー観を暗に前提としながら,個人特性である多様性追求傾向,自己監視傾向と衝動購買の

関係を見るなどの研究が進み，自己監視傾向が強い消費者は衝動購買傾向が低いことなどを明らかにした。

　また，清野他 (2014) は，Rook とは異なり，快感情が探索活動の活性化と新奇性志向を向上させるという視点（Hirschman and Stern, 1999）から，衝動購買の促進を実験研究により検証している。この研究は，快感情が探索活動の活性化と新奇性志向を向上させ，衝動購買が生じるという仮説を立て，衝動購買生起の説明を試みている。しかし，もう1つの仮説として衝動購買後，新奇性，希少性の評価が減少し，後悔が喚起されるという仮説を設定していることから，やはり非合理的な購買を生起させる原因として感情を捉えていると考えられる。

　ここまでは快感情が衝迫（衝動）を作り出し，それが衝動購買を招くという視点での議論であったが，不快感情（ネガティブ感情）が衝動購買の引き金になるとも考えられる。3-1 でも取り上げた Mano (1999)，Hama (2001) はまさにこの視点に立っている。Mano は，来店前の苦悩や退屈などの不快感情が購買意図に影響すること，Hama は，ストレスの解消の手段として，気分転換の買物が有効であることを実験により示している。これらの研究は，ムード改善動機に基づき，購買行動が行われ，そこでは，買うこと自体によるストレスの発散などが目的となっており，合理的な商品入手の観点から見れば，合理的な買物行動よりは非合理的な買物行動に近いとみなされるかもしれない。

　これまで見てきた既存研究は，快感情，不快感情のいずれも，どちらも冷静で熟慮を伴わない心理プロセスを生じさせ，その結果として衝動購買あるいは非計画購買が生じるという観点に立つものである。Rook はこのようなプロセスを合理的でないと評価しているが，感情の働きが合理的か非合理的かの判断は，先行事象（あるいは後続事象）との関わりで考える必要がある（遠藤, 2013）。たとえば，事前の買物動機が特定ブランドの入手か，気分転換などの感情的動機かによって，同じ衝動購買でも合理的，非合理的の判断[31]は異なる可能性が高い。また，購買予定品目が衝動購買によって失念されたり，衝動購買によって金銭的制約が発生し購買予定品目を購入できないなどの後続事象が生じたときに，その衝動購買は非合理的であるとみなすべきかもしれない。衝動購買自体の合理，非合理の評価は，本書のメインテーマではないため，この議論はこれ以上行わない。ここまでの議論から確認したいのは，衝動購買研究の背後に，感情が抗しがたい衝迫を生み出し，その結果，衝動購買が生じるという側面だけに焦点を当てる感情（ディスオーガナイザー）観が隠然と存在するこ

とである。確かに、感情にそのような側面があることは否定できないが、それが感情の働きのすべてなのであろうか。

このような感情観に対し、Isen は、快感情（Positive Affect）が創造的な問題解決を促進することを主張している。Isen and Means (1983) は、架空の自動車の購入選択実験から、快感情状態の被験者が統制群に比べて、情報参照時の重複が少なく、短時間で効率的な意思決定を行うことを示した。また、Isen et al. (1987) は、5 分のコメディ映画の視聴により快感情を導出された被験者は Duncker (1935) のロウソク問題や Mednick (1962) の遠隔連想テストなどの創造性を測るテストで、統制群や不快感情群よりも正答率が高いことを示している。また、Fredrickson and Branigan (2001) は 5 つの感情状態に誘導した被験者のうち、快感情の被験者が想起した行動レパートリー数が多く、快感情が拡散的思考を高めることを明らかにしている。

また、Isen et al. (1991) は、複雑な課題においても快感情が効率的な創造的問題解決を促進することを明らかにしている。Isen らは、医学部の学生を快感情群、不快感情群、統制群に分け、本物の肺がん患者とそうではない患者計 6 名のレントゲン、血液検査などの 9 つの情報を提示し、肺がん患者を識別させる仮想の医学的診断実験を行った。その結果、快感情下の医学部生は、不快感情群、統制群に比べ、多くの情報を統合的に判断し、より正確な診断を下すことが分かった。さらに、Isen らはプロトコル分析を通じて、短時間で判断した後の残り時間で、快感情群が治療の方法を創造的に検討していることも明らかにした。これらの結果は、快感情が人を環境に対して開放的にし、効率的な創造的問題解決を促進することを示している。以降、本書ではこのような感情観を「感情の創造的オーガナイザー（優れたまとめ役）観」（以下「感情オーガナイザー観」と略す）と呼ぶ。

感情は、個人内のプロセスにおける機能に限定しても、熟慮を伴わない衝動的な行動に人を駆り立てるようなディスオーガナイザーの側面と、人の拡散的思考や創造性を高めるようなオーガナイザーの側面の両側面を有し、これが「人」らしさを形成していると考えられる。このような感情観に立つ研究者は多い。たとえば、脳神経学者の Damasio は、感情が「複雑な社会環境の中で将来を見据え計画を立てる能力」(Damasio, 1994, p. 10) と関わっていると考え、感情が推論や意思決定を支えているという視点を示し、感情が衝動性に関わるだけでなく、冷静な思考を支えている側面があることを主張している。同様に、

遠藤（2013）も，感情の働きを諸刃の剣であると評している。感情が，合理的か非合理的かという議論は目的に依存し，即断できないとしながらも，進化の過程で獲得されてきた感情の緊急回避機能は，形を変え，人の認知を支える機能を有していることを主張している。さらに，Fredrickson（2001）はこれらの議論により踏み込み，感情が人の思考と行動レパートリーを拡張し，人格の成長に寄与すると主張している。

　本書は，既存の買物行動研究が，間違った感情感を有しているということではなく，偏った感情観を有しており，近視眼に陥っていることを批判していることに注意してほしい。感情は，確かに人を衝動に駆り立て，ある種非合理な行動の動因となることがある。ただ，その側面のみを取り上げ，買物行動と感情の関係を見るのは片手落ちである。本書は，感情のディスオーガナイザーの側面ばかりでなく，よりポジティブで，長期的な視野を有するオーガナイザーの側面に注目することで，感情が人にもたらす豊かさに目を向ける。

2-2 短期志向

　2つ目に取り上げたいのは，既存の感情に焦点を当てた買物行動研究の短期志向の強さである。この点は，厳密には2つの問題に分けられる。1つ目は，感情が消費者の行動や思考に影響を考える時間的視野が短いという点，2つ目は，研究結果の応用としての，店頭マーケティング手段による即時的な売上増加に過度に焦点を当てたBuy Now Marketingへの過度な傾注である。

　1つ目の時間的視野の短さは，前項で述べた偏った感情観に起因していると考えられる。たとえば，先駆的研究であるDonovan and Rossiter（1982）は，店舗内の感情経験と店舗への接近・回避の関係を分析しているが，接近・回避の概念を測定する言語尺度項目8項目において，将来の来店意向に関する項目は1項目のみであり，残り6項目は店舗内行動，1項目は口コミに関する項目である。これは，店舗内で経験する感情の影響は，長期的な来店行動よりも短期的な店舗内行動に強く及ぶことを暗に仮定していると考えられる。また本章第1節で確認した通り，感情が買物行動に与える影響の研究は，店舗選択行動よりも，圧倒的に店舗内行動の方が多い。多くの研究者は，感情の影響が及ぶ対象として，将来の買物行動よりも，今まさにその過程にある買物行動への影響をより重視する傾向を有していると考えられる。

　2つ目のBuy Now Marketingへの過度な傾注は，五感を操作した実験的研

究において多く見られる。本章1-3-4で確認した通り、聴覚を通じて感情状態に影響を与える研究（Yalch and Spangenberg, 1990, 1993），視覚を通じて感情状態に影響を与える研究（Bellizzi et al., 1983; Hui and Bateson, 1991; Bellizi and Hite, 1992），嗅覚を通じて感情状態に影響を与える研究（Spangenberg et al. 1996; Bone and Ellen, 1999; 平木他, 2010）など数多くの研究がある。これらの研究は，感覚マーケティング研究よりも先に登場した，店舗環境研究（中でもとくに感情に着目したものを「店舗感情研究」と呼ぶ）と呼ばれる買物行動と五感の関係に着目した研究群であり，感情を刺激することで非計画購買を促し，1回の買物の総購入額を高めることを主な研究目的としている。マーケティングは消費者の抱える問題の解決を通じ，顧客との長期継続的関係を構築・維持することを重視するが（和田, 1998; Kotler and Keller, 2009），これらの店舗感情研究は，研究の焦点が一時点の店頭でいかに消費者の背中を押すかに過度に集中している。短期視点の店頭販売促進はもちろん必要であるが，そこに傾注するあまり，感情の長期的な効果，具体的には将来の来店行動への影響を見落としてしまっている。この点を意識した感情経験の提供は，マーケティング活動の長期的な成果，効率をより改善する機会となると考えられるが，このような長期志向の研究は十分行われていない。

2-3 買物プロセスの分断

　3つ目の問題点は，感情に焦点を当てた買物行動研究がプロセスの各段階で細分化され，段階をまたいだ影響関係が取り上げられにくくなっている点である。この研究分野の細分化問題は，買物行動研究全般，ひいては消費者行動研究全般に言えることである（青木, 2010）。しかし，感情に焦点を当てた研究にとって，この細分化は感情の働きの全体像を見失う危険性をもたらす。

　買物行動のある段階における感情の影響は，当該段階の行動や思考のみに留まるものではない。たとえば，買物出向前の動機生成の段階において，感情的な動機（たとえば，気分転換の動機）を有している場合，その影響は店舗出向先のための情報収集などに影響するだけでなく，店舗内での行動，買物出向終了後の事後評価の段階にも大きく影響する。出向前に気分転換の動機を有していた場合，効率的な商品入手の動機を有していた場合に比べ，事後評価段階において評価の重要軸となるのは，購買商品の価格の安さよりも，当該店舗での感情経験の質であることは容易に想像がつく。しかし，買物動機研究，店舗選択

行動研究，店舗内行動研究などの段階ごとに細分化し，その中でのみ感情の影響を捉えていると，上述のような影響は研究対象として取り上げられない。

このような分断が生じている原因はいくつか考えられるが，先述した偏った感情観，短期志向も一因であると考えられる。確かに，特定の研究分野が脚光を浴び，研究が蓄積する過程で，研究者の競争原理から研究の断片化と分野の細分化が起こるのはどのような学術分野でも生じることであると考えられるが，買物行動と感情に関する研究分野では，偏った感情観，短期志向の強さが，その傾向に拍車をかけた側面は否めないと考えられる。

感情が買物行動に与える影響は，プロセスの各段階だけを独立に見ていても見えてこない。段階を越えた影響にも注意の焦点を向けることで，買物行動における感情のオーガナイザーとしての働きはより正確に理解できると考えられる。本書は，このような問題意識より，第4章以降実証研究を紹介する際，章は段階ごとに分けているが，感情の影響は当該段階を越えた範囲への影響を意識し，分析結果を示す。

2-4 「見えないもの」が見えない

4つ目の問題点は，感情を考慮した研究が増えてきたことを確認してきたが，第1章で見た買物行動と感情の初期の研究や，第3章第1節で見た発展期の研究の一部は，理論とくに心理学の感情に関する理論に基づいた研究を行っていない点である。これは買物行動の研究に限ったことではないが，現象のメカニズムを解明しようとする際，理論がなければ「見えないもの」が見えないと考えられる（山岸, 2011）。この点は，さらに①対象そのものと，②対象の機能に分けられる。

まず1つ目の対象そのものについて述べる。これは，消費者が意識しにくい感情は，消費者調査や事例研究から経験的に抽出しようとしても見えないという問題である。たとえば，本章のストア・イメージ研究において Mazursky and Jacoby（1986），Zimmer and Golden（1988）らは，消費者調査からボトムアップ的に感情的ストア・イメージ（店舗に帰属された感情）として楽しさ・好ましさの次元を抽出している。この快の次元は，消費者が経験として意識しやすいためインタビューや自由記述でも発見しやすいだろう。しかし，覚醒などの生理的状態にかかわる次元や，誇り，罪悪感といった高次感情と呼ばれる感情は意識や，表現がしにくく，研究者が理論をもとに消費者に尋ねるあるい

は生理指標・表情などをもとに測定するなどを行わなければ，顕在化にしにくいと考えらえる。同様の問題は，第1章第3節で見た Tauber（1972），Kotler（1973），第1節でふれた Nevin and Houston（1980），Bell（1999），Wakefield and Baker（1998）などにも当てはまる。

　2つ目は機能である。主観的な感情経験はどのように形成され，どのような働きをするか，どのように態度や選択に影響するかについても，理論がなければ本質が見えないと考えられる。たとえば，本章1-3-4 で確認した Sherman et al.（1997）は，快，覚醒が反応変数である金銭支出，好意，購入品目数，時間支出のすべてに並列的に影響するモデルを検証している。ショットガンのように感情が反応変数に与える影響を探索的に見ることはまったく無益であるとは言えないが，この手法によって見つかった発見物はどのような機序で生じているのか，理論がなければ解釈や，一般化は難しい[32]。同様の問題は，Bell（1999），Vizcaíno（2018）などにも当てはまる。

　ここで問題提起している点は，感情に関する理論の軽視（無視），および理論との相互作用の不足である。本書は，質的調査に基づくボトムアップ型の研究や，量的調査に基づくショットガン型の研究を一概に否定しているわけではない。そのような探索的研究から，法則が発見され，構築される理論があることも事実である（内井, 1995）。ただ，あまりに感情に関する理論との相互作用を怠ると，上述の通り，現象の本質が見えないという点に注意が必要である。

　他にも，実験室研究への偏向，単一のマーケティング要因の効果研究への偏向，再現性などの問題もあるが，本書では上記4点を残された大きな課題と捉え，その解決を試みる。

3　本書における感情の捉え方

3-1　コア感情

3-1-1　コア感情とは

　前節で述べた問題意識に基づき，本書の第4章以降では，買物プロセス全体における感情の働きを店舗内に限定せず広く捉え，感情のディスオーガナイザーの側面だけでなくオーガナイザーの側面も公正に取り上げることにより，買物行動における感情の働きを正確に体系的に明らかにする。本書では以降の実証研究を進めるに当たり，第2章で触れた次元説あるいは心理的構成主義

(Psychological Constructionism）の一種である「コア感情（Core Affect）」（Russell and Barrett, 1999; Russell, 2003; Barrett and Russell, 2015）の立場から，消費者の主観的感情経験を捉えることを試みる。

　コア感情とは，「快に関する感情価と覚醒価が統合的に混合された，単純で，非熟慮的な感情状態として意識的にアクセスできる神経生理的状態」（Russell 2003, p. 147）を指す。コア感情は，快（Pleasure）と覚醒（Arousal）の2次元で規定される主観的感情状態（第2章で感情経験と表現したもの）であり，人の感情状態は図3-7の2次元上の1つの点として表される。コア感情は，人が意識しようがするまいが存在しており，「その状態に名前を付けられたり，解釈されたり，原因に帰属されたりすることなしに，存在することができる」（Russell, 2003, p. 148）。このコア感情は，外的な刺激と身体の状態の知覚によって変化するが，人がその原因を探る能力つまり原因帰属を行う能力には限界があると考え，「コア感情が変化すると人はその原因の探索を行う」（同, p. 149）。身体の状態の知覚に基づき主観的な感情経験が生じるという考え方は，James（1884, 1890）の考え方に近いものがある。また，コア感情の機能は大きく2つあり，1つは「現状の絶え間ない評価を行う」（同, p. 149）こと，2つ目はこの評価に基づき「他の心理プロセスに影響を与える」（同, p. 149）ことである。2つ目に関して，具体的には，コア感情は，一貫性のある処理や活動を支えるため，「注意を向けることを容易にしたり，同じ感情価の材料（刺激，記憶）へのアクセス容易性を高める」（同, p. 149）。

　コア感情の状態を規定する快と覚醒の2つの次元について，簡潔に説明する（詳細は3-2, 3-3で後述）。快は，快-不快の次元であり，感情価（Hedonic Value, Affective Valence）とも呼ばれる。強度が弱く，覚醒水準が極端に高くなく，ある程度持続するのであれば，快感情（Positive Affect）やポジティブ・ムード（Positive Mood）と同じとみなして差し支えないだろう。覚醒は，眠たい状態から活性化している状態の次元で変化するものであり，生理的覚醒水準とも関係しているが，ここでは生理的覚醒の主観的経験を指す（3-3で後述）。

　2次元で規定されるコア感情は，さまざまな感情カテゴリーとも対応している。Russellは，基本感情論者が挙げるいくつかの感情カテゴリーは，その円環上に布置されると考える。Russellは，図3-7の第1象限は快の水準も覚醒の水準も高い状態であり，いわゆる「興奮」の状態であると考える。同様に第2象限は，「緊張・苦痛」の状態，第3象限は「憂鬱」の状態，第4象限は平

(出典) Russell (1980), p. 1164, Figure 1. および Russell (2003), p. 148, Figure 1 および Russell (2015), p. 198, Figure 8.1 を一部修正し、著者が作成。

穏の状態であると考える。恥など自尊感情のような高次の感情をコア感情の2次元上に位置づけることは難しいが、Russellはこの2次元で多くの感情状態を表すことができ、外的刺激と身体の状態の知覚から、意識するか否かに関わらず、常にこのコア感情状態が存在していると考える。

　コア感情の概念は、突然登場したものではなく、その起源は第2章でも紹介した次元説の Mehrabian and Russell (1974) の PAD, Russell (1980) の感情の円環モデル (Circumplex Model of Affect) である。もともとは環境心理学の分野で、環境から生まれる普遍的な感情状態を測定するために快 (Pleasure)、覚醒 (Arousal)、支配 (Dominance) の3次元が提案され、後に Russell (1980)、Russell and Pratt (1980) によって、支配を除いた快、覚醒の2次元によるモデルが提案された。その後、末梢などの身体からのフィードバックが感情経験を作り出すというジェームス主義的な感情観が取り込まれ、コア感情の概念が形成されていった。

　Russell のコア感情の概念は、生起原因の不明瞭さの点でムードに近いと考えられるかもしれないが、2つの点で明確に区別しておく必要がある。1つ目は、次元と内容である。Russell の考えるコア感情は快と覚醒の2次元で規定

されるものであるのに対し，ムードは基本的にポジティブ-ネガティブの1次元である。2つ目は，コア感情は，ムードに比べて，強度に幅がある点である。ムードは強度が低く，興奮や怒りなど強度の高い感情状態である情動（emotion）とは区別されるが，コア感情には，強度の低いポジティブ感情状態（原点よりやや右上）だけでなく，興奮（第1象限内の右上部），怒り（第2象限内の左上部）が含まれている。

3-1-2 なぜコア感情か

　コア感情に基づき，消費者の主観的感情経験を捉える理由は，3点ある。基本感情理論，社会構成主義などいくつかの立場がある中で，次元説あるいは心理的構成主義に属するコア感情の立場を取る理由の1つ目は，消費者行動研究分野における基本感情と次元説の比較研究の存在がある。Havlena and Holbrook（1986）は，消費者行動の文脈では，基本感情理論に立つIzardモデルの尺度よりも，Mehrabian and Russell（1974）のPAD尺度の方が，説明力が高いことを実証研究で示している[33]。また消費者行動の文脈では，別の感情形容詞で測定しても，Mehrabian and Russellモデルに極めて近い次元が見つかることが多く（たとえばHolbrook and Batra, 1987；永野, 1988），このモデルを参考に作成した日本語の尺度で測定しても，尺度の信頼性は高いことも分かっている（井上・石淵, 1997）。ただ，尺度の優劣と理論の優劣は必ずしも直結しないうえ，第2章で見た通り心理学分野においてもまだ基本感情の有無については結論が出ていないため，経験的結果のみからの判断は危険であることは承知しているが，1つの根拠として大切であると考える。

　2つ目は，焦点を当てる感情との内容適合性である。本書で主な研究対象として焦点を当てる感情は快感情というポジティブな感情である。しかし，学派として大きい基本感情理論において，細かく捉えられているのはどちらかと言えばネガティブな感情である。たとえば，Izard（1977）の10個の基本感情のうち，ポジティブな感情は楽しみ，興味の2つであり，残り8個は恐れ，嫌悪，怒りなど，ネガティブな感情である。快と覚醒の2次元で規定することにより，図3-7の第1，4象限に布置されるさまざまなポジティブ感情状態を捉えられるコア感情の立場は，本書で焦点を当てたい感情状態をカバーすることができると考えられる。また，やや道具主義的な論拠であるが，少ない次元でより多くの状態を捉えられる点は，節約性の原理（Principle of Persimony）にもかなっ

ていると考えられる。

　3つ目は，基本感情理論への疑念である。第2章第4節4-2-2で確認した通り，基本感情理論に立脚する多くの研究者が，基本感情には固有の神経生理学的基盤が存在するという仮定を支持するが，快感情についてこの仮定が成り立つという主張には疑念を抱かざるをえない。著者は，このような基本感情の基盤が存在するか否かについて直接的な検証手段を有しないため，脳神経学者，心理学者の研究の進展を待たざるをえないが，LeDoux（1996）が主張する通り，ネガティブ感情には基本感情論者が主張するような生物学的基体を伴う基本感情が存在する可能性を否定できないかもしれない。しかし，快感情について，あたかも「デーモン・プログラムのように感情プログラム（問題への対処プログラム）」（Cosmides and Tooby, 2000, p. 102）が即時に立ち上がるシステムが人に備わっているとはやや考えにくい。以上の点から，本書は，心理的構成主義に属するコア感情により，消費者の感情を捉えることを試みる。

　このコア感情は，2つないしは3つの要因から決まると考えられる。Russell（2003）は，外的要因と内的要因の2つで決まると考える。コア感情は，意識された場合，主観的な感情経験と同じであるが（意識しなくても常に存在はしているという点に注意は必要であるが），LeDoux and Phelps（2000）は，感情経験を生成する要因は大きく3つあるとし，外部の刺激，扁桃体による感情的覚醒，海馬による記憶を挙げている（第2章図2-3参照）。1つ目の外部刺激は，今，人が直面し，低次の評価に基づいて即時に検出された刺激特性である。2つ目の扁桃体による覚醒は，身体的な覚醒状態の変化であり外界の刺激からももたらされる一方，身体内でも生じるものである。3つ目の海馬による記憶は，ムード一致などにより活性化した記憶材料を指す。LeDoux and Phelps（2000）の分類は，Russell（2003）の内的要因を扁桃体による感情的覚醒と，海馬による記憶に分け，精緻化したものであるとも考えられ，両者の見方は決して対立するものではない。本書でも，このような3つの要因から，現在の感情経験が決まるという立場を取る。

3-1-3　コア感情と帰属された感情，態度との区別

　コア感情と「帰属された感情」（Attributed Affect）（Russell, 2003, pp. 149-150）とは区別する必要がある。コア感情は「名前を付けられたり，解釈されたり，原因に帰属されることなしに常に存在している」（同, p. 148）。また，人は「コ

ア感情状態が変化したときに,コア感情と人,場所,出来事,物理的対象,問題の状態などの知覚された原因に結びつける」(同, p. 149)。つまり,帰属された感情は,コア感情の変化,対象,コア感情と対象の結びつきから形成される。帰属理論でもしばしば指摘される誤帰属も当然生じるが,人が感情の因果関係を直接的に知ることは難しく,複雑な因果関係を理解する能力には限界があると考えられている。

　帰属された感情は,いわゆる態度の感情的成分(Rosenberg and Hovland, 1960)に近いと考えらえる。態度とは対象に対する好き嫌いなどの全体的評価を指すが,態度は認知的成分,感情的成分,意図的成分から構成されると考えられている。このうちの感情的成分とは,まさに対象に対する好き-嫌いの評価を指す。

　コア感情は,態度の感情的成分とも,2つの点で明確に区別をしておく必要がある。1つ目は,原因の明確さ,あるいは対象との結びつきである。コア感情は,対象と結びつく以前に常に存在しているが,態度の感情的成分は明らかに何らかの対象(他者,自己,物理的対象,場所,出来事など)と結びついた総合評価である。2つ目は,感情経験の「感情」と態度の「感情」的成分の内容と次元の相違である。通常,伝統的態度理論における感情的成分は,内容として好き-嫌いという総合的評価の1次元であるが,コア感情の「感情」は,快と覚醒で規定される2次元上の1点の状態を指しており,内容と規定次元において異なる。

　本書の第2,3部の実証研究で取り上げる「感情」は,感情的動機,感情経験,帰属された感情,満足評価の感情的側面などさまざまなものが含まれるため,各章においてその都度説明するが,主観的な感情経験を取り上げる際は,基本的にこのコア感情,あるいはコア感情のもととなったMehrabian and Russell(1974)のPADに基づき,感情経験の把握を試みる。

3-2　快感情の働き

　本書では,快(Pleasure)と快感情(Positive Affect)をとくに区別をせず,快感情(Positive Affect)という呼び名で統一して用いる。快(Pleasure)は,強度が弱く,覚醒水準が極端に高くないのであれば,快感情(Positive Affect)と同じとみなして差し支えないと考える。ここで快感情とは,快-不快の次元を指す。第2章で触れた部分もあるが,快感情が人の意思決定・選択,成長,心身

の健康維持などに与える影響を4つ確認する。

　1つ目は，ヒューリスティックス（Heuristics）の利用の促進である。ヒューリステックスとは「ある問題を解決する際に，必ずしも成功するとは限らないが，うまくいけば解決に要する時間や手間を減少することができるような手続や方法」（山崎，1999, p. 728）である。Mackie and Worth（1989）は，態度変容において，快感情が系統的な処理を阻害することを主張している。具体的には，相対的に弱い論拠に基づく態度変容は，非系統的な処理によるものと考えられるが，Mackie and Worth は2つのテーマ（酸性雨，銃規制）に関する説得的コミュニケーションの実験を行い，快感情下の被験者たちが，強い論拠を示されたときよりも，弱い論拠を示されたときに，認知能力の低下のためより多く態度変容を起こすことを示し，快感情が系統的な処理を阻害することを示した。同様の結果は，Mackie and Worth（1991），Bless et al.（1990），Schwarz and Bless（1991）も示している。これらの研究は，快感情下にある人は，処理負荷の低い方略や手続きを利用する傾向があることを示している。

　2つ目は，ホメオスタシスの回復である。この点は，第2章第3節で触れたが，不快感情が長時間，高頻度で生じると，心身に大きな負担がかかるが，快感情はその状態からの回復を促すことができる（Levenson, 1988; Fredrickson and Levenson, 1998）。

　3つ目は，快感情が人の拡散的思考を促進し，問題解決を促進するという機能である。Isen and Means（1983）は，架空の自動車の購入選択実験から，快感情状態の被験者が統制群に比べ，情報参照時の重複が少なく，短時間で効率的な意思決定を行うことを示し，快感情が効率的な問題解決を促進することを主張した。また，Isen et al.（1987）は，5分のコメディ映画の視聴により快感情を導出された被験者はロウソク問題や遠隔連想テストなどの創造性を測るテストで，統制群や不快感情群よりも正答率が高いことを示した。Isen らは，問題解決が促進される理由として，拡散的思考が促進されることが主要因であると主張した。これらの研究は，快感情が，人の拡散的思考や創造性を高め，問題解決を促進することを示している。

　4つ目は，人の成長を促す点である。これは3つ目の拡散的思考の促進の延長線上の効果だと考えられるが，Fredrickson（2001）は，人は快感情を経験すると，思考・行動レパートリー数が増え，新たなことに挑戦することが促され，挑戦を通じて新たな資源が獲得され，人が成長していくというプロセスを考え

ている。実際に，Fredrickson and Branigan (2001) は5つの感情状態に誘導した被験者のうち，快感情の被験者が想起した行動レパートリー数が多く，快感情が拡散的思考を高めることを明らかにしている。

　本章第1節1-3の店舗内行動と感情の既存研究の多くが，快感情の影響としてとくに注目しているのは，1つ目のヒューリスティックスの利用促進や処理負荷の低い方略の採用であろう。この結果として，衝動購買が生じやすいことを既存研究は示していると考えらえる。しかし，快感情には他にも2～4つ目に挙げた人の創造性，問題解決能力を高め，成長を促す効果がある。ここでとくに確認しておきたいことは，本章第2節でも触れたが，このような快感情のポジティブなオーガナイザーの側面に注目した買物行動研究は，残念ながら，極めて少ないという点である。

3-3　覚醒の働き
3-3-1　覚醒とは何か

　本書の「覚醒」は，主観的な経験としての覚醒である。さまざまな感情状態を規定する重要な次元の1つとして主観的な覚醒を取り上げた研究として，Mehrabian and Russell (1974) の研究がある[34]。覚醒とは「眠たい状態から熱狂的に興奮している状態の範囲の1次元で変化する感情状態」(Mehrabian and Russell, 1974 p. 18) であり，接近と逆U字の関係にある (Dember and Earl, 1957; Mehrabian and Russell, 1974)。また，谷口は「覚醒水準とは簡単に言えば脳を含む神経系がどの程度活発にはたらいているかということ」(谷口, 2002, p. 128) であるとし，脳や神経系などとの関係を指摘している。さらに，大平は「生理的覚醒，つまり交感神経の興奮」(大平, 1997, p. 29) とし，交感神経との関係を指摘している。つまり，覚醒とは，脳や神経系が活発に働いている程度に関する主観的経験である。

　また，生理的覚醒と主観的な覚醒経験には，密接な関係がある。両者は基本的に異なるものであるが，Thayer (1967, 1970) は，覚醒に関する生理的指標 (皮膚伝導，心拍数など) と言語尺度 (AD-ACL) による主観的な覚醒経験の回答の間には高い相関関係があることを指摘している。以降，本書で用いる「覚醒」という概念は，断りのない限り主観的な覚醒経験を指すものとして用いる。

3-3-2　覚醒の影響

　覚醒は，われわれの心的過程にどのような影響を及ぼすのであろうか。ここでは，とくに3点を指摘しておきたい。

　1つ目は，注意の選択性の増大（焦点化）である。われわれは，脳や神経系が活発に働き，覚醒水準が高まると，特定の対象に注意を向け，とくに重要な部分へと注意を集中させる傾向がある（Easterbrook, 1959; Eysenck, 1982）。たとえば，猛獣と遭遇するなど危険な環境下に置かれ，恐怖を感じ覚醒水準が上がった状況を想像してみると理解しやすい。このような状況下で，通常，われわれは，恐怖の対象に注意の焦点を絞り込み，集中することによって危機に適切に対処し，生存を確かにしようとするだろう。また，記憶に関しても，覚醒水準が高まると記憶成績が良くなることが報告されているが（Christianson and Loftus, 1987），これも注意の選択性の増大によるものと考えられる。

　2つ目は，処理資源の減少である。覚醒水準が高まり，特定の対象に注意が向けられるということは，そのために心的な処理資源が減少する（大平, 1997）。処理資源とは，注意，記憶能力，思考などに用いられる心的な資源のことである（Norman and Bobrow, 1975）。たとえば，先の例と同様，猛獣と遭遇した場合，猛獣に注意を向け，対処について考えているときに，暗算を正確に行うことは難しいだろう。なぜなら，有限の処理資源は優先順位の高いもの（猛獣）に配分されると考えられ，処理資源が不足している状態で暗算を行っても，正しい答えを出すことは難しいと考えられる。

　3つ目は，処理方略や処理時に参照する情報への影響である。覚醒による処理資源の減少は，処理方略の選択や，処理の対象などさまざまな段階に影響する（大平, 1997）。たとえば，Lewinsohn and Mano（1993）は2つの実験を通じて，覚醒がより簡便な方略の選択や限られた情報に基づく意思決定を促すことを明らかにしている。ここでは実験2のみを紹介する。実験では，大学院生100名を2グループに分け，高揚状態（快，覚醒とも高い状態），平穏状態（快は高いが，覚醒は低い状態）に誘導した。その後，被験者は仮想で会社内の昇進候補者を選択する課題を行った。課題では，6人の候補者の5属性（リーダーシップ，柔軟性など）の情報を示し，昇進者を選択させた。実験の結果，高揚状態の被験者は，平穏状態の被験者より，閲覧する情報が少なく，無視する次元数も多かった。同様に，消費者行動研究においても，処理資源が消費者の情報処理の深さや範囲を決める重要な要因であると指摘されている（新倉, 2012）。

図 3-8 ヤーキーズ・ダッドソンの法則

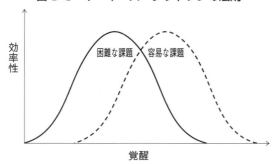

(出典) Eysenck (1982) p. 48, Fig 4.1. を翻訳し使用。

　上記3点の影響に注目すると，覚醒はかなり感情らしい「感情」であると考えられる。覚醒は，自身を取り巻く環境や状況から比較的短時間で決まり，どのような情報に注目し，どのような処理方略を採用するのが人間にとって良い結果をもたらすかなどの情報処理や意思決定の大きな方向性を決めている。

3-3-3　最適覚醒水準

　覚醒には，最適水準があることにも留意が必要である (Dember and Earl, 1957; Mehrabian and Russell, 1974)。人は，刺激の不足により覚醒水準が最適な覚醒水準を下回ったとき，退屈と感じる。このような場合，人は覚醒水準を上げるために，外出するなどの行動が取る。逆に，覚醒水準が最適な覚醒水準よりも高すぎると，最適な覚醒水準に戻すために，現在置かれている刺激的な環境や接している刺激的な対象から離れる行動が取られる。

　また，上記の最適覚醒水準の議論とは別に，課題の成績，課題達成の効率性の観点から見た最適覚醒水準の議論も重要である。Yerkes and Dodson (1908) は，やさしい課題の遂行の際には，低い覚醒水準より，高い覚醒水準の方が成績や効率が良く，逆に困難な課題の遂行の際には，高い覚醒水準より，低い覚醒水準の方が成績や効率が良いことを指摘している (Eysenck, 1982)（図3-8参照）。これは，ヤーキーズ・ダッドソンの法則と呼ばれているものである。前者の最適覚醒水準の議論と異なり，課題達成という目標がある場合に最適な覚醒水準が異なるという点が重要である。

4 買物プロセスと感情に関する研究枠組み

4-1 買物プロセスと感情

　本書の基本的な問題意識，感情の捉え方を述べてきたが，ここで本書が考える買物意思決定・選択プロセス[35]（以降，買物プロセスと略す）を図3-9に示す。図3-9をもとに，本書が考える買物プロセスの特徴と，第2，3部で何を具体的に取り上げていくかを明らかにする。本書の買物プロセスは，大きく2つの特徴がある。

　特徴の1つ目は，その範囲の広さである。第1章で述べた通り，本書は買物行動を買物動機の生成から，買物目的地を選択・出向し，実店舗内で購入し，購入物を消費・評価するまでの認知的，感情的，行動的な一連のプロセスと考える。そのため，図3-9に示す通り，生活課題の認識から生まれる買物動機の段階から，目的地選択，出向，店舗内行動，消費・評価，次回以降の選択に至るまでのプロセスを買物プロセスと捉える。既存研究における買物プロセスとしては田村（1980）の買物意思決定プロセスが挙げられる。田村は買物行動を「小売買物施設をどのように選択するかという点から見た，消費者行動のひとつの側面」（田村，1980, p. 83）としているため，そのプロセスとして目的地選択のみを考えている。その目的地選択プロセスは，イメージ属性評価（経験からのフィードバックを含む）と属性重要度をもとにした多属性態度モデルを考えており，属性ごとの評価と重要度の積和により，態度や出向意図が決まることを想定している。問題意識でも述べた通り，本書では，段階を越えた感情の影響を取り上げ，当該買物行動の長期的な来店行動への影響も取り上げるため，買物プロセスを目的地選択に限らない立場を取る。

　本書の買物プロセスの2つ目の特徴は，プロセスにおける「感情」の働きを重視している点である。ここでの「感情」には，動機の感情的な側面，主観的感情経験としての店舗内でのコア感情，経験に基づき買物場所に帰属された感情（第5章では蓄積された感情経験と呼ぶ），消費時のコア感情などが含まれる。「感情」の働きの重視は，先述の問題意識に対応し，さらに3つに分けられる。1つ目は，快感情のオーガナイザーの側面の重視である。レビュー，問題意識において先述した通り，確かに快感情は短期的に衝動購買を促す側面を持つが，それだけではなく人の創造性を高める側面，学習を促す側面も持つ。本研究で

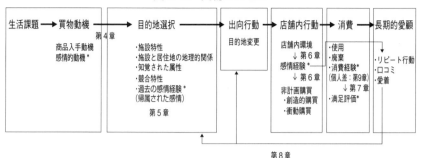

図 3-9　買物プロセス

（注）＊が本書で焦点を当てる「感情」。

は，買物プロセスの各段階における快感情のオーガナイザーの側面により光を当てたいと考えている。2つ目に，各段階を越えた感情の影響を重視する点である。たとえば，ムード維持・改善の買物動機が目的地選択に及ぼす影響，店舗内での買物経験が長期的な来店行動に与える影響などは，段階を超えた感情の影響に該当すると考えられる。3つ目は，長期的な視点である。本章第1節1-3で確認した既存研究の多くは，店舗内における感情経験がその時点の非計画購買に影響することのみを注視しており，短期視点で感情の影響を考えていた。本書は，店舗内における感情経験がその買物出向時点だけではなく，次回の買物出向，さらに長期的な来店行動におよぼす影響に焦点を当てる。

4-2　以降の章の展開

本書第2，3部では，図3-9の買物プロセスに沿って，実証研究を示す。次の第2部の第4〜7章で，買物プロセスの各段階における感情の働きに関する実証研究を示す。第4章では，買物出向前の買物動機を取り上げる。「効率的な商品入手動機」と「感情的動機」の大きな2つの動機が存在し，どちらの動機が強いかにより，買物意思決定の大きな方向づけが異なることを，実証研究で示す。

第5章では，特定品目カテゴリーの購入が主たる買物目的の場合，過去の買物経験に基づき蓄積された感情経験が，現在の買物目的地選択行動に影響することを実証研究で示す。過去の感情経験が，今の買物意思決定を方向付けるオーガナイザーとしての側面を有することを，買物動機と製品関与の異質性を考慮した上で，明らかにする。第6章では，店舗内での快感情が衝動購買をさ

せるだけでなく，オーガナイザーとして衝動購買とは異なる種類の購買を促し，その購買が小売企業と消費者の長期的関係の構築に寄与することを，実証研究から明らかにする。第7章では，購入商品の満足評価における感情の働きを，購入時の感情の強度だけでなく，感情の持続に焦点を当て，実証研究により明らかにする。

　第3部の第8～9章で，買物行動と感情に関する新しい展開を示す。第8章では，消費者は，買物目的地を選択する際，売場面積などの商品入手の買物動機を前提としたときの魅力要因や移動時間だけを考慮して選択するのではなく，過去の経験や交通体系などから発生する「通り過ぎられない魅力」の影響により選択している可能性があることを，本書独自のモデルで検証する。「通り過ぎられない魅力」は，本章第1節1-4-3で確認した場所に対する愛着と関わるものであり，最寄品だけでなく買回品においても，過去の経験や交通体系に基づき形成されたと考えられる「通り過ぎられない魅力」が目的地選択を歪める様子を実証研究で示す。第9章では，消費者の感情経験の強度，持続期間の異質性に関する理論と実証研究の結果を示す。経験価値マーケティングをはじめ，消費者の感情を重視するマーケティングは実務分野，学問分野双方で注目を集めているが，セグメンテーションに必要となる消費者感情の異質性についての基礎的研究は不足している。そこで第9章では，心理学における社会情動選択理論を手掛かりとした理論的検討と調査データに基づく実証的検討から，消費時の快感情の強度・持続と年齢の関係を明らかにする。

❖ 結　　論

　本章では，まず第1節で，1980年代頃より，買物行動研究に感情を取り入れた研究が急増したその過程とその後の研究の展開を，買物出向前，出向中，買物後の段階に分けて，確認した。第1章で確認した認知や行動を中心とした既存研究に，感情を取り入れたことで，より「人」らしい買物行動の研究に発展してきたことを確認した。しかし，これらの研究には大きな課題があった。第2節では，買物行動と感情の既存研究の問題として，偏った感情観，短期志向，買物プロセスの分断，理論の無視あるいは軽視の4つを指摘した。これらの問題を解決するために，本書は既存研究とは異なる感情観に立つ必要があるため，第3節で本書の感情の捉え方を示した。さらに第4節では，本書が考え

る買物プロセスとその中での感情の位置づけ，第2，3部の研究の展開を示した。本書は，以降，本章で示した研究枠組みに基づき，実証研究を示していく。

* 本章第3節3-3の内容は，石淵（2013）の一部を修正，加筆したものである。

注
1) 接近（Approach）-回避（Avoidance）とは，「環境や刺激に対し物理的に近づく動きや離れる動き，注意の程度，探索，言葉や言葉以外で表出された選好や好意のような好ましい態度，課題への接近，他者への接近などを含む広い意味」（Mehrabian and Russell, 1974, p. 96）の概念である。
2) 具体的には，快楽の因子得点が0より大きい場合（標本平均より高い場合），快が高い状態としている。
3) Arnold and Reynoldsは「快楽的買物動機（Hedonic shopping Motivations）」と表記しているが，混乱を避けるため，本書では感情的動機と表記する。
4) Csikszentmihalyi（1975）により提唱された概念で，何かに集中し，時間を忘れ没入している状態を指す。Arnold and Reynoldsは，直感的に楽しいという最適な経験として特徴づけられる認知的状態としている。
5) 原語は，小売結果（Retail Outcome）であり，消費者の小売店の選好（Preference）と選択（Choice）の両方を含む概念であり，製品や施設に対する満足度や来店前の期待度と成果の一致の程度，再来店意図など5つの下位因子を仮定し，測定されている。小売結果と訳すと，売上等の企業側の成果と混同するため，本書では買物結果と訳す。
6) 新店舗には2つタイプがあり，1つは新店舗が地域に出店してくるケース，2つ目は消費者が転居などで新しい小売環境に入り，新店舗群に接する場合である。両ケースを検証するため，Mazursky and Jacobyは1店舗だけを評価させる実験，複数店舗を同一属性で評価させる実験の両方を実施した。
7) Bell（1999）は，態度ではなく，感情（Affect）と概念を表現しているが，測定は商業集積内ではなく自宅で行われたうえ，測定項目は，「この商業集積に良い印象がある」「愛着を感じない（逆転項目）」など，態度の感情的成分に近い1次元を測定する項目である。このため，論文の元表現に反するが，論文内の「感情（Affect）」は，態度の感情的成分として扱う。
8) 小売環境（Retail Environment）という表現は，Eroglu and Machleit（1993）が用いている。
9) Kotler（1973）は，小売業における店舗雰囲気（Store Atmosphere）の重要性を指摘し，この用語の普及に寄与した。
10) 優れたレビューとして，Krishna（2013）がある。
11) Mano（1999）が指す購買意図とは，当該店舗で商品を購入しようという店舗内における購入意図であり，「この部門でもっと買物をしたいか」「その部門で必要な他のものを買いたいか」などの5項目を用いて測定された。
12) Urgeの定訳はない。衝動と訳すとImpulseと同表記になり，アージと訳すと戸田（1992）のアージと混同を招くため，ここでは衝迫と訳す。Rook（1987, p. 191）は，アージを心の中での購買へ押される強い力と定義しており，衝動と大きな違いはない。
13) 衝動購買意図に関する7点尺度の5項目の個人毎平均値に基づく高低と衝動購買数に基づき，3点の名義尺度1項目に無理やり変換し，構造方程式内で連続変数として扱っている点は分析上問題がある。
14) 衝迫について，尺度の信頼性係数などの確認は行っているが，そもそも概念規定が曖昧なま

ま，Rook の研究などから言葉を拾い言語尺度を作成しており，正しい尺度構築法に基づいていない点に注意が必要である。
15) 分析では，非計画購買数から想起購買を除いた購買数（正確には衝動購買，関連購買，条件購買の個数）が総購買数に占める割合を対数，逆正弦変換した変数を用いている。
16) 清野他（2014）はポジティブ感情としているが，本研究の快感情とほぼ同義であるため，快感情と表記する。
17) Sherman et al.（1997, p. 371）の table 2 のイメージ要因から覚醒へのパスの t 値が 10.48 となっているが，他の数値から推測すると 0.47 の間違いであると考えられる。
18) Hui and Bateson の研究は，小売店舗内の研究ではなく，銀行，バーの店内を想定した実験研究だが，本章冒頭で述べた通り，これらの業種も小売店同様サービスを提供する業種であると考えられるうえ，この研究の知見は小売店舗内の混雑の影響を考えるうえで，重要な示唆があるため，レビューに含める。
19) 有効サンプル数は銀行 107 名，バー 112 名であった。
20) Eroglu et al.（2005）は満足を従属変数としているため，1-4 で取り上げるのが望ましいかもしれないが，混雑知覚と店舗内の感情経験の関係を取り上げていること，Eroglu の混雑と店舗内行動に関する一連の研究の延長線上に位置づけられることから，1-3-5 でレビューする。
21) 10 分以上の実店舗への買物出向に限定している。
22) 小売プロモーションとは，小売業者が行うコミュニケーションおよびプロモーション活動全般を指しており，広告，人的販売，パブリシティ，販売促進を含む。ただし，人的販売（接客）と感情の研究に関しては，複数の手段との効果比較が多いため，1-3-5 でレビューを行った。
23) Hutter and Hoffmann（2014）の研究は，店舗前の歩道に広告を設置し，その側を通行した人の店舗前行動や入店後の店舗内行動，感情状態を取り上げており，厳密には店舗内行動だけの研究ではない。しかし，広告を設置した実験店舗前の歩道の所有権は分からないうえ，店舗内行動も取り上げていることから，店舗内行動に関わる研究として扱う。
24) 2 種類の動画とも同一店舗内に 5〜9 名の買物客がいるが，本棚を動かすことで空間的な密度（高，低）を操作した。なお，Machleit and Mantel（2001, p. 101）は，2 種の動画を刺激の多様性を得るために使用したため動画種類が与える効果について詳しい結果は紹介されていないが，動画が感情に与える主効果，感情間の交互作用効果はなかったこと，知覚された空間混雑を共変量として用い，動画が感情に与える影響を除去したことが書かれている。
25) 実験計画は 2×2×2 だが，動画種類の分析は行わないため，分析は 2×2 で行われた。
26) 介在変数とは，A→X→B のように，A が B に与える影響を X が媒介する場合，X を介在変数（Intervuning Variable）と呼ぶ。これに対し A→B への影響度が Y によって変わる場合，Y を調整変数（Moderator）と呼ぶ。詳しくは，Baron and Kenny（1986）を参照。
27) 満足の測定には，Eroglu and Machleit（1990）で用いられた「喜んだ-喜ばない」「とても好きである-全く好きではない」「満足している-満足していない」「うれしい-うれしくない」の 4 項目 7 点で測定したものを用いている。
28) Vizcaíno（2018）は研究 1〜3 まで行っているが，本書では愛着と直接関係する研究 3 のみを紹介する。
29) Rook は衝動購買を合理的ではないとみなしているが（Rook, 1987, p. 191），本書は，衝動購買自体が「非合理」であると一概には考えていないことに注意してほしい。ムード改善が主たる買物動機である場合，衝動購買によりストレスが軽減され，「合理的」である場合もあるからである。本書で「感情ディスオーガナイザー観」という表現で指しているのは，この衝動購買自体の合理・非合理の評価についてではなく，感情が冷静な思考を奪うことだけに着目し，感情が認知を支え，問題解決に向かわせる側面に目を向けない視点や立場であることに注意してほしい。
30) Donovan and Rossiter は，Mehrabian and Russell（1974）の PAD の 3 次元に基づき，Plea-

sure の次元を用いているため，正確には「快」である。ここでの快は覚醒の次元とは区別されるものである。一般的に「快感情」はムードに近い感情状態で，覚醒があまり強くない（あるいはその高低を問わない）もの，生起原因が明瞭ではないものを指す。覚醒状態が高い場合は，おなじ快感情でも覚醒の影響を含むため，同列に扱うべきではないが，ここでの「快」は一般的な店舗内における穏やかな感情状態を指しており，快感情と大きな差はない。表現の混乱を避けるために，快感情と表現する。
31) 合理的，非合理的の評価については，注 29 を参照のこと。また，感情の合理性，非合理性に関する詳細な議論は，de Sousa（1987），遠藤（2013）を参照されたい。
32) もちろん，探索的研究に基づく新たな発見から新たな理論が構築されていくことはあるが，それほど高頻度で生じることではないと考えられる。
33) 他にも Machleit and Eroglu（2000）の Mehrabian and Russell，Izard，Plutchik の尺度を比較した研究があり，この研究は Izard，Plutchik の基本感情理論をベースとした尺度の方が買物経験の説明力が高いとしている。ただ，本文中にも示した通り，尺度の経験的妥当性が理論の妥当性をすべて説明するものではなく，これらの経験的研究の結果以外に，内容適合性，基本感情理論への疑念を考慮し，総合的に判断をする必要がある。
34) Mehrabian and Russell（1974）より以前に，Schlosberg（1954）は「緊張-睡眠」という覚醒に近い次元を提示している。また，Duffy（1962）も賦活化という構成概念について言及している。
35) 買物意思決定プロセスとせず，買物意思決定・選択プロセスと表現しているのは，第 1 章でも触れた通り，選択肢から 1 つを選択する意思決定だけでなく，複数を選択する決定も含むためである。本書では，買物プロセスと略す。

第**2**部

買物プロセスにおける感情の働き

第4章

買物動機と感情
――感情的動機の働き――

❖ はじめに

　これまで買物行動研究の多くは，消費者が商品の入手の動機を持っていることを暗黙の前提とし，買物の仕事としての側面に焦点を当て，「まじめな」買物行動を主に研究してきた（Babin et al., 1994; 石淵, 2001）。もちろん買物が商品入手という目的達成のための手段である側面は否めず，買物行動の功利主義的側面に注目した研究の意義は高い。しかし，買物行動には買物結果が目的ではなく，気分転換など買物のプロセス自体に目的がある場合もある。このような買物動機の多様性に注目しなければ，店舗内での経験やエンターテイメント性を重視した小売店舗の商圏予測は難しくなるに違いない。

　また，買物動機の違いが，動機生成後の買物プロセスに与える影響について，十分解明されているとは言い難い。第3章第1節1-2-1で確認した通り，買物動機研究の多くは，一部の研究（Dowson et al., 1990）を除き，買物客分類に傾注していた。そのため，買物動機が買物目的地選択（以下目的地選択）や店舗内行動などの買物プロセスの後段階に与える影響の研究は不足している。

　そこで本章では，買物動機の点から買物行動の種類を整理し，分析枠組みを提示したうえで，買物動機の違いが目的地選択にどのような影響を及ぼすのかを検討する。また，第1章第3節3-4で確認した通り，買物状況が目的地選択に影響することは実験研究で明らかにされていたが，実際の買物調査データで検討されていない。そこで，本章では，買物動機，買物状況が目的地選択行動

に与える影響を，日記形式の調査データを用いて実証的に検討する。
　まず第1節で買物動機と買物状況に関する既存研究を概観する。この検討をもとに第2節で問題意識と仮説を示し，検証方法を述べる。第3節で実証分析により仮説検証を行う。最後に，まとめと実務的示唆，課題を述べる。

1　既存研究

1-1　買物動機の研究
　買物動機研究の端緒をつけた研究としてTauber (1972)の研究は重要である。第1章で触れたが，その要点を再確認する。Tauber (1972)は便宜サンプルの30名に深層面接を行い，買物動機を11個に分類した。個人的動機として，役割遂行，気分転換，自己満足，新しい流行の学習，肉体的運動，感覚的刺激（の追求）の6つを提示した。また社会的な動機として，家庭の外での社会的経験，類似の関心を持つ他者とのコミュニケーション，仲間であるグループとの交流の魅力，地位と権威，値切りの楽しみの5つを提示した。しかし，Tauberはこの買物動機分類に基づく定量的な検証は行っていない。
　Westbrook and Black (1985)は既存の買物客分類研究に買物動機の視点が欠落していることを指摘し，Tauber (1972)の研究をもとに新しい買物動機分類を提示した。具体的には，既存研究のレビューに基づき買物動機の次元として期待される効用，役割遂行，交渉，選択の最適化，他者との関わり，パワーと権威，刺激の7つを特定した。また，百貨店の買物客への面接形式の調査から得た203名のデータをもとに，7つの動機次元に関して確認的因子分析を行い，尺度構築，次元の確認を行った。その際，経済的な特徴（商品入手に関わる特徴）に関する3つの因子間と社会的な特徴（経験的な特徴）に関する2つの動機因子間で相関関係を仮定した。これらの因子相関も考慮したうえで，買物動機の大別として商品入手指向の動機と経験指向の動機の2つの基礎的な次元が存在することが分かった。またこれらの買物動機次元を人格特性と考え，その因子得点を，クラスター分析し，6つの異なる買物客セグメントを特定した。しかし，WestbrookとBlackは買物動機次元を比較的持続する人間特性と仮定したため，買物状況について考慮していない。
　高橋 (1999)は，Westbrook and Black (1985)の尺度と動機次元をもとに，一般的な買物動機の次元の検討および買物客分類を行った。因子分析の結果，

表 4-1 買物動機の分類

	Tauber (1972)	Westbrook and Black (1985)	佐々木 (1988, 1999)	高橋 (1999)	Arnold and Reynolds (2003)
役割遂行	役割演技 (Role Playing)	役割演技 (Role Enactment)	買い手としての役割	役割実現	役割買物 (Role Shopping)
気分転換	気分転換 (Diversion)		不満解消,リフレッシュ,可能性探索		満足買物 (Gratification Shopping)
満足のいく商品の入手	自己満足 (Self-gratification)	期待された効用 (Anticipated Utility)		製品に対する期待効用	
		選択の最適化 (Choice Optimization)		選択の最適化	
楽しさと刺激の追求	新トレンドの学習 (Learning about New Trends)		新しい情報・刺激の追求		アイデア買物 (Idea Shopping)
	感覚的刺激 (Sensory Stimulation)	刺激 (Stimulation)		刺激追求	冒険的買物 (Adventure Shopping)
肉体的運動	肉体的活動 (Physical Activities)				
社会的コミュニケーション	自宅外での社会的経験 (Social Experiences Outside the Home)				
	同じ関心を持つ他者との交流 (Communication With Others Having a Similar Interest)	所属 (Affiliation)	仲間		社会的買物 (Social Shopping)
	仲間になることの魅力 (Peer Group Attraction)				
優越感	地位と権威 (Status and Authority)	勢力と権威 (Power and Authority)			
値切りの楽しさ・賢い買い手としての自尊	値切りの楽しさ (Pleasure of Bargaining)	交渉 (Negotiation)		サービス追求 経済性重視	お値打ち買物 (Value Shopping)

(出典) 石淵 (2001), p. 10, 図表2を大幅に修正。

Westbrook and Black (1985) の研究と同じく,役割遂行,期待される効用,選択の最適化,刺激の4つの次元と,彼らと異なるサービス期待の次元と経済性重視の次元の2つを抽出した。またこの因子得点を用いて買物客を4つのセグ

メントに分類している。

　佐々木（1988, 1999）は商業集積の魅力に関する次元の調査から，商品入手の動機だけでなく，社会的，感情的動機も含めた6つの動機次元を示した。具体的に佐々木は，買い手としての役割を果たす，新しい情報を求める，欲求不満を解消する，仲間として認められる，自分をリフレッシュさせる，自分の可能性を試すという6つの次元を仮説的に示した。欲求不満の解消，リフレッシュという次元は，明らかに感情に関わる動機次元であると考えられる。

　Arnold and Reynolds（2003）は，定性的・定量的調査から6つの感情的買物動機次元を特定し，測定する言語尺度を構築した。Arnold and Reynoldsは，尺度構築法に基づき，非学生98名へのインタビュー調査および2回の定量的調査データの分析から，6つの感情的次元を特定した。6つの感情的買物動機次元は，冒険的買物，社会的買物，満足買物，アイデア買物，役割買物，お値打ち買物である。ここで満足買物とは，ストレス解消やムード改善のための買物やご褒美の買物，アイデア買物とは，流行や新しいファッションを学ぶための買物を指す。

　既存研究で示された買物動機は表4-1のように整理でき，買物動機は大分類として2つ，下位分類として8つに分類することができる。大分類の1つ目は商品入手に関する功利的動機であり，2つ目は感情的動機である。この整理に際して，検討した点がいくつかある。まずTauber（1972）の自己満足動機は極めて多様な内容を含んでいる。単に良い商品を入手することにより満足したいという動機だけでなく，買物によるムード改善により生じる満足を得たいという動機も自己満足動機に含めている。これは気分転換や感覚的刺激の追求の動機と重複する部分がある。またWestbrook and Black（1985）が批判しているように手段としての買物の側面を軽視しすぎているとも言える。表4-1の分類では，Tauber（1972）の自己満足動機を満足のいく商品の入手に関する動機のみに限定し，ムード改善動機とは区別している。

　またTauberの新しい流行の学習，感覚的刺激の追求に関する動機は，表4-1では楽しさと刺激の追求に関する動機としてまとめた。さらにTauberの家庭外での社会的経験，類似の関心を持つ他者とのコミュニケーション，仲間であるグループとの交流の魅力は，コミュニケーションの対象で動機を細分しすぎているため，Westbrook and Black（1985）の分類に基づき，これらを社会的コミュニケーションの動機としてまとめた。

1-2 買物動機と買物行動

 さまざまな買物動機の存在は1-1で確認したが，このような買物動機の違いは，動機生成以降の買物プロセスにどのような影響を及ぼすのであろうか。第3章第1節1-2-1でも確認した通り，買物動機研究の多くは買物客分類に傾注しており，この点を検討した研究は極めて少ない。この点に着目した重要な研究として，Dowson et al. (1990) の研究がある。第3章で触れたが，その要点を再確認する。Dowsonらは買物動機が買物場所での買物行動の結果（Retail Outcomes，以下買物結果）に直接影響するだけでなく，感情経験を介して間接的にも買物結果に影響することを調査データの分析から明らかにした。買物結果とは具体的に，満足度（入手商品に対する満足度，利用店舗施設に対する満足度，全体的満足度）や来店前の期待度と成果の一致度，再来店意図，購買有無を指す。Dowsonらは既存研究の検討から，買物動機が快と覚醒の感情経験を介して買物成果に影響する間接的なパスと買物動機が買物成果に影響する直接的なパスを仮説として考えた。買物動機は，Westbrook and Black (1985) の尺度により測定し，商品入手指向動機と経験指向動機の2つを抽出した。また感情状態の測定はMehrabian (1980) の快（Pleasure）と覚醒（Arousal）の尺度により測定した。さらに，入手商品に対する満足度は3項目の尺度で，利用店舗施設に対する満足度は4項目の尺度で，全体的満足度，来店前の期待度と成果の一致の程度，3ヵ月以内の再来店意図は1項目の尺度で，購買有無は店舗内での調査時にすでに購買しているか，調査後購買するかどうかの2項目で測定した。調査は西海岸にある全米最大の野外のアーツ・アンド・クラフツ・マーケット[1] (Outdoor Arts and Crafts Market) の買物客を対象に行われ，278名の有効回答を分析に用いた。

 回帰分析の結果，間接的パスの仮説に関しては，商品入手指向の動機も経験動機の双方とも，快と覚醒の2つの感情経験に有意な影響を与えていた。とくに快は，購買有無を除く買物成果すべてに有意な影響を与えていた。直接的パスの仮説に関しては，2つの買物動機がとくに満足度に影響していることが明らかになった。

 Dowsonらは，買物動機を商品入手に関する動機と経験的動機の2分法で捉えているが，このような捉え方を支持する研究は他にもある。Babin et al. (1994) は，消費者が買物経験を評価する次元として快楽主義的次元と，効用主義的次元の2つの次元を仮定し，尺度構築を行った。また他の構成概念との

関係も検討し，快楽主義的な買物経験の評価次元と経験的買物動機の間に正の有意な相関関係があることも示した。残念ながら，効用主義的な買物経験の評価次元と効用主義的な動機の関係は取り上げられていないが，買物動機と買物経験の評価の間には関係があることが十分推測される。この研究からも商品入手に関する動機と経験的動機の2分法の有効性が示唆されている。しかし，この買物動機の2分法を，買物場所で調査対象を限定せず，一般的な買物客を対象に検証した研究はまだない。また，買物動機と買物状況が，目的地選択に与える影響についてもまだ研究がない。

1-3 買物状況と買物行動

買物動機と同様に，目的地選択に影響する要因として，同伴者，時間圧などの買物状況がある（石淵, 2001）。第1章第3節3-4で触れた通り，消費者行動の状況全般に関する研究はいくつかある。まず状況を客観的に捉えるべきか，主観的に捉えるべきかで研究は2つに大別される。前者の代表はBelk（1975）であり，後者の代表はMehrabian and Russell（1974）である。また，客観的状況に着目したMiller and Ginter（1979），Mattson（1982）は，贈答目的の有無などの客観的状況変数が購買意思決定，とくに選択対象である店舗の評価に非対称に影響することを明らかにした。また主観的状況に着目したMehrabian and Russell（1974），永野（1988）は，人間は客観的な状況を3つの主観的な状況の次元に変換して認識していることを明らかにした。しかし，課題も残されている。客観的状況の研究と主観的状況の研究は別々に行われており，相互の関係は完全に明らかになっていない。また買物行動に関して，Mattson（1982）のように使用者と時間圧という部分的な状況要因と店舗業態選択との関係を扱った研究はあるものの，状況要因と目的地選択に焦点を当て，状況要因が選択対象そのものに比べて，どの程度目的地選択に影響しているのか，相対的重要度を比較した研究はない。

2 問題意識と調査設計

2-1 問題意識と仮説

第1節で目的地選択に影響すると考えられるがこれまでほとんどその影響が検討されてこなかった買物動機と買物状況の既存研究の確認を行ったが，これ

らの関係を Belk（1975）の枠組みを修正し，研究枠組みとして提示したい。石淵（2001）の検討をもとに，Belk（1975）の客観的状況から課題（task）としての動機を区別すれば，目的地選択は図4-1のように整理できる。

　これまで多くの買物目的地の選択行動研究が行われてきたが（詳しくは本書第1章および石淵，2001を参照），その多くは図4-1のⅠ，Ⅳの関係に焦点を当てた研究を行ってきた。しかし，買物動機や状況要因に関する僅少な研究は，買物動機や買物状況が選択に影響することを示していた。ここでの問題は，状況が選択に与える影響（Ⅱ）や動機が選択に与える影響（Ⅲ）が，既存の目的地選択行動研究が重視してきた魅力度（対象の要因）や距離抵抗（対象と生体により決まる要因）の選択への影響度（Ⅰ）に比べて，どの程度大きいかである。もしその影響の程度が小さいのであれば，これまでのように状況を特定せず収集した，品目別の買物出向先データによる分析だけで十分であろう。しかし，もし買物動機や買物状況の影響が大きいのであれば，買物動機や買物状況を把握するための調査上の工夫や，モデル拡張の検討が必要になろう。

　また文献レビューで明らかになった，買物動機の2分法の妥当性の検討も必要である。さらに，買物動機は直接買物出向地を決定するのではなく，状況や対象の目的地選択への影響の仕方に間接的に影響することも考えられる。買物動機が異なれば，目的地の選択の仕方も大きく異なる可能性がある。以上の議論に基づき，本章では次の3つの仮説を検証する。

仮説1：買物動機の上位の規定次元として商品入手に関する功利的動機と楽しさ追求の動機の2つがある。
仮説2：買物動機や買物状況は，選択対象や距離抵抗要因と同じ程度のインパクトを目的地選択に与えている。
仮説3：買物動機の違いにより，買物状況や選択対象の目的地選択への影響の仕方は異なる。

　仮説1に関して補足する。Westbrook and Black（1985）はこの仮説を百貨店の買物客を対象に検証しており，Dowson et al.（1990）はこの仮説を野外のアーツ・アンド・クラフト・マーケットの買物客という極めて特殊な買物客を対象に検証している。また高橋（1999）は買物動機の検証を因子分析で直交解のみで検討しており，上位次元に関しては検討していない。本研究では，買物

図 4-1 買物動機, 買物状況, 目的地選択の関係

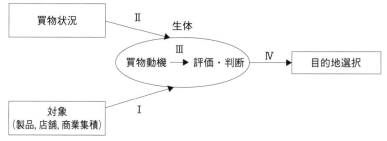

（出典）Belk（1975），p. 158, Figure 1 を参考に筆者が作成。

場所で調査対象を限定せず，より一般的な買物客を対象に仮説 1 を検証する。

2-2 調査設計

2-2-1 日記調査の設計

上述の仮説検証のため，買物日記データを収集する調査を行った。買物日記データとは，行われた買物について日記形式で記述をしてもらう調査により得られた文章データである。このような手法を採用したのは，「消費者自身が（買物）動機を明確に理解していない」（Wilkie, 1994, p. 125）ことが多く，消費者に選択肢を選ばせるプリコード式の質問票調査では明確になりにくい買物動機を文章データから探り出すためである。しかし，日記に書く内容についてある程度指示を出さなければ，消費者間で記述内容にばらつきが発生するため，日記を書く際の指示内容が便宜サンプルを用いて，事前に検討された。その結果，採用した指示内容は下記であった。

> あなたが買物をした場所，購入した物を差し障りのない範囲で記述してください。またその買物場所で買物をすることを決める際に考慮したさまざまな状況や条件をできるだけ詳しく記述してください。とくに，お金にどれくらいゆとりがあったか，購入する商品にどれくらい関心があったか，時間にどれくらいゆとりがあったか，誰と一緒に行ったか，どのような目的や動機を持っていたかなどについて記述してください。また他に気づいたこと，考えたことも詳しく記述してください。

上記の指示に加え，記述した状況の買物はどれくらいの頻度で生じるかについても質問を行い，名義尺度で回答を得た。

日記データは，2000年7～8月に，便宜サンプルの福岡都市圏内に居住する大学生54名に記述してもらい収集した。各調査対象者は調査期間中に行った買物について，できるだけ異なるものを最大6つまで記述し，214のサンプルを回収した。しかし，サンプルの中には状況や動機に関して明確な記述がほとんどないものがあったため，そのような16サンプルを削除し，最終的に合計198の買物に関する日記データが得られた（有効回答率は92.5%）。

2-2-2　内容分析によるデータのコーディング
　まず，この日記データを内容分析し，数値データを作成した。内容分析は，訓練された学生（日記回答者とは別学生）4名により行われた。サンプルの中には1枚の記述の中に複数買物目的地が含まれているサンプルもあったため，内容分析に先立ち分析単位を確定する必要があった（Krippendorff, 1981）。このような場合，本研究では，1つの買物目的地への出向を1分析単位と規定し，複数の目的地への出向を記述したサンプルについては，サンプルを目的地単位で分割した。分析に際し，4名のコーダーは研究者が作成したコーディング・シートを用いてコーディングを行った。ただし，コーダーはシートに示された分類に単に従うのではなく，試行的なコーディング作業の後，議論を行い，分類やシートを修正し，最終的なシートを作成した。コード化した内容は，大別すると選択対象，買物状況と関与，買物動機の3つになる。
　選択対象は，買物場所と購買商品からなる。1つ目の買物場所に関しては，出向した都市の都市階層（天神周辺，天神以外の駅の周辺，その他地域，記述なし），買物を行った店舗の小売業態，相対位置（自宅近く，自宅から遠い，仕事・学校の行き道・帰り道，記述なし）についてコーディングを行った。都市階層は，山中（1968, 1975, 1977）の研究をもとに，中心地型として天神周辺と中州・川端周辺，博多駅前，インターセプト型として天神以外の駅（西新，大橋，香椎など），住区型としてその他地域の3水準を設定した。2つ目の購買商品は8品目に分けた。8品目は，食料品，衣類・身回品（衣類，靴，かばん，装飾品など），日用雑貨（陶磁器，トイレタリー用品，化粧品など），電化製品，本・CD・文具・ゲーム，自動車・バイク（部品を含む），飲料・タバコ，その他である。複数購買商品があるサンプルが多いため，コーダーには1つの分析単位に対して複数品目のコーディングを認めた。
　買物状況は3つの次元から構成される。1つ目に，金銭的ゆとりについて5

段階でコーディングを行った。金銭的なゆとりは，その買物出向時の持ち合わせよりも，むしろその回答者の使用可能な金銭的ゆとりという観点から，コーディングを行った。2つ目に，時間的ゆとりについて5段階でコーディングを行った。3つ目は同伴者タイプであり，1人，家族・親族，友人・同僚，彼氏・彼女の4項目を設定した。

　商品への関与の程度についても5段階でコーディングを行った。関与は本章における中心的概念ではないが，関与の程度は意思決定の精緻化の程度に影響するため (Petty and Cacioppo, 1986)，本章でもコーディング対象に含めた。ここでの関与は製品クラス関与を指す。製品クラス関与とは消費者が特定製品クラスに対して持つ平均的な興味の程度のことである (Wilkie, 1994; Laaksonen, 1994)。分析単位によっては複数の製品カテゴリーの製品を購買している場合がある。このような場合，本章ではその買物出向において最も重要だと思われる製品クラスに対する関与を5段階でコーディングした。

　買物動機は，文献レビューに基づいて整理した表4-1の8つの買物動機の細分類を用いてコーディングを行った。8つの買物動機とは，役割遂行，気分転換，満足のいく商品の入手，楽しさと刺激の追求，肉体的運動，他者とのコミュニケーション，優越感，値切りの楽しさである。ここで「気分転換」動機と「楽しさ・刺激の追求」動機の違いは，前者はマイナスの感情状態を解消するための動機であり（たとえば上司に叱られた，飼い犬に冷たくされたなど），後者はプラスでもマイナスでもない退屈な状態を脱するための動機として定義した。またコーディング過程で，新たな2つの買物動機が加えられた。1つ目は，大きなお金を両替するという動機（1サンプル）であり，2つ目は買物以外の別目的で外出したがその過程で偶然小売店の前を通りかかり「ついで」に買物を行ったケース（6サンプル）である。1つの買物出向に複数の買物動機があることも多いため，コーダーには1つの分析単位に対して複数の動機のコーディングを認めた。

　まず，4名のコーダーは198のすべての分析単位をコーディングした。その後，一致していない項目については，後日議論のうえで再度コーディングを行い分析用データを作成した。1回目のコーディングにおいて，買物状況であるお金のゆとりの一致率は61％，時間のゆとりの一致率は61％，同伴者の一致率は97％であった。関与の一致率は39％とかなり低かった。それに対して買物動機の一致率は81％と比較的高かった。お金のゆとり，時間のゆとり，関

与についての一致率がやや低い点は留意が必要である。この点を考慮し，後の数量化分析では5段階で評定した買物状況や関与の各項目は2水準に再集計して分析に用いた。後日，再度行ったコーディングで最終的なデータセット198分析単位が確定した。

3 分析結果

3-1 サンプル構成と単純集計

便宜サンプルであるがゆえにサンプル構成の理解が，結果を解釈するうえで重要である。まずこの点を確認する。サンプル54名のうち男性37名（68.5%），女性17名（31.5%）である。調査は昼間部と夜間部の大学生を対象に行われ，職業を持たない大学生は43名（79.6%），有職学生は11名（20.4%）であった。年齢構成は10代後半が80名（37.4%），20代前半が113名（52.8%），30代前半が7名（3.3%），30代後半が14名（6.5%）であった。職業を持たない若い男子学生が多いことが分かる。このサンプル特徴は日記の記述内容にも影響しており，コード化した各項目の単純集計にもその影響を見ることができる。後の分析の解釈においてもこの点は重要であるため，次に詳しく確認しておく。

まず選択対象の単純集計について見ると，都市階層別の買物出向先で最も多いのは主要商業集積以外のその他地域であり，142の分析単位（全体の72.1%）が該当した。次に多いのが天神周辺であり35の分析単位（全体の17.8%），インターセプト型への出向は7分析単位（3.6%）であった。次に選択された業態で最も多いのが専門店（服，本，CDなど）の65分析単位（全体の32.5%）であり，次に多いのが44分析単位（22%）が選択したコンビニエンス・ストアであり，3番目がスーパーの38分析単位（19%）であった。また購買品目を見ると，最も多いのは食料品の61分析単位（全体の30.5%）であり，2番目に多いのは飲料・タバコの54分析単位（27%），3番目に多いのが本・CD・文具・ゲームの47分析単位（23.5%），4番目に多いのが衣類・身回品の37分析単位（18.5%）であった。やはり中心地である天神よりも周辺の地域の専門店やコンビニで飲食料品や趣味のものを購買する傾向がやや強く出ている。

次に買物状況と関与の特徴として，金銭的余裕は2極分化が見られたが，関与は高く，時間のゆとりがあり，1人による買物が多いことが挙げられる。具体的に，お金の余裕に関して，かなりゆとりがある場合が51分析単位

(40.2%) と最も多い一方，あまり余裕がない場合も 30 分析単位（23.6%）とやや 2 極分化している。関与に関しては，やや高い，高いを含めた 152 分析単位（76.4%）が製品に高関与であった。また時間の余裕について見ると，時間の余裕がかなりある，まあまあると答えたのは 84 分析単位（全体の 58.3%）であった。同伴者について見ると，同伴者のいない 1 人の場合が 155 分析単位（77.9%）と圧倒的に多く，2 番目に多いのが友人・同僚と一緒の買物で 26 分析単位（13.1%）で，家族と一緒の買物は 15 分析単位（7.5%）と少なかった。時間のゆとりがあり，1 人による買物が多い点はサンプルの特徴である。

　最後に買物動機の単純集計を見ておく。全分析単位のうち，170 分析単位（85.4%）が満足のいく商品の入手を買物動機としていた。2 番目に多いのは楽しさと刺激の追求の買物動機と値切り・安さの買物動機の 2 つであり，それぞれ同数で 18 分析単位（9%）が該当した。3 番目に多いのは，気分転換の買物動機であり 12 分析単位（6%）がこれに該当し，4 番目には共感・共有したいという買物動機であり 11 分析単位（5.5%）がこれに該当した。買物動機の点から見てもやはり圧倒的に満足のいく商品の入手の目的が多く，逆に買物に対して楽しさを求める動機や，社会的な買物動機はかなり少なく，この点も金銭的制約のある学生サンプルの影響が出ていると言える。

3-2　動機の 2 分法の検討

3-2-1　単純集計

　いくつかの既存研究は，買物動機の分類として商品入手の功利的動機と楽しさや経験の追求動機の 2 分類を提示していた。しかしこれらの分類が，買物場所で限定しない一般的な買物客においてどの程度妥当なのかについて，研究が行われてこなかった。そこで，まずこの 2 つの動機に関係する「満足のいく商品の入手」動機と感情的動機（「気分転換」と「楽しさ・刺激の追求」の動機）はどのように組み合わさっているのかを度数集計から確認する。表 4-2 は動機の組み合わせごとの度数集計である。

　表 4-2 によると，2 つの動機およびその組み合わせから全体の 80.2%（①〜⑤の合計）が説明できることが分かる。もちろんこの標本は便宜サンプルでありここから即 2 分法の妥当性は主張できないが，かなりの割合が説明できることが分かる。また各動機の単純集計の度数のうち，この 2 分法で説明できる割合を確認しておく。まず「満足のいく商品の入手」動機の場合，約 89%（（①

表 4-2　2分法に基づく買物動機の分類

①「満足のいく商品の入手」動機のみ（単純集計で170）	144	(72.7%)
②「気分転換」動機のみ（単純集計で12）	3	(1.5%)
③「楽しさと刺激の追求」動機のみ（単純集計で18）	4	(2.0%)
④「気分転換」動機と「満足のいく商品の入手」動機	5	(2.5%)
⑤「楽しさと刺激の追求」動機と「満足のいく商品の入手」動機	3	(1.5%)
⑥上記以外の動機，及びその組み合わせ	39	(19.8%)
全体	198	(100%)

（注）定義上②と③の組み合わせはない。

＋④＋⑤）/170）がこの動機および組み合わせの分類で説明できる。次に「気分転換」動機の場合，約67％（（②＋④）/12）がこの動機および組み合わせで説明できる。さらに「楽しさと刺激の追求」動機の場合，約39％（（③＋⑤）/18）がこの動機および組み合わせで説明できる。動機の2分法およびその組み合わせによれば，買物行動のかなりの割合を説明できるが，「気分転換」動機や「楽しさと刺激の追求」動機は「満足のいく商品の入手」動機以外の動機と結びついていることが窺える。

3-2-2　買物動機の規定次元とパターン

このような買物動機の組み合わせには，どのようなパターンがあるのであろうか。この買物動機の構造を探るため，買物動機に関する項目反応を数量化Ⅲ類により分析した。元データでは，肉体的運動，優越感の2つの買物動機には該当がなかったため，またその他（両替のため）は1つしか該当がなかったため，この3項目を分析対象から除外した。分析結果は表4-3である。この結果をもとに仮説1を検討する。

表4-3によれば，第1次元は固有値が.75（相関係数.87）でカテゴリー順序から負の方向に功利的動機の次元であると推測される。第2次元は固有値が.75（相関係数.87）で正の方向に感情的動機の次元であると推測される。第3次元は固有値が.61（相関係数.78）で負の方向に経済合理的な動機の次元であると考えられる。第4次元は固有値が.57（相関係数.75）で正の方向に社会的な動機の次元であると考えられる。第5次元の固有値は.38まで急落するため，これら4次元が買物動機を規定する主な次元であると考えられる。やや「ついで」の動機に大きく引っ張られてはいるが，第1, 2次元は固有値も大きく，先の2分法にも関わる重要な次元である。

次にこのサンプル数量を用いて，分析単位をクラスター分析し，動機のパ

表4-3　買物動機のカテゴリー数量

第1次元		第2次元		第3次元		第4次元	
ついで	0.305	楽しさ	0.118	共感	0.166	役割遂行	0.147
値切り	0.082	共感	0.111	役割遂行	0.126	共感	0.131
楽しさ	0.081	気分転換	0.089	気分転換	0.102	値切り	0.038
共感	0.040	役割遂行	0.048	ついで	0.089	満足商品	0.000
気分転換	0.023	値切り	0.048	満足商品	−0.005	楽しさ	−0.012
役割遂行	−0.003	満足商品	−0.024	楽しさ	−0.060	ついで	−0.017
満足商品	−0.032	ついで	−0.245	値切り	−0.138	気分転換	−0.229

表4-4　Top2次元のサンプル数量を用いたクラスター分析の結果

クラスター数	偏R^2	R^2	CCC	擬似F	擬似t^2
4	0.049	0.917	20.9	710.6	73.8
3	0.072	0.844	16.7	528.6	104.9
2	0.371	0.474	3.9	176.3	677.2

ターンを分析した。クラスター分析は，第1次元から第4次元のサンプル数量を用いた場合と，固有値の大きい第1次元と第2次元のサンプル数量を用いた場合の両方を行ったが，クラスター数，各クラスター所属サンプル数において同一の結果が得られたため[2]，ここでは2変数のみを用いた結果を紹介する。

　クラスター分析をWard法により行った結果，3クラスターを採用した。表4-4は，2変数のサンプル数量を用いたクラスター分析の結果である。擬似F値統計量や擬似t^2統計量，CCCはかなり高いクラスター数を示唆したが，R^2と偏R^2は3つのクラスターを示唆した。表4-5で3クラスターの構成を見ると，やや第1クラスターへの分析単位数の偏りはあるが実質性の点で問題はない。またクラスター間でサンプル数量の平均差に関してF検定を行ったところ，第1次元でも第2次元でも1％水準で有意な差が認められた。またTukey法による多重比較検定でも1％水準で有意な差が認められ，クラスターの異質性の点で問題はない。

　表4-5は3クラスターのサンプル数と特徴をまとめたものであり，3クラスターは買物動機に関して大きく異なる。第1クラスターは功利的動機が強く，感情的動機が弱い買物出向であり，この買物出向を商品の入手が目的の「まじめな買物」と呼ぶ。また第2クラスターは功利的動機が弱く，感情的動機が強い買物出向であり，この買物出向を「楽しさ追求の買物」と呼ぶ。さらに第3クラスターは功利的動機も感情的動機も弱い買物であり，この買物出向を「ついでの買物」と呼ぶ。ややサンプルの特徴が反映されているかもしれないが，

第4章　買物動機と感情

表 4-5 動機別クラスターの特徴

	分析単位数	功利的動機次元の平均サンプル数量*1	感情的動機次元の平均サンプル数量*2
まじめな買物（クラスター1）	144 (72.7)	−0.037	−0.028
楽しさ追求の買物（クラスター2）	48 (24.2)	0.041	0.070
ついでの買物（クラスター3）	6 (3.0)	0.265	−0.212

(注) *1. 小さいほど功利的動機買物指向が強い。クラスター間でF検定は1％水準で有意。
　　 *2. 大きいほど感情的動機が強い。クラスター間でF検定は1％水準で有意。

動機の2分法を強く反映した「まじめな買物」と「楽しさ追求の買物」の2つに買物動機が分けられる点、「まじめな買物」が約73％を占める一方、「楽しさ追求の買物」も約24％存在し、後者の買物行動は買物全体の約1/4を占めることが定量的に確認された点は極めて重要である。以上の結果から、仮説1は支持された。

3-3　数量化Ⅱ類による目的地（都市階層）選択行動分析

3-3-1　データセットの編集

買物日記データを数量化Ⅱ類で分析することにより、仮説2、3を検証する。数量化Ⅱ類で分析する外的基準として都市階層別の買物出向先を用いる。ただし、インターセプト型商業集積や博多駅前、中州周辺は度数が少なかったため、分析には天神とその他地域（天神、博多駅前、中州周辺、インターセプト型商業集積以外）への出向データのみを分析に用いる。そして説明アイテムとして、購入品目、買物状況（金銭的余裕、時間的余裕、同伴者）、関与、買物動機の変数を用いる。また先述の通り金銭的余裕、関与、時間的余裕は2水準に編集し分析に用いた。具体的には金銭的余裕に関しては「かなりある」「まあまあある」という反応を1、「どちらでもない」「ややない」「全くない」を0とした。関与については、「かなり高い」「やや高い」を1、「どちらでもない」「やや低い」「かなり低い」を0とした。時間的余裕についても「全くない」「ややない」を1、「どちらでもない」「ややある」「かなりある」を0とした。また同伴者は、その種類で分けた場合少数しか反応のないカテゴリーが多くなるため、だれかと一緒のときを1、1人で買物に行った場合を0としてカテゴリーを合併した。このようなカテゴリーの合併作業を行ったうえで、数量化Ⅱ類で分析を行うためにこれらの外的基準と説明アイテムに1つでも欠損値[3]を含む分析

表4-6 分析データセットの概要

		完全記述データセット (90分析単位)	元データセット (198分析単位)
性別	男性	54 (60.0)	151 (70.6)
	女性	36 (40.0)	63 (29.4)
年齢層	15-19	35 (38.9)	80 (37.4)
	20-24	46 (51.1)	113 (52.8)
	30-34	4 (4.4)	7 (3.3)
	35-39	5 (5.6)	14 (6.5)
職業	学生	68 (75.6)	160 (74.8)
	有職学生	22 (24.4)	54 (25.2)
動機クラスター*	まじめな買物	63 (70.0)	144 (72.7)
	楽しさ追求の買物	24 (26.7)	48 (24.2)
	ついでの買物	3 (3.3)	6 (3.0)

(注) *動機クラスターは表4-5の分類。

単位を削除した。このようにサンプルを削除し新たなデータセットができたが，この中には極めて反応の少ない説明アイテムが含まれていた。そこで反応の少ない，購買品目の電化製品，自動車・バイク，ガソリン，その他の説明アイテムおよび，買物動機として肉体的運動，優越感，その他の説明アイテムを削除した。この結果，最終的に90分析単位，外的基準が都市階層別の買物出向先の1変数（天神に出向する場合は1，その他地域の場合は0），説明アイテムが16項目からなるデータセット（以降，完全記述データセットと呼ぶ）が作成された。

表4-6は，完全記述データセットと元データセットの標本構成を比較したものである。完全記述データセットは，元のデータセットに比べてやや女性の比率が高くなっているが，それ以外では顕著な違いはない。またすべての説明アイテムに最低3以上の反応がある。

3-3-2 標本全体の分析結果

この完全記述データセットを用いて数量化II類の分析を行った。分析の結果，相関比は0.50であり，うまく判別ができている。各パラメーターと各説明アイテムのRangeは表4-7である。

まず仮説2の検討を行う。ここでは中心商業地（天神）が選択される場合とは，どのような買物状況や買物動機が関係しているのかを検討する。天神の平均サンプル数量は0.12，その他地域の平均サンプル数量は-0.04であった。説明アイテムのカテゴリー数量から考えれば，天神に買物に行く場合には，次のような特徴があることが分かる。購買品目として衣類・身回品を考えており，

買物状況として金銭的余裕があり，時間のゆとりがあまりなく，同伴者がいる状況である。また購買製品に対して関与が高く，気分転換や楽しさと刺激の追求という感情に関わるムード改善動機，満足のいく商品の入手，値切り・安さ，というような買物動機が存在する場合，中心商業地が選択されやすいことになる。時間のゆとりがないほど，中心商業地が選択されるというのはやや解釈が難しいが，これは標本特徴と福岡市の交通上の特性が影響していると考えられる。標本である大学生（有職の学生を含む）が大学に通学するための主要な公共交通機関は中心商業地である天神からバスに乗らなければならない。多くの学生が一度中心商業地である天神に出て，その後バスにより大学へ通学しているため，その行き帰りの時間圧の高い中で，中心商業地での買物を行っていることが推測される。

次にどのような説明アイテムが買物目的地としての都市階層選択に影響しているのかを検討する。Range の大きさから見れば，まず最も大きな影響を与えているのは衣類・身回品を購買するか否かが大きく影響していることが分かる。2 番目に影響しているのは「ついでの」買物動機の有無である。3 番目に大きな影響を与えているのは時間のゆとりである。4, 5 番目に大きな影響を与えているのは買物動機の説明アイテムで値切り・安さ（を楽しみたい），共感したいという動機の有無である。ここで注目したいのは，影響の大きなアイテムとして購買品目と時間のゆとりが上位を占めている点である。消費者の買物目的地選択行動の説明や予測，小売店舗・商業集積の商圏予測によく用いられる小売吸引力モデルでは，目的地の吸引力は距離抵抗要因と魅力度要因により規定されると考える（中西，1983）。前者の具体的な変数として消費者の居住地から買物目的地までの出向に要する時間，後者の具体的な変数として，品目別の規模（従業員数，売場面積）が用いられることが多い。出向に要する時間と本研究における「時間のゆとり」，品目別規模と本研究における「購買品目」が関係していることを考えれば，修正ハフ・モデルに代表される小売吸引力モデルが（都市）選択に影響を与える主要な要因を押さえた優れたモデルであることが分かる。

しかし，注意しなければならないのは，他にも（都市）選択に大きく影響している要因があることである。とくに共感・共有したい，値切り・安さを楽しみたい，他の目的で外に出たついで，というような買物動機も時間のゆとりと同程度の大きな影響を選択に与えている。また買物状況の中ではお金のゆとり

表4-7 完全記述データセットの数量化Ⅱ類による分析結果

			カテゴリー数量	Range
購買品目	食料品	なし	0.008	0.021
		あり	−0.013	
	衣類・身回品	なし	−0.040	0.164
		あり	0.124	
	日用雑貨	なし	0.001	0.008
		あり	−0.007	
	本・CD・文具・ゲーム	なし	0.008	0.030
		あり	−0.022	
	飲料・タバコ	なし	0.012	0.053
		あり	−0.041	
お金のゆとり		なし	−0.023	0.041
		あり	0.018	
関 与		低	−0.013	0.018
		高	0.005	
時間のゆとり		あり	−0.022	0.069
		なし	0.047	
同 伴 者		1人	−0.001	0.006
		誰かと一緒	0.005	
買物動機	役割遂行	なし	0.001	0.013
		あり	−0.012	
	気分転換	なし	−0.001	0.024
		あり	0.023	
	満足のいく商品入手	なし	−0.007	0.009
		あり	0.001	
	楽しさと刺激の追求	なし	−0.002	0.014
		あり	0.012	
	共感したい	なし	0.005	0.061
		あり	−0.056	
	値切り・安さ	なし	−0.008	0.061
		あり	0.053	
	ついで	なし	0.002	0.072
		あり	−0.069	

もやや影響している。また楽しさと刺激の追求や気分転換などの感情に関わるムード改善動機もわずかではあるが，中心地へ買物出向するか否かの意思決定に影響を与えている。分析には学生サンプルを用いたため金銭的な制約も大きく，楽しさの追求の動機が少なかった。このためこれらのムード・コントロールに関わる買物動機の影響は過小評価されている可能性も考えられる。この点は非学生サンプルを用いて再度検討の必要があるが，以上の結果において買物動機が選択に大きな影響を与えている点は極めて重要である。以上の結果から，仮説2は支持された。

3-3-3 動機別の目的地選択行動分析

先の90の分析単位を先の買物動機のクラスターにより分割し，別々に数量化Ⅱ類の分析を行うことで仮説3を検討する．その際，第3のクラスターである「ついでの買物」は完全記述データセットでは3分析単位しかなく，分析の対象から除外した．第1のグループは買物動機から考えて「まじめな買物」の63分析単位であり，第2のグループは買物動機から考えて「楽しさ追求の買物」の24分析単位である．第1グループのうち，14分析単位（22.2%）は中心商業地に出向しており，49（77.8%）分析単位はその他の地域に出向していた．また第2グループのうち，11分析単位（45.8%）は中心商業地に出向しており，13（54.2%）分析単位はその他の地域に出向していた．また説明アイテムとして全体の分析で用いていた個々の買物動機の項目は，説明アイテム間での従属関係を取り除くために削除して分析を行う．すなわち説明アイテムとして用いられたのは，購買品目と買物状況，関与に関する9項目である．

表4-8は「まじめな買物」データを数量化Ⅱ類で分析した結果である．相関比は0.38とやや低かった．天神に出向した分析単位の平均サンプル数量は0.145であり，その他の地域に出向した分析単位の平均サンプル数量は−0.041であった．Rangeの大きさから各説明アイテムが買物目的地としての都市階層選択に与える影響の大きさを検討する．最も大きな影響を与えている項目は衣類・身回品の購買の有無であった．2番目に大きな影響を与えているのは時間のゆとりであった．3番目に同伴者の有無，4番目にお金のゆとり，5番目に飲料・タバコの購買の有無が影響していた．このRangeの大きさと説明アイテムのカテゴリー数から考えると，買物目的地として中心商業地を選択するのは，衣類・身回品の購入を考えており，時間のゆとりがあまりなく，だれか同伴者が一緒で，比較的お金のゆとりがあるような状況下であることが分かる．ここで留意したいのは，Rangeの大きいTop2が購買品目と時間のゆとりである点である．このことは，品目別規模と出向に要する時間を用いる小売吸引力モデルは，満足のいく商品の入手が主たる買物動機である「まじめな買物」における目的地選択の要諦を押えていることを示唆している．相関比が低いことはこの解釈に疑問を呈するかもしれないが，食料品や飲料・タバコなどの購買の際に時間は大きな影響を及ぼすと考えられる．とくに時間のゆとりではなく，厳密な起点から目的地までの出向に要する時間が目的地の選択に大きな影響を及ぼすことを考えれば，時間の測り方が相関比の低さを招いている可能性が高

表 4-8 「まじめな買物」の数量化Ⅱ類による分析結果

購買品目			カテゴリー数量	Range
購買品目	食料品	なし	−0.014	0.038
		あり	0.024	
	衣類・身回品	なし	−0.041	0.290
		あり	0.248	
	日用雑貨	なし	−0.006	0.041
		あり	0.034	
	本・CD・文具・ゲーム	なし	−0.010	0.034
		あり	0.024	
	飲料・タバコ	なし	0.016	0.057
		あり	−0.041	
お金のゆとり		なし	−0.036	0.061
		あり	0.025	
関　　与		低	0.020	0.024
		高	−0.005	
時間のゆとり		あり	−0.033	0.087
		なし	0.054	
同　伴　者		1人	−0.008	0.064
		誰かと一緒	0.055	

いと考えられる。

　表4-9は,「楽しさ追求の買物」データを数量化Ⅱ類で分析した結果である。相関比は0.73と極めて高かった。天神に出向した分析単位の平均サンプル数量は−0.190であり,その他の地域に出向した分析単位の平均サンプル数量は0.161であった。Rangeの大きさから各説明アイテムが買物目的地としての都市階層選択に与える影響の大きさを検討する。最も大きな影響を与えている項目は食料品の購買の有無であった。2番目に大きな影響を与えているのは日用雑貨の購買の有無であった。3番目に同伴者の有無,4番目に時間の余裕,5番目に本・CD・文具・ゲームの購買の有無,6番目に衣類・身回品の購買の有無であった。このRangeの大きさと説明アイテムのカテゴリー数量から考えると,買物目的地として中心商業地を選択するのは,食料品や日用雑貨の購買意図がないが衣類・身回品の購買意図があり,1人で,時間のゆとりがあまりないような状況下であることが分かる。

　ここで注目すべきは,先の「まじめな買物」と異なり,時間のゆとりの影響が相対的に弱くなっている点である。これは,「楽しさ追求の買物」において,これまで小売吸引力の規定因として重視されてきた出向に要する時間が選択に与える影響は弱く,買物状況などの他の要因を考慮する必要があることを意味している。また,この時間的要因の影響度の差異は,買物動機が,時間的要因

表 4-9 「楽しさ追求の買物」の数量化Ⅱ類による分析結果

			カテゴリー数量	Range
購買品目	食 料 品	なし	−0.090	0.358
		あり	0.269	
	衣類・身回品	なし	0.044	0.081
		あり	−0.037	
	日 用 雑 貨	なし	−0.025	0.203
		あり	0.177	
	本・CD・文具・ゲーム	なし	−0.028	0.166
		あり	0.138	
	飲料・タバコ	なし	−0.000	0.000
		あり	0.000	
お金のゆとり		なし	0.023	0.050
		あり	−0.027	
関　　与		低	−0.023	0.040
		高	0.016	
時間のゆとり		あり	0.031	0.183
		なし	−0.153	
同　伴　者		1人	−0.086	0.187
		誰かと一緒	0.102	

の目的地選択への影響の仕方に大きく影響することを示唆している。同伴者の有無などの買物状況の影響を考慮する一方，動機の時間への影響の仕方も合わせて検討を行い，データ収集，モデル構築を行う必要がある。さらに同伴者の影響の程度を見ると，楽しさを追求する動機を持っているときに，中心商業地に出向くなら一人の方が良いことが示唆されている。これは「まじめな買物」とはまったく逆の結果である。気を使わずに中心商業地で楽しい経験を追求するためには，同伴者はむしろいない方が良いと考えられる。このような買物状況の影響も今後検討の余地がある。

3-3-4　動機別分析の数量カテゴリーの順位相関分析

　2つの異なる買物動機で分けて数量化分析をした場合，品目や買物状況が買物目的地選択に与える影響の程度が異なることが分かったが，この点をRangeの大きさ順に示すと図4-2のようになる。
　この両者のRangeの大きさの順序がどの程度類似しているのかを判断するために，Spearmanの順位相関係数を計算した。その結果，順位相関係数は0.03で10％水準でも有意ではなかった。つまり，2つのデータセット間のRangeの大きさの順位に関係はなく，異なる買物動機パターンのもとで行われる目的地選択において，買物状況や購買品目の都市階層選択への影響様式は異

図 4-2 Range の比較

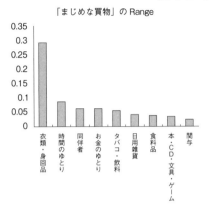

「まじめな買物」の Range

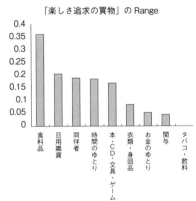

「楽しさ追求の買物」の Range

表 4-10 買物タイプとその生起頻度のクロス集計

	1日数回 1日1回 2, 3日に1回	週1回	2週間に 1回	月に1回	2, 3ヵ月に 1回	半年に1回 年に1回
まじめな買物 (計115分析単位)	38 (33.04)	19 (16.52)	5 (4.35)	22 (19.13)	17 (14.78)	14 (12.17)
楽しさ追求の買物 (計42分析単位)	10 (23.81)	5 (11.90)	7 (16.67)	8 (19.05)	5 (11.90)	7 (16.67)

(注) χ^2 検定は，10％水準で有意ではなかった。ついでの買物クラスターの分析単位は比較を容易にするため削除している。また買物頻度の質問に対して回答していない欠損値は削除している。買物の生起頻度のカテゴリーは χ^2 検定における Rule of Five の問題を回避するために合併を行っている。

なることを意味している。この結果から仮説3は支持された。以上の結果は，買物動機，買物状況を特定しない出向データを用いて買物行動の説明，予測を行うことに問題があることを示唆している。

また「楽しさの追求」を主な買物動機とする買物行動の実証的研究はほとんどなされていない。しかし買物動機の種類のクラスターとその買物の生起頻度をクロス集計した表4-10を見れば，このような「楽しさの追求」の買物行動は決して希なものではないことが分かる。表4-10のクロス集計について，χ^2 検定を行ったところ，10％水準でも有意ではなかった。これは，「まじめな買物」と同様の頻度で「楽しさ追求の買物」も生じていることを示している。「楽しさの追求」の買物行動のさらなる研究が望まれる。

❖ 結　　論

まとめと実務への示唆

　これまで買物状況や買物動機は，買物目的地選択行動研究では明示的に考慮されてこなかった。しかし本章の結果は，買物動機や買物状況が時間的要因と同程度に，買物目的地としての都市階層選択に影響していることを示している。とくに買物動機が大きく影響している点が数量化Ⅱ類による分析で確認された。

　また買物日記データを内容分析によりコーディングしたデータを数量化Ⅲ類により分析した結果，買物動機の上位次元として満足のいく商品の入手に関わる「功利的動機の次元」と楽しさや刺激の追求に関わる「感情的動機次元」の2つの次元が存在していることが確認された。この2つの動機の次元のデータを用いてクラスター分析を行った結果，買物行動は3つのタイプに分類されること，とくに生起実数から言えば，「まじめな買物」と「楽しさ追求の買物」の2つのタイプが重要であることが分かった。

　さらに，感情的動機が「優れたまとめ役（オーガナイザー）」として，買物行動を整合的に方向づけている点も確認できた。具体的には，動機の異なる買物行動間で，買物目的地としての都市階層選択の基準が異なることが数量化Ⅱ類分析および順位相関係数分析により確認された。この結果は，消費者は感情的動機が強い買物出向において，功利的動機が強い買物出向とは異なる要因を考慮して目的地選択を行うことを意味する。表4-9より，楽しみを追求する動機が強い場合，中心商業地に，衣類・身回品を1人で買物に行く消費者像が見えてくるが，これは感情的動機がオーガナイザーとして，高関与な商品を1人で買い回る楽しさをより追求できる状況を選ばせていると考えられる。買物全体に占める頻度は，功利的動機が強い買物の方が多いことは表4-5からも明らかだが，そのような日常の中で，感情的動機はスイッチャーとして買物モードを切り替える役割を果たしている。

　実務への示唆は2つある。1つ目は，「楽しさ追求の買物」を重視する小売企業の商圏予測時の考慮要因の拡張の必要性である。本章の「楽しさ追求の買物」の分析において，時間的なゆとりの選択に与える影響度が「まじめな買物」に比べて弱いことが示された。これは，「楽しさ追求の買物」の目的地選択の予測において，これまで考慮されてきた品目別規模や出向時間だけでなく，

買物状況を考慮する必要性があることを示唆している。

2つ目は，ポジショニング検討への活用である。第1章第3節3-4で確認した状況要因研究（たとえばMiller and Ginter, 1979）から，状況要因は選択対象の評価に関して非対称な影響を与えることが分かっている。これは買物目的地選択においても例外ではないはずである。買物動機や買物状況の目的地選択に対する影響を調べることは，小売店舗や商業集積のポジショニングを考えるうえで有効な示唆を与えると考えられる。

今後の課題

今後の課題が4つある。1つ目は，より細かい目的地選択への影響の分析である。本章で，目的地選択の対象は，商業中心地とその他の地域の2つの対象に限定されていた。都市階層レベルだけでなく，商業集積や店舗レベルでの買物動機や買物状況の影響の検討が必要である。2つ目は，「楽しさ追求の買物」を前提とした商圏予測手法の開発である。とくに，楽しさを求めて買物を行う消費者に狙いを定めた，エンターテイメント性を重視する小売企業は，新たな商圏予測の手法開発が必要である。そのためには予測のためのデータ収集段階で，買物動機や買物状況を把握する工夫が必要であるが，それに加えて，これらの要因の影響を明示的に組み込める統合的な選択モデルの開発が必要である。3つ目に本章では，楽しさを追求する買物行動を取り上げてはいるが，対象に対する感情的な評価の側面や消費者の感情状態について直接取り扱っていない。「楽しさ追求の買物」は消費者が自身のムードをコントロールするための買物であるとも言える。第2章第6節で確認した通り，ムードにより選択ルールが変容する可能性は高く，ムード一致効果から対象の感情的な魅力度が選択に大きく影響する可能性が高い。このような新たな要因を考慮し，買物目的地選択行動研究を拡張していく必要がある。4つ目に調査設計上の問題である。内容分析において関与の評定では大きなばらつきが認められた。関与についてはすでにいくつかの優れた測定尺度が存在しており（小島・杉本・永野, 1985; 青木・斎藤・杉本・守口, 1988），これらの尺度を消費者に回答させるなどの調査上の工夫が必要である。

＊　買物日記データのデータ整理，コーディングには，福岡大学石淵ゼミ4年生（当時）5名の方に協力していただいた。この場を借りて感謝を申し上げたい。なお，本章の内

容は，石淵（2002）を修正加筆したものである。

注
1) 宝石や陶磁器などの芸術性と実際的な技術を要するような物を販売するマーケットのことである。
2) 4変数のサンプル数量で分析した場合，偏R^2，R^2，擬似t^2統計量は3あるいは4クラスターを示唆した。とくに擬似t^2統計量はクラスター数3で急落しており，2変数のクラスター分析と同様に3クラスターを示唆していた。さらにこの3クラスターの各クラスター構成は2変数による分析結果の3クラスターとまったく同一の構成であった。これは本章の調査サンプルには，主婦や世帯主が少ないため，社会的動機などの買物動機に基づく買物行動が少ないことが影響していると考えられる。本章では解釈の容易さと次元の節約性を考慮し，Top 2次元のサンプル数量による3つのクラスターを採用した。
3) ここでいう欠損値とは日記の文章中にその項目についての記述がなかった場合を指す。

第5章

買物目的地選択と感情
―― 感情経験の活用 ――

❖ はじめに

　前章で，消費者は買物出向前にさまざまな動機を有しているが，大別すれば「効率的商品入手の動機（功利的動機）」と「感情的動機」の2つの次元があること，またついでの買物を除けば，それぞれを主たる買物動機とする買物出向が存在することが確認された。このような買物動機の違いは，買物目的地の選択にどのような影響を与えるのであろうか。本章では，買物動機の違いと蓄積された感情的な買物経験に着目し，この点を検討する。

　問題をより明確にするため，われわれの買物行動について考えてみたい。われわれは小売店舗・集積を訪れるたびにさまざまな情報を蓄積している。品揃えの幅，店員の接客の良さ，価格の安さなどの情報は典型的であろう。加えて「あの店は楽しかった」，「あの街はワクワクした」などの感情経験も，「帰属された感情」（Russell, 2003, pp. 149-150）として記憶に蓄積されている（第3章3-1-3参照）。近年の経験価値研究でもこのような経験の重要性は指摘されている（Pine II and Gilmore, 1999; Schmitt, 1999, 2003）。

　本章の第1の目的は，消費者が蓄積された感情経験をどのように活用し，買物目的地を選択するかを，買物動機の違いを考慮したうえで，実証的に明らかにすることである。実証研究に基づき，蓄積された感情経験が，ある条件のもとで買物目的地選択時に重要な要因となることを示す。第2の目的は，快感情経験（以下快感情と略す）の役割の検討である。第3章でも確認したいくつか

の研究は快感情が非計画購買を促進することを指摘しているが（Donovan and Rossiter, 1982 など），楽しい経験をした消費者は単に非計画購買をさせられるだけなのだろうか。もしそうであれば，感情経験の提供は顧客との長期的関係の構築，維持につながるのであろうか。小売企業側にとってだけでなく，消費者にとっても単に楽しい以上の有益性があるのか，この点についてもあわせて検討を行う。

　また技術的な観点から言えば，これまで買物目的地選択行動の分析ではMCI 型や MNL 型の小売吸引力モデルを回帰分析により推定する方法（中西, 1983）や，個人の店舗・集積選択を従属変数としてロジスティック回帰分析を行う手法などが用いられることが多かった。しかし，これらの手法を用いた場合，説明変数が増加すると，説明変数間の相関関係により発生する多重共線性の問題に煩わされることが多い。このような問題を克服する1つの方法として，本章は，これまで買物目的地選択行動分析において使われることの少なかった離散変数と連続変数を含む構造方程式モデルを用いる。第1節の既存研究検討に基づき第2節で問題意識，仮説を明示し，第3節で検証を行い，最後に結論を述べる。

1　買物行動と感情経験

1-1　店舗内行動と感情経験

　店舗内行動と感情の関係の研究は，第3章 1-1 および 1-3 で詳細を確認したが，仮説導出のためにその要点を再確認する。店舗内行動と感情の関係を，環境心理学の理論に基づき，刺激と行動を媒介する要因として感情状態を取り上げた先駆的研究は，Donovan and Rossiter（1982）の研究である。彼らは，被験者が店舗内で経験する感情を Mehrabian and Russell の尺度を用いて測定し，快楽，覚醒が接近-回避に影響することを因子得点回帰分析で示した。

　Donovan and Rossiter の研究は刺激要因を操作した研究ではなかったが，その後，刺激を操作し，感情状態への影響や店舗内行動への影響を検討する実験的研究が数多く登場した。たとえば，聴覚を通じて感情状態に影響を与える研究（Yalch and Spangenberg, 1990, 1993），視覚を通じて感情状態に影響を与える研究（Hui and Bateson, 1991; Bellizi and Hite, 1992），嗅覚を通じて感情状態に影響を与える研究（Spangenberg et al., 1996; Bone and Ellen, 1999）などがある。こ

れらの研究は，五感を通じて感情経験を促し，再来店意図や売上を上げること
を目的に行われているが，多くの研究は学生サンプルを用いた実験室における
研究であった。これに対し Donovan et al.（1994）は実店舗内で，実際の買物
客を対象にした調査を行い，自らの過去の研究の再検証と拡張を行った。その
結果，快感情については，先の研究同様，接近-回避に正の影響があること，
覚醒については先の研究とはやや異なり，快感情下でも覚醒が接近-回避に影
響しないことを明らかにした。

1-2 店舗選択行動と感情経験

　店舗で蓄積された感情経験が店舗選択に与える影響についての研究もいくつ
かある。第3章1-2-2（3）で確認した通り，井上・石淵（1997）は，構造方程
式モデルを用いて，感情経験が大学内の飲食店の選択に与える影響を
Mehrabian and Russellモデルをもとに開発した尺度で検討した。そして快感情，
覚醒に上位因子（ポジティブ感情）を仮定した2水準因子分析モデルが優れて
いること，ポジティブ感情因子が態度に影響を与えていることを示した。
　さらに井上・石淵（2003）では6つの地域での買物行動調査データに基づき，
①修正ハフ・モデル，②修正ハフ・モデルに客観的店舗特性（生鮮食料品の取
り扱い有無，駐車場台数など）を含めたモデル，③②に感情経験を含めたモデル
の3つのモデルの適合度比較を行った。全体だけでなく，地域別，業態別，
チェーン別などでも適合度を比較した結果，感情経験モデルの適合度が高いこ
と，感情経験が選択行動に大きな影響を与えていることを示した。しかし，既
存研究全般の課題として，認知的イメージが考慮されることが少ないこと，認
知や感情などの概念間の相関関係を考慮した分析が少ないこと，商業集積レベ
ルで感情経験の選択行動への影響を分析した研究はないことが挙げられる。

1-3 感情経験の有益性

1-3-1 店舗・集積側の有益性

　第3章で見た既存研究は，少し見方を変えれば，店舗・集積側（小売企業側）
にとっての感情経験の重要性を示していると考えられる。快感情に限れば，店
舗・集積側のメリットは3つある。第1は，強固なポジショニングである。店
舗・集積にとってポジショニングは大きな問題であるが，連想ネットワーク内
で感情ノード（Bower, 1981, 1991）に店舗・集積を結びつけることで（第2章

6-2-5参照),目的地選択時に想起されやすい状態を作ること,店舗・集積イメージを高めることができると考えられる。

第2に,非計画時間消費,非計画購買を促進できることである。Donovan and Rossiter (1982) などの多くの既存研究がこの効果を指摘している。この効果の原因は大きく2つ考えられる。1つ目は,楽しい空間に留まりたいという感情状態の維持動機が働くことである (Clark and Isen, 1982; Isen, 1984a)。2つ目は,楽しい感情経験をすることにより,比較的簡単な意思決定ルールが採用され (Isen and Means, 1983; Schwarz, 1990),やや慎重ではない購買行動が起こることである。この結果,消費者は予定外の購買を行い,より多くの支出を行うと考えられる。

第3に,再来店,再来街を促進できることである。学習理論に基づけば,楽しい対象に対してはさまざまな接近行動(好き,行きたいなど)がとられ,楽しくない対象に対しては回避行動がとられる。店舗・集積は,楽しい体験を提供することで消費者の再来店・来街確率を高めることができると考えられる。

1-3-2 消費者側の有益性

では消費者には,快感情を経験することにより,どのようなメリットがあるのであろうか。感情的買物動機に基づく買物では,経験自体が目的であり満足につながることもある。しかし,そのような買物においても感情的動機と効率的な商品入手の動機は並存しており (Westbrook and black, 1985; Dowson et al., 1990; Babin et al., 1994; 石淵, 2002),買物である限り効率的な商品入手の観点からの評価を免れることはできない。ここで先の議論に基づけば,消費者には多くのデメリットが推測される。非計画時間消費や,非計画購買によって無駄な時間と金銭が支出されるのであれば,これはデメリットと考えられる。また情報探索や意思決定ルールの簡素化により,理想ではないブランドを購買するのであれば,快感情の提供は効率的な商品入手に貢献せず,消費者はその店舗・集積の買物場所としての評価を下げると考えられる。

しかし,快感情はよりよい効果をもたらすという主張もある(第3章3-2参照)。Isen は多くの実験結果から,ポジティブ感情[1]の意思決定や問題解決に与える影響について検討している。Isen and Means (1983) は,架空の自動車の購入選択実験から,ポジティブ感情下の人が統制群に比べ,情報参照時の重複が少なく,短時間で効率的な意思決定を行うことを示した。また,Isen et al.（1991）は2つの医学的診断の実験結果からポジティブ感情状態にある医学生がより創造的に問題を検討することや，情報に対してより開放的であり，多くの情報から統合的な判断を短時間で下すことを明らかにしている。これらが買物行動にも当てはまるのであれば，快感情を経験している消費者は，自身の生活課題，問題をより創造的に検討し，より多くの情報に接しようとし，情報をもとにより短時間で効率的な意思決定を行うと考えられる。店舗・集積側だけでなく，消費者側にも有益であるならば，感情経験の提供は両者の関係構築のための重要な手段であると考えられる。

2　問題意識，仮説，調査設計

2-1　感情経験

　問題意識，仮説を論じる前に，まず本章で取り上げる感情経験について明確にし，類似概念との区別を示す。ここで感情経験とは，小売店舗・集積内で経験される感情経験である。第2章1-1で述べた通り，感情経験は，自身を取り巻く環境や刺激の評価，体内の生理的変化，記憶からもたらされる情報から瞬時に直感的に決まる主観的経験を指している。

　店舗・集積内での感情経験の特質は，原因帰属がある程度できており，強度が強くない点である。表5-1は，強度，持続時間，生起原因の明確さの点から，本章で取り上げる店舗・集積での感情体験と類似概念の違いをまとめたものである。第2章1-2で述べた通り，情動とは動機になるぐらい強く激しい心的状態であり，一時的で，生じた原因である対象が比較的明確な感情状態のことである（Lazarus, 1991; 谷口, 1997; Watoson, 2000; 濱・鈴木, 2001; 高橋, 2002）。また，ムードは比較的穏やかで，ある程度持続し，生じた原因，対象が明確でない感

表5-1　感情経験の特徴

	例	強度	持続時間	生起原因の明確さ
情動	店舗Aの店員の接客が悪く怒りがこみあげた。	強い	短い	明確
ムード	今日はなんとなく良い気分である。	弱い穏やか	長い	不明確
店舗・集積での感情経験	集積Bに行って買物をしていると楽しかった。	弱い	比較的長い	比較的明確（瞬時に原因特定まで至らないが，店舗，集積での滞在が原因であることは明確）

情状態を指す (Isen, 1984a; Lazarus, 1991; Parrott and Speckman, 2000; Frijda, 2000; Watson, 2000; 土田, 1996; 川瀬, 1996; 谷口, 1997; 濱・鈴木, 2001; 高橋, 2002)。本章で取り上げる感情経験は，それほど強くなく，小売店舗・集積内ではもちろん，その場所を離れてからもある程度持続し，蓄積されるものである。さらに，生じた原因について小売店舗・集積の個別の特性まで特定できないが，その小売店舗・集積によって生じていることは認識されている。ムードに比較的近いが，原因の明確さの点で異なり，このような主観的感情経験と明確に一致する概念，用語が存在しない。そのため，本章では感情経験という言葉を用い，とくに来街，来店経験によって蓄積された感情経験を取り上げる。

また本章の感情経験と，来街前に消費者が持つ態度の感情的成分 (Rosenberg and Hovland, 1960) とは2つの点で明確に区別をする必要がある。第1に，経験に基づいて形成されたものかどうかという点で異なる。第2に，感情経験の「感情」と態度の「感情」的成分とは内容と次元について相違があるという点である。通常，伝統的態度理論における感情的成分は，内容として好き-嫌いという総合的評価の1次元であるが，本研究での感情経験の「感情」は，評価に必要な情報統合に至る前の，主観的経験に基づき蓄積された感情経験を指しており，好き-嫌いという総合的評価をまだ含んではいないものを指す。

このような感情経験を測定するため，本章では，第3章3-1でも触れたコア感情 (Russell and Barrett, 1999; Russell, 2003) の快，覚醒の2つの感情次元を取り上げる。コア感情の2次元は，Mehrabian and Russel モデル[2] (第3章1-1参照) に端を発しており，快とは快-不快を表す次元であり，接近と正の関係にある。覚醒とは「眠たい状態から気が狂ったように興奮している状態の範囲の1次元で変化する感情状態」(Mehrabian and Russell, 1974, p. 18) であり，接近と逆U字の関係にある。

また，感情経験ではないが，買物経験を規定する次元として支配 (Dominance) を取り上げる。支配とは，自分が環境に対して優位に立ち，自由に，自分の思う通りに振る舞えると直感的に感じるかどうかを表す次元であり[3]，接近と正の関係にある。支配は，Mehrabian and Russell モデルで，感情の3次元を構成する次元として挙げられていた。しかし，Russell (1980) により感情の次元から除去され，現在，支配を感情の次元と考える研究者は少ない。しかし，支配は，個人と環境の適合性の主観的な評価であり，買物経験の評価

次元として重要である。本章では，買物経験を規定する1つの次元として，支配を取り上げる。

2-2 問題意識と仮説

既存研究を踏まえ，本章では3つの問題を検討する。第1に，消費者の感情経験の買物目的地選択行動への影響を検討する。井上・石淵（2003）は店舗レベルでこの点の検討を行ったが，認知的イメージは考慮していなかった。このため説明変数間の相関関係はあまり問題にならず，ロジスティック回帰分析を適用することができた。しかし，本章では現実の目的地選択行動により近いモデル構築を行うために，規模変数，距離抵抗に加え，感情経験，認知的イメージも含めた分析を行う。これらの変数間の相関関係を考慮した分析を行うために，本章では離散変数と連続変数を含む構造方程式モデルを用いて，感情経験の選択行動への影響を明らかにする。

第2に，1点目の消費者の感情経験の買物目的地選択行動への影響を検討する際，買物動機と製品関与の違いを考慮した検討を行う。感情経験はすべての選択行動に影響するものではないと考えられる。たとえば，Forgas（1995）は社会的判断全般を対象にした感情の統合影響モデルでいくつかの調整変数の存在を指摘しており，その結果として感情が判断に大きく影響する場合とそうでない場合があることを示している。しかしこのモデルのすべての要因を取り込むことは，モデルが複雑になり過ぎるうえ，マーケティングへの実用的示唆を得るために有用ではない。そこで，本章ではとくに重要な調整変数として買物動機と製品関与に焦点を当て，影響様式を検討する。

第3章1-2および第4章で見た通り，買物動機に関する多くの既存研究がさまざまな動機の上位次元として感情的動機（経験追求動機）と効率的商品入手の動機（功利的動機）の存在を指摘している（Westbrook and Black, 1985; Dowson et al., 1990; Babin et al., 1994）。この2つの動機は排他的に存在するのではなく，程度の違いこそあれどのような買物にも存在している。この分類に基づけば，感情的動機が生じやすい商品分野では，感情経験が目的地選択行動に大きく影響すると考えられる。また効率的商品入手の動機が生じやすいような商品分野では，効率的な商品入手のために感情経験よりも認知的イメージの方が目的地選択行動に大きく影響すると考える。

また，製品関与も選択行動に大きな影響を与える要因である。製品関与は情

報処理の深さ,注目する属性を規定する (Petty and Cacioppo, 1986)。購買経験の蓄積からある程度処理能力があることを想定し,買物目的地選択の文脈に当てはめれば,製品関与が高い分野の場合には,買物動機に対応する特性,属性による中心的処理が行われ,目的地が選択されると考えられる。逆に製品関与の低い分野の場合には,動機に対応しない特性,属性も周辺情報として考慮され,目的地が選択されると考えられる。

　本章では,上記の影響様式の一部を検証するために,生鮮食料品,婦人外出着を取り上げるが,前者は比較的製品関与が低く効率的な商品入手の動機が強い商品として,後者は比較的製品関与が高く効率的な商品入手の動機だけでなく感情的な買物動機も強い商品として取り上げる。この2品目に限定して仮説を整理すると以下のようになる。

快感情,覚醒の感情経験に関する仮説
仮説1：生鮮食料品分野は効率的商品入手の買物動機が強いため感情経験の買物目的地選択行動への影響はそもそも弱いが,比較的低関与であるため周辺情報として快感情,覚醒の感情経験は正にいくぶん買物目的地選択行動に影響する。
仮説2：婦人外出着分野は,効率的商品入手の買物動機だけでなく感情的買物動機も強く,比較的製品関与も高いため,認知的イメージだけでなく,快感情,覚醒の感情経験も重要な情報として捉えられ,買物目的地選択行動に正に大きく影響する[4]。

支配の経験に関する仮説
仮説3：生鮮食料品のような効率的商品入手の買物動機が中心の製品分野においては,集積空間の理解に基づく効率的買物が重視されるため,支配の経験は目的地の選択行動に大きく影響する。
仮説4：婦人外出着のような効率的商品入手の買物動機だけでなく,感情的買物動機も現れる比較的関与の高い製品分野においては,労力を費やすことやテリトリーを出ることをいとわないため,支配はあまり重視されず,目的地選択行動に大きく影響しない。

第3に,感情経験が買物目的地選択に与える影響とあわせて,集積内での買

物行動への影響も検討する。既存研究では感情経験（とくに快感情）が非計画購買[5]を生じさせることを示した研究が多かったが，購買に至る前段階の消費者の購買意思決定がどのように変化するか，感情経験の提供が効率的な商品入手に結びつくのかについて検討されていない。ポジティブ感情の代表として快感情を考え，Isenの主張を買物行動に当てはめれば，快感情下の消費者は，問題認識をより深く行い，問題解決のためにより多くの情報収集を行い，より短時間で効率的な意思決定を行うと考えられる。

　仮説5：快感情が高いほど，より購買物の想起が促される。
　仮説6：快感情が高いほど，より幅広い情報探索が行われる。
　仮説7：快感情が高いほど，より短時間で効率的な購買意思決定が行われる。

　上記仮説以外にも既存研究（Donovan et al., 1994）でも検証されてきた非計画時間消費，非計画購買についても同時に検証し，企業，消費者の双方にとっての感情経験の有益性を検討する。

2-3　調査設計

2-3-1　質問票の設計

　仮説検証のため，質問票を作成した。質問項目は，福岡市の35商業集積についての認知的イメージ，感情経験，品目別の最もよく買物に行く場所（最近1年間），品目別製品関与，品目別買物動機，天神での購買意思決定，各商業集積への移動時間等である[6]。回答者は3年以内に来街経験がある商業集積についての質問のみに回答するように指示された。測定に用いた項目は表5-2である。

　認知的イメージの測定には，石淵（2005b）により構築された12項目，3因子の言語尺度を用いた。3因子は，商品入手の魅力因子，商品入手以外の魅力因子，個店の魅力因子である。これらの項目を5点Likert法で測定した。蓄積された感情経験の測定には，井上・石淵（1997, 2003），石淵（2005b）により構築された，コア感情の快，覚醒に関する8項目，2因子の日本語の言語尺度を使用した。これはMehrabian and Russell（1974）の言語尺度をもとに作成されたものである。また，支配についても，Mehrabianらの支配の言語尺度をもとに，井上・石淵（1997, 2003），石淵（2005b）が作成した日本語の言語尺度を

用いた。これらの項目は5点SD法で測定した。

　製品関与は，小嶋他（1985）の尺度を一部修正し，認知的関与，感情的関与，ブランド・コミットメントの3因子，11項目を用い，5点Likert法で測定した。買物動機は，Babin et al.（1994）の買物価値尺度を修正し，感情的買物動機に関する5項目，効率的商品入手の動機に関する4項目を作成し，5点Likert法で測定した。天神での購買意思決定は，購入物想起に関する3項目，製品情報探索の程度に関する3項目，効率的意思決定に関する2項目，非計画時間消費に関する2項目，非計画購買に関する3項目[7]を，5点Likert法で測定した。他に，平均買物滞在時間，天神での1ヵ月の平均買物金額なども質問した。

2-3-2　調査実施

　調査は，西日本リビング新聞社のモニターの中から，福岡都市圏在住の20～35歳までのOL 400名，30代の主婦400名を対象に行われた。調査は郵送により行われ，2005年7月下旬に発送，回収された。分析には有効な323サンプルを用いた[8]。

　また，買物行動の説明，予測には，従来から規模変数，距離抵抗が用いてきた（Huff, 1962）。本章でも，規模変数として売場面積を用いるが，本調査時点に対応する売場面積のデータがないため，2002年商業統計調査の福岡市の集計結果を用いた[9]。また，距離抵抗として各商業集積への移動時間を用いるが，これには公共交通機関と徒歩で移動する場合の時間を分単位で回答者が自己申告したものを用いた。

3　分析結果

3-1　事前分析

3-1-1　感情経験，認知的イメージの測定と概念間関係

　すべての構成概念がうまく測定できているかを確かめるため，信頼性係数（Cronbach-α）を計算した（表5-2参照）。井上・石淵（1997, 2003），石淵（2005b）の研究でも同様であったが，支配を測定する項目である「周りが気になる」は，適当ではなかったため削除した。認知的イメージについても同様に尺度の信頼性を確認したが，とくに問題はなかった（表5-2参照）。次に，感情経験，支配，認知的イメージの次元性の確認のため，探索的因子分析を行った。商品入手と

表 5-2 尺度項目と信頼性係数（Cronbach-a）

(A) 感情経験（井上・石淵, 1997, 2003; 石淵, 2005b）

快（$a = .95$）	覚醒（$a = .91$）
うれしい－うれしくない	ワクワクする－ワクワクしない
満足する－満足しない	飽きない－退屈である
楽しい－楽しくない	ハッとする－ボーっとする
気分が晴れ晴れする－気がめいる	何かありそう－何もなさそう

(B) 支配（井上・石淵, 1997, 2003; 石淵, 2005b）

支配（$a = .84$）
自分らしくいられる－自分らしくいられない
思い通りになる－思い通りにならない
ホッとする－落ち着かない
（周りが気になる－周りが気にならない）

(C) 認知的イメージ（石淵, 2005b）

商品入手の魅力（$a = .92$）	商品入手以外の魅力（$a = .94$）	魅力的な個店の存在（$a = .95$）
お気に入りの物が見つかる	商品を見ているだけで楽しい	珍しいものを見つけることができる
多くの店を比較しながら買える	退屈をしのげる	珍しい店がある
最新の物を見つけることができる	友人と買物にいくのによい	面白い店がある
買物に便利である	ショーウィンドーをみて歩くのが楽しい	個性的な店がある

(D) 製品関与（小嶋他, 1985 の尺度を修正し一部使用）

感情的関与（生鮮 $a = .89$; 婦人外 $a = .92$）
私にとって関心のある商品である
使用するのが楽しい商品である
愛着のわく商品である
魅力を感じる商品である

認知的関与（生鮮 $a = .90$; 婦人外 $a = .94$）
いろいろな産地名やブランド名を知っている
いろいろな産地やブランドの品質や機能の違いがわかる
友人が購入するとき，アドバイスできる
その商品に関して豊富な知識を持っている

ブランド・コミットメント（生鮮 $a = .91$; 婦人外 $a = .91$）
この商品の中にはお気に入りの産地やブランドがある
次に買うとすれば，購入したい特定の産地やブランドがある
買いに行った店に決めている産地やブランドがなければ他の店に行っても同じものを手に入れたい商品である

(E) 買物動機（Babin et al., 1994 の尺度を修正し一部使用）

感情的動機（生鮮 $a = .90$; 婦人外 $a = .70$）
この商品を買物するときは楽しみたい
この商品を買物するときは悩み事を忘れたい
この商品を買物するときは買う商品だけでなく買物自体を楽しみたい
この商品を買物するときは気の向くままに楽しい時間を過ごしたい
この商品を買物するときは冒険感覚で買物がしたい

効率的商品入手動機（生鮮 $a = .85$; 婦人外 $a = .70$）
この商品を買物するときは本当に必要なものだけを買いたい
この商品を買物するときは購入しようと考えていたものだけを買いたい
この商品を買物するときは賢い買物をしたい
この商品を買物するときはすばやく買物をしたい

(F) 天神での購買意思決定（非計画購買は青木, 1989b を参考に作成）

購買物の想起（$a = .75$）
天神に来ると買物しなければいけないものを思い出すことがある
天神に来ると以前欲しいと思っていたものを思い出すことがある
天神に来ると今使用している製品への不満に気づくことがある

製品情報探索の程度（$a = .89$）
天神に来るといろいろなブランドについてできるだけ情報を集めている
天神に来ると新製品について情報を集めている
天神に来ると製品の機能についてできるだけ情報を集めている

効率的意思決定（$a = .78$）
天神で買物していると短時間で製品の比較ができる
天神で買物していると短時間で購入する製品が決められる

非計画時間消費（$a = .90$）
天神に来ると予定以上に長く買物していることが多い
天神に来ると時間を忘れていることが多い

非計画購買（$a = .70$）
天神に来ると予定外の製品分野のものを購入することが多い
天神に行く前に購入製品分野は決めているが，来てから，ブランドを決めることが多い
天神に来ると購入予定製品分野内で決めていたブランドと違うブランドを購入することが多い

商品入手以外の項目の混合が見られたが，それ以外は概念に対応する次元が識別され，快感情と覚醒の感情経験は 2 因子 8 項目，支配は 1 因子 3 項目，認知的イメージは 3 因子 12 項目を採用した。

表5-3 感情経験，支配，認知的イメージ間の相関係数

	商品入手の魅力	商品入手以外の魅力	個店の魅力	快	覚醒	支配
商品入手の魅力	1.00					
商品入手以外の魅力	.89	1.00				
個店の魅力	.75	.82	1.00			
快	.71	.75	.69	1.00		
覚醒	.71	.76	.72	.80	1.00	
支配	.37	.34	.26	.53	.38	1.00

図5-1 品目別の製品関与と買物動機

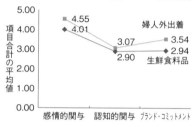
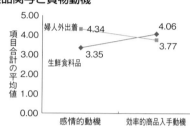

さらに，概念間関係の確認のため，相関係数を計算したものが表5-3である。探索的因子分析の結果より，これらの概念は違う次元を有していることが明らかになったが，表5-3より相互に関係の強い概念であることが分かる。また支配は他概念と相関が低く，他概念とはやや異質であることが分かる。

3-1-2 関与と動機の観点からの商品特性の確認

生鮮食料品と婦人外出着の製品関与，買物動機について，2-2の仮説導出時の想定を確認する。まず，信頼性係数を計算した結果，いずれも高く問題はない（表5-2参照）。次に次元性を確認するため，探索的因子分析を行った。その結果，生鮮食料品で一部混合する部分があったものの[10]，大きな問題はなく，製品関与3因子11項目，買物動機2因子9項目を採用した。

2品目の製品関与と買物動機の各次元の平均値は図5-1であり，仮説導出時の想定が確認された。具体的には，生鮮食料品は婦人外出着に比べ，いずれの関与も低く，感情的関与，ブランド・コミットメントは1％，認知的関与は5％で統計的に有意な差が認められた。また買物動機に関しては，生鮮食料品は婦人外出着に比べて効率的商品入手の動機が高く，1％で統計的に有意な差があった。また婦人外出着は生鮮食料品に比べて感情的買物動機が高く，1％

で統計的に有意な差が認められ，仮説導出時の想定が確認できた。

3-2 構造方程式モデルによる分析

　感情経験の来街行動への影響様式を確認するために，Lee et al.（1992）によって提案された離散変数と連続変数の両方を含む構造方程式モデルを用いて分析を行った。外生的潜在変数の観測変数として，離散変数である最も買物に行く場所か否かのデータを用い，上述2品目について分析を行った。推定には，Robust 推定法を用いた。

　生鮮食料品の分析結果は図 5-2 である。規模の代理変数である売場面積の係数は .02 で有意ではなかった。また距離抵抗の代理変数である時間の係数は－.39 で 1％で有意であり，生鮮食料品の買物目的地選択では距離抵抗が大きな影響を及ぼしていることが分かる。この結果は，従来の小売吸引力モデルによる分析結果と一致している（中西，1983）。次に，Nevin and Houston（1980），山中（1986）などの既存研究で用いられてきた認知的イメージであるが，3つの因子とも有意ではなかった。また，感情経験2つは有意ではなく，支配のみが .42 で 1％で有意であった（仮説1棄却，仮説3支持）。生鮮食料品の購買に

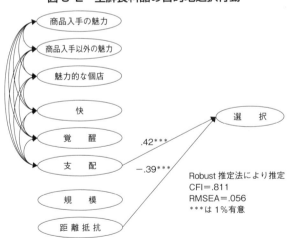

図 5-2　生鮮食料品の目的地選択行動

（注）観測変数，誤差変数の標記は省略（尺度項目を参照）。構造方程式のパスのうち5％で統計的に有意なパスのみ表記。規模の観測変数は売場面積，距離抵抗の観測変数は移動時間，選択の観測変数には最もよく行く買物場所か否かを使用している。誤差変数間相関の表記は省略。

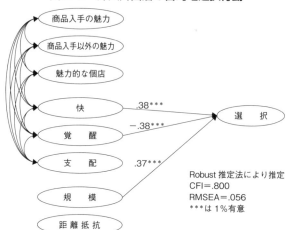

図 5-3　婦人外出着の目的地選択行動

（注）観測変数，誤差変数の標記は省略（尺度項目を参照）。構造方程式のパスのうち 5% で統計的に有意なパスのみ表記。規模の観測変数は売場面積，距離抵抗の観測変数は移動時間，選択の観測変数には最もよく行く買物場所か否かを使用している。誤差変数間相関の表記は省略。

おいては，感情的な買物動機よりも効率的な商品入手の動機が強いため，自分が空間を把握し，自分の思い通りに買物ができることが重要であることが分かる。支配は来街経験の蓄積に単純に比例して形成されるものではないと考えられ，空間からの圧倒感，空間把握のしやすさなどの要因が重要であると考えられる（石淵，2005b）。

　婦人外出着の分析結果は図 5-3 である。売場面積の係数は .37 で 1% で有意であり，時間の係数は −.02 で有意ではなかった。距離抵抗が影響せず，品揃えの代理変数である売場面積が買物目的地選択に大きく影響する点は，従来の小売吸引力モデルを用いた研究とも一致している（中西，1983）。認知的イメージは，3 因子とも有意ではなかった。感情経験は快感情が .38，覚醒が −.38 で 1% で有意であった（仮説 2 一部支持，仮説 4 支持）。この結果は，感情的動機が強く，感情的関与の高い婦人外出着の買物出向において，蓄積された快感情の経験はその目的地の選択に正に影響する一方，覚醒の経験は負に影響することを意味する。冷静な買物意思決定を阻害するほど覚醒水準は高すぎない方がよいということを示しており，商業集積，施設のあり方を検討する際，この点に十分留意が必要である。

3-3 感情経験の有益性

　創造的，効率的な購買意思決定に関する仮説5～7を検討する。分析には，福岡市の中心商業地である天神での購買意思決定と快感情を用いる。この分析に購買意思決定に影響すると考えられる認知的イメージ因子の1つである商品入手の魅力も含めて行う。品揃えの幅が広ければ，想起購買や情報探索の幅の増大は生じやすくなると考えられるうえ，快感情と商品入手の魅力の相関が高い場合には，擬似相関が生じることも考えられる。このような影響を除去して，購買意思決定への感情経験の影響を明確にするため，商品入手の魅力を含めた分析を行う。

　まず天神での購買意思決定に関わる5因子の信頼性係数を計算し，いずれの因子も問題はないことを確認した（表5-2参照）。さらに次元性を確認するために探索的因子分析を行い，5因子の次元が綺麗に識別されることを確認した。また，概念間の相関係数も計算した。天神の快感情と商品入手の魅力の間に .53 の相関が認められたが，それ以外は .13～.44 の相関係数であった。また購買意思決定に関わる因子と商品入手の魅力との相関係数よりも，購買意思決定に関わる因子と快感情との相関係数の方が高かった。

　このような相関関係を踏まえ，構造方程式モデルによる分析を行った。推定は最尤推定法で行った[11]。分析結果は図5-4の（A）～（G）である。まず（A）～（C）により購買意思決定の購買前段階への影響を検討すると，商品入手の魅力との相関関係や，直接効果を考慮しても，やはり快感情は大きく影響していることが分かった。具体的には，店揃え，品揃えの幅の広さ，商品の比較可能性よりも，楽しい買物経験の方が，購買物の想起や，製品情報の探索の程度，効率的な購買意思決定を高めている。楽しい買物経験は効率的な買物行動の実現にも寄与しており，仮説5，6，7は支持された。

　次に（D）～（E）により非計画時間消費，非計画購買への影響を見ると，やはり快感情が大きく影響していることが分かる。しかし，商品入手の魅力も予定外の時間消費に5％で有意な影響を及ぼしていた。因子得点回帰分析を用いた既存研究（Donovan et al., 1994）が感情経験の影響をやや過大評価していた可能性はあるが，商品入手の魅力の係数の値は小さい。また実際の滞在時間，購入金額を用いた分析では快楽感情経験のみが有意であった。総合すれば，既存研究でも支持されてきたように，楽しい感情経験は消費者を予定以上に集積に滞在させ，購入金額を増加させる効果があると言える[12]。

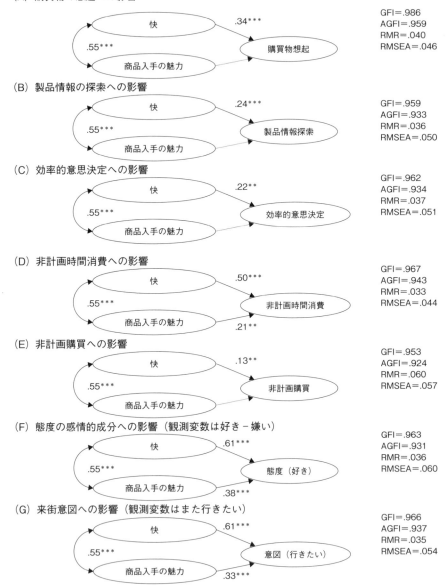

図 5-4 快感情の購買意思決定, 態度, 来街意図への影響

(注) 観測変数, 誤差変数の表記は省略。尺度項目は表 5-2 を参照。***は 1％, **は 5％で有意。構造方程式の破線のパスは 5％で有意ではないパス。

最後に，(F), (G) により態度の感情的成分，意図への影響を見ると，快感情と商品入手の魅力の両方が影響していた。態度や意図は，認知的要因との統合的判断の結果生じるものであると考えられる（竹村，1997）。さらに言えば，ここでは2変数だけを説明変数に用いたが，態度，意図にはより多くの感情的要因，認知的要因が影響していると考えられる。この点は，本章の射程の範囲外であり，今後，さらに研究が必要である。

❖ 結論——感情経験を使い分ける消費者

　本章で確認したことは3つある。第1に，消費者にとって蓄積された感情経験は買物目的地を選ぶ際の重要な要因となっている点である。ただし，すべての買物状況においてではなく，消費者は感情経験を目的地選択に活用するか否かを，賢く使い分けている点に留意が必要である。効率的な商品入手動機だけでなく感情的動機も生じやすい，比較的関与の高い婦人外出着の買物では快感情が正の影響を及ぼし，覚醒が負の影響を及ぼしていた（仮説2一部支持，仮説4支持）。また，効率的な商品入手動機が強く，比較的関与が低い生鮮食料品の買物では，蓄積された感情経験は目的地選択に影響を及ぼさないことが分かったが（仮説1棄却），支配が重要な影響を及ぼしていた（仮説3支持）。生鮮食料品を扱う小売店，売場にとって消費者の支配をいかに高めるか，婦人外出着を扱う小売店，売場にとっていかに消費者の快感情を高め，快感情経験の蓄積を促すかは，重要なマーケティング課題である。
　第2に，離散変数と連続変数を含む構造方程式モデルによる買物目的地選択行動分析は，小売吸引力モデルによる分析結果と合致している点も多く，感情経験や認知的イメージなど相関関係のある変数を利用して分析する際に有用であることが確認された。
　第3に，買物場所での効率的な購買意思決定と快感情の間には強い関係が認められた。楽しい経験により購買物の想起，製品の情報探索，効率的な意思決定が促進されることが認められ，感情経験の提供が消費者の効率的な商品入手活動にも貢献することが分かった。また非計画時間消費，非計画購買も促進され，企業にとっても有益であることが分かった。企業・集積，消費者側の双方にとって有益な感情経験は，関係構築・維持のためのマーケティング手段として有用であると考えられる。

今後の課題を3点挙げる。第1に，結論の普遍性の確認である。本章の分析は，福岡市の女性を対象に調査したデータを用いた分析だが，他都市，他調査対象による分析も行う必要がある。第2に，過去の買物経験から蓄積された感情経験は，どのように形成されていくのか，その過程に関する研究が必要である。第3に，集積内行動についても回顧的に収集したデータを用いた分析を行ったが，実際の集積・店舗内での感情経験をもとにした分析が必要である。第3点目については，次の第6章で取り上げる。

* 株式会社西日本リビング新聞社，松井聡氏，若菜寿子氏には調査の実施に多大なご協力を頂きました。心から御礼申し上げます。なお，本章は，石淵（2006）の内容を大幅に修正し，加筆したものである。

注
1） 快感情も含めた広い意味での正の感情を指す。
2） Mehrabian and Russell の原著では Emotion という言葉が用いられているが，本章2-1の議論に基づき，本研究では感情という言葉を用いる。
3） 支配（Dominance）は，心理学の概念であり，マーケティング分野でも使用される「統制の所在（Locus of Control）」（研究例として Burroughs and Mick, 2004）や「知覚された統制（Perceived Control）」（研究例として Hui and Bateson, 1991）に近い概念である。
4） Mehrabian and Russell の仮説と異なるが集積環境の覚醒水準が回避につながるほど高くはないと仮定し，正の関係を仮定した。
5） Donovan and Rossiter（1982）などの多くの既存研究では，非計画購買は買物前の予定支払金額よりも多く支出したことを指している。
6） 商業集積の地理的範囲の認識に差がでないように，一部の商業集積については調査時に地図で地理的範囲を示した。また製品関与，買物動機は，質問票の制約上，生鮮食料品と婦人外出着についてのみ質問した。
7） 本研究で言う非計画購買とは青木（1989b）の広義の非計画購買を指しており，ブランド選択，ブランド変更，非計画購買（狭義）を含んでいる。この定義を参考に，測定尺度も広義の非計画購買の測定を行っている。
8） 分析は OL と主婦を混ぜて行っている。別々に分析も行ったが統計的に有意な違いは認められなかった。
9） ただし，統計調査年度と本章の調査の調査年度の間にはずれがあるため，その期間に新たに出店や，撤退した大規模小売店については，市販の統計資料をもとに修正を行った。また，商業統計において一部不明な大規模小売店舗の売場面積については，市販の統計年鑑により補完し，統計区別，中分類のデータから商業集積ごとの売場面積を計算し，規模データとして用いた。
10） 生鮮食料品の探索的因子分析において，認知的関与とブランド・コミットメントは同じ因子次元になった。生鮮食料品のようなやや低関与な商品では，尺度の利用に関してさらに検討が必要であろう。
11） 通常の回帰分析を行った結果，快感情経験も商品入手の魅力も購買意思決定，非計画購買に有意な影響が認められたが，この結果は説明変数間の相関関係に大きく影響されていると考えら

れる。また一部やや大きい尖度の変数があったが，本章では最尤推定法を採用した。Robust推定法などさまざまな推定法も実施したが，最尤推定解と大きな相違はなかった。
12) 非計画時間消費の結果と効率的意思決定の結果は相反する結果のようであるが，情報収集や店舗・集積の買い回り，探索行動などに費やす時間が増加する一方，購入決定は短時間で行うと考えられる。

第6章

店舗内行動と感情
——オーガナイザーとしての快感情——

❖ はじめに

　前章で，蓄積された感情経験が買物目的地選択に影響していることが確認されたが，出向した店舗内で経験した感情は，店舗内行動にどのように影響しているのであろうか。また，店舗内での感情経験は消費者の長期的な来店行動にどのように影響しているのであろうか。この点を考えるため，次のような仮想例を考えてほしい。

　販売する商品，品揃え，価格，店舗規模，立地がほぼ同じ2つの小売店A,Bがあるとしよう。AはBに比べ楽しい経験ができる小売店であるならば，多くの消費者はAを選ぶのではないだろうか。楽しい小売店で衝動購買[1]が生じやすいことをわれわれは日々の買物経験で理解しており，学術研究もその点を指摘している（Donovan and Rossiter, 1982; Donovan et al., 1994）。衝動購買は多くの消費者にとって必ずしも後悔を招くものではなく，楽しさ，気分転換をもたらすものであるため（Rook, 1987; Gardner and Rook, 1988），多くの消費者は商品入手に関わる功利的な買物価値が同一なら，快楽的な買物価値が高いAを選ぶだろう。しかし，楽しい経験（快感情）がもたらすのは，衝動購買や快楽的な買物価値だけなのであろうか。また，消費者は快感情のこのような点にだけ注目して，楽しい経験ができる小売店を選択しているのであろうか。本章の問題意識はここにある。

　本章の目的は，店舗内行動に関する2つの下位研究分野である店舗内動線研

究と店舗感情研究，および快感情と創造性に関する心理学研究の知見から構築した統合的な研究枠組みに基づき，快感情が消費者の創造性を高め，創造的購買を促進すること，創造的問題解決に貢献する小売店への長期的来店行動を促進する効果を有することを明らかにすることである。第1節で店舗内行動に関する2つの下位分野の既存研究，心理学分野の快感情と創造性の既存研究をレビューし，第2節で問題意識，研究枠組み，仮説を示す。第3節で仮説の検証結果を示し，最後に結論を述べる。

1 既存研究

1-1 店舗内動線の研究
1-1-1 萌芽期と安定期

　店舗内行動の研究と聞き，まず思い浮かべるのは消費者の店舗内動線（店舗内動線とは，買物客の入店から退店までの店舗内の移動経路を指す。詳しくは，第1章第4節4-1を参照。以下動線と略す）や非計画購買[2]の研究（たとえば田島・青木, 1989）ではないだろうか。このような伝統的店頭研究の中でも動線に関する研究は多く，手法や目的から萌芽期，安定期，再活性化期の3期に分けることができる。

　1960年代から1980年代は，動線研究の萌芽期であった。この時期はコロニアル研究[3]，Farley and Ring (1966) など先駆的な研究が登場した時期である。多くの先駆的研究の主目的は，調査員が消費者を追尾する直接観察法を通じ，動線の把握・記述，動線長（動線の総距離）の規定因の検討を行うことであった。以下，主要研究を紹介する。

　Farley and Ring (1966) は，直接観察法を用い，動線モデル化の先駆的研究を行った。具体的には，4つのスーパーマーケット[4]で直接観察法により収集した1,337の動線データを用い，売場間遷移確率を従属変数，売場吸引力，主動線ダミー，角度調整変数を独立変数として回帰分析を行った。分析の結果，統計的検定結果は示されていないが，3つの独立変数とも遷移確率に正の影響を与えていることが確認された。また3つの回帰係数の推定値が4店舗間で類似している点は頑強性の高さを窺わせる。この時期には，山中 (1975)[5]，大槻 (1980) などの研究が登場するが，青木 (1989a) は，この期の店舗内行動全般の膨大な研究を丁寧に整理し，動線研究についてもレビューを行っている。

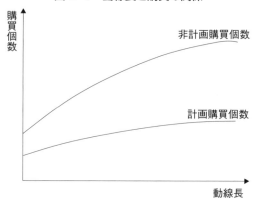

図 6-1　動線長と購買の関係

(出典) 渡辺 (2000), p. 78, 図 3-7 を一部修正。

　また，小林 (1989) は，12 店舗の総合スーパー (GMS)・スーパーマーケットで直接観察法により収集した 2,608 の動線データを用い，パターン分類や，動線長の規定因，動線長の小売成果への影響を明らかにした。具体的には，8 つの動線パターンを明らかにするとともに，売場面積と動線長の正の関係を明らかにした。また，動線長が計画購買個数よりも非計画購買個数に影響することを明らかにしている点は大きな貢献である。

　1990 年代に入り，動線に関する研究数は減少し，安定期に入る。研究数減少の 1 つの原因は，ID 付 POS データの登場にあると考えられる。この時期において，動線研究は既存研究をさらに精緻化する方向で発展した。たとえば，渡辺 (2000) は，大規模な定量調査データをもとに店舗内の情報処理仮説の検討や，動線長の購買への影響について検討している。とくに後者について，動線長が計画購買個数よりも非計画購買個数に影響することを明らかにしており (図 6-1)，小林 (1989) の結果とも一致している。

1-1-2　再活性化期

　2000 年代中頃より動線研究は再び活性化する。その大きな理由は RFID (Radio Frequency Identification)，CCTV (Closed-circuit Television) システムによる動線把握技術の革新と普及である。RFID は IC チップの入ったタグとの無線交信による自動認識システムであり (寺本, 2011)，IC タグをショッピング

カートなどに装着することにより，人による観察を経ずに，動線データを収集することを可能にする。また，CCTV システムによる動線把握とは，店内カメラにより撮影したデータから動線を把握する技術のことである。

　これらの動線把握技術を利用した初期の研究は，動線把握やパターン分類を目的としていた。Larson et al. (2005) は，RFID を用いた動線把握の先駆的研究を行った。彼らは Grocery Store で収集した 9,000 の動線データを滞在時間の長 (17 分以上)，中・短 (10 分未満) 別にクラスター分析し，14 グループを抽出した。また，直接観察法により収集した動線データの分析ではあるが，佐藤 (2010a) は Larson et al. (2005) の研究を参考に，スーパーで収集した動線データを滞在時間の長 (10 分以上)，短 (10 分未満) 別にクラスター分析を行い，12 パターンを抽出した。さらにカメラを使用した研究として Newman et al. (2002) や Gil et al. (2009) などがある。Gil et al. (2009) は，スーパー内のカメラで収集した 480 以上の動線データを Larson et al. (2005) の研究を参考にクラスター分析を行い 4 パターンを抽出した。パターン数が研究間で一致しない点は課題であるが，研究の蓄積は進んでいる。

　また，動線把握技術を利用した売場間移動モデルの構築や売場間関係の把握を目的とする研究も登場してきた。Hui et al. (2009a) は，大規模スーパーで RFID で収集した 1,051 の動線データをもとに，売場滞在時間と店舗内行動の関係についてモデルを構築し，実証研究を行った。彼らは，現在滞留中の売場までに要した店舗内滞在時間が長くなると，現在滞留中の売場での滞留が促進され，購買意欲が高まることなどを実証した。小磯他 (2010) は，コンビニでカメラにより収集された動線データと POS データを紐づけし，併売品目による動線パターンの分析を行っている。

　さらに，マーケティング効果の検証を目的とする研究も増えている。Hui et al. (2013) は Grocery Store で RFID により収集した動線データをモバイル・クーポンの効果検証に使用し，予定動線から遠い位置でクーポンを発信すると非計画支出金額が上がることを検証した。また，森脇他 (2013) は，ホームセンターで顧客と従業員の双方に RFID を装着し収集したデータを分析し，従業員がいると売上が上がる売場と上がらない売場などを特定している。Zhang et al. (2014) は，カメラを用いて動線よりもミクロな顧客と販売員の接触を測定し，売場ごとに販売員の接触が顧客の商品接触に与える影響などを検討している。これらは，プロモーション，人的販売などのマーケティング効果の検証研

究として今後も発展が期待できる。一連の再活性化を受け，Hui et al.（2009b），佐藤（2010b）などのレビュー論文も登場している。

1-1-3　成果と課題

　動線研究の成果は大きく2つに整理できる。1つ目は，動線長と非計画購買の関係を明らかにした点である。小林（1989），渡辺（2000），Hui et al.（2013）などの研究は，研究期を横断し，動線長の延伸が非計画購買の増加をもたらすことを指摘している。2つ目は，動線パターンを分類し，明らかにした点である。国，業態，分析手法，把握方法が異なるため，識別されたパターン数は研究間で一致しないが，外周回遊タイプなど共通する動線パターンも発見されている。

　動線研究の課題を3つ指摘したい。1つ目は，従属変数である非計画購買が2分法に基づいているため，動線長がどのようなタイプの非計画購買に影響しているかを明らかにできていない点である。青木（1989b, pp.72-73）は購買パターンを7つに分類し，計画購買の他に，広義の非計画購買を6つに分類しているが，多くの動線研究は，計画購買か非計画購買かで2分類を行い，非計画購買の購買額や購入数を従属変数として用いる（小林, 1989; 渡辺, 2000; Hui et al., 2013）。このような2分法では，動線長の延伸がどのようなタイプの非計画購買を促進するかについて明らかにできず，動線長延伸の購買意思決定に与える効果を正確に理解することが難しい。

　2つ目は，動線長延伸による非計画購買の増加が長期的な小売店と消費者の関係に与える影響が検討されていない点である。非計画購買にもいろいろあるが，動線長延伸により衝動購買は増加するとしたら，それは消費者の継続的な来店を促進するのであろうか，阻害するのであろうか。短期的視点で買物1回当たりの客単価の増加の方策を検討するだけでなく，長期的な視点から非計画購買の増加の影響を検討する必要がある。

　3つ目は，店舗内感情経験（楽しい経験など）の購買に与える影響を動線研究に代表される伝統的店頭研究の枠組みにどのように位置づけるのかが検討されていない点である。店舗内感情の研究（Donovan and Rossiter, 1982など）は，伝統的店頭研究とは別系譜で進められてきた研究群であるが，その研究の多くは，店舗内感情経験が非計画購買に影響することを明らかにしている。一連の動線研究も，動線長が非計画購買に影響することを明らかにしているが，動線

長を延ばすことと，感情経験を高めることが（非計画）購買行動に影響する様式は同じなのか，与える影響はどちらが強いのか，感情経験は動線長を延ばすのかなど明らかになっていない点が多い。これらの未解明の問題の背後には，「動線（長）」「感情経験」「（非計画）購買」はどのような関係にあるのか，理論的に整理されていないという大きな問題が存在する。この問題を整理するため，次項で店舗内感情経験に関する研究群の成果と課題を確認する。

1-2 店舗内感情の研究
1-2-1 研究枠組みの特徴
　店舗内での感情経験を取り上げた研究（以下店舗感情研究と略す）は，店舗雰囲気（Store Atmosphere）研究[6]，小売環境（Retail Environment）研究[7]と呼ばれることも多く，基本的には刺激・生体・反応型のモデルを用いる。店舗感情研究は，刺激変数として小売店舗内の消費者を取り巻く環境であるマーケティング変数（音楽，においなど五感に影響する要因，品揃えなど流通サービス要因），生体内変数として店舗内での感情状態，反応変数として接近・回避，とくに非計画時間消費や非計画購買を用いることが多い。小売環境研究，店舗雰囲気研究の中には，刺激・反応型の研究（Milliman, 1982など）もあるが，店舗感情研究は，刺激変数と反応変数の関係に介在する消費者の感情に注目している点に特徴があり，刺激を操作する実験研究とそれ以外の研究に大きく分けられる。

1-2-2 主要研究
　店舗感情研究の先駆的研究として，第3章でも取り上げたDonovan and Rossiter（1982）の研究が挙げられる。彼らは，感情状態にMehrabian and Russell（1974）の快・覚醒・支配の3次元のPADモデル[8]を仮定し，大学生30名を2～3つの商業施設に出向させ，店舗内で感情状態，態度などの接近・回避についてアンケートで回答させた。因子得点を用いた回帰分析の結果，店舗内での快感情が非計画購買，非計画時間消費，態度などに強く影響することを明らかにした。またDonovan et al.（1994）は，Donovan and Rossiter（1982）の研究を実店舗で実際の買物客を対象とした調査データで再検証し，同様の結果を得ている。彼らは，ディスカウント・デパートメント・ストア2店舗で計60名の感情状態，非計画購買，店舗の認知的評価などのデータをアンケート調査で収集し，因子得点回帰分析により，快感情が非計画購買，非計画時間消

費に影響することを明らかにした。

　Donovan and Rossiter の研究に刺激を受け，店舗内の音楽やにおいなどの刺激要因を操作し感情状態に影響を与える実験研究が次々に登場した。たとえば，聴覚が感情状態に与える影響に関する研究として，Yalch and Spangenberg (1990, 1993) の研究，色や混雑状態など視覚が感情状態に与える影響に関する研究として Bellizzi et al. (1983)，Hui and Bateson (1991)，Bellizi and Hite (1992) の研究などがある。また嗅覚が感情状態に与える影響に関する研究として，Spangenberg et al. (1996)，Bone and Ellen (1999)，平木他 (2010) などの研究が挙げられる。他にも，小売店のサービス・エンカウンターにおいてムードが買物意図に与える効果を実験的に検討した Swinyard (1993) の研究，状況要因を操作し商業集積での感情経験が好意や出向意図に与える影響を検討した石淵 (1997) の研究がある。

　また 1990 年代中頃より，実験研究ではなく，店舗内環境の異なる複数店舗で，店舗の認知的評価と感情の関係を取り上げる研究が登場した。Spies et al. (1997) は，ドイツの2つの家具店で計 152 名の買物客に入店時，展示エリア時，退店時の計3回感情状態を測定し，退店時に満足や非計画購買額などをアンケートにより調査した。分析の結果，店舗内で快感情状態に変化した買物客は，そうではない買物客に比べ，非計画購買額が増えること，セルフサービス・エリアの評価が満足度に直接影響すると同時に快感情を媒介して間接的にも影響することを明らかにした。また，Yoo et al. (1998) は，韓国の2つの百貨店で計 294 名の買物客に，品揃えなどの店舗特性の認知的評価，感情状態，店舗に対する態度をアンケートにより調査した。構造方程式モデルによる分析の結果，品揃えや接客などの認知的評価が快・不快感情に影響し，快・不快感情が態度に影響していることが明らかになった。

　さらに1店舗のみの研究ではあるが，Babin and Attaway (2000) は感情状態と行動変数の間に，買物価値を入れたモデルの検証を行っている。彼らはアメリカのショッピング・モールで，144 名の買物客に，感情状態，買物価値，顧客内シェアについてアンケート調査を行った。構造方程式モデルによる分析の結果，快感情，不快感情が快楽的買物価値，功利的買物価値に影響し，快楽的・功利的買物価値が顧客内シェアに影響していることが明らかになった。また，レビュー論文として Turley and Milliman (2000)，石淵 (2003) などの研究もある。

1-2-3 成果と課題

　店舗感情研究の成果は，大きく2つに整理できる。1つ目は，認知的側面を偏重するあまり，注目されることが少なかった店舗内感情の働きを明らかにした点である。動線研究やストア・イメージ研究[9]は，消費者の認知や行動の側面に注目しており，感情と店舗内行動の関係に注目することが少なかった。これに対しDonovan and Rossiter (1982) に代表される店舗感情研究は，Mehrabian and Russell (1974) やPlutchik (1980) の心理学の理論やモデルに基づき実証研究を行い，店舗内の快感情が非計画購買に影響することを明らかにしている。

　2つ目は，マーケティング実務への示唆の提供である。快感情が非計画購買に影響することが明らかになったが，快感情を高める手段が明らかでなければ実務上有用とは言えない。店舗感情研究は，音楽や香りなどの変数を操作した実験研究を通じて，その方策を合わせて示している。

　しかし，大きな課題が2つある。1つ目は，従属変数である非計画購買が2分法に基づいており，感情状態がどのような非計画レベルに影響しているのかを明らかにできていない点である。たとえば，Donovan and Rossiter (1982) は非計画購買傾向を「この店は来店前の予定支出よりもより多く支出するかもしれない場所ですか」というワーディングのLikert尺度で測定している。またDonovan et al. (1994) は，入店時購入予定額と実購入額の差分を非計画購買の測度としている。つまり，これらの研究において「非計画購買」は予定額と購入額の差分のみで捉えられており，ブランド，カテゴリー，ショップのどのレベルまで来店前に決めていたかなどの詳細な購買パターン（青木, 1989b, pp. 72-73）は把握・分析されていない。これでは，購入額の増分は，快感情がブランド変更を促したことによる増分なのか，快感情が衝動購買を促したことによる増分なのか分からず，マーケティング効果を正確に捉えることが難しい。

　2つ目は，Buy Now Marketing（今すぐ買え型マーケティング）への傾注である。多くの店舗感情研究は，感情を刺激することで非計画購買を促し，1回の買物の総購入額を高めることに焦点を当てている。マーケティングは消費者の抱える問題の解決を通じ，顧客との長期継続的関係を構築・維持することを重視するが（和田, 1998; Kotler and Keller, 2009），店舗感情研究では，研究の焦点が一時点の店頭でいかに消費者の背中を押すかに過度に集中していると考えられる。短期視点の店頭販売促進はもちろん必要であるが，そこに傾注するあま

り，快感情がもたらす創造性の向上，顧客との長期的な関係構築の機会を見落としている。次項で，快感情と創造性に関する研究をレビューし，この点に着目する価値を確認する。

1-3 快感情と創造性に関する研究
1-3-1 心理学分野の研究

心理学者の Isen は，快感情（Positive Affect）が創造的な問題解決を促進することを早くから主張している。Isen and Means（1983）は，架空の自動車の購買選択実験から，快感情状態の被験者が統制群に比べ，情報参照時の重複が少なく，短時間で効率的な意思決定を行うことを示した。また，Isen et al.（1987）は，5分のコメディ映画の視聴により快感情を導出された被験者は Duncker（1935）のロウソク問題や Mednick（1962）の遠隔連想テストなどの創造性を測るテストで，統制群や不快感情群よりも正答率が高いことを示している[10]。また，Fredrickson and Branigan（2001）は5つの感情状態に誘導した被験者のうち，快感情の被験者が想起した行動レパートリー数が多く，快感情が拡散的思考を高めることを明らかにしている。

さらに，Isen et al.（1991）は，複雑な課題においても快感情が効率的な創造的問題解決を促進することを明らかにしている。Isen たちは，医学部の学生を快感情群，不快感情群，統制群に分け，本物の肺がん患者とそうではない患者計6名のレントゲン，血液検査などの9つの情報を提示し，肺がん患者を識別させる仮想の医学的診断実験を行った。その結果，快感情下の医学部生は，不快感情群，統制群に比べ，多くの情報を統合的に判断し，より正確な診断を下すことが分かった。さらに，Isen たちはプロトコル分析を通じて，短時間で判断した後の残り時間で，快感情群が治療の方法を創造的に検討していることも明らかにした。これらの結果は，快感情が人を環境に対して開放的にし，効率的な創造的問題解決を促進することを示している。

1-3-2 消費者行動研究における創造性

創造性の研究は，消費者行動研究分野でも行われているが，店舗内行動との関わりではなく，消費行動における創造性を中心に行われてきた。Hirschman（1980）は，創造性とは何か，新規性追求や使用の革新との関係について理論的検討を行い，消費者の創造性に関する萌芽的研究を行った。この研究を発展

させる形でHirschman (1983) は,属性からの商品想起,使用方法の想起,共通点想起の3つの消費関連の創造性テストを105名の大学・大学院生に対して実施し,相関係数の分析から創造性と知性の関係を明らかにした。

また,Burroughs and Mick (2004) は,Hirschmanが人的要因に焦点を当てていたのに対し,状況要因にも焦点を当てた実証研究を行った。172名を対象に実験研究を行い,Just Suppose テスト (Torrance, 1966)[11]で測定した創造性に,状況関与,時間制約,統制の所在 (Locus of Control) が影響していることを明らかにした。

消費行動以外では,買物行動における創造性に関する石淵 (2006) の研究 (本書第5章) が挙げられる。323名の主婦を対象としたアンケート・データの分析から,特定の商業集積において高い快感情経験を有する消費者は,集積内での情報探索が多いことや,効率的な意思決定を行うことを明らかにした。

1-3-3 成果と課題

心理学分野の快感情と創造性に関する研究の大きな成果は,快感情が創造性を高め,効率的な意思決定を促進することを明らかにした点である。また消費者行動分野における創造性研究の成果は,消費に関わる創造性は人的要因と状況要因により規定されることを明らかにしている点である。

消費者行動研究分野における課題が2つある。1つ目は,快感情と創造性の関係を取り上げた研究が極めて少ない点である。心理学分野で多くの研究が支持する快感情の創造性促進効果は,消費行動や買物行動においても生じているはずであるが,この点を取り上げた研究は極めて少ない。

2つ目は,店舗内行動における創造性の研究がない点である。店舗感情研究のレビューで確認した通り,快感情と店舗内行動に関する研究は多いが,快感情が店舗内での創造的思考や行動に与える影響についての研究はない。石淵 (2006) はこの点に注目していたが,買物経験の回顧に基づく商業集積レベルの研究であり,店舗内行動に限定した研究ではない。快感情は消費者の快楽的買物価値を高めるが (Babin and Attaway, 2000),それ以外にも想起を助け,外部情報への注意を高め,拡散的思考を高めることにより創造的な問題解決を促進する効果がある。快感情は店舗内の創造的購買行動を促進するのかについてはまだ研究はない。

2 仮説導出とデータ

2-1 問題意識,研究枠組み,仮説
2-1-1 問題意識
　既存研究の検討より明らかになった店舗内行動研究の課題は次の5点に要約できる。

　①店舗内行動を研究する動線研究と店舗感情研究は別々に進められているため,主要変数である「動線(長)」「感情経験(快感情)」「(非計画)購買」がどのような関係にあるのか,統合的な理論枠組みが整理されていない。そのため,店舗内行動研究全体として知識形成がなされていない。

　②統合的な理論枠組みが整理されていないため,動線長と店舗内感情が非計画購買に与える影響様式の異同,相対的影響度について実証研究で明らかにされていない。

　③店舗感情研究は,心理学分野の快感情と創造性の関係の知見を取り込めておらず,快感情が消費者の創造性を高め,意思決定に貢献する可能性について検討できていない。

　④動線研究,店舗感情研究とも,多くの研究が非計画購買を予定と実際の購買額差分や計画購買か否かの2分法で定義しており,動線や快感情がどのような非計画購買パターン(青木1989b, pp. 72-73)に影響しているかを明らかにできていない。そのため,動線長延伸や快感情喚起が,消費者購買意思決定に与える影響やマーケティング効果を正確に理解できていない。

　⑤動線研究,店舗感情研究とも,1回の買物出向の購買額を高めるため非計画購買に注目しているが,長期的視点からどのような非計画購買パターンの増加が,小売店と消費者の関係性にどのような影響を与えるかについて検討されていない。

2-1-2 研究枠組みと仮説
　最初に,課題①の研究枠組みの整理を行う。動線に注目する伝統的店頭研究(青木,1989b;渡辺,2000)の研究枠組みは図6-2として表すことができる。購買額は動線長,立寄率などの積として決まるが,図6-1で示した通り,動線長は計画購買よりも非計画購買に影響することが指摘されている(小林,1989, p.

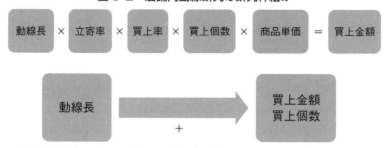

図 6-2 店舗内動線研究の研究枠組み

（出典）青木（1989b），p. 76, 図 3-5，渡辺（2000），p. 19, 図 1-6 を一部修正。

図 6-3 店舗内動線研究の研究枠組み

（出典）Donovan and Rossiter（1982），p. 42, Figure 2 を一部修正。

232; 渡辺, 2000, p. 78)。また店舗感情研究の研究枠組みは図 6-3 として表すことができる。刺激・生体・反応型のモデルを仮定するこの研究群は，マーケティング努力が，消費者の店舗内感情に影響し，その結果，(非計画) 購買行動が生じるというモデルを考えている。

本研究では，上述 2 研究群の基本モデルを統合した図 6-4 のメインの研究枠組み，比較モデルとして図 6-5 の研究枠組みを構築した。上述の課題③④を考慮した研究枠組みであることに留意されたい。まず，メインの研究枠組み（以下「並列モデル」）について説明し，仮説を明確にする。課題③で言及した通り，快感情は創造的問題解決を促進する。つまり，快感情によって店舗内においても拡散的思考が高まり（仮説 1），想起しやすくなり（Isen et al., 1985），類似点を発見しやすくなるため（Isen and Daubman, 1984; Kahn and Isen, 1993; Isen, 2000），想起購買[12]，関連購買[13]が促進されると考えられる。また，条件購買[14]が生じるには，価格などの条件に当てはまるか否かの効率的判断が必要だが，快感情は複雑な課題の効率的判断を促し（Isen et al., 1991），条件購買を

第 6 章 店舗内行動と感情　219

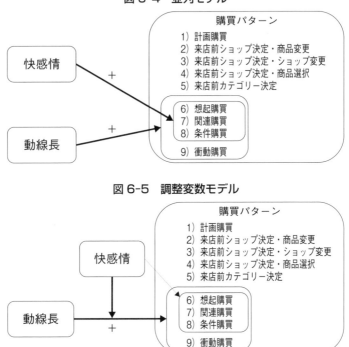

促進すると考えられる。既存研究と異なり、本章では課題④を踏まえ、非計画購買を予定と実際の購買額差分や計画購買か否かの2分法ではなく、来店前計画水準と購買結果に基づく購買パターン分類（青木, 1989b, pp. 72-73）で捉えている。本章では、青木（1989b）の購買パターン分類のうち、上述した創造性に関わる想起購買、関連購買、条件購買を「創造的購買」と呼ぶが、快感情は創造的購買を促進する（仮説2）と考えられる。

また、小林（1989）、渡辺（2000）、Hui et al.（2013）が指摘するように動線長は非計画購買を促進する（仮説3）。非計画購買の定義は研究間で一致していないが、本章では狭義の非計画購買を考える。狭義の非計画購買には、想起購買、関連購買、条件購買に加え、衝動購買[15]が含まれる（青木, 1989b）。従属変数が創造的購買か狭義の非計画購買かでやや違いはあるが、快感情、動線長ともこれらの従属変数に正の影響を与えると考えられる。並列モデルは、2つの独立変数を並列的に仮定したモデルである。

並列モデルに加え，比較モデルとして，快感情が動線長と非計画購買の関係を媒介する調整変数モデル（図6-5）を考える。このモデルの根拠として，動線長が伸びるにつれて消費者は店舗内でさまざまな情報に接するが，快感情は情報への開放性を高め（Fredrickson, 2001; Isen, 2002），さらにそれらの情報を統合的に処理し創造的な問題解決が促進され（Isen et al., 1987; Isen et al., 1991），創造的購買が促進されることが考えられる。また，接する情報がより多いほど衝動購買を促されることも考えられる。本研究では，並列モデル，調整変数モデルの適合度比較を行ったうえで，仮説2,3を検証し，課題②の解決を図る。

　さらに課題⑤の解決のため，上述のさまざまな購買パターンが1回の買物出向ではなく，長期的な来店行動にどのように影響するかを検討したい。とくに，快感情（仮説2），動線長（仮説3）によって高まることが期待される狭義の非計画購買（創造的購買，衝動購買）の長期的来店行動に与える影響を検討する。店舗での買物価値には功利的価値と快楽的価値の2つの次元があることが分かっており（Babin et al., 1994），衝動購買は快楽的価値を主に高めると考えられる（Rook, 1987; Babin et al., 1994）。創造的購買は本書独自の分類であるため，どのような買物価値に結びついているか既存研究からは分からないが，消費者の生活課題の解決に貢献する創造的購買は快楽的価値に加えて功利的価値も消費者にもたらすと考えられる。2つの価値から長期的な来店行動が決まるなら，快楽的価値のみを経由して来店行動に影響する衝動購買よりも，2つの価値を経由して来店行動に影響する創造的購買の方が総合効果は高く，長期的来店行動に与える影響が高いと考えられる（仮説4）。以上の議論から，次の4つの仮説が導出される。

仮説1：快感情は，店舗内の消費者の創造性を高める。
仮説2：快感情は創造的購買を促進する。
仮説3：動線長は狭義の非計画購買を促進する。
仮説4：創造的購買は，衝動購買よりも消費者の長期的来店行動に与える正の影響が大きい。

2-2　構 成 概 念

　仮説に含まれる主要構成概念を明確にする。まず，快感情とは快－不快を表す次元（Mehrabian and Russell, 1974; Russell, 1980）を指す。通常「感情」は，情

動，ムードを含む総称的用語であり，情動は強度が強く持続時間が短く，生起原因が明確な感情状態を指し，ムードは強度が弱く，持続し，生起原因が不明瞭な感情状態を指す（Lazarus, 1991; 土田, 1996; 谷口, 1997; Watson, 2000; Frijda, 2000; 濱・鈴木, 2001; 北村・木村, 2006; 高橋, 2008; 大平, 2010a）。本章で取り上げる快「感情」とは「店舗Aで買物をしていると楽しい」という状態を指し，強度，持続時間の点ではムードに類似しているが，店舗滞在が楽しい原因であることはある程度明確である。本章で取り上げる快「感情」は生起原因の明確さの点でムードと異なるため，快感情という言葉を使用する。

　本書独自の構成概念である創造的購買とは，連想の幅を広めることや（Isen et al., 1985; Isen, 2000），注意の範囲を拡大すること（Isen, 2002），複雑な判断を効率的に行うこと（Isen and Means, 1983; Isen et al., 1991）などを通じた，消費関連の問題解決（Hirschman, 1980）を意図する購買を指す。連想の幅や注意の範囲の拡大は，青木（1989b）の想起購買，関連購買を促進し，価格等の条件に当てはまるか否かの複雑な判断の効率化は，条件購買を促進すると考えられるため，本研究では想起購買，関連購買，条件購買を総称し創造的購買と呼ぶ。

　また，本研究において非計画購買とは，青木（1989b）の狭義の非計画購買を指すものとし，想起購買，関連購買，条件購買に加え，衝動購買を指す。すなわち，カテゴリー・レベルでもブランド・レベルでも来店前に購買予定がなかった購買を指す。図6-6は，青木（1989b）の購買パターン分類と本章の分類を比較したものである。異なる点は2つある。1つ目は上述した創造的購買というカテゴリーの創設である。2つ目は，研究対象小売店（百貨店）に合わせ，青木（1989b）の銘柄選択[16]・銘柄変更[17]を来店前ショップ決定（商品変更[18]，ショップ変更[19]，商品選択[20]），来店前カテゴリー決定[21]に再編している点である。

　さらに概念の操作化に関して，本章で創造的購買，非計画購買などの「購買」は，当該小売店での過去および調査日の経験も含めた累積的な購買傾向に関する5点Likert尺度回答，調査日の実際の購買個数，購買生起の3つの変数で捉える。購買傾向を用いるのは，調査日のみに偏らない平均値を把握するためである。また，購買個数を用いるのは，小林（1989）により動線長との関係に注目すれば，購買金額よりも購買個数の方が重要であることが示されているためである。購買生起を用いるのは，平均購買個数が少ない小売店の場合，個数よりも各購買パターン生起自体が重要となると考えられるためである。

図6-6 青木（1989b）と本章の購買パターン分類の比較

2-3 データ概要

上述の仮説を検証するため，店頭におけるアンケート調査を実施した。調査は，2015年10月上旬の2日間，大阪のある百貨店の地下食品売場（以下デパ地下）で，18歳～70歳の女性来店客を対象に行われた。3ヵ所の出口で，退店客をカウントし系統抽出法により標本を抽出した。調査により117サンプルを得たが，分析には完全有効回答68サンプルのみを用いた。アンケートは基本的に自記式であるが，購入品目のパターン分類については，回答負荷を軽減するため調査員による面接調査を行った。

主要な質問内容は9個ある。1つ目に，コア感情の1つの次元である快感情をMehrabian and Russell（1974）の快次元の日本語版（井上・石淵, 1997; 石淵, 1997）の4項目により5点SD法で測定した。2つ目に，当該デパ地下における累積的な創造的購買傾向を，青木（1989b, p. 72）の定義を参考に作成した4項目により5点Likert尺度で測定した。3つ目に，当該デパ地下における累積的な衝動購買傾向を，青木（1989b, p. 72）の定義を参考に作成した1項目により5点Likert尺度で測定した。4つ目に買物時の時間圧を，Beatty and Ferrell（1998）の尺度を一部修正した3項目により5点Likert尺度で測定した。時間圧は快感情の創造性，購買パターンに与える影響を分析する際の統制変数として用いる。

5つ目に，支配をMehrabian and Russell（1974）のDominance次元の日本語版（井上・石淵, 1997; 石淵, 1997）の4項目により5点SD法で測定した。ただし，分析は信頼性係数の結果に基づき適切でない1項目を除いた，3項目を用いた。支配とは，Mehrabian and Russell（1974）が提唱した概念であり，環

表6-1 尺度項目と信頼性係数（Cronbach-α）

快感情（Mehrabian and Russell, 1974; 井上・石淵, 1997） α = .84 うれしい―うれしくない 満足する―満足しない 楽しい―楽しくない 気分が晴れ晴れする―気がめいる	【統制変数】 時間圧（Beatty and Ferrell, 1998を一部修正） α = .95 今日は，ゆっくり買物している時間がない 今日は，買物する時間がとても限られている 今日の買物は，急いでいる
創造的購買（青木，1989bをもとに作成） α = .84 ○○地下に来ると，買物しなければいけないものを思い出すことがある。[想起] ○○地下に来ると，家で切らしていたものを思い出して買うことが多い。[想起] ○○地下に来ると，購入した商品に関連して商品を買うことが多い。[関連] ○○地下に来ると，お値打ちなものを見つけ，予定になかった商品を買うことが多い。[条件]	支配（Mehrabian and Russell, 1974; 井上・石淵, 1997） α = .74 自分らしくいられる―自分らしくいられない 思い通りになる―思い通りにならない ホッとする―落ち着かない
衝動購買（青木，1989bをもとに作成） ○○地下に来ると，購入予定になかった商品種類のものを購入することが多い	

境に対する優位性の主観的次元を指す。行動を制限される環境下では支配の程度は弱く，容易に多様な行動がとれる環境下では支配の程度が強い。当初，Mehrabian and Russell（1974）は支配を感情の次元として提唱したが，後にRussell（1980）は支配を感情の次元から外している。支配は，長期的来店行動を分析する際に，統制変数として用いる。以上5つの概念は間隔尺度で測定しており，表6-1はその測定項目，信頼性係数である。単一項目の衝動購買以外の4概念は，Cronbach-αを見る限り，尺度の信頼性に問題はない。

6つ目に，調査当日の購買パターンについて，実際の購買品目ごとに図6-6の本章の9分類のどれに該当するか面接調査法により名義尺度で測定した。

7つ目に，動線は店舗出口で自己回顧に基づきフロア・マップに自記式で回答を得た。ただし，現在地の把握やフロアの位置関係について，戸惑っている被験者に対しては面接調査を実施した。また，売場の空間構造上，出口を一度出て再入店も可能であるため，実際の動線と予定動線を分けて回答を得，分析には実際の動線のみを使用した。分析に用いる動線長は，消費者が通路中央を通過した前提で，建築図面をもとにmm単位で測定したものを使用した。

8つ目に，仮説1の検証のため創造性の測定を行った。創造性の測定には，ハノイの塔，腫瘍（要塞）問題（Duncker, 1935），ロウソク問題（Duncker, 1935），2本のひも問題（Maier, 1931），Just Supposeテスト（Torrance, 1966）などさまざまな測定方法があるが，本章では短時間で測定可能な日本語版遠隔連想テスト（Remote Associates Test）（以下日本語版RATと略す）（寺井他, 2013）を用いた。

図 6-7 使用した日本語版遠隔連想テスト（RAT）

1) 設☐　整☐　予☐　→　共通して入る漢字は　☐
2) 持☐　接☐　断☐　→　共通して入る漢字は　☐
3) 資☐　脚☐　標☐　→　共通して入る漢字は　☐
4) 行☐　脱☐　香☐　→　共通して入る漢字は　☐
5) 強☐　統☐　規☐　→　共通して入る漢字は　☐

（出典）寺井他（2013），p. 422, Table 1 より一部を抜粋し，修正し使用。

　遠隔連想テスト（RAT）は，Mednick（1962）により提案された創造性測定のテストであり，回答に拡散的思考を要するテストである。感情と創造性に関する心理学分野の研究で Isen et al.（1987）も RAT を使用しているが，マーケティング分野，とくに店舗内行動研究ではこれまで利用されていない。本章の創造性測定には，寺井他（2013）の日本語版 RAT の中から，大学生の正答率 80％の問題を 2 問，60％の問題を 2 問，40％の問題を 1 問，計 5 問を使用した（図6-7）。このテストは 3 つの漢字の語尾に共通して接続することで意味のある熟語を構成する漢字 1 字を回答するテストである。1 問につき制限時間を 30 秒とし被験者に回答を求めた。

　9 つ目に，当該デパ地下への長期的来店回数（頻度）を比例尺度で測定した。具体的には，直近 1 年間の当該デパ地下への月平均来店回数を質問した。以上 9 つ以外にも消費者属性（職業など），立ち寄り店舗，滞在時間，認知的イメージなどを質問した。

3　分析結果

3-1　快感情は店舗内の消費者を創造的にするか

　快感情により拡散的思考が高まり創造的になるという仮説 1 を検証するため，RAT 正答数を従属変数，快感情の尺度得点平均値を独立変数として回帰分析を行った。この際，消費者の時間圧の高さは，回答モチベーションを下げ RAT 得点を下げる方向に働く（Kelly and Karau, 1993）ことが予想されるため，時間圧尺度の尺度得点平均値を統制変数として投入した。

表6-2 RAT得点を従属変数とした回帰分析結果

快感情	.46*	(.21)	[1.01]
【Ctrl】時間圧	−.23*	(−.22)	[1.01]
R^2	.08		
Adj R^2	.05		
F	2.84*		
df	2, 65		

(注) **$p<.05$, *$p<.10$。従属変数はRAT正答数。( )内は標準化係数。[ ]内はVIF。快感情は中央化し分析に使用。快感情と時間圧の相関係数は.10(10% n.s.)。

　表6-2の分析結果を見ると，調整済R^2は.05と低いが，F検定は10％水準で有意であった。時間圧はやはり創造性に10％水準で負の影響を与えるが，快感情は10％水準で有意であり，創造性に弱い正の影響を与えている。この結果，仮説1は支持された。店舗内においても，快感情は消費者の拡散的思考を高め，創造的にすることが分かった。

3-2　快感情，動線長は創造的購買，衝動購買を促進するか

　仮説2，3を検証する。まず仮説2を検証するため，創造的購買の5点Likert尺度得点平均値を従属変数，快感情の5点SD尺度得点平均値，動線長を独立変数として回帰分析を行った。多重共線性を回避するため，独立変数は中央化して分析に用いた。また，仮説1の検証と同様に，時間圧を統制変数として投入し，分析を行った。2-1で述べた通り，メインのモデルである並列モデルと比較モデルである調整変数モデルの2つの分析を行った。調整変数モデルは，快感情の媒介効果を確認するため，快感情と動線長の交互作用項を入れ，2段階で回帰分析を行った。

　表6-3の分析結果に基づき，モデル選択を検討する。並列モデルの調整済R^2は.09であり，調整変数モデルの.08より良い。また，並列モデルのF検定は5％で有意であった。調整変数モデルの交互作用項は有意ではなく，快感情による媒介効果は認められなかったため，並列モデルを採択する。仮説2，3の検証は並列モデルに基づき行う。

　快感情の回帰係数は.42で5％水準で有意であり，仮説2は支持された。また，動線長は10％水準でも有意ではなく，狭義の非計画購買の部分集合であ

表 6-3　創造的購買を従属変数とした回帰分析結果

	並列モデル			調整変数モデル					
				Step 1			Step 2		
快感情	.42**	(.28)	[1.05]	.42**	(.28)	[1.05]	.42**	(.28)	[1.05]
動線長	.00	(.19)	[1.05]	.00	(.19)	[1.05]	.00	(.23)	[1.71]
【Ctrl】時間圧	-.01	(-.01)	[1.02]	-.01	(-.01)	[1.02]	-.01	(-.01)	[1.02]
快感情×動線長							-.00	(-.07)	[1.66]
R^2		.13			.13			.13	
ΔR^2		—			.13			.00	
Adj R^2		.09			.09			.08	
F		3.25**			3.25**			2.45*	
df		3, 64			3, 64			4, 63	

（注）**$p<.05$, *$p<.10$。従属変数は創造的購買に関する4項目の尺度平均値。（ ）内は標準化係数。[ ]内はVIF。快感情，動線長は中央化し分析に使用。快感情と動線長の相関係数は.20（10% n.s.）。

表 6-4　衝動購買を従属変数とした回帰分析結果

	並列モデル			調整変数モデル					
				Step 1			Step 2		
快感情	.56**	(.30)	[1.05]	.56**	(.30)	[1.05]	.56**	(.30)	[1.05]
動線長	00	(.19)	[1.05]	00	(.19)	[1.05]	.00	(.19)	[1.71]
【Ctrl】時間圧	-.05	(-.06)	[1.02]	-.05	(-.06)	[1.02]	-.05	(-.06)	[1.02]
快感情×動線長							.00	(.01)	[1.66]
R^2		.15			.15			.15	
ΔR^2		—			.15			.00	
Adj R^2		.11			.11			.10	
F		3.80**			3.80**			2.80**
df		3, 64			3, 64			4, 63	

（注）**$p<.05$, *$p<.10$。従属変数は衝動購買に関する1項目の尺度回答値。（ ）内は標準化係数。[ ]内はVIF。快感情，動線長は中央化し分析に使用。快感情と動線長の相関係数は.20（10% n.s.）。

る創造的購買への影響は認められず，仮説3の一部は棄却された。

さらに仮説3を検討するため，衝動購買の5点Likert尺度回答値を従属変数，快感情の5点SD尺度得点平均値，動線長を独立変数として回帰分析を行った。先の分析同様，独立変数は中央化し，時間圧を統制変数として投入し分析を行った。

表6-4の分析結果に基づき，モデル選択を検討する。並列モデルの調整済R^2は.11であり，調整変数モデルの.10より良い。調整変数モデルの交互作用項は10%水準でも有意ではなく，先の分析同様並列モデルが採択された。また並列モデルで，動線長は10%水準でも有意ではなく，非計画購買の部分集合である衝動購買への影響は認められず，仮説3は棄却された。また仮説には

なかったが，快感情は衝動購買に対しても5％水準で有意な正の影響が認められた。これらの結果より，快感情が創造的購買だけでなく衝動購買も促進する諸刃の剣であること，既存研究で指摘されていた動線長の非計画購買（創造的購買，衝動購買）への影響は，快感情を考慮すると認められないことが分かった。

3-3 創造的購買傾向は行動に結びついているか

前項で分析に用いた創造的購買に関する4項目の5点Likert尺度得点の平均値は，実際の創造的購買行動と結びついているのであろうか。この点を検証するため，購買パターンの回答をもとに想起購買，関連購買，条件購買を行っていれば1，行っていなければ0をとる創造的購買生起ダミー変数を従属変数，創造的購買の尺度得点平均値を独立変数としてロジスティック回帰分析を行った。表6-5（a）の分析結果を見ると，Cox-Snell R^2 は.08, Nagelkerke R^2 は.15と適合度は高くないが，回帰係数1.07は5％水準で有意であり，当該デパ地下で創造的購買をよく行うと答えた消費者は，実際に調査当日も創造的購買を行っていることが分かる。

結果の頑強性をさらに検討するため，創造的購買を行った商品数を従属変数，創造的購買の尺度得点平均値を独立変数として回帰分析を行った。表6-5（b）の分析結果を見ると，調整済 R^2 は.06と高くないがF検定は5％水準で有意であり，回帰係数.16も5％水準で有意であった。当該店での創造的購買経験の豊富な消費者は，実際に創造的購買の個数が多いことも確認された。

表6-5 創造的購買の尺度平均値と実際の購買行動の関係

(a) 創造的購買の生起		(b) 創造的購買数	
創造的購買（4項目の尺度平均値）	1.07**	創造的購買（4項目の尺度平均値）	.16** (.28)
Cox-Snell R^2	.08	R^2	.08
Nagelkerke R^2	.15	Adj R^2	.06
		F	5.39**
		df	1, 66

（注）**$p<.05$。創造的購買の生起を従属変数とするロジスティック回帰分析の結果。

（注）**$p<.05$。創造的購買数を従属変数とする回帰分析の結果。（ ）内は標準化係数。

3-4 創造的購買が長期的来店行動に与える影響

仮説4を検証するため，直近1年間月平均の当該デパ地下への来店回数を従属変数，創造的購買に関する4項目の5点Likert尺度得点の平均値，衝動購買の5点Likert尺度回答値を独立変数として回帰分析を行った。分析では2

表6-6 長期的来店行動の規定因の回帰分析結果①

	モデル1 (統制変数なし)			モデル2 (統制変数あり)		
創造的購買 (4項目尺度平均値)	1.97**	(.45)	[1.42]	1.77***	(.40)	[1.49]
衝動購買 (尺度回答値)	−.59	(−.16)	[1.42]	−.61	(−.17)	[1.53]
【Ctrl】有職ダミー	—			1.61*	(.20)	[1.01]
【Ctrl】支配 (3項目尺度平均値)	—			.54	(.10)	[1.23]
R^2	.15			.19		
Adj R^2	.12			.14		
F	5.56***			3.76***		
df	2, 65			4, 63		

(注) ***p<.01, *p<.10。従属変数は直近1年間の当該デパ地下への月平均来店回数。独立変数は，創造的購買4項目の尺度平均値，衝動購買1項目の尺度回答値。統制変数として，有職ダミー変数(会社員，パート，契約社員なら1，それ以外0)，支配を使用。( )内は標準化係数。[ ]内はVIF。創造的購買と衝動購買の相関係数は.54***。

表6-7 長期的来店行動の規定因の回帰分析結果②

	モデル1 (購買パターンモデル)			モデル2 (購買パターン，統制 変数モデル)			モデル3 (ステップワイズ・モデ ル)	
計画購買	.41	(.05)	[1.07]	.55	(.07)	[1.13]	—	
来店前ショップ決定購買	2.03	(.18)	[1.05]	1.86	(.17)	[1.12]	—	
来店前カテゴリー決定購買	1.36	(.11)	[1.02]	1.05	(.09)	[1.03]	—	
創造的購買	2.95**	(.26)	[1.06]	2.61*	(.23)	[1.09]	2.64*	(.24)
衝動購買	.68	(.07)	[1.13]	.07	(.01)	[1.19]	—	
【Ctrl】有職ダミー	—			1.47	(.18)	[1.12]	—	
【Ctrl】支配	—			1.07	(.20)	[1.09]	—	
R^2	.10			.17			.06	
Adj R^2	.03			.07			.04	
F	1.37			1.73			3.86*	
df	5, 62			7, 60			1, 66	

(注) **p<.05, *p<.10。従属変数は直近1年間の当該デパ地下への月平均来店回数。独立変数は，各購買パターンの生起ダミー変数(購買ありなら1，それ以外は0)。統制変数として，有職ダミー変数(会社員，パート，契約社員なら1，それ以外0)，支配を使用。( )内は標準化係数。[ ]内はVIF。

つのモデルを検討した。モデル1は上記2変数を独立変数とするモデルであり，モデル2は2変数に加え，有職ダミー変数（会社員，パート，契約社員であれば1，それ以外は0），支配を統制変数として入れたモデルである。

表6-6の分析結果に基づき，モデル選択を検討する。調整済 R^2 を見ると，モデル2の統制変数を入れたモデルの適合度が高いため，モデル2を採用する。VIFを見る限り多重共線性について問題はない。モデル2に基づけば，創造的購買は1%水準で正の有意な影響が認められたが，衝動購買は有意な影響が認められなかった。この結果は，仮説4を支持するものと言える。また，統制変数である有職は10%水準で正の有意な影響が認められたが，これは有職者が仕事後にデパ地下で食料品購買のために継続的に来店する傾向があることを示している。こうした来店経験の蓄積が，逆に創造的購買を可能にしている可能性も考えられる。支配は買物出向経験に基づく空間理解から形成されるが（石淵，2005a, b），統制変数である支配と来店回数の間に統計的に有意な関係は認められず，来店経験の蓄積が創造的購買を高めているとは考えにくい。

以上の結果の頑強性をさらに検討するため，直近1年間月平均の当該デパ地下への来店回数を従属変数，購買パターンの生起ダミー変数を独立変数として回帰分析を行った（表6-7）。購買パターンの生起ダミー変数（以下購買パターン変数）とは，計画購買，来店前ショップ決定購買（図6-6の2)～4)），来店前カテゴリー決定購買（図6-6の5)），創造的購買，衝動購買の5つのカテゴリーの購買を調査日に行ったか否かに関するダミー変数である。分析では3つのモデルを検討した。モデル1は5つの購買パターン変数を独立変数としたモデルであり，モデル2は5変数に加え，有職ダミー変数，支配を統制変数として入れたモデルである。モデル3は，モデル2の7変数を独立変数としてStepwise法（投入10%，除去15%）を行った結果，創造的購買のみが独立変数となったモデルである。

表6-7の分析結果に基づき，モデル選択を検討する。モデル2の調整済 R^2 は.07で最も高いが，F検定は10%水準でも有意ではない。本章では，調整済 R^2 が.04とモデル2に次いで高く，F検定が10%水準で有意であるモデル3を採用する。モデル3に基づけば，創造的購買を実際に調査日に行った消費者は行わなかった消費者に比べ，月平均の来店回数が10%水準で有意に高いことが分かる。この結果は先の5点Likert尺度で測定した創造的購買の傾向を独立変数とした回帰分析の結果を補強する結果であり，仮説4は支持され

た[22]。

❖ 結　論

まとめ——快感情と創造的購買の重要性

　本章では，動線研究，店舗感情研究，創造性に関する既存研究のレビューに基づき，問題の整理を行った。その結果，動線研究では動線長が非計画購買に影響すること，店舗感情研究では快感情が非計画購買に影響することが明らかになっているが，動線長と快感情がどのような様式で購買に影響するのか，どちらがより強い影響を及ぼしているのか，両要因はどのようなタイプの非計画購買を促進するのかについて解明されていないことを指摘した。また，店舗感情研究は，快感情により1回の買物出向での非計画購買額を高めることに傾注しすぎており，快感情の創造的側面を見落としていることを指摘した。

　上記の問題意識から構築した4つの仮説を，デパ地下で収集した調査データを用い検証を行った。その結果，3つの仮説が支持され1つの仮説が支持されなかった。具体的には，快感情が店舗内の消費者の創造性を高め（仮説1支持），快感情が創造的購買を促進する（仮説2支持）ことが分かった。また，デパ地下において，快感情を考慮した場合，動線長は狭義の非計画購買に影響しないことが分かった（仮説3不支持）。さらに，創造的購買は長期的来店行動に正の影響を与えることが明らかになり（仮説4支持），消費者の問題解決に貢献する創造的購買が，小売店と消費者の絆を作る機能を有することが示された。

　本章では，快感情が促進する「創造的購買」という購買パターンが小売店と消費者の関係構築において重要であることが明らかになった。メーカー，小売業の双方にとっての計画購買の重要性（神谷, 2008），小売業にとっての狭義の非計画購買の重要性はすでに指摘されているが（田島, 1989; 上田, 2008），創造的購買の重要性はこれまで注目されてこなかった。しかし，創造的購買は割合の大きさと機能の観点から重要である。創造的購買が実際の購買に占める割合は高い。たとえば，青木（1989b）の研究によれば購買全体に占める創造的購買（想起・関連・条件購買の合計）の割合は61％あり，重視すべき規模を有する[23]。さらに，本研究の結果より，消費者との長期的な関係構築・維持の点において，創造的購買は重要な役割を果たすことが明らかになった。

　本章冒頭の問題提起に立ち返るが，消費者が楽しい経験ができる小売店で買

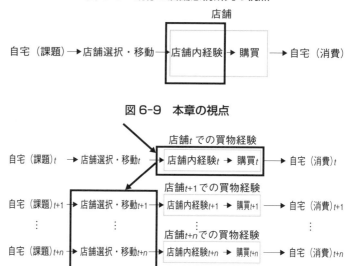

物をするのは,楽しいからだけなのであろうか。本章の結果に基づけば,消費者は単に楽しい,衝動購買を楽しめるという理由だけで楽しい小売店を選んでいるのではないと考えられる。消費者が意識しているか否かまだ不明であるが,快感情を経験できる店舗内で賢い購買(創造的購買)ができることは,消費者の店舗選択に少なからず影響を与えていると考えられる。快感情は,消費者の店舗内行動と店舗選択行動をつなぐ重要な役割を果たしている。

本章と従来の店舗感情研究の大きな違いは,視点の長さと買物経験の捉え方である。従来の店舗感情研究は,図6-8に示す通り,店舗内で経験した感情が即時の購買,とくに非計画購買に影響する点に焦点を当てることが多く(たとえばSpangenberg et al., 1996の香りに関する研究など),その視点は短かった。また,ここでの買物経験は五感から形成される店舗内での感情経験(図6-8太線枠部)を指しており,その購買結果(パターン)は経験の結果として考えられ,買物経験として捉えられることは少なかった。

これに対し,本章は感情経験と購買パターンの結果を含めた包括的な経験を買物経験と捉え,これが店舗と消費者の長期的な関係性に影響するという視点に立っている(図6-9)。単に,楽しい経験ができたというだけでなく,その結果として良い買物ができたことも,われわれは有用な情報と捉え,包括的に貯

蔵し，長期的な生活課題の解決，次回以降の店舗選択に生かしていると考えられる（図6-9の太線枠部）。第2章で確認した通り，感情とはそもそも頻繁に生じる課題に対処するためのパッケージの側面があり，恐怖や怒りなどのネガティブな感情経験だけでなく，ポジティブな感情経験についても[24]，課題解決に有用な一連の情報は，意識する，しないにかかわらず，「上手くいっているなら，そのまま変えない」(LeDoux, 1996, p. 125) 可能性が高いと考えられる。

実務への示唆――購買タイプの長期的効果と賢く購買に至るプロセス

　実務への示唆は2つある。第1に，短期と長期の両視点から，快感情によりどのような非計画購買を促すべきかを戦略的に考える必要がある。本章では，快感情が創造的購買，衝動購買の両方に影響することが確認されたが，長期的来店行動に正の影響を及ぼすのは創造的購買だけであった。短期的視点から衝動購買を促し客単価を上げることは重要だが，それと同時に小売企業は長期的視点から創造的購買を促し，消費者との関係構築を図ることをより戦略的に考える必要がある。そのためには，むやみに衝動購買の増加を狙うだけでなく，適切な購買パターン・ミックスを意識したマーケティングが必要である。

　第2に，消費者が賢く購買に至るプロセスの設計が重要である。楽しい経験ができる店舗環境を提供すれば，自動的に賢い購買行動（創造的購買）が起こるとは考えにくい。そこには，賢い購買行動を実現するための店舗環境や仕組みも必要なはずである。消費者に選ばれる店舗であるために，小売企業は店舗内での楽しい経験が消費者の賢い購買意思決定に結びつく価値提供システムを考える必要がある。

今後の課題

　大きな課題が5つある。1つ目は，介在変数として買物価値も含めた統合モデルの分析の必要性である。2つ目は，百貨店以外の他業態での検証である。本章の枠組みを他業態で検証し，業態間比較を行う必要がある。3つ目は，購買パターンの併売パターンを考慮した分析である。具体的には，関連購買だけの場合と銘柄変更と関連購買が同時に起きた場合の長期効果の差異の検討などが必要である。4つ目に，立寄数など動線長以外の購買過程を考慮した分析が必要である。5つ目に，創造的購買と快感情の関係の精緻化である。現実の小売店舗内では楽しいから創造的購買が生じる一方，創造的購買により楽しくな

る面も存在していると考えられる。優れた小売業者はこのサイクルをうまく回していると考えられるが，リアルタイムの感情状態測定や実験的研究を通じ，さらにこの関係を分析していく必要がある。

* 本章作成に際し，学会報告の際，青木幸弘先生（学習院大学），中川宏道先生（名城大学）より貴重なコメントを頂戴致しました。この場を借りて深く感謝を申し上げます。なお，本章は石淵（2016）を修正，加筆したものである。

注
1) 本章の衝動購買とは「非計画購買中で上記の3つの類型（想起・関連・条件購買）に属さない残差の部分。商品の新規性に起因する購買や真に衝動的な購買等」を指す（青木, 1989b, p. 72の定義を一部修正）。
2) 非計画購買は主に広義，狭義の2つの意味で使用される。広義の非計画購買とは購入銘柄が来店前に決定している計画購買以外すべてを指し，狭義の非計画購買とは想起・関連・条件・衝動購買の4つを指す。詳しくは，青木（1989b, pp. 70-73）を参照。研究により非計画購買がどちらの意味で使われているのか判断が難しいものもあるが，本章では主に狭義の非計画購買を意味するものとして使用する。
3) コロニアル研究の詳細は，青木（1989a, pp. 133-136）を参照。
4) 調査は5店舗で行われたが分析結果は4店舗の結果のみ示されている（Farley and Ring, 1966 p. 562）。
5) 山中（1975, 第3章）の研究は，百貨店において直接観察法により収集した1,800の動線データに基づき，百貨店内のフロア間移動をモデル化した研究である。
6) 小売業における雰囲気の重要性を指摘した先駆的研究としてKotler（1973）がある。
7) Eroglu and Machleit（1993）がRetail Environmentという表現を使用している。
8) PADモデルとは，Mehrabian and Russell（1974）により提案された快（Pleasure），覚醒（Arousal），支配（Dominance）の3次元により感情状態を理解するモデルである。後にRussell（1980）により，支配を除いた快，覚醒による2次元モデルが提案されている。
9) 小売店舗のイメージを取り上げた研究の総称である。詳しくは，小島（1977）のレビュー研究を参照。
10) 覚醒（Arousal）による影響の可能性を排除するため，踏み台昇降運動により覚醒のみを高めた場合も検討したが，覚醒が創造性に影響しているという結果は得られなかった。
11) 仮想の問題状況を提示し回答を求める手法であり，Burroughs and Mick（2004）は，夕食に招待されたが，履いていく靴が傷んでおり，替え靴も靴磨きのクリームもない状況を被験者に提示し，解決策を自由回答で求めるテストを行った。
12) 本研究の想起購買とは「家庭内の商品ストックが切れていることや，商品についての広告や過去の購買・使用経験を店舗内で想起して購入する場合」（青木, 1989b, p. 72）を指す。
13) 本研究の関連購買とは「購入された他の商品との関連性から店舗内でその必要性が認識され商品を購入する場合」（青木, 1989b, p. 72）を指す。
14) 本研究の条件購買とは「来店時に明確な購買意図は持っていないが漠然とした形で特定の商品の必要性を頭に描きつつ価格やその他の条件が整えば購入しようとする場合」（青木, 1989b, p. 72）を指す。
15) 注1を参照。

16) 銘柄選択とは「来店前には商品レベルでの購入予定しかなく店舗内での意思決定の結果として特定の銘柄が選択される」(青木, 1989b, p. 73) 場合を指す。
17) 銘柄変更とは「来店前にある特定の銘柄の購入が予定されていたが, 店舗内での意思決定の結果として当初の予定とは異なる銘柄が購入される」(青木, 1989b, p. 73) 場合を指す。
18) 本章の商品変更とは, 来店前に購入する百貨店内ショップと特定商品を決定していたが, 同じショップで異なる商品を購入した場合を指す。
19) 本章のショップ変更とは, 来店前に購入する百貨店内ショップを決定していたが, 実際には異なるショップで購入した場合を指す。
20) 本章の商品選択とは, 来店前に購入する百貨店内ショップのみを決定しているが, 買う商品は店頭で決める場合を指す。青木 (1989b, p. 73) の銘柄選択に近いが, 来店前に購入する百貨店内ショップだけ決定している場合を指す。
21) 本章の来店前カテゴリー決定とは, 来店前に購入する商品カテゴリー (例, 洋菓子) だけ決めていたが, ショップや商品は店頭で決めた場合を指す。青木 (1989b, p. 73) の銘柄選択に近いが, 来店前に百貨店内ショップを決定していないものを指す (来店前にショップを決定しているものを本章では商品選択と呼ぶ)。
22) 創造的購買を行う消費者は, 生鮮食品売場をよく利用するため来店回数が多い可能性も考えられるが, 創造的購買を行った消費者と行わなかった消費者間で, 生鮮食品売場の利用率に10%水準で統計的に有意な差は認められなかった。
23) 本章のデータでも各購買パターンの割合を計算しているが, 企業との共同研究の都合, 公表を控えさせていただくことをご容赦いただきたい。
24) 第2章第3節で言及した通り, 怒り, 恐怖などのネガティブな感情の機能と快などのポジティブな感情の機能は, 必ずしも同列に扱うべきではないかもしれない。ポジティブ感情の研究は, ネガティブ感情の研究に比べ蓄積が浅く, 解明されていない点が多い。さらなる研究の進展を待ちたい。

第7章

満足評価と感情
──快感情の持続の働き──

❖ はじめに

　特定のテーマパークでの楽しい経験を記憶している人は多いはずである。その経験を思い出すたびに楽しい気持ちになり，再び行きたいと思う消費者も少なくないだろう。また，ワクワクしながら買った新製品が期待はずれでがっかりし，しばらく気分が落ち込むことも時には経験しているだろう。マーケティング分野の理論研究（たとえば Holbrook and Hirchman, 1982; Bagozzi et al., 1999），実証研究（たとえば Holbrook et al., 1984; Havlena and Holbrook, 1986; Richins, 1997）においても，購入後の製品・サービスの所有・消費時に，消費者はさまざまな感情を経験し豊かな感情世界が存在すること，感情経験はいくつかの次元やパターンで捉えられることが指摘されている。このような消費に関わる感情経験は近年ますます注目を集め，研究の蓄積が進む一方，その感情経験の持続についてはほとんど注目も研究もなされていない。そのため短期的視点で見たとき，感情経験の持続が満足評価，苦情行動，口コミ行動などの購買後プロセスに与える影響について科学的知識は乏しい。また長期的視点で見たとき，長期的な関係構築や顧客ロイヤルティの形成過程において，感情経験の持続がもつ意味，役割についても科学的知識は極めて少ない。

　本章の目的は，感情経験と顧客満足に関する既存研究の知見を整理したうえで，快感情の持続と顧客満足の関係について探索的な実証研究から検討を行い，このテーマの研究の必要性と今後の方向性を明らかにすることである。まず，

第1節で既存研究の整理および快感情持続の効果と問題を指摘する。第2節で問題意識と分析枠組み,使用データ概要について説明する。第3節で分析結果を検討し,最後にまとめと今後の課題について述べる。

1 既存研究の検討

1-1 顧客満足の認知・感情の側面

1-1-1 顧客満足の概念と認知的側面重視の研究

　顧客満足概念について,すべての研究者,実務家が同意できる定義は確立されていない。しかし,多くの研究は,購買前の期待と購買後の成果評価の比較により,「購買前の期待＞購買後の成果評価」の場合に不満足の状態になり,「購買前の期待≦購買後の成果評価」の場合に満足の状態になるという発生プロセス(仮説)に依拠した定義や,これを定義の一部に含めた定義を用いている(Engel et al., 1968; Howard and Sheth, 1969; Oliver, 1980; Wilkie, 1994; 嶋口, 1994)。まず,1-1-1では,このような認知的視点に基づいた主要顧客満足研究を見ていく。

　先駆的研究として,Oliver (1980) は,期待と成果の比較が満足に影響し,満足が態度,意図へと順に影響することを大規模なフィールド調査で実証的に示した。既存研究(たとえばEngel et al., 1968)で期待・成果比較の満足への影響は論じられていたが,その関係と態度,意図への統合的プロセスを実証的に示すため,住民および学生にインフルエンザ・ワクチン接種前に事前の期待,態度,意図について調査を行い,インフルエンザの流行が終わった時期に再度調査を行い,期待と成果の差,満足,態度,意図,ワクチン接種・非接種状況などを調べた。パス解析の結果,期待と成果の不一致→満足→態度→意図の関係が明確に表れた(接種群では満足が事後の態度にプラスに影響し,非接種群では満足が事後の態度にマイナスに影響)。

　Oliver and Swan (1989) は,社会心理学の取引における公平性 (Fairness) と特恵[1] (Preference) の概念に注目し,公平性の知覚が満足にプラスに影響することを実証した。具体的には,社会心理学の文献の検討から得た知見をもとに,売り手と買い手のインプットとアウトプットが公平性と特恵に影響し,これら2変数と期待・成果不一致の3変数が満足に影響し,満足が意図に影響するモデルを構築した。このモデルを自動車の新規購買者と販売員を対象に行った調

査データ（有効回答415名）を，構造方程式モデルにより分析した。売り手側のインプットとアウトプットが公平性に与える影響は仮説と異なっていたが，満足には公平性，不一致が大きく影響しており，特恵からの有意な影響は認められなかった。

　嶋口（1994）は，消費者の満足形成モデルの検討に基づき，企業の戦略対応を検討する理論的研究を行った。満足と不満足の次元の相違，不満足を発生させないために本質サービスの充実が重要であること，より高い満足を目指すために戦略的に集中した表層サービスの充実が重要であることを指摘している。また，満足は購買前の期待と購買後の成果評価の単純な比較で決まるものではなく，知覚矯正効果により，客観的評価が主観的評価に歪められ，その主観的評価と購買前の期待との比較で決まるとしている。具体的には，購買前の期待よりも購買後の客観的評価が低い場合，同化作用が働き，購買前の期待の方に評価が歪められて主観的評価が形成され不満は比較的小さく感じられること，しかし，あまりにも購買前の期待の方が大きかった場合は対比効果が働き，客観的評価よりも下方に主観的評価が歪められて形成され，大きな不満を感じる状態になることを論じている。また，購買前の期待よりも購買後の客観的評価が高い場合，その差が小さければ同化効果が働き，購買後の客観的評価は期待の方向に歪められて形成され，その結果満足はやや小さくなること，しかし，この差が非常に大きいと対比効果が働き，高い満足状態になることを論じている。このような議論に基づき，嶋口は期待水準とパフォーマンス評価で規定される4つのパターン（満足空間）ごとの戦略対応を示した。

　金（2004）は嶋口（1994）の議論をもとに，東芝のクレーム・ホームページ事件をケースとして取り上げ，解釈を行った。事件において最終的に大きな不満を感じたプロセスを，知覚矯正メカニズムを仮定した顧客満足・不満足発生メカニズムで説明を行い，不満に対する企業の対応策の示唆をまとめた。

1-1-2　顧客満足と快感情の関係に関する研究

　顧客満足評価には，認知的要因だけでなく，感情的要因が関わっている。ここでは感情的要因に焦点を当てた既存研究を確認する。1-1-1で取り上げた認知的側面に関する伝統的研究の最大の貢献は，期待・成果の不一致，公平性など，何らかの「比較」が満足に大きく影響することを理論的・実証的に明らかにしたことである。しかし，顧客満足は冷静な「比較」のプロセスからのみ決

まるのではなく，製品やサービスを所有・消費する際の主観的感情経験も満足に少なくない影響を与えると考えられる。この点に関する主要研究を取り上げ，知見を整理する。

先駆的研究として Westbrook（1987）の研究がある。彼は製品の所有，消費時の快と不快の感情的反応が，事前の期待や期待と成果の不一致を媒介せずに，満足に影響することを示した。具体的には，自動車（有効回答 200 名）と CATV（有効回答 154 名）の消費・加入時の感情的反応を Izard（1977）の DES-Ⅱ尺度を用いて測定し，因子分析を行い快感情と不快感情の因子得点を計算した。そして，Andrews and Withey（1976）の Circles 測定（8 段階）と Delighted-Terrible 尺度（7 段階）の合計の平均値により測定した満足度を従属変数，先の2つの感情因子得点，購買前の期待便益，期待問題，全体期待，期待・成果一致を独立変数として階層的 OLS 法による分析を行い，期待と成果の不一致とは別に，快感情が満足にプラスに影響し，不快感情がマイナスに影響することを示した。

Westbrook（1987）の研究には，いくつか問題がある。1つ目は，分析手法に関する問題である。因子間に相関が認められるにもかかわらず（とくに自動車），OLS 法による分析を行っている点である。2つ目は，満足がどのように決まるのかというプロセスについて議論しているものの，満足そのものが何かについて十分な議論を行わずに Andrews and Withey（1976）の尺度を用いている点である。

Westbrook and Oliver（1991）は Westbrook（1987）の研究を拡張し，敵意，うれしい驚き，興味が満足に影響することを示した。具体的には，最近購入した車の所有・消費時の感情経験（Izard, 1977 の DES-Ⅱ），さまざまな満足度測度に関する 125 名の有効回答をもとに分析を行った。クラスター分析の結果，幸せ・満足，嬉しい驚き，感情なし，嬉しくない驚き，怒り・混乱の5つの消費経験パターンを発見し，それらの満足特徴を検討した後，判別分析で4次元を提示し，そのうちの解釈可能な3次元の満足への影響を検討した。Westbrook（1987）の研究が快，不快の次元だけで感情を捉えていたのに対し，感情次元を拡張することで，より現実の消費感情経験およびその満足への影響を明らかにした点は評価に値する。しかし，満足の規定要因や態度との違いを議論しているが，満足自体の内容について十分な議論を行っていない。

また，Oliver（1993）は，属性満足概念を既存の研究枠組みに組み込んで拡

張し，属性満足が快感情にプラスに影響すること，属性不満足が不快感情にプラスに影響すること，属性満足が不快感情にマイナスに影響すること（自動車のケースのみ）を示した。具体的には，Bettman（1974）の属性満足概念をもとに，属性満足・不満足が快・不快感情に影響するなどの5つの仮説を，自動車（有効回答125名）と大学のコース評価（有効回答178名）のデータを用いて検証した。DES-Ⅱ尺度（5段階評価）を用いて感情を測定し，属性満足・不満足に関しては，フォーカス・グループ・インタビューや文献調査から，自動車について19属性，大学のコース評価について18属性を選び，満足，不満足別々に6段階で測定した。2段階最小自乗法による分析の結果，属性満足・不満足と快・不快感情の関係が確認されたが，満足への影響度に着目すると，自動車でもコース評価においても期待・成果不一致が満足に大きく影響している点は興味深い。しかし，このモデルは属性満足・不満足と2つの感情間のパスが複雑であり，仮説通りの結果が出ていない部分もある。Bower（1981, 1991）の感情ネットワーク理論に基づき，快感情と不快感情間の抑制的リンケージを二概念間の相関という形で組み込めば，より節約的で明快なモデルに発展する可能性がある。

　さらに Mano and Oliver（1993）は効用的製品評価と快楽的製品評価が消費者の感情（快，不快，覚醒）に影響し，感情が満足に影響するモデルを構築し，検証を行い，これらの関係を明らかにした。具体的には，118名の学生を対象に，低関与条件と高関与条件を無作為に割り当て，関与，製品評価，感情状態，満足について測定を行った。低関与条件では，最近購入した購入頻度の高い安価な製品を思い出すように求め，製品名，ブランド名，価格を記入したうえで，質問票の回答を行わせた。高関与条件では，最近購入した最も高価で複雑な製品を思い出させたうえで，同様の記入を行わせた。相関分析，2段階最小自乗法による分析の結果，快楽的製品評価が快感情に影響し，さらに満足に影響するパスの影響度の大きさが確認された。また高関与な場合，効用的製品評価と快楽的製品評価が高くなることも示した。

　他にも Oliver and Swan（1989）の接客満足研究に感情を組み込み発展させた Söderlund and Rosengren（2004）の研究，Oliver（1981）の認知的満足の概念的研究に感情を組み込み，シナリオ実験を用いて実証を行った Burns and Neisner（2006）の研究，小売店舗における取引的価値と差別的価値が店舗満足と情緒に与える影響および情緒がコミットメントに与える影響などをパス解

析で実証した Chaudhui（2006）の研究など，近年でも多くの研究が行われている。

　既存研究の成果と課題をまとめたい。最も大きな成果は，既存研究の多くが，快感情が満足にプラスの影響を与え，不快感情が満足にマイナスの影響を与えていることを明らかにしている点である。一方，課題もいくつかある。感情経験は発生して瞬時に終わるような経験ばかりではない。ある一定期間持続する場合もあれば，精神的反芻を繰り返し比較的長い間持続する場合もある（川瀬, 2005）。心理学ではこのような持続する感情経験として不快感情経験が取り上げられることが多いが，快感情経験でも感情状態の持続は生じると考えられる。企業が顧客と長期的関係を構築していく過程で，快感情経験とその持続が何らかの影響を及ぼしていることは想像できるが，快感情の持続と購買後プロセスの関係に関する科学的研究は極めて乏しい。

1-2　快感情の持続と顧客満足
1-2-1　快感情・感動とその持続の実務における重要性

　科学的研究として，快感情持続と満足などの購買後プロセスの関係を取り上げたものはないが，実務においてはその関係が示唆されている。とくに，快感情が非常に大きく，興奮や驚きを伴った感情状態を「感動」と呼ぶならば，感動やその感動の持続が満足，継続購買などに与える影響の大きさを推察できる事例がいくつかある。

　先駆的な事例として有名なのは，スカンジナビア航空の「真実の瞬間」である（Carlzon, 1987）。頻繁に飛行機を利用するビジネス客に的を絞り，1回約15秒の顧客との接触時間の中で，高い顧客満足を実現するように組織，従業員などを再編した事例は，顧客満足型経営（Carlzon は「顧客本位」と表現）の成功例として今でもよく引用される。航空券を忘れたあるビジネス客は，権限委譲された現場従業員の迅速かつ的確な判断で無事搭乗でき，大きな感動を経験する。また，定時運行，チェックインのスムーズさなど，ビジネス客が最低限満たして欲しいことの確実な履行は，心地良い感情を生み出す。このような感動や快感情の持続と蓄積が，普通運賃利用客（ビジネス客が多い）の23％増加に，いくばくか影響したことは否定できないだろう。

　また，東京ディズニーランド（以下TDL）の成功においても，顧客の感動や快感情持続が非常に大きな役割を果たしていると考えられる。粟田（2003）は

TDLの成功と顧客の感動の関係について詳しく述べている。これによれば，TDLの収入構成の中で入場料以外の商品，飲食の収入が約60％を占めており，感動や楽しい経験がこれらの支出に大きく影響しているとしている。また，TDLは，リピーター率が98％で，過去20年間に10回以上来園した人は60％を超えていることも指摘されている。このようなリピートの過程で，1回ごとの感動や楽しい経験の蓄積，持続が何らかの役割を果たしているのは容易に想像できる。

　さらに，ザ・リッツ・カールトンの成功も顧客の感動や快感情持続と切り離すことはできないだろう。リッツカールトン・ミスティークとして語られる多くのエピソードがそれを物語っているが，それに対応するように元営業統括支配人も，感動を重視する理由の1つとして「顧客は自分自身が『感動』を体験して初めて，そのサービスを周囲の人に伝えようと思うからである。感動は余韻を残し，1人から10人，10人から100人へと，どんどん口コミとして伝わっていく」（林田, 2007, p. 29）ことを挙げ，感動とその余韻の持続の重要性を指摘している。

　このような事例はサービス分野で多く語られる傾向があるようだが，どの事例も1回1回の感動の積み重ねと持続が，顧客の満足やリピート行動，口コミ行動など購買後プロセスに大きな影響を与えることを示唆している。

1-2-2　快感情と快感情の過度の持続がもたらす問題

　快感情とその持続は，その経験を求める消費者にとって良いことであるが，心理学分野の研究成果に基づけば，快感情とその持続からさまざまな弊害が生じることも考えられる。特定商品の消費によって生じた快感情は，その商品に関わる記憶や判断のみに影響するだけでない。感情情報説（モデル）に関する研究（Schwarz, 1990）や感情ネットワーク理論（モデル）に関する研究（Bower, 1981, 1991），これらを統合した感情混入モデル（Forgas, 1995）などの研究に基づけば，特定商品の消費によって生じた快感情経験が，ムードとして他の対象の知覚，記憶，選択・評価を含めた社会的判断全般（別の製品の購入，買物場所選択など）に影響する。このような観点から，快感情の間欠的反芻や再賦活化による過度の持続は，4つの問題を発生させると考えられる。

　1つ目は，簡便な意思決定方略の使用による選択の最適性の低下である。感情の中でも強度が比較的弱く，持続時間が長い感情状態をムードと呼び，実証

研究ではムードをポジティブ・ムードとネガティブ・ムードに分けることが多い。一般的に、ポジティブ・ムード下では簡便な意思決定方略，ネガティブ・ムード下では慎重な意思決定方略が用いられることが多い（たとえば Isen and Means, 1983。レビューとして竹村, 1996）。快感情を含めたポジティブ・ムードは，創造的な問題の発見と解決を促進するというプラスの側面もあることが指摘されているが（Isen et al., 1987; Isen et al., 1991; Isen, 2000），複雑性の低い問題，典型性の高い対象に関する評価などの場合，簡便な評価ルールの使用を促進することが社会的判断研究で一般的に指摘されている。そのため，消費者行動においても，ポジティブ・ムード下での購入頻度の高い製品，ルーティーン化された買物の場合，簡便な評価ルールが用いられる可能性が高いと考えられ，必ずしも最適な選択行動が行われない可能性がある。

2つ目は，環境の判断能力，生活課題認識能力の低下である。Schwarz and Clore（1983），Schwarz（1990）の感情情報説に基づけば，感情は環境のシグナルとして機能している側面がある。このシグナルがプラスで点灯し続けるということは，自分を取り巻く環境に問題はないと判断し続けることになり，環境に対する精査能力が低下する。もちろん，先述のように創造的課題に対する対処能力はあがるかもしれないが，日常の生活課題・買物課題の解決過程の初期段階において，課題が適切かつ迅速に認識されなくなる傾向が強まる（たとえば，冷蔵庫の野菜の腐敗に気づかない，着用している服と流行の乖離具合に気づかないなど）のであれば，消費生活に少なくない影響を及ぼすと考えられる。

3つ目は，快感情状態を維持するためにさらなる買物と消費が誘発される可能性である。これは動機の問題であるが，ポジティブ・ムード下ではムードの維持動機が働くことが知られている（Clark and Isen, 1982; Isen, 1984a）。買物や消費で生じた快感情を維持するために，さらなる買物と消費が誘発される可能性がある。もちろん，ネガティブな感情状態を改善するという感情状態の制御が主要な買物動機になる場合もあるが（石淵, 2002），ムード維持動機が強く働きすぎると，さらなる買物と消費を刺激しすぎる可能性がある。

4つ目は，記銘，想起のポジティブ側面への傾注による判断の歪みである。ポジティブ・ムード下では，人の記銘や想起は，ネガティブな感情価を持つ情報よりも，ムードと一致するポジティブな感情価を持つ情報に偏向する（第2章第6節6-2を参照）。製品やサービス取引のネガティブな側面が意思決定，評価の際に捨て去られることは，より良い選択や評価を妨げると考えられる。

日々の食料品の購買など,合理的な買物や消費を最重要視する状況で,しかも買物と消費が高頻度で連続する状況の場合,このような問題を避けるために,快感情状態を意識的に下げることも考えられる。このような心的操作は,ムード・コントロール,感情抑制理論の「抑制(Suppression)」(Kennedy-Moore and Watson, 1999)の一種と考えられる。また,感情状態そのものを下げるのではなく,快感情の持続を顧客満足などの評価に関係づけないなどの評価段階での心的操作も対処として考えられる。

2 問題意識とデータ概要

2-1 問題意識と分析枠組み

1-2で確認した通り,いくつかの事例から顧客満足と快感情の持続の間には正の相関関係が存在することが示唆されている。しかし,心理学の感情研究からは,快感情状態の持続が必ずしも良い消費生活をもたらさない可能性があること,そしてそのために何らかの心的操作が行われる可能性があることを指摘した。しかし,このような2つの概念間の関係について,定量的に調査,分析した研究はまだない。

そこで本章では,快感情の持続と顧客満足の関係に関する探索的検討を行う。探索的検討だけでは,快感情の持続の影響が認められない場合,どのような心的操作が行われているのかについて確かめることができないが,まず顧客満足と快感情の持続の関係を探索的に検討することで,今後の研究の必要性と方向性を確認したい。

また検討のために,顧客満足と快感情の持続に,快感情も含めた構造方程式モデル分析を行う。1-1で確認した通り,顧客満足と快感情が関係していることは既存研究が指摘しており,この関係を考慮したうえで,快感情の持続と顧客満足の関係を検討する必要がある。またその際,快感情と快感情の持続の関係もあわせて検討する。したがって本章では,4つの構造方程式モデルを検討する。Model 1は顧客満足に快感情と快感情の(不)持続が影響する構造方程式に,快感情と快感情の(不)持続に相関関係を仮定するモデルである。Model 2はModel 1の快感情と快感情の(不)持続に相関関係(表7-3ではCorrと表記)を仮定しないモデルである。Model 3はModel 1の快感情の(不)持続が顧客満足に影響するパス(表7-3ではG13と表記)のないモデルである。

Model 4 は Model 1 の快感情と快感情の（不）持続に相関関係を仮定しない，かつ快感情の（不）持続が顧客満足に影響するパスのないモデルである。以上4つのモデルの適合度を検討することで，快感情の持続と顧客満足の関係と，快感情と快感情の持続の関係を明らかにする。

ここで1点留意したいのは，顧客満足と態度，感情の概念の異同および関係である。これらの点に関してまだ結論は出ていない。しかし，本章では既存研究に基づき，満足と態度は異なり（Oliver, 1980; Westbrook and Oliver, 1991），また満足と感情も異なり（Westbrook, 1987），感情と態度も異なる（Mehrabian and Russell, 1974; 石淵, 2006）という立場で研究を進める。この立場の明確化は，別の立場による研究を否定することを意図するものではなく，さまざまな立場からの研究の蓄積により顧客満足構造の科学的解明が希求されている中で，本章の前提と位置づけを明確にするために行うものである。

2-2 データ概要

顧客満足と快感情の持続の関係を検討するために，2005年8月に西日本リビング新聞社によって行われた調査データの一部を用いる。調査は，福岡都市圏および北九州市に居住する20代から60代の主婦モニター600名を対象に行われた。調査は郵送で行われ，有効回答数は458サンプルであった（回収率76.3％）。回答のうち，分析に用いる変数に欠損のあるサンプル46サンプルを削除した。また，回答分布の検討より29項目（本章の分析に用いない変数も含む）について，平均から極端な乖離のある25サンプルを識別した。これらのサンプルの回答には，単調回答，無意味なランダム回答の傾向が強く見られたため，これら25サンプルを削除した。その結果，最終的に387サンプルを分析に用いた。

本章の分析には，この調査の，8品目（外出着・おしゃれ着，普段着・カジュアル服，日用雑貨・家庭用品，化粧品，家電製品，日々の食料品，靴・バッグ，下着）の満足度（2項目）と快感情に関する項目（3項目），快感情の不持続に関する項目（3項目）を用いた。満足に関する項目は，Oliver（1980），Oliver and Swan（1989）の尺度を参考に作成した2項目を用いる（表7-1参照）。1つ目の項目は伝統的な期待・成果一致・不一致モデルに対応する項目であり，2つ目の項目はどれだけ満たされたかに関する全体的で，満足のやや感情的な側面に対応する項目である。期待・成果一致・不一致を満足度測定に含めるか否かは

研究により異なるが（たとえば，満足度に含めた研究として Burns and Neisner, 2006，別概念として満足度に含めない研究として Oliver, 1980），含めない研究の多くは，満足度測定項目に Happy などの表現を用いて感情的な側面を重視した測定を行うことが多い。本章では，感情で感情を説明する循環論を避け，感情的側面に過度に偏らず，認知・感情の両側面を考慮した満足概念を測定するために，この2項目を選んだ。快感情に関しては井上・石淵（1997）の尺度のうちの3項目を用いた。また快感情の不持続に関しては井上・石淵（1997）を参考に作成した3項目を用いた（表7-1参照）。これらの項目を5点 Likert 法で測定した。分析は品目ごとに，前頁で述べた4つのモデルを構造方程式モデルにより行った。

　本章では顧客満足を，製品カテゴリー水準で測定している。通常，顧客満足は取引特定的水準で測定することや，個別取引を集計した特定ブランドあるいは特定企業水準で測定することが多いが，本章では入手データの制約上，集計水準の高い顧客満足，快感情持続データを用いる。このため，個別の消費経験の快感情，快感情の持続，満足を品目ごとに集計・平均した水準で見ることになること，満足と快感情の持続について，品目特性による差異を中心に見ることになることに留意する必要がある。また特定企業やブランドの顧客満足を扱っているわけではないため，消費者満足と呼ぶのが適切かもしれないが，こうした集計水準の顧客満足についても顧客満足と呼ぶ文献もあること（たとえば Barsky and Nash, 2003），消費者満足と顧客満足を同一とみなす立場（西村, 1998）もあることから，この点を注意するに留め，以降も顧客満足（あるいは簡便に「満足」）という言葉を用いる。

3　分析結果

3-1　記述統計量，正規性，尺度の信頼性の確認

　表7-1により項目ごとの平均値，標準偏差を見ると，満足に関する2項目はいずれの品目でも比較的高く，快感情に関する項目は日用雑貨・家庭用品，日々の食料品など最寄品では約3で中程度であるが，外出着・おしゃれ着などの買回品では，比較的高い。逆に，快感情の持続に関しては，最寄品でやや持続性が高く（不持続で操作化しているため数値が小さいほど持続），買回品では最寄品に比べるとやや持続性が低い点は興味深い。

表 7-1 尺度項目と記述統計量，信頼性係数

品 目	因子名	項目	平均	標準偏差	歪度	尖度	項目合計平均値	項目合計平均値標準偏差	Cronbach-α
外出着・おしゃれ着	満 足	満足している	3.693	0.834	−0.558	0.354	3.605	0.723	0.697
		購入したものは期待通りか期待より良いと感じる	3.517	0.815	−0.371	0.387			
	快	商品を使っていて楽しいと感じる	3.767	0.729	−0.175	0.016	3.719	0.714	0.928
		商品を使っていてうれしいと感じる	3.767	0.732	−0.840	−0.355			
		商品を使っていて気分が晴れ晴れすると感じる	3.623	0.835	−0.407	0.540			
	快の不持続	すぐに楽しいと感じなくなる	2.571	0.942	0.018	−0.434	2.590	0.904	0.952
		すぐにうれしいと感じなくなる	2.553	0.933	0.018	−0.374			
		すぐに気分が晴れ晴れすると感じなくなる	2.646	0.966	−0.020	−0.447			
普段着・カジュアル服	満 足	満足している	3.729	0.779	−0.376	0.392	3.575	0.698	0.789
		購入したものは期待通りか期待より良いと感じる	3.421	0.756	0.034	0.245			
	快	商品を使っていて楽しいと感じる	3.362	0.842	−0.266	0.434	3.340	0.798	0.948
		商品を使っていてうれしいと感じる	3.401	0.816	−0.166	0.238			
		商品を使っていて気分が晴れ晴れすると感じる	3.258	0.858	−0.276	0.471			
	快の不持続	すぐに楽しいと感じなくなる	2.703	0.874	−0.273	−0.035	2.698	0.836	0.952
		すぐにうれしいと感じなくなる	2.685	0.854	−0.299	−0.006			
		すぐに気分が晴れ晴れすると感じなくなる	2.705	0.900	−0.308	−0.344			
日用雑貨・家庭用品	満 足	満足している	3.687	0.760	−0.544	1.035	3.470	0.635	0.655
		購入したものは期待通りか期待より良いと感じる	3.253	0.711	−0.019	1.071			
	快	商品を使っていて楽しいと感じる	3.090	0.788	−0.225	1.110	3.041	0.738	0.949
		商品を使っていてうれしいと感じる	3.062	0.776	−0.175	1.302			
		商品を使っていて気分が晴れ晴れすると感じる	2.972	0.760	−0.345	1.430			
	快の不持続	すぐに楽しいと感じなくなる	2.592	0.814	−0.371	0.222	2.600	0.783	0.954
		すぐにうれしいと感じなくなる	2.581	0.818	−0.321	0.304			
		すぐに気分が晴れ晴れすると感じなくなる	2.628	0.825	−0.247	0.253			
	満 足	満足している	3.736	0.829	−0.628	0.919	3.609	0.762	0.795

化粧品		購入したものは期待通りか期待より良いと感じる	2.481	0.843	-0.212	0.266			
	快	商品を使っていて楽しいと感じる	3.481	0.803	0.063	0.152			
		商品を使っていてうれしいと感じる	3.463	0.815	0.006	0.215	3.438	0.777	0.945
		商品を使っていて気分が晴れ晴れすると感じる	3.372	0.837	0.036	0.428			
	快の不持続	すぐに楽しいと感じなくなる	2.566	0.903	-0.198	-0.256			
		すぐにうれしいと感じなくなる	2.579	0.891	-0.173	-0.093	2.583	0.862	0.947
		すぐに気分が晴れ晴れすると感じなくなる	2.605	0.923	-0.131	-0.288			
家電製品	満足	満足している	3.809	0.730	-0.610	1.386	3.677	0.660	0.722
		購入したものは期待通りか期待より良いと感じる	3.545	0.762	-0.118	0.424			
	快	商品を使っていて楽しいと感じる	3.506	0.773	-0.241	0.513			
		商品を使っていてうれしいと感じる	3.517	0.759	-0.325	0.824	3.446	0.725	0.925
		商品を使っていて気分が晴れ晴れすると感じる	3.315	0.801	-0.143	0.676			
	快の不持続	すぐに楽しいと感じなくなる	2.651	0.893	-0.023	0.184			
		すぐにうれしいと感じなくなる	2.623	0.903	-0.052	0.056	2.624	0.847	0.939
		すぐに気分が晴れ晴れすると感じなくなる	2.599	0.895	-0.040	0.025			
日々の食料品	満足	満足している	3.654	0.740	-0.347	0.140	3.472	0.642	0.709
		購入したものは期待通りか期待より良いと感じる	3.289	0.719	-0.075	0.730			
	快	商品を使っていて楽しいと感じる	3.078	0.744	-0.050	1.877			
		商品を使っていてうれしいと感じる	3.098	0.738	-0.041	1.661	3.062	0.718	0.960
		商品を使っていて気分が晴れ晴れすると感じる	3.010	0.758	-0.161	1.807			
	快の不持続	すぐに楽しいと感じなくなる	2.581	0.834	-0.300	0.325			
		すぐにうれしいと感じなくなる	2.584	0.824	-0.382	0.155	2.577	0.784	0.954
		すぐに気分が晴れ晴れすると感じなくなる	2.566	0.800	-0.369	0.270			
靴・バッグ	満足	満足している	3.724	0.848	-0.542	0.407	3.619	0.746	0.773
		購入したものは期待通りか期待より良いと感じる	3.514	0.806	-0.300	0.597			
	快	商品を使っていて楽しいと感じる	3.656	0.781	-0.332	0.641			
		商品を使っていてうれしいと感じる	3.667	0.755	-0.161	0.314	3.613	0.731	0.914
		商品を使っていて気分が晴れ晴れすると感じる	3.517	0.844	-0.300	0.560			

	快の不持続	すぐに楽しいと感じなくなる	2.620	0.929	0.045	0.006			
		すぐにうれしいと感じなくなる	2.625	0.917	0.062	0.076	2.625	0.867	0.936
		すぐに気分が晴れ晴れすると感じなくなる	2.630	0.916	0.088	0.060			
	満足	満足している	3.509	0.812	−0.219	0.099	3.383	0.715	0.761
		購入したものは期待通りか期待より良いと感じる	3.258	0.779	−0.023	0.758			
下着	快	商品を使っていて楽しいと感じる	3.307	0.858	−0.241	0.293			
		商品を使っていてうれしいと感じる	3.287	0.853	−0.235	0.408	3.254	0.813	0.944
		商品を使っていて気分が晴れ晴れすると感じる	3.168	0.861	−0.159	0.533			
	快の不持続	すぐに楽しいと感じなくなる	2.605	0.871	−0.277	−0.245			
		すぐにうれしいと感じなくなる	2.623	0.883	−0.252	−0.207	2.622	0.840	0.949
		すぐに気分が晴れ晴れすると感じなくなる	2.638	0.892	−0.191	−0.190			

(注) サンプル数は387。

　次に，後に行う構造方程式モデル分析において最尤推定法を用いる際に，データの正規性が問題になるため，ここで確認を行う。表7-1を見ると各項目の歪度に関してとくに大きい値がないが，尖度がやや大きい項目がいくつかある。尖度の値がやや大きいものには，傾向がある。品目では，日用雑貨・家庭用品，日々の食料品に多く，項目では満足，快感情に多い。日用雑貨・家庭用品や日々の食料品に関しては低関与であることが多く，これらの回答についてどちらでもないという中間回答が多いことが窺われる。ただ，これらの尖度の値は極端に大きくないこと，構造方程式モデルにおける最尤推定法の頑強性を指摘する研究（Boomsma, 1987）の存在，分析に用いるサンプルが387と大きいことなど3つの理由から，後の分析では最尤推定法を用いる。

　次に，満足，快感情，快感情の不持続の各概念の尺度の信頼性と次元性の確認を行う。Cronbach-α（表7-1）は外出着・おしゃれ着の満足，日用雑貨・家庭用品の満足が若干低いが極端に低い数字ではなく，信頼性にとくに大きな問題はなかった。また，全品目をプールしたデータと品目別データに対して探索的因子分析を行い，3因子の次元性の相違を確認した[2]（表7-2は全品目プール・データの探索的因子分析結果）。

表 7-2　探索的因子分析の因子負荷量（全品目プール，主因子法，Promax 解）

	快感情不持続	快感情	満足	共通性
満足している	−0.035	0.015	0.743	0.777
購入したものは期待通りか期待より良いと感じる	0.017	0.070	0.747	0.610
商品を使っていて楽しいと感じる	−0.019	0.938	−0.001	0.883
商品を使っていてうれしいと感じる	−0.017	0.978	−0.007	0.952
商品を使っていて気分が晴れ晴れすると感じる	0.047	0.822	0.065	0.728
すぐに楽しいと感じなくなる	0.974	−0.008	0.006	0.947
すぐにうれしいと感じなくなる	0.989	−0.018	0.014	0.974
すぐに気分が晴れ晴れすると感じなくなる	0.817	0.035	−0.033	0.677
固有値	3.254	2.363	0.462	

（注）因子間の相関係数：快感情不持続と快感情 −0.088，快感情不持続と満足 −0.251，快感情と満足 0.513。

3-2　快感情の持続の品目比較

　各概念の項目合計平均値と標準偏差（表7-1）より，快の持続に関する興味深い特徴が2つ見えてくる。1つ目は，快感情の平均値の高い品目が必ずしも快感情の持続の平均値が高いわけでない点である。快感情が高いのは，順に，外出着・おしゃれ着，靴・バッグ，家電製品，化粧品，普段着・カジュアル着，下着，日々の食料品，日用雑貨・家庭用品であるが，快感情の持続が長いのは順に，日々の食料品，化粧品，外出着・おしゃれ着，日用雑貨・家庭用品，下着，家電製品，靴・バッグ，普段着・カジュアル着であった（平均値が小さいほど持続する点に注意）。とくに食料品と靴・バッグは順序が異なり，食料品は楽しさが低いが急速に冷めにくいこと，靴・バッグは楽しさが大きいがやや速く減衰する様子が窺える。2つ目は，快感情の持続の標準偏差が満足や快感情に比べて大きい点，とくに外出着，靴・バッグ，化粧品などの買回品で大きい点である。感情に関する人格や所得（とくに可処分所得）などの個人差要因が快感情の持続に関係していることが窺え，極めて興味深い。

3-3　構造方程式モデルによる分析

　先述した4つのモデルを品目ごとに，最尤推定法により推定を行った。各モデルの適合度指標は表7-3である。外出着，普段着，靴・バッグ以外では，指標により最良モデルが異なる。全指標を考慮するが，標本数の多さを考慮して χ^2 よりは，RMSEA と情報量基準にとくに注目してモデル選択を行う。情報量基準のみに依存しないのは，情報量基準の微細な差で，モデルの優劣を判断することの危険性が指摘されているためである。さまざまな指標を考慮しなが

表 7-3 各モデルの適合度指標

品 目	GFI	AGFI	χ^2	df	p	RMR	RMSEA	AIC	CAIC	SBC
外出着										
Model 1	0.971	0.939	47.461	17	0.000	0.028	0.068	13.461	−70.833	−53.833
Model 2 (1のCorrなし)	0.951	0.902	83.443	18	0.000	0.096	0.097	47.443	−41.809	−23.809
Model 3 (1のG13なし)	0.960	0.919	70.131	18	0.000	0.059	0.087	34.131	−55.121	−37.121
Model 4 (1のCorr, G13なし)	0.941	0.887	107.643	19	0.000	0.129	0.110	69.696	−24.517	−5.517
普段着・カジュアル服										
Model 1	0.984	0.967	25.029	17	0.094	0.012	0.035	−8.971	−93.264	−76.264
Model 2 (1のCorrなし)	0.974	0.947	43.054	18	0.001	0.069	0.060	7.054	−82.197	−64.197
Model 3 (1のG13なし)	0.965	0.930	58.204	18	0.000	0.063	0.076	22.204	−67.048	−49.048
Model 4 (1のCorr, G13なし)	0.955	0.915	76.863	19	0.000	0.105	0.089	38.863	−55.347	−36.347
日用雑貨・家庭用品										
Model 1	0.973	0.944	42.967	17	0.001	0.023	0.063	8.967	−75.326	−58.326
Model 2 (1のCorrなし)	0.973	0.946	43.508	18	0.001	0.029	0.061	7.508	−81.743	−63.743
Model 3 (1のG13なし)	0.972	0.944	46.614	18	0.000	0.031	0.064	10.614	−78.637	−60.637
Model 4 (1のCorr, G13なし)	0.972	0.946	47.104	19	0.000	0.034	0.062	9.104	−85.106	−66.106
化粧品										
Model 1	0.973	0.942	45.611	17	0.000	0.019	0.066	11.611	−72.682	−55.682
Model 2 (1のCorrなし)	0.970	0.941	50.022	18	0.000	0.041	0.068	14.022	−75.229	−57.229
Model 3 (1のG13なし)	0.964	0.927	63.223	18	0.000	0.055	0.081	27.223	−62.029	−44.029
Model 4 (1のCorr, G13なし)	0.961	0.926	68.067	19	0.000	0.075	0.082	30.067	−64.143	−45.143
家電製品										
Model 1	0.967	0.930	57.031	17	0.000	0.019	0.078	23.031	−61.262	−44.262
Model 2 (1のCorrなし)	0.966	0.932	58.702	18	0.000	0.025	0.077	22.702	−66.550	−48.550
Model 3 (1のG13なし)	0.963	0.925	64.515	18	0.000	0.031	0.082	28.515	−60.736	−42.736
Model 4 (1のCorr, G13なし)	0.962	0.927	66.401	19	0.000	0.410	0.080	28.401	−65.809	−46.809
日々の食料品										
Model 1	0.987	0.973	20.641	17	0.243	0.011	0.024	−13.359	−97.652	−80.652
Model 2 (1のCorrなし)	0.987	0.974	20.685	18	0.296	0.013	0.020	−15.315	−104.567	−86.567
Model 3 (1のG13なし)	0.985	0.970	24.378	18	0.143	0.023	0.030	−11.622	−100.874	−82.874
Model 4 (1のCorr, G13なし)	0.985	0.972	24.414	19	0.181	0.023	0.027	−13.586	−107.796	−88.796
靴・バッグ										
Model 1	0.970	0.937	47.164	17	0.000	0.021	0.068	13.164	−71.129	−54.129
Model 2 (1のCorrなし)	0.965	0.929	56.718	18	0.000	0.054	0.075	20.718	−68.534	−50.534
Model 3 (1のG13なし)	0.961	0.923	64.205	18	0.000	0.053	0.082	28.205	−61.047	−43.047
Model 4 (1のCorr, G13なし)	0.965	0.916	74.424	19	0.000	0.085	0.087	36.424	−57.786	−38.786
下着										
Model 1	0.991	0.980	14.637	17	0.622	0.012	0.000	−19.363	−103.657	−86.657
Model 2 (1のCorrなし)	0.990	0.980	15.667	18	0.616	0.023	0.000	−20.333	−109.584	−91.584
Model 3 (1のG13なし)	0.985	0.970	24.091	18	0.152	0.037	0.030	−11.909	−101.161	−83.161
Model 4 (1のCorr, G13なし)	0.984	0.970	25.259	19	0.152	0.047	0.029	−12.741	−106.951	−87.951

(注) サンプル数は 387。Corrは快と快不持続の因子間相関,G13は快不持続から満足へのパスを表す。

ら,最終的には,節約性と標本数の影響を重視し,CAICが5以内であれば,モデルとデータの乖離を自由度で調整したRMSEAを基準にモデル選択を行った。

上記基準に基づいた結果,外出着・おしゃれ着,普段着・カジュアル着,化

粧品，靴・バッグの4品目ではModel 1（図7-1は外出着・おしゃれ着の推定結果），日用雑貨・家庭用品，家電製品，日々の食料品，下着の4品目はModel 2（図7-2は日々の食料品の推定結果）が最良モデルであった。表7-4の品目ごとの最良モデルの推定結果をもとに，推定値の解釈，全体的解釈を行う。

まず測定方程式のパスの推定値（表7-4）に関して注目すべき点が2点ある。1つ目は，満足に関わる2つの測定方程式のパスの標準化推定値が品目に関わらずほぼ同程度の数値であることである。機能性が重視される日用雑貨・家庭用品，家電製品，日々の食料品などでは期待・成果の比較の方の推定値がやや大きいが，極端に大きな差はない。測定している満足は，認知的側面と感情的側面の両面をバランスよく含んでいることが窺える。2つ目は，快感情から気分が晴れ晴れするへのパスの推定値と，快感情の不持続からすぐに晴れ晴れすると感じなくなるへのパスの推定値が，他の2つの観測変数へのパスの推定値に比べてやや低い点である。しかし，R^2は0.586（靴・バックの快感情の測定方程式）から0.788（日用雑貨・家庭用品の快感情の測定方程式）の間であり，決して適合が悪いわけではない。信頼性係数の分析とあわせて考えても，3つの項目による快感情，快感情の持続の測定には大きな問題はない。

次に，快感情と快感情の持続の因子間の相関係数（表7-4）に注目すると，最良モデルの相違から，両者の間にプラスの相関関係（分析では不持続として操作化しているため，相関係数がマイナスの値となっている）のある品目とない品目がある。相関関係のある品目は，外出着・おしゃれ着，普段着・カジュアル着，化粧品，靴・バッグの4品目であり，これらは主婦にとって比較的関与の高い製品であり，買回品の性格がやや強い品目である[3]。これに対して，相関関係が認められなかった品目は，日用雑貨・家庭用品，家電製品[4]，日々の食料品，下着の4品目であり，前出の4品目に比べて関与の低い製品であり，最寄品の性格がやや強い品目である。本研究のように消費経験を品目水準で2つの概念の共変関係のみを見た場合，比較的関与の高い買回品に関しては，一般的には消費時の快感情が大きいほど，快感情は持続すると言える。しかし，低関与な最寄品に関して，この関係は認められなかった。

さらに，構造方程式のパスの推定値（表7-4）について見ると，注目すべき点が2点ある。1つ目は，既存研究と同様に，快感情から満足にプラスの大きな影響があることである。品目によりやや大きさに差があるものの，全品目において5%レベルで有意な影響が認められた。2つ目は，快感情の持続につい

表 7-4 最良モデルの品目別パラメーター推定値（標準化推定値）

	外出着・おしゃれ着	普段着・カジュアル服	日用雑貨・家庭用品	化粧品	家電製品	日々の食料品	靴・バッグ	下着
測定方程式のパラメーター								
満足→満足している	0.732	0.831	0.616	0.839	0.691	0.714	0.786	0.808
満足→期待通りか期待以上	0.731	0.785	0.792	0.786	0.814	0.769	0.801	0.758
快→使用して楽しい	0.955	0.933	0.917	0.920	0.942	0.982	0.919	0.938
快→使用して嬉しい	0.966	0.983	0.983	0.968	0.962	0.966	0.978	0.972
快→使用して晴れ晴れ	0.789	0.866	0.888	0.883	0.796	0.881	0.766	0.858
快不持続→すぐに楽しいと感じなくなる	0.981	0.961	0.984	0.964	0.977	0.975	0.973	0.976
快不持続→すぐに嬉しいと感じなくなる	0.988	0.993	0.985	0.996	0.973	0.993	0.985	0.992
快不持続→すぐに気分が晴れ晴れすると感じなくなる	0.892	0.846	0.837	0.825	0.799	0.840	0.783	0.819
構造方程式のパラメーター								
快→満足	0.571	0.394	0.556	0.503	0.639	0.424	0.568	0.579
快不持続→満足	−0.257	−0.306	*−0.108*	−0.213	−0.141	*−0.112*	−0.211	−0.157
因子相関								
快⇔快不持続	−0.307	−0.218	—	−0.110	—	—	−0.161	—
モデル適合度								
GFI	0.971	0.984	0.973	0.973	0.966	0.987	0.970	0.990
AGFI	0.939	0.967	0.946	0.942	0.932	0.974	0.937	0.980
χ^2	47.461	25.029	43.508	45.611	58.702	20.685	47.164	15.667
df	17	17	18	17	18	18	17	18
p	0.000	0.094	0.001	0.000	0.000	0.296	0.000	0.616
RMR	0.028	0.012	0.029	0.019	0.025	0.013	0.021	0.023
RMSEA	0.068	0.035	0.061	0.066	0.077	0.020	0.068	0.000

（注）斜体は5%で n.s., それ以外のパラメーターはすべて5%有意。因子相関の行の―は，モデル選択に基づき推定されなかったパラメーターを表す。

て，外出着・おしゃれ着，普段着・カジュアル着，化粧品，靴・バッグの比較的高関与で，買回品の性格がやや強い4品目では，5%水準で有意で，0.2以上のプラスの影響が認められたが（分析では不持続として操作化しているため推定値がマイナスの値），日用雑貨・家庭用品，家電製品，日々の食料品，下着の比較的低関与で最寄品の性格がやや強い4品目については，0.2以下の弱い関係しかなかった点である。とくに日用雑貨・家庭用品と日々の食料品に関しては有意水準5%で影響が認められなかった。この結果は，快感情の持続が満足に与える影響は品目特性，関与水準によって大きく異なることを示唆している。

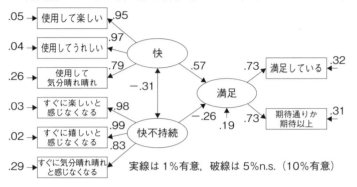

図7-1 外出着・おしゃれ着の推定結果（Model 1）（パスの数値は標準化解）

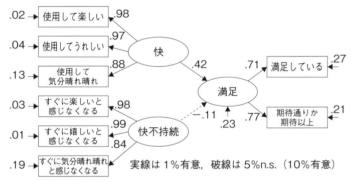

図7-2 日々の食料品の推定結果（Model 2）（パスの数値は標準化解）

3-4 小　結

　全体的解釈として，とくに強調すべき点は，製品関与や品目特性により，快感情と快感情の持続の関係，快感情と満足の関係が異なる点である。主婦サンプルであることを考慮すれば，高関与な買回品では，Model 1の構造（図7-1参照）が当てはまっており，快感情も快感情持続も，ともに満足にプラスに影響している。さらに，快感情を中心に見れば，快感情から満足へは直接の影響と快感情の持続を媒介にした影響と2つの経路があることが分かる。快感情は2つの経路を通じて，即時的にも時差を伴った形でも満足に影響することが分かる。しかし，低関与な最寄品ではModel 2の構造（図7-2参照）が当てはまっており，快感情と快感情の持続の間には関係がなく，また快感情の持続が満足に与える影響は日用雑貨・家庭用品，食料品では有意な影響はなく，また

家電製品，下着でも有意ではあるが，満足へのプラスの影響は非常に弱いことが分かる。このような分野では，快感情が満足に直接与える影響が大きく，快感情の持続によってほとんど媒介されないことが分かった。大きな快感情を感動と呼ぶとすれば，このような分野でのマーケティングの際は，感動の大きさは重要であるかもしれないが，感動の余韻を長続きさせるマーケティング努力をいくら行っても，満足への影響は極めて限定的であるか，ほとんどない可能性が高い。

　上述の点に関して，低関与な最寄品は，製品そのものが消耗・減耗するため，快感情の持続が満足にしないという単純な見方もあるかもしれない。しかし，低関与な最寄品である日々の食料品に着目するなら，3-2で確認した平均構造から言えば，日々の食料品は他の品目に比べて，大きな差ではないが，むしろ快感情の持続はやや長いくらいである（全品目中1位）。日々の食料品の快感情の大きさは小さいが（全品目中7位），快感情の持続は他品目に劣っていない。しかし，共変関係に注目したとき，快感情と快感情の持続の間には共変関係はなく，また快感情の持続と満足の間にも有意水準5%で関係は認められなかった。このようなことがなぜ生じるかに関して，本章では，確かめることができないが，1-2-2で論じたような日常的な買物意思決定の合理性を保つための心的操作が行われている可能性が仮説として考えられる。また，日々の食料品に関しては，そもそも快感情の持続に関しての期待水準が極めて低い可能性もあり，そのような期待との相対比較で実際の快感情の持続が評価されている可能性も仮説として考えられる。また，快感情持続の標準偏差はいずれの品目でも，他概念に比べて大きいため，人格や所得状況など個人差要因の考慮の必要性は非常に高い。いずれにしても，単純に，製品の消耗や減耗だけで説明できるものではないことが窺える。

❖ 結　　論

まとめ

　既存研究では，快感情が顧客満足にプラスに影響することが示されていたが，本章では快感情の持続に注目し，それが顧客満足に与える影響，快感情との関係を実証的に検討した。その結果，最寄品に比べて買回品の性格が強い品目は快感情が大きいこと，しかし快感情の持続に関しては品目間であまり差がなく

むしろ食料品などは少し持続性があること，また持続性に関しては個人間でかなり差があることなどが分かった。また，構造方程式モデルによる分析の結果，買回品の性格の強い品目では，快感情とその持続の間にプラスの相関関係があること，快感情の持続が顧客満足にプラスの影響を及ぼすことが分かった。だが，最寄品の性格の強い品目では，快感情とその持続の間に相関関係は認められず，また快感情の持続から顧客満足への影響も認められなかった。

　実務への示唆を整理する。本章は探索的な研究であり，媒介効果が予想される製品関与等の測定も行っていないため，現時点で断定的なことは言えないが，本章の結果が示唆していることは次の2点である。1つ目は，関与が比較的高く，買回品の性格が強い品目に関して言えば，快感情は顧客満足に直接影響すると同時に，快感情の持続を経由して間接的に，時差を伴った形でも顧客満足にプラスに影響する可能性が高いという点である。これらの品目のマーケティングに関して言えば，消費時あるいはその直後の一時的な快感情の高さだけでなく，快感情が持続する仕組みを考えること（たとえば，感動経験が書き込め，相互閲覧により感動を共有，想起できる掲示板等の設置，定期的なメール配信等の購入・消費後の継続的顧客接点の構築）は長期的な顧客満足にプラスに影響すると考えられる。2つ目は，関与の低い製品や，最寄品（とくに日用雑貨・家庭用品，日常的食料品）の性格が強い品目に関してこのような効果はあまり期待できず，むしろ消費時あるいはその直後の一時的な快感情の高さが，即時的に顧客満足を規定する可能性が高い。

今後の課題

　今後の課題，今後の研究の方向性について言及する。1つ目は，関与や動機的側面の考慮の必要性である。蓄積された感情経験が買物目的地選択行動に影響する際，製品関与，買物動機の媒介効果があることはすでに指摘されているが（石淵，2006），製品消費後の快感情の持続が顧客満足に影響する際にも，同様の媒介効果があることが本章で示唆された。快感情の持続が，満足評価，リピート，口コミ行動などに与える影響を考える際，製品関与，買物動機などを分析枠組みに導入し，測定を行い，効果の実証を行う必要がある。

　2つ目は快感情の持続が顧客満足に影響しないメカニズムの解明とそれを通じた影響プロセスの解明である。本章では，快感情と快感情の持続の関係，快感情持続と満足の関係について，製品の消耗・減耗だけでは説明できないこと，

製品関与や動機が快感情の持続の満足への影響を媒介している可能性を指摘したが，なぜ低関与や最寄品であれば快感情の持続が満足に影響しないのであろうか。この点に関して，3-4で述べた快感情持続に関する期待水準仮説，人格・所得などの個人差要因仮説，日常的な買物意思決定の合理性を保つためのムード・コントロールおよび抑制仮説などいくつかの仮説が考えられる。このような現象を説明できる理論枠組みの構築，それに基づいた実験的研究が，快感情の持続と顧客満足の関係の全容把握のために必要である。

　3つ目は個別のブランドの満足の研究，時間軸を明確にした研究の必要性である。本章では，個人の1回1回の消費経験を品目ごとに集計・平均した，高い集計レベルのデータを検証に用いているが，快感情の持続の果たす役割は個別ブランドによって異なる可能性がある。また1回1回の消費経験のデータを用いて，より詳細な感情経験の蓄積・持続のプロセスを追う必要がある。個別ブランドの顧客ロイヤルティ形成のために，感動や感情経験に関する有効なマーケティング戦略の構築と展開を可能にするためにもこれらの研究は必要である。

　　＊　本章は，2005年に西日本リビング新聞社とともに行った共同研究の成果の一部を使用させて頂いた。謹んで感謝を申し上げたい。ただし，本章の誤謬およびその責任は筆者にある。なお，本章は石淵（2007）を修正加筆したものである。

注
1) ここでのPreferenceは選好を意味するものではなく，取引における自己に優位な不平等性のことを指している。
2) 探索的因子分析は品目別にも行われた。8品目ごとに3因子構造が確認されたが，スペースの都合，全品目プール・データの分析結果のみを表7-2で提示し，品目別結果については割愛する。
3) 普段着，カジュアル服は最寄品に分類されることもあるが，これらの品目分類は必ずしも最寄品，買回品の2値ではなく，中間的な性質の製品カテゴリーもあると考えるのが妥当である。
4) 家電製品は通常買回品の性格が強い製品であり，オーディオなど一部製品群は専門品の性格も強いと考えられるが，ある種の家電製品（たとえば認知的関与が低く，技術的複雑性の高い製品群）は多くの主婦にとって低関与である場合が多いと考えられる。

第3部

買物行動と感情研究の新展開

第8章

通り過ぎられない買物場所の魅力
―― 愛着と選択の歪み ――

❖ はじめに

　人やモノをどれだけ愛しているかと尋ねられ，すらすらと語られた答えはどれだけ信用できるのだろうか。同様に，特定の商業集積や店舗に愛着を感じる消費者に，愛着の程度や理由について質問票で接客や品質など属性分解的に尋ねて得た答えはどれだけ信用できるのだろうか。この感情と深く関わる愛着に関する属性分解的評価の問題は，買物行動研究や感情研究に限らず，消費者行動研究あるいは社会科学全般に当てはまる問題である。

　本章では，上述の課題を含め，第1章，第3章，第5章で取り上げた既存研究の課題の解決を試みる。まず，解決を目指す課題を明確にする。第1章で見た伝統的な買物目的地選択行動研究には，①目的地の魅力が，面積，ストア・イメージなど属性分解的に捉えられていること，②目的地選択モデルにおける距離抵抗などのパラメター推定値の地域差が大きいこと（本章第1節で後述）などの課題があった。また，第3章で見た「場所への愛着」研究は，品質などの評価よりも感情と関係する愛着の方が，リピート行動に強く影響することを明らかにしたが，③競合買物場所を考慮した選択行動レベルでの愛着の研究がないこと，④繰り返される選択の動態的なプロセスの中で愛着が検討されていないことなどの課題があった。さらに，第5章の蓄積された感情経験に関する研究は，過去の感情経験が現在の選択に上手く利用されていることを明らかにしたが，⑤感情経験を蓄積し，頻繁に出向するようになる買物場所は何をきっ

かけに生まれるのかという点に関して,消費者側だけでなく,供給側の都市構造,商業構造,交通体系との関わりの中で検討されていない点が課題であった。

本章では,これらの課題の解決を目指す。具体的には,消費者視点で競合する買物目的地の中からの最頻出向の選択行動データを用い(課題③,④に対応),商業構造・交通体系と消費者の選択の潜在的傾向を考慮したうえで(課題⑤に対応),買物出向行動から逆に目的地の「通り過ぎられない魅力」を推定することで(課題①に対応),特定の買物場所への愛着が,選択に与える「歪み」の把握を試みる。また,この目的地の「通り過ぎられない魅力」を把握することで,既存研究で問題となっていた伝統的な目的地選択モデルのパラメター推定値の地域差の問題の解決(課題②に対応)も同時に試みる。

本章の目的は,商業集積の「通り過ぎられない魅力」を既存の小売吸引力モデルに組み込んだ「フロー阻止効果モデル」「フロー阻止効果-固有魅力度・ハイブリッド・モデル」を構築し,その妥当性,有用性を実証研究で示すこと,そしてこれら独自モデルに基づき,愛着,感情に関係すると考えられる「通り過ぎられない魅力」の測定を行うことである。こうした研究を通じ,より人らしく,より現実に近い買物行動モデルの構築を目指す。

次の第1節で既存研究のレビューを行い,第2節で取り上げる問題の明確化,仮説構築,検証のためのモデル構築を行う。第3節で実証研究の結果を提示し,最後に結論を述べる。

1 既存研究レビュー

1-1 小売吸引力モデルの研究小史

消費者の買物目的地選択をモデル化する研究にはいくつかの系譜があるが(中西,1983),小売吸引力モデルによる研究は,モデルの論理的な整合性の高さ,実証研究における適合度の高さの点で,多くの研究者を惹きつけ,成果を蓄積してきた。この研究分野において,買物目的地選択を確率的な選択行動として捉え,最初にモデル化したのは Huff(1962)である。Huff は起点 i に住む消費者がある買物目的地 j を選択する確率(π_{ij})は,消費者がある目的地から吸引される力(以下「吸引力」)を,選択可能な目的地の吸引力の和で割ったものに等しいと考えた。さらに,ある目的地の吸引力は,目的地 j の売場面積(S_j)に比例し,居住地 i から目的地 j までの旅行時間(T_{ij})の λ 乗に比例(λ

が負の値をとる場合，|λ|に反比例）すると考えた。λは旅行時間の影響度を表すパラメターである。ここで売場面積は品揃えの幅の代理変数であるため従業者数でもよい。また旅行時間は機会費用の代理変数であるため距離でもよい。Huffはロサンジェルスの衣類と家具に関する買物行動データを用いて実証研究を行い，このモデル（以下ハフ・モデルと表記）で買物行動の高い割合を説明した。

山中（1968, 1975）は，福岡市，神戸市で実証研究を行った際，ハフ・モデルではうまく買物行動を説明できないことに気づき，ハフ・モデルに品目間の規模の影響度の違いを表すパラメター μ を加えた「修正ハフ・モデル」を提示した（式1）。μ は，売場面積（S_j）が吸引力に及ぼす影響を表すパラメターであり，山中（1975）は，μ の推定値が食品などの最寄り品では小さい値，衣服などの買回り品では大きな値となること，モデルの適合度も従来のハフ・モデルより高いことを実証研究で示した。

$$\pi_{ij} = \frac{S_j^{\mu} \cdot T_{ij}^{\lambda}}{\sum_{j=1}^{J} S_j^{\mu} \cdot T_{ij}^{\lambda}} \tag{1}$$

Huff and Batsell（1974）は，小売吸引力を規定する要因を魅力度要因と距離抵抗要因に一般化し，規模以外の多様な魅力度要因や旅行時間以外の都市の交通要因などの距離抵抗要因も導入できる一般化モデルを提示した。このモデルにより，魅力度の要因として，さまざまなマーケティング変数，非商業施設要因などを取り上げることが可能になった。

Huff and Batsell（1974）の影響を受け，吸引力を規定する要因の拡大を図った研究として，Stanley and Sewall（1976）の研究，Nevin and Houston（1980）の研究がある。Stanley and Sewall（1976）は多次元尺度構成法により測定したチェーンストアのイメージが個店の商業施設レベルの買物目的地選択行動に影響することを実証した。また Nevin and Houston（1980）は，ウィスコンシン州で郵送による質問票調査から得られたデータを用い，5点尺度で測定した商業集積のイメージを因子分析し，その因子得点が集積レベルの選択行動に影響することを実証した。とくに，彼らの研究の重要な結論は，都心部の分析で，休憩施設などの都市施設に関する充実度が，吸引力に統計的に有意に影響していた点である[1]。このような試みは日本でも行われ，Nakanishi（1976），大阪商工会議所（1992, 1997），山中（1986）などの研究がある。これらの研究の特

徴は，言語尺度で測定したイメージや施設充実度，都市施設の実数を小売吸引力モデルに直接投入する点である．この特徴に基づき，以下，本章ではこのアプローチを，直接投入研究と呼ぶ．

直接投入研究と別に，買物行動調査によって得た目的地の選択結果から魅力度を間接的に推定するアプローチも登場した．このアプローチの代表は，中西（1979），Nakanishi and Yamanaka（1980）である．Nakanishi and Yamanaka（1980）は，品目別規模だけでは説明できない目的地の魅力度を表す「固有魅力度」を測定するモデルを開発し，実証研究を行った．このモデルは，直接投入研究のようにわざわざ質問票でイメージ・データを収集する必要がないこと，目的地選択に関する行動データをもとに魅力を逆に推定するためその評価が信頼できることなどの長所がある一方，測定された固有魅力度の源泉は何かが分からないという短所がある．しかしこの短所を補う研究も進んでいる．具体的には，中西（1983）は固有魅力度が集積の総規模と関係していること，山中（1986）は固有魅力度が非商業施設と関係していること，石淵（1998）は固有魅力度が各種商品小売業の規模と関係していることを明らかにし，その決定因の研究が進められてきた．

さらに，中西（1984b）は，消費者の買物目的地意思決定が，居住地の近隣に出向するかそれとも都心部に出向するか，都心部に出向するならどこに行くか，2段階になっていることを指摘し，2段階MCIモデルを提案した．福岡市で行われた買物行動データを用い，従来の修正ハフ・モデルよりも，2段階MCIモデルの適合度が高いことを示した．

1-2 既存の実証研究の成果の一般化——λの異常値

前項で確認した一連の小売吸引力モデルを用い，日本の各都市で多くの実証研究が行われた．実証研究が多く行われた1つの理由として，1974年に施行された大規模小売店舗法が挙げられる．大型店出店の影響を科学的に検討し，予測するため，小売吸引力モデルを用いた買物行動分析が多く行われた．この際，小売吸引力モデルを用いた来店客数予測の精度を上げるためには，モデルの未知パラメター（修正ハフ・モデルのμ, λなど）をその地域ごとに推定する必要がある．そのために，買物行動調査を行い，目的地出向データも収集された．とくに，売場面積，旅行時間，買物出向データがあれば分析可能な修正ハフ・モデル（前項（式1）参照）を用いた調査研究が各地で行われた．表8-1は，買

表8-1 既存研究における修正ハフ・モデルのパラメター推定値

	調査地域	調査年度	売場面積パラメター(μ)	距離抵抗パラメター(λ)	独立変数	品目	備考
Nakanishi and Yamanaka(1980)	福岡市	1965	1.18***	-2.63***	旅行時間, 品目別従業員数	婦人服・子供服	$R^2=0.61$
中西(1983)	沖縄県	1977	1.402***	-1.091***	旅行時間, 総従業員数	洋服(高価格)	規模は, 品目別規模ではなく総従業員数を使用。$R^2=0.63$
阿部(1980)	平塚市	1979	0.568***	-1.243***	距離, 売場面積, 百貨店ダミー	買回品(日用衣料品, 紳士服, 婦人服, 呉服, 靴・かばんなど)	第二種大店出店調査のため調査区域は狭い(居住地から半径2.5km以内の買物)
阿部(1980)	藤沢市	1979	0.626***	-0.236**	距離, 売場面積, 駐車台数	買回品(日用衣料品, 紳士服, 婦人服, 呉服, 靴・かばんなど)	第二種大店出店調査のため調査区域は狭い(居住地から半径2.5km以内の買物)
山中(1975)	神戸市	1979	1.40	-3.10	旅行時間, 品目別売場面積	織物・衣服・身回品	パラメターの検定結果については示されていない。
産業研究所(1979)	豊中市	—	0.227***	-2.056***	距離, 売場面積	婦人・子供服	婦人・子供服を含む11品目を品目別に分析。
産業研究所(1979)	浜松市	—	0.602***	-1.297***	距離, 売場面積	婦人・子供服	婦人・子供服を含む11品目を品目別に分析。
産業研究所(1979)	川越市	—	0.657***	-0.989***	距離, 売場面積	婦人・子供服	婦人・子供服を含む11品目を品目別に分析。
石淵(1995)	大阪都市圏	1978,1981, 1985,1988	0.6272***	-2.577***	旅行時間, 衣料品従業者数	婦人服	4調査年度同時分析。$R^2=0.65$
石淵(1998)	福岡都市圏	1965 1976 1985	0.59** 0.60* 0.64**	-0.84* -1.64*** -2.14***	旅行時間, 従業員数, 固有魅力度	衣類・身回品	3調査年度同時分析。$R^2=0.82$
岩崎(1995)	岩手県	1993	1.28***	-1.80***	旅行時間, 品目別売場面積	紳士服	修正$R^2=0.89$

(注) ***1%水準で有意, **5%水準で有意, *10%水準で有意。

回品に該当すると考えられる衣類(婦人服・紳士服・子供服)の買物出向データに対し修正ハフ・モデルを適用した実証研究の結果をまとめたものである。

表8-1においてとくに注目したい点は，大都市圏における距離抵抗のパラメターλ(以下，距離抵抗λ，あるいは単にλと表記)の負の値の大きさである。福岡市，大阪市，神戸市などの大都市圏で調査された研究(山中, 1975; Nakanishi and Yamanaka, 1980; 産業研究所, 1979; 石淵, 1995, 1998(1985年データ))では，λの値は-2を超えている。-2を超える負の値は他地域の結果ではあまり見られず，この結果が正しいとすれば，衣料品購買において大都市圏の消費者は，それ以外の地域の消費者と比べて遠出しないと解釈できる。この解釈は正しいのであろうか。正しいのであればなぜこのようなことが，大都市圏において生じるのであろうか。

この点に関して，山中(1986)は利用交通手段によるλの値の変化を挙げている。具体的には，自動車利用時は，公共交通機関利用時に比べ，λが大きくなる(負の小さな値となり0に近づく)ことを指摘した(山中, 1986, pp. 159, 230)。

同時に，山中は買回品と最寄品のλの推定値の差が小さくなることも報告しており，自動車を利用して食料品と衣料品をワンストップ・ショッピングするため，多品目を扱うショッピング・センターに出向している可能性があることを指摘している。山中（1986）の研究は，地方都市や郊外で自動車利用のワンストップ・ショッピングが増加していることにより，距離抵抗が下がり，品目間差異が小さくなることを説明するものであるが，なぜ公共交通機関利用時に距離抵抗が高いのか，またその点が原因で大都市圏で距離抵抗が高いのかを明確に説明するものではない。

また，産業研究所（1979）は都市の居住人口とλの相関関係を指摘している。この研究は，6都市[2]において行われた修正ハフ・モデルの実証研究の結果をまとめ，一般化を検討した研究であるが，この中で居住人口とλとの間の相関係数は生鮮食品で0.448，婦人・子供服で0.601であり，両者の間にやや高い正の相関関係があることを指摘している[3]。λの一般化を考えるうえで，興味深い結果であるが，なぜこのような相関関係が生じるのかについては明確にされていない。だが，この点は表8-1の結果と産業研究所（1979）の結果を併せて考えれば次のような推論が可能である。まず，人口密度が高い大都市圏では，消費者需要に応じて商業集積の数も多くなると考えられる。この都市圏における商業集積の密度の上昇により，消費者はわざわざ近隣の商業集積を通り過ぎてまで買物に行かなくなることが考えられる。

1-3 「通り過ぎられない」効果に関する既存研究

前項で推論に基づき指摘した「通り過ぎられない」効果は存在するのであろうか。本項で，消費者の居住地と買物目的地の間に存在するものの「通り過ぎられない」効果に着目した既存研究を3つ取り上げ，その効果の存在および捉え方について検討する。

第1に取り上げる研究は，Stouffer（1940）の介在機会モデルによる研究である。社会学者であるStoufferの研究は，小売吸引力モデル研究とは別の系譜に属する研究であり，もともとは人口移動を記述するモデルを開発する研究であった（中西,1983）。しかし，彼の研究は「通り過ぎられない」効果を取り上げた萌芽的研究であり，後に介在機会モデルは買物行動研究にも応用されたため，そのモデルを検討する。Stouffer（1940）の介在機会モデルは，「特定の距離に存在する目的地に出向する人の数は，その距離に位置する機会数に直接比

例し，介在する機会数に反比例する」というモデルである (Stouffer, 1940, p. 846)。このモデルは，買物目的地選択の文脈で考えると，消費者の居住地から順に買物目的地を並べた場合，k 番目の目的地の選択確率は，k 番目の目的地の機会数（商店数，売場面積など）に比例し，そこに到達するまでに存在する (k-1) 個の総機会数に反比例するというモデルである。後にこのモデルは拡張され，中島（1969, 1971, 1973, 1974），笠原・古山（1997），斎藤他（2011）らにより買物行動分析に応用された。

　このモデルは2つの点で優れている。第1に，物理的距離よりも距離順位に着目している点であり，第2にモデルの前提が直感に訴えるものがある点である（中西, 1983）。しかし，このモデルには問題もある。第1に，消費者の居住地から等距離にある複数の目的地の各々の選択確率を計算できない点である（中西, 1983）。第2に，Stoufferモデルおよび買物目的地選択モデルに拡張した中島モデルは，半径Sの円周上にいる消費者が，そこで買物するか，それともすでに通過した小売施設まで後戻りして買物するかの選択を仮定したモデルであり（中西, 1983），広範な選択肢からの確率的選択を仮定したモデルではないという点である。第1点目の問題は実務への応用に障害となるものであり，第2点目の問題はモデルの論理的整合性の問題である。これら2つの問題を軽微なモデル修正で解決することは難しいため，本章ではこのモデル自体を使用しない。しかし，モデルの背後にある「ある商業集積Aを買物目的地として選択する際に，そこへ到達するまでの経路上に存在する商業集積Bが，商業集積Aを買物目的地として選択する確率に強く影響する」という視点は重要である。

　第2に取り上げる研究は，中西（1992）の商業集積形成のシミュレーション研究である。中西（1992）はChristaller（1966）のマクロ理論が都市圏の階層構造が形成される理由を明らかにしていない点を問題として取り上げ，小売吸引力モデルを用いたシミュレーションにより都市圏の階層構造の形成を説明した。具体的には，都市域の異なる3種の均質平野において，消費者は小売吸引力モデルに基づき店舗を選択すること，小売店舗の設置に関する限界費用は一定であること，小売業者は新店出店の際に集客数が最大になる位置に出店することを前提にヒューリスティック・シミュレーションを行った。その結果，中都市域，大都市域の場合，クリスタラーの六角形と類似した同心円構造が現れることを示した。しかし同時に，都市域が大きくなるほど，中心商業地が発達

することを説明できないことも示された。そこで，中心商業地を通り過ぎるときに抵抗が発生すること（中西，1992は「フロー阻止効果」と呼ぶ）を，重み関数を用いて近似的に消費者人口分布を変化させることでモデルに組み込み[4]，再度シミュレーションを行ったところ，大規模な中心地の発生を再現することができた。この研究は，中心地を通り過ぎられない「フロー阻止効果」が存在しなければ，大規模な中心商業地は形成されないことを示唆していると考えられる。

　では，このようなフロー阻止効果は，現実の実証研究でどのように組み込めばよいのであろうか。この点に関して，第3に取り上げる研究は，上田（1989）の新店舗の商圏シミュレーション研究である。この研究の主目的は，ストア・イメージや鉄道線路の効果を組み込んだ小売吸引力モデルによる新店舗の商圏獲得のシミュレーションの有効性を示すことであるが，本章との関わりで重要な点は，鉄道線路が移動の障害となる効果のモデルへの組み込みである。上田（1989）は，消費者の居住地と買物目的地の間に鉄道線路がある場合 δ が1，ない場合0をとる線路ダミーとその効果のパラメータ γ をモデルに組み込んで実証研究を行ったが，残念ながらサンプル全体では有意ではなく，唯一35～49歳の主婦層のみで10%で統計的に有意であった。しかし，上田（1989）のモデルは，起点と目的地の間に存在するものが目的地の選択に及ぼす効果をうまく組み込んだモデルであり，鉄道線路以外にも応用できるモデルである。

2　仮説導出とモデル

2-1　問題意識と仮説

　小売吸引力モデルを用いた買物目的地選択に関する既存実証研究の問題点として，本章では次の2点を取り上げる。

①大都市圏における λ の異常な値

　　小売吸引力モデルの距離抵抗 λ の推定値は，表8-1で確認した通り地域間で大きな差があり（山中，1975，1986；中西，1983；阿部，1994），大都市圏以外に比べ，大都市圏で負の大きな値となることが多い。その原因として λ の値と人口密度の相関関係が指摘されているが（産業研究所，1979），なぜ人口密度の上昇が λ の推定値を上げるのかに関して理論的に明確になっていない。

②通り過ぎられない効果の存在

　シミュレーション研究で中心商業地の通り過ぎられない効果（フロー阻止効果）の存在が指摘されているが（中西, 1992），小売吸引力モデルによる実証研究において，その効果を組み込み，通り過ぎられない効果（フロー阻止効果）の存在を確かめた研究はまだない。

　①の大都市圏における距離抵抗λの異常な推定値の原因として，人口密度，自動車以外の交通手段（公共交通機関）の利用などの原因が指摘されているが，本章では②の商業集積の通り過ぎられない効果（以下「フロー阻止効果」）をその大きな原因であると考える。人口密度（産業研究所, 1979）も，利用交通手段（山中, 1986）の影響も，実はフロー阻止効果に帰着する部分が多い。第1に，人口密度に関して，一般的に人口密度の高い大都市圏では，その消費者需要に応じて都市圏内の商業集積数も多くなる可能性が高いと考えられる。都市圏における商業集積の密度が高くなると，商業集積間によほど大きな魅力度の差がない限り，距離的に近い商業集積を通り過ぎてさらに遠方の商業集積まで買物に行かなくなる可能性が高い。

　つまり，中西（1992）のシミュレーション研究で示唆されたように中心商業地がフロー阻止効果を持つことはもちろん（仮説1），消費者の居住地から目的の商業集積に到達する途中に別の商業集積があるのかどうか，言い換えれば居住地からの順序次第ですべての商業集積が程度の差こそあれフロー阻止効果を持つと考えられる（仮説2）。なぜなら，地方都市に比べ，大都市圏では中心商業地へ衣料品などの買回品購買のために出向する場合，渋滞や駐車場の問題などから，自動車よりも鉄道・バスなどの公共交通機関を利用する可能性が高いと考えられる。自動車以外の交通手段として公共交通機関を利用した場合，出向の途中で，駅などでの乗り換えが発生する。乗り換え駅の多くは電車・バスなどの公共交通機関が集まる中心商業地であることが多い。その中心商業地が十分に魅力的であるなら，乗り換えることによる精神的・肉体的労力を考慮し，通り過ぎることを思いとどまる可能性がある。通常このように乗り換え駅を中心に発達してきた商業集積をインターセプター（インターセプト型商業集積）と呼ぶが，主に公共交通機関が利用される大都市圏においてインターセプター[5]が多いことも実証研究より明らかになっている（山中, 1986, 第1章）。

　また②のフロー阻止効果が原因で，①の大都市圏における距離抵抗λの高い

推定値が生じているなら，フロー阻止効果を何らかの方法で適切に推定し，フロー阻止効果と実際の距離抵抗を弁別すれば，これまでの大都市圏における負の大きな距離抵抗λの推定値は，負の小さい値となり（0に近づき）（仮説3），大都市圏以外での推定値と大差ない値になると考えられる。これまで困難だと考えられてきた距離抵抗λの推定値の一般化への道が開かれる可能性がある。そのうえ，全商業集積のフロー阻止効果と，その効果と切り離した距離抵抗λを正確に特定することにより誤差が減少し，モデルの適合度が上がると考えられる（仮説4）。

　さらに，フロー阻止効果は，消費者の主たる買物品目に依存し，同一商業集積であっても品目により異なると考えられる。品目別売場面積などの規模要因で説明できない商業集積の魅力度は，品目別売場面積以外のマーケティング要因（中西, 1983, p. 16）に関わる魅力度（取り扱う商品の個性，集積全体の重複を除いた品揃えの幅の広さ，価格の安さなど）と，取り扱う商品とは直接関係のない立地点特性（中西, 1983, p. 16）に関わる商業集積全体の魅力度（都市施設など）に大きく分解できる。まだその存在が実証研究において確かめられていないため，フロー阻止効果が何によってもたらされるのか現時点では分からないが，主婦が婦人外出着を主たる買物品目として買物出向する際に，各商業集積の婦人服の売場面積の大きさに加え，面積とは比例しないような個性的な商品の取り揃え，価格の安さなども当然，目的地の選択に影響するであろう。本章ではこのような効果を「マーケティング要因による（品目別）フロー阻止効果」と呼ぶ。この効果は，買物出向を考える消費者の主たる買物品目に依存して変わるため，同一商業集積であってもその効果は品目により異なると考えられる（仮説5）。

　しかし，フロー阻止効果には，マーケティング要因によるフロー阻止効果に加えて，都市施設など立地点全体の魅力度の影響も含まれていると考えられる。商業集積の魅力は，商業施設だけでなく，多様な都市施設と一体となって形成されており（石原, 2006），都市施設や雰囲気などの立地点の魅力も目的地選択に影響する重要な要因である。この要因によるフロー阻止効果は，品目に依存しない立地点特性による効果であり，本章では「立地点特性によるフロー阻止効果」と呼ぶ。この品目に依存しないフロー阻止効果とは，まさにNakanishi and Yamanaka（1980）の固有魅力度に相当する。「品目間で異質なマーケティング要因によるフロー阻止効果」と「品目に依存しない立地点特性によるフ

ロー阻止効果」(固有魅力度)を弁別して推定するために,両者の効果を組み込んだハイブリッド・モデルが必要である。ハイブリッド・モデルにより,両者を弁別して推定することは,2つのメリットをもたらすと考えられる。第1に商業集積の魅力度を多次元でより深く理解ができる点,第2に,従属変数の変動に影響を与えている独立変数を正確に特定することにより誤差が減少し,モデルの適合度が上がる点である[6](仮説6)。

以上の議論を整理すると6つの仮説が導出される。

仮説1:中心商業地にはフロー阻止効果が存在する。
仮説2:中心商業地以外の商業集積にもフロー阻止効果が存在する。
仮説3:フロー阻止効果をモデルに組み込むことで,大都市圏における距離抵抗 λ の推定値は大都市圏以外の地域での λ 推定値に近づく。
仮説4:商業集積のフロー阻止効果と距離抵抗 λ を弁別して推定することにより(仮説1〜3),フロー阻止効果を導入したモデルの適合度は他の既存モデルより高くなる。
仮説5:商業集積のフロー阻止効果の大きさは,消費者の主たる購入品目によって異なる。
仮説6:フロー阻止効果と固有魅力度の両方を組み込んだハイブリッド・モデルの適合度は,他の既存モデルより高い。

2-2 構成概念とモデル

前項で少し言及したが,仮説検証のためのモデル構築に入る前に,本章の「フロー阻止効果」概念を明確にしておきたい。この概念は,中西(1992)の「フロー阻止効果」を基礎とする概念である。中西(1992)により提唱されたフロー阻止効果はもともと,売場面積などの魅力度要因では説明できない商業集積の魅力により消費者の中心商業地の通過が妨げられる効果のことであり,中西(1992)はフロー阻止効果が生じる理由を「中心地集積が他の地点の小売施設に比べて高度に発達すると,そこでほとんどの買物ニーズを満たすことができるようになり,消費者は中心地を越えて(消費者の居住地から見て)向こう側の小売施設に買物に行く理由がなくなるからである」(p.44)と説明している。

本章の「フロー阻止効果」は中西(1992)のフロー阻止効果概念を次の2点

で拡張したものである。第1に，中西（1992）は中心商業地のみの通過が妨げられる効果を考えているが，仮説2の導出でも論じた通り，本研究は中心商業地以外の商業集積にもフロー阻止効果があると考える。第2に，中西（1992）はフロー阻止効果の源泉を多様な買物ニーズへの対応を挙げているが，本章では特定の買物ニーズへの深い対応（たとえば，小さな食料品店の集積度が高く，面積以上の賑わい，競争による価格の安さ）や，品目に依存しない立地点特性の魅力度もフロー阻止効果の源泉であると考える。つまり，本章では特定業種集積度の高い商業集積のフロー阻止効果だけでなく，乗り換え駅というような立地点特性や非商業施設の影響によるフロー阻止効果も含め「フロー阻止効果」と考える。

　フロー阻止効果に関わる上記6仮説を検証するために，次の7つのモデルを同一のデータに適用する。

$$\pi_{ijm} = \frac{DP_{ijm}}{\sum_{j=1}^{J} DP_{ijm}}$$

【単品目の分析・複数品目の同時分析の両方に用いるモデル（単品目分析では添え字 m を非表記）】

［モデル1：修正ハフ・モデル］　　$DP_{ijm} = S_{jm}^{\mu_m} \cdot T_{ij}^{\lambda_m}$ 　　　　　　(2)

［モデル2：全体魅力度モデル］　　$DP_{ijm} = \exp(\sum_{j'=1}^{J} \alpha_{j'} d_{j'}) \cdot T_{ij}^{\lambda_m}$ 　　(3)

［モデル3：2段階選択モデル］　　$DP_{ijm} = S_{jm}^{(\mu_m + \mu_{cm} \cdot d\_CBD_j)} \cdot T_{ij}^{(\lambda_m + \lambda_{cm} \cdot d\_CBD_j)}$ (4)

［モデル4：フロー阻止効果モデル］$DP_{ijm} = S_{jm}^{\mu_m} \cdot \exp(\sum_{j'=1}^{J} \gamma_{j'm} \delta_{ijj'}) \cdot T_{ij}^{\lambda_m}$ 　(5)

【複数品目の同時分析にのみ用いるモデル】

［モデル5：固有魅力度モデル］　　$DP_{ijm} = S_{jm}^{\mu_m} \cdot \exp(\sum_{j'=1}^{J} \alpha_{j'} d_{j'}) \cdot T_{ij}^{\lambda_m}$ 　(6)

［モデル6：品目間同質フロー阻止効果—固有魅力度ハイブリッド・モデル］

$$DP_{ijm} = S_{jm}^{\mu_m} \cdot \exp(\sum_{j'=1}^{J} \alpha_{j'} d_{j'}) \cdot \exp(\sum_{j'=1}^{J} \gamma_{j'} \delta_{ijj'}) \cdot T_{ij}^{\lambda_m} \quad (7)$$

［モデル7：品目間異質フロー阻止効果—固有魅力度ハイブリッド・モデル］

$$DP_{ijm} = S_{jm}^{\mu_m} \cdot \exp(\sum_{j'=1}^{J} \alpha_{j'} d_{j'}) \cdot \exp(\sum_{m=1}^{M} \sum_{j'=1}^{J} \gamma_{j'm} \delta_{ijj'}) \cdot T_{ij}^{\lambda_m} \quad (8)$$

i = 消費者の居住地（1991年データは $i=1,2,\cdots 62$。1996年データは $i=1,2,\cdots 63$。）
j = 商業集積（1991年データは $j=1,2,\cdots ,13$。1996年データは $j=1,2,\cdots ,7$。）
π_{ijm} = 起点 i の消費者が品目 m の購買において目的地 j を選択する確率
DP_{ij} = 起点 i の消費者が品目 m の購買において目的地 j に吸引される程度
S_{jm} = 目的地 j の品目 m の売場面積
T_{ij} = 起点 i から目的地 j までの旅行時間
m = 品目（$m=1,2$）
μ_m = 品目 m の規模の影響度パラメター
λ_m = 品目 m の距離抵抗の影響度パラメター
$d_{j'} = j' = j$ のとき1，それ以外は0をとる商業集積ダミー
$\alpha_{j'}$ = 商業集積 j' の全体魅力度（モデル2），固有魅力度（モデル5～7）を表すパラメター
d_CBD_j = 目的地 j が中心商業地にある場合1，それ以外は0をとるダミー変数
μ_{cm} = 品目 m の購買において，中心商業地に出向する場合に μ_m に付加される規模の影響度パラメター
λ_{cm} = 品目 m の購買において，中心商業地に出向する場合に λ_m に付加される距離抵抗の影響度パラメター
$\delta_{ijj'}$ = 起点 i と目的地 j の最短経路上に j' が介在する場合1，それ以外は0をとる目的地介在ダミー変数
$\gamma_{j'}$ = 商業集積 j' のフロー阻止効果パラメター
$\gamma_{j'm}$ = 品目 m の購買時の商業集積 j' のフロー阻止効果パラメター

モデル1～4は品目別に分析を行い，仮説1～5の検証を行う。モデル1は修正ハフ・モデル（山中,1968,1975）である。モデル2は，全体魅力度モデル（中西,1983）[7]と呼ばれるモデルであり，魅力度の要因として売場面積ではなく，目的地ダミー（$d_{j'}$）を入れ，全体魅力度を $\alpha_{j'}$ で推定するモデルである。モデル3は，第1節1-1で取り上げた2段階MCIモデル（中西,1984b）（以下「2段階選択モデル」）であり，まず中心商業地（CBD）に行くのかどうかを意思決定し，行くのであれば中心商業地のどこへ行くのか，中心商業地以外に行くならどこ

図 8-1　起点と目的地の最短経路の仮想例

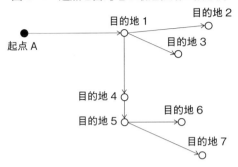

表 8-2　Δ行列の例（図 8-1 と対応）

起点	目的地	起点と目的地の間に介在する目的地						
		1	2	3	4	5	6	7
A	1	0	0	0	0	0	0	0
A	2	1	0	0	0	0	0	0
A	3	1	0	0	0	0	0	0
A	4	1	0	0	0	0	0	0
A	5	1	0	0	1	0	0	0
A	6	1	0	0	1	1	0	0
A	7	1	0	0	1	1	0	0

へ行くのかを2段階で意思決定するモデルである。このモデルは，山中（1975）の都市間，商業集積間，個別店舗間でのパラメター推定値の差に関する指摘に基づくモデルであり，重要な競合モデルである。また，本章では，既存研究（大阪商工会議所，1997；大阪流通業界の近未来予想調査研究会，2010）でも主要中心商業地と称されることが多い，梅田，心斎橋，なんば，天王寺の4商業集積を中心商業地とする。

　モデル3までは既存モデルであるが，モデル4は本書独自のモデルである。モデル4は，修正ハフ・モデルに，目的地介在ダミー$\delta_{ijj'}$を入れ，フロー阻止効果を$\gamma_{j'm}$で推定するモデルであり，「フロー阻止効果モデル」（Flow Interruption Model）と呼ぶことにする。このモデルの原型は上田（1989）のモデルであるが，本章では$\delta_{ijj'}$を線路ダミーではなく目的地介在ダミーとして用いている。ここで，目的地介在ダミーについて説明する。目的地介在ダミーとは，消費者の居住地iから商業集積jに行くとき，最短経路[8]の公共交通機関

を利用した場合，経路上に別の商業集積j'がある場合は$\delta_{ijj'}=1$，ない場合は0となるダミー変数である。例として図8-1を用い説明する。起点Aに住む消費者が公共交通機関で各目的地に買物に行く場合の最短経路が矢印である。この例の場合，目的地2に行くためには，必ず目的地1を経由しなければならない。表8-2は，$\delta_{ijj'}$を行列表示したΔ（行の見出しが起点と目的地の組み合わせ，列の見出しが介在する商業集積）であるが，起点Aから目的地2へ行く際に，目的地1が介在するため，要素[2,1]は1となり，それ以外の目的地は介在しないため，2行目の他の要素はすべて0となる。$\gamma_{j'm}$は，この起点と目的地に介在する商業集積j'の通り過ぎられない度合いに関するパラメータであり，$\gamma_{j'm}<0$でより小さい値を取るほどより大きなフロー阻止効果を発揮していると解釈できるパラメータである。

仮説1，2はこの$\gamma_{j'm}$の推定値で検証し，仮説3はモデル4の距離抵抗λの推定値と，モデル1～3の同推定値と比較することにより検証する。また仮説4はモデル4の適合度とモデル1～3の適合度を比較し検証する。仮説5は，品目ごとにデータをモデルで分析し，品目別の$\gamma_{j'm}$の推定値を比較し，検証を行う。

モデル5～7は複数品目をプールしたデータを用いて分析を行うモデルである。モデル5は，既存モデルである固有魅力度モデル（Nakanishi and Yamanaka, 1980）であり，モデル7との比較のために分析モデルに加える。

モデル6とモデル7も本書独自のモデルである。モデル6は，モデル4のフロー阻止効果モデルと固有魅力度モデル（Nakanishi and Yamanaka, 1980）を組み合わせたモデルであるが，品目間のフロー阻止効果の違いを区別せず集積単位でフロー阻止効果を推定するモデルである。このモデルを「品目間同質フロー阻止効果―固有魅力度ハイブリッド・モデル（品目間同質ハイブリッド・モデル）」と呼ぶことにする。このモデルもモデル7との比較のために分析モデルに加える。

モデル7は，モデル4のフロー阻止効果モデルと固有魅力度モデル（Nakanishi and Yamanaka, 1980）を組み合わせたモデルであるが，フロー阻止効果を品目別に推定するモデルである。このモデルを「品目間異質フロー阻止効果―固有魅力度ハイブリッド・モデル（品目間異質ハイブリッド・モデル）」と呼ぶことにする。

ここで，とくに注意したいのは，モデル5～7の分析には，添え字mから

も分かるように2つ以上の品目に関する買物出向データが必要となる点である。これはフロー阻止効果モデルによるものというよりも，固有魅力度の推定が原因である。より多くのデータを要するという点はデメリットとも捉えられるが，極めて大きなメリットがある点に留意が必要である。前項でも議論したように，固有魅力度を推定することによって立地点特性に関わるフロー阻止効果と，個別の品目に依存するようなマーケティング要因のフロー阻止効果を弁別できるという点は，積極的にこのモデルを採用すべき点であると考えられる。仮説6は，複数品目プールしたデータに対してモデル1～7を適用し，分析を行い，モデル7の適合度の高さを確認することにより検証する。

　推定には，最尤推定法を用いる。尤度関数は式(9)である。尤度関数の導出についてはHaines et al. (1972)，適用例については中西 (2011) を参照されたい。

$$\ln L = \sum_i \sum_j c_{ij} \cdot \ln DP_{ij} \tag{9}$$

　　　c_{ij} = 起点 i に住む消費者が目的地 j を選択した人数

2-3 データ概要

　仮説検証のため，本章では買物行動調査データ，商業統計メッシュ・データ，旅行時間データ，目的地介在ダミー・データを分析に用いる。以下データ概要を説明する。

2-3-1 買物行動調査データ

　買物行動調査データとして，大阪商工会議所が1996年6月中旬，および1991年6月中旬に大阪都市圏で行った2時点の買物行動調査[9]の結果を用いる。本章では，これらの調査で得られた品目別の買物目的地選択データを使用する。目的地選択データは，品目ごとの「最近よく購入する買物場所」の選択データ（1品目につき1ヵ所を選択）を起点単位（1991年は62市区町村，1996年は63市区町村）で集計したデータを使用する。品目は，入手できた婦人外出着（1991年，1996年両方），飲食料品（1991年のみ）を使用する。また目的地は集計結果が入手できたものだけを用い，1991年は13目的地，1996年は7目的地である。

2-3-2 商業統計メッシュ・データ

1991年，1997年の1km×1kmの商業統計メッシュ・データ（日本測地系）より，各商業集積の品目別売場面積を計算し，規模の変数として用いる。1996年の買物調査データと商業統計の調査年度の1997年には1年のずれがあるが，このずれを調整するため市販の年鑑[10]から各種小売業の情報を収集し，出来る限り1996年の売場面積に近似させ，使用した。品目別売場面積は，買物品目に対応する産業中分類の売場面積を使用し，各種小売業の品目別売場面積も適切な方法で集積全体の品目別売場面積に足し合わせ，使用した[11]。また各商業集積の特性を摑むため，各商業集積の最寄品業種の店舗比率，買回品業種の店舗比率も計算した[12]。

2-3-3 旅行時間データ，目的地介在ダミー・データ

『鉄道要覧』をもとに当時の交通体系を考慮して，消費者の居住地（起点）[13]から商業集積（目的地）までの公共交通機関を利用した最短旅行時間[14]を計算した。旅行時間には，起点から最寄り駅・バス停までの徒歩時間，乗り換え・待ち時間も含まれている。徒歩時間は，起点中心から最寄りの公共交通機関の駅・バス停までの最短の道路の距離を地図上でマップ・メーターにより測定し，1km＝15分で換算し使用した。公共交通機関の所要時間は，平日午後を基準に計算した。

目的地介在ダミー・データは，最短旅行時間の経路上における当該商業集積の有無をもとに作成した。1991年データにおけるΔは806（62起点×13目的地）×13（介在する目的地）の0と1からなる行列であり，1996年データにおけるΔは441（63起点×7目的地）×7（介在する目的地）の行列である。この行列は，すべて最短経路を地図，交通網で確認をしながら作成した。

2-3-4 2時点のデータを用いる意義

最後に，買物行動調査データ，商業統計メッシュ・データに関わる点で，1991年と1996年の各年の大阪市内商業施設の状況と2時点間の経年変化について言及する。買物行動調査が行われた1991年6月と1996年6月の間，大阪市内の主要商業集積に存在した百貨店は表8-3の通りであり，百貨店の新規出店はなかった。また表8-4は2時点間で，市内の主要商業集積に出店した大型店である。ここで注目しておきたいのは，1991年から1996年にかけて，大型

表 8-3 大阪市内の主要商業集積の百貨店

商業集積	店舗
梅田	阪急百貨店 梅田本店 阪神百貨店 大丸 梅田店
北浜・天満橋	松坂屋 大阪店 三越 大阪店
京橋	京阪百貨店 京阪ザ・ストア (モール京橋店)
心斎橋	大丸 心斎橋店 そごう 大阪店
なんば	高島屋 大阪店
上本町六丁目	近鉄百貨店 上本町店
天王寺	近鉄百貨店 阿倍野本店

(出典) 百貨店調査年鑑 1998 年版, ショッピングセンター名鑑 '98, 全国大型小売店総覧 1998 年版をもとに筆者作成.

表 8-4 2 時点の間に主要商業集積に出店した大型店

商業集積	名称	開店	店舗面積 (m²)	小売店数	大店法種別
梅田	アプローズタワー	1992 年 11 月	2,188	3	2 種
	阪急ファイブ仮設建物	1994 年 9 月	1,342	16	2 種
	新梅田シティ	1994 年 12 月	3,192	9	2 種
	ディアモール	1995 年 10 月	7,200	86	—
心斎橋	ビッグステップ	1993 年 3 月	8,159	64	1 種
	心斎橋 OPA	1994 年 11 月	12,381	87	1 種
なんば	大阪シティエアターミナル(注1)	1996 年 3 月	12,682	51	1 種
天王寺	天王寺ターミナルビル・ミオ	1995 年 9 月	33,500	158	1 種
野田	野田阪神ビル(注2) (ジャスコ野田阪神店)	1992 年 4 月	23,054	11	1 種

(注) 1. 大阪シティエアターミナルは JR 難波駅にあり, 本研究の「なんば」のメッシュには含まれていないが, なんばエリア周辺の変化の1つとして挙げておく.
2. 野田阪神ビルは, 本章の「野田」のメッシュに含まれているが, 1996 年調査では目的地としての選択確率が公表されていないため本章において開業効果を見ることはできない.
(出典) 全国大型小売店総覧 1998 年版, ショッピング・センター名鑑 '98, 阪神電気鉄道百年史 (2005) をもとに筆者作成.

店の出店により, 心斎橋と天王寺で買回品を中心とした2万m²を超す大幅な面積増加が起こっていたことである.

　本章において2時点のデータを用いる最も大きな目的は, 提案モデルの適合度の良さが調査年や品目 (調査年により品目が異なる) に依存しないことを示すことであるが, 2時点の商業構造の変化を理解し, 分析結果を解釈することは, 商業施設の新規出店や再開発の効果をフロー阻止効果を含め多面的に捉えるこ

とを可能にする。このようなモデルの応用可能性も，結論であわせて示す。

3 分析結果

3-1 何が問題か

　仮説検証前に，本章で解決を目指す問題を検証で用いるデータを使い具体的に示す。図8-2は，大阪北部の豊中市（市内起点からの最寄り駅は北大阪急行電鉄・桃山台駅）と大阪市内の商業集積の地理的関係の略図である。図8-3は，前節で紹介した1996年の大阪都市圏買物行動調査における婦人服の買物出向に関するデータを修正ハフ・モデルで分析を行い，観測値と予測値をプロットした図である。推定は，分析変数を対数中央化変換した後，最小自乗法を用いた（Nakanishi and Cooper, 1974）。図8-3の縦軸は，推定時の従属変数である起点ごとに対数中央化された実際の選択確率[15]であり，横軸は左の商業集積が起点から近く，右へ行くほど起点から遠ざかるよう商業集積を配置した空間軸である。

　例1において，桃山台駅から見て3つの中心商業地は北から南へほぼ一直線上に並んでおり，最も近い商業集積は梅田である。図8-3で予測値と観測値を集積ごとに比較すると，居住地から最も近い梅田で過小予測が発生し，梅田を過ぎ心斎橋，なんばまで行くと過大予測が発生していることが分かる。

　大阪南部のデータでも同様の問題が生じる。図8-4は，大阪南部の堺市（市内起点からの最寄り駅は南海高野線・初芝駅）と大阪市内の商業集積の地理的関係の略図である。図8-5は，図8-3と同様の分析結果の図である。

　例2において，初芝駅から見て3つの中心商業地は南から北へほぼ一直線上に並んでおり，最も近い商業集積はなんばである。図8-5で予測値と観測値を集積ごとに比較すると，居住地から近いなんば，心斎橋で過小予測が発生し，梅田まで行くと過大予測が発生していることが分かる。

　これら2つの事例は，消費者は居住地から見て距離的にも時間的にも近い商業集積を，モデルが想定するよりも強く選好し，そこを通り過ぎられないことを示している。これらの事例には，起点からの順序効果が表れており，Stouffer（1940）の示唆した起点からの順序の重要性を裏づけるものであると考えられる。本章で問題として取り上げたいのは，まさにこの通り過ぎられない効果（フロー阻止効果）である。これらの事例は，距離抵抗λの真値は負の

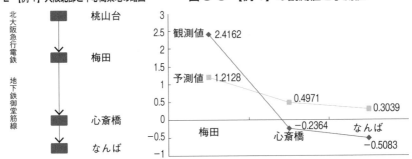

図8-2 【例1】大阪北部と中心商業地の略図　　図8-3 【例1】の観測値と予測値

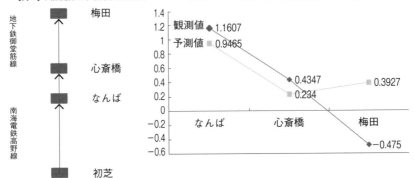

図8-4 【例2】大阪南部と中心商業地の略図　　図8-5 【例2】の観測値と予測値

それほど大きな値ではないのに，フロー阻止効果が働くため，消費者は居住地から見て最も近い商業集積を選択し，その結果としてλの推定値が上昇している可能性があることを示唆している。

3-2　フロー阻止効果は実在するか──仮説1〜仮説4の検証

シミュレーション研究（中西，1992）および3-1での残差の検討から存在が示唆されたフロー阻止効果は実在するのであろうか。1996年，1991年の婦人服に関するモデル分析結果，1991年の飲食料品のモデル分析結果を示し，仮説1〜4を検討する。

3-2-1　1996年の婦人服の分析結果

表8-5は，1996年の婦人服データの最尤推定法による分析結果である。まず，

表8-5 1996年婦人服データの分析結果
(単品目分析のためパラメターの添え字 m は非表記)

		M1: 修正ハフ	M2: 全体魅力度	M3: 2段階選択モデル	M4: フロー阻止効果モデル
規模	μ	1.05	—	1.08	1.16
CBD出向の規模	$\mu + \mu_c$	—	—	1.21	—
距離抵抗	λ	-3.57	-3.60	-3.40	-1.41
CBD出向の距離抵抗	$\lambda + \lambda_c$	—	—	-3.83	—
梅田	M2はa_1, M4はγ_1	—	0.00	—	-1.22
北浜・天満橋	M2はa_2, M4はγ_2	—	-2.25	—	-0.20
京橋	M2はa_3, M4はγ_3	—	-1.67	—	-2.15
心斎橋	M2はa_4, M4はγ_4	—	-0.86	—	-0.73
なんば	M2はa_5, M4はγ_5	—	-0.88	—	-0.40
上六	M2はa_6, M4はγ_6	—	-2.14	—	-0.42
天王寺	M2はa_7, M4はγ_7	—	-1.35	—	-1.07
最大対数尤度		-7895.37	-7733.65	-7878.56	-7356.32
AIC		15794.74	15481.29	15765.12	14730.65
CAIC		15794.77	15481.55	15765.21	14731.06
SBIC		15802.92	15509.92	15781.47	14767.45

モデル選択を検討する。4つのモデルの情報量基準を見ると、AIC, CAIC, SBICのいずれの基準においても、適合度の高いモデルの順序は、モデル4、モデル2、モデル3、モデル1である。とくに、モデル4のフロー阻止効果モデルは他の3つのモデルに比べ、適合度が極めて高い。また、モデル1の修正ハフ・モデルとモデル4のフロー阻止効果モデルはネストしており、尤度比検定を行ったところ、$\chi^2 = 1078.1$ ($df=7$) であり1%水準で統計的に有意な差が認められた。さらに、異なる推定方法として対数中央化変換後のデータを最小自乗法[16] (Nakanishi and Cooper, 1974) でも分析を行ったが、モデル1の修正ハフ・モデルの修正済み $R^2 = 0.44$ に対し、モデル4のフロー阻止効果モデルは修正済み $R^2 = 0.52$ であり、修正ハフ・モデルに比べ、適合度が約2割程度向上していることが確認された[17]。仮説の検証順序が少し逆転するが、この結果は仮説4を支持するものであると言える。

モデル4に基づき、中心商業集積のフロー阻止効果に関する仮説1を検討する。中心商業地と言われる梅田 ($\gamma_1 = -1.22$)、心斎橋 ($\gamma_4 = -0.73$)、天王寺 ($\gamma_7 = -1.07$) はやはりフロー阻止効果のパラメータ推定値が負の大きな値となった。指数変換後のこれらの値は1より小さい数字であり、3つの集積のいずれかが起点と目的地の間に介在すると、目的地の魅力度は大きく減じられる。この結果は、仮説1を支持するものと言える。ただ、中心商業地と考えられているなんばのフロー阻止効果が予想より小さい点は興味深い。モデル2は採択されなかったが、集積全体の魅力度を相対的 (梅田を基準) に見るためには適

している。モデル2によれば，なんばの全体魅力度は心斎橋同様高いが，その魅力度の大部分は衣料品の売場面積の大きさによるものであると考えられる。

　モデル4に基づき，中心商業地以外の商業集積のフロー阻止効果に関する仮説2を検討する。表8-5を見ると，中心商業地以外で京橋（$\gamma_3 = -2.15$）が極めて高いフロー阻止効果を有している。この結果は，仮説2を支持する結果であると言える。梅田よりも京橋のフロー阻止効果が高い点を奇異に感じるかもしれないが，フロー阻止効果は集計された効果であるため，梅田のように広い地域からの人の流れを止める場合と，京橋のように特定地域からの人の流れを強烈に止める場合の両方が含まれる。事実，婦人服を最もよく買物に行く場所として京橋を選択する消費者は大阪都市圏全体では2.4％であるが，大阪市鶴見区，城東区の消費者に限れば22％であった。これら2区は，京橋へ至る鉄道網上にある。2区に居住する消費者の圧倒的な支持が，京橋の極めて高いフロー阻止効果を生み出していると考えられる。

　モデル4と他の3モデルを比較することにより，λの推定値に関する仮説3を検討する。表8-5によれば，適合度から採択されなかったモデル1（$\lambda = -3.57$），モデル2（$\lambda = -3.60$），モデル3（$\lambda = -3.40, \lambda + \lambda_c = -3.83$）の3モデルにおいて，$\lambda$の推定値はすべて-3より小さい。表8-1の既存研究のλの推定値と比較しても極めて小さい値（負の大きな値）であり，大阪都市圏消費者は遠方まで買物出向しないという解釈になる。しかし，採択されたモデル4のλは-1.41であり，大都市圏以外で行われた既存研究のλの推定値と大きく変わらない（表8-1の阿部，1980の平塚市，産業研究所，1979の浜松市，岩崎，1995の岩手県でのλの推定値を参照）。各商業集積のフロー阻止効果を適切に推定することで，大都市圏において推定されるλの値も，大都市圏以外で推定されるλの値に近づくことが確認され，仮説3は支持された。

3-2-2　1991年の婦人服の分析結果

　表8-6は，1991年の婦人服データの最尤推定法による分析結果である。1996年と異なるのは，目的地の数である。1996年の分析では目的地数は7つであったが，1991年は13目的地あり，全体の買物行動の把握率が高い。まず，モデル選択について検討する。4つのモデルの情報量基準を見ると，いずれの基準においても，モデル4のフロー阻止効果モデルは他の3つのモデルに比べ，適合度が極めて高い。また，適合度の高いモデルの順序も1996年の分析結果

表8-6　1991年婦人服データの分析結果
（単品目分析のためパラメターの添え字 m は非表記）

		M1: 修正ハフ	M2: 全体魅力度	M3: 2段階選択モデル	M4: フロー阻止効果モデル
規模	μ	1.14	—	1.04	1.18
CBD 出向の規模	$\mu + \mu_c$	—	—	1.12	—
距離抵抗	λ	-3.45	-3.55	-3.44	-1.34
CBD 出向の距離抵抗	$\lambda + \lambda_c$	—	—	-3.64	—
梅田	M2 は a_1, M4 は γ_1	—	0.00	—	-1.49
北浜・天満橋	M2 は a_2, M4 は γ_2	—	-1.97	—	-0.15
京橋	M2 は a_3, M4 は γ_3	—	-1.86	—	-1.15
心斎橋	M2 は a_4, M4 は γ_4	—	-0.84	—	-0.19
なんば	M2 は a_5, M4 は γ_5	—	-0.68	—	-0.62
上六	M2 は a_6, M4 は γ_6	—	-2.27	—	-0.41
天王寺	M2 は a_7, M4 は γ_7	—	-1.87	—	-1.00
千林・今市	M2 は a_8, M4 は γ_8	—	-2.64	—	0.07
駒川	M2 は a_9, M4 は γ_9	—	-2.52	—	-0.18
九条	M2 は a_{10}, M4 は γ_{10}	—	-2.96	—	-0.15
野田	M2 は a_{11}, M4 は γ_{11}	—	-3.19	—	-1.72
天神橋筋	M2 は a_{12}, M4 は γ_{12}	—	-3.17	—	-0.83
十三	M2 は a_{13}, M4 は γ_{13}	—	-2.62	—	0.34
最大対数尤度		-12826.95	-12547.46	-12811.09	-12214.38
AIC		25657.90	25120.92	25630.17	24458.76
CAIC		25657.92	25121.38	25630.22	24459.37
SBIC		25667.29	25181.92	25648.94	24529.14

と完全に一致している。モデル1の修正ハフ・モデルとモデル4のフロー阻止効果モデルについて尤度比検定を行った結果，$\chi^2 = 1225.14$（$df = 13$）であり1％水準で統計的に有意な差が認められた。1996年の結果同様，1991年の婦人服の分析結果も仮説4を支持している。

　モデル4に基づき，仮説1を検討する。中心商業地と言われる梅田（$\gamma_1 = -1.49$），天王寺（$\gamma_7 = -1.00$）は大きなフロー阻止効果を有している。この結果は，仮説1を支持するものと言える。モデル4に基づき，仮説2を検討する。1996年の結果と同様に中心商業地以外で京橋（$\gamma_3 = -1.15$）が高いフロー阻止効果を有している。また，野田（$\gamma_{11} = -1.72$）も高いフロー阻止効果を有している。この結果は，仮説2を支持する結果である。1996年の分析結果と同様，フロー阻止効果は梅田のように広い地域からの人の流れを止める場合と，京橋，野田のように特定地域からの人の流れを強烈に止める場合の両方が含まれる。婦人服を最もよく買物に行く場所として京橋を選択する消費者は大阪都市圏全体では2.7％であるが，大阪市鶴見区，城東区の消費者に限れば20.4％であった。また，野田は，鉄道で2駅先に梅田があり，距離的に梅田に極めて近い場所であるが，駅前に商業集積が発達している。婦人服購買において野田を選択する消費者は都市圏全体ではわずか0.6％であるが，大阪市此花区に限れば

表8-7　1991年飲食料品データの分析結果
（単品目分析のためパラメーターの添え字 m は非表記）

		M1: 修正ハフ	M2: 全体魅力度	M3: 2段階選択モデル	M4: フロー阻止効果モデル
規模	μ	−1.00	—	−0.48	−1.09
CBD出向の規模	$\mu + \mu_c$	—	—	−0.67	—
距離抵抗	λ	−4.17	−4.92	−4.18	−2.42
CBD出向の距離抵抗	$\lambda + \lambda_c$	—	—	−3.91	—
梅田	M2はa_1, M4はγ_1	—	0.00	—	−1.90
北浜・天満橋	M2はa_2, M4はγ_2	—	1.72	—	−1.10
京橋	M2はa_3, M4はγ_3	—	1.04	—	−0.57
心斎橋	M2はa_4, M4はγ_4	—	−1.22	—	0.52
なんば	M2はa_5, M4はγ_5	—	0.46	—	−2.16
上六	M2はa_6, M4はγ_6	—	1.15	—	−1.84
天王寺	M2はa_7, M4はγ_7	—	0.56	—	−0.81
千林・今市	M2はa_8, M4はγ_8	—	1.66	—	−0.03
駒川	M2はa_9, M4はγ_9	—	2.92	—	−3.67
九条	M2はa_{10}, M4はγ_{10}	—	2.51	—	−0.29
野田	M2はa_{11}, M4はγ_{11}	—	0.50	—	1.22
天神橋筋	M2はa_{12}, M4はγ_{12}	—	0.97	—	−0.23
十三	M2はa_{13}, M4はγ_{13}	—	2.09	—	0.99
最大対数尤度		−3956.31	−3609.59	−3868.72	−3446.44
AIC		7916.62	7245.19	7745.43	6922.88
CAIC		7916.63	7245.65	7745.48	6923.48
SBIC		7926.00	7306.19	7764.20	6993.26

8.4％，大阪市福島区に限れば13.7％であり，全体に比べ選択比率が突出して高い。

モデル4と他の3モデルの比較から，仮説3を検討する。表8-6によれば，適合度から採択されなかったモデル1（$\lambda = -3.45$），モデル2（$\lambda = -3.55$），モデル3（$\lambda = -3.44, \lambda + \lambda c = -3.64$）の3モデルにおいて，$\lambda$の推定値はすべて−3より小さい。しかし，1996年の分析結果と同様に，採択されたモデル4のλは−1.34であり大都市圏以外におけるλの推定値と大きく変わらず，仮説3は支持された。

3-2-3　1991年の飲食料品の分析結果

表8-7は，1991年の飲食料品データの最尤推定法による分析結果である。先の(1)(2)の結果は買回品の性格の強い婦人服の結果であったが，飲食料品は最寄品の性格が強い。最寄品の買物行動においても，フロー阻止効果は存在するのであろうか。

まずモデル選択を検討する。全モデルで規模のパラメーターμの値が負になっている点[18]に留意は必要だが，4つのモデルの情報量基準を見ると，いずれの基準においても，モデル4のフロー阻止効果モデルは他の3つのモデルに比べ，

適合度が極めて高い。適合度の高いモデルの順序も，2年度分の婦人服の分析結果と完全に一致している。モデル1の修正ハフ・モデルとモデル4のフロー阻止効果モデルについて尤度比検定を行い，$\chi^2 = 1019.74$ ($df=13$) であり1％水準で統計的に有意な差が認められた。婦人服の結果同様，1991年の飲食料品の分析結果も仮説4を支持している。

　モデル4に基づき，中心商業地のフロー阻止効果に関する仮説1を検討する。中心商業地と言われる梅田（$\gamma_1 = -1.90$），なんば（$\gamma_5 = -2.16$），天王寺（$\gamma_7 = -0.81$）は大きなフロー阻止効果を有している。この結果は，仮説1を支持するものと言える。モデル4に基づき，仮説2を検討する。表8-7を見ると，中心商業地以外では駒川（$\gamma_9 = -3.67$），上六（$\gamma_6 = -1.84$），北浜・天満橋（$\gamma_2 = -1.10$）が高いフロー阻止効果を有している。この結果は，仮説2を支持する結果である。とくに興味深いのは，駒川である。駒川は，大阪市東住吉区内の駅前立地型の巨大な商店街集積である。駒川は，最寄品業種の集積度が極めて高く，1991年の商業統計メッシュデータに基づく「最寄り品業種」[19]の商店数比率は43.1％であり，梅田の25.6％，心斎橋の17.8％など中心商業地の業種構成とは明らかに異なる。モデル2は採択されなかったが，モデル2により推定された駒川の飲食料品に関する全体魅力度は13商業集積中1位であった。2位の九条も大阪市西区内の駅前立地型の巨大な商店街集積であり全体魅力度が高いが，フロー阻止効果は大きくない。駒川，九条とも飲食料品に関して大きな魅力度を有しているが，九条の魅力度は売場面積で説明できる部分が多いのに対し，駒川は売場面積では到底説明できない魅力度を持っていると考えられる。ただし，この高い魅力度は，限られた特定の消費者の圧倒的な支持によるものである点にも留意が必要である。飲食料品を最もよく買物に行く場所として駒川を選択する消費者は大阪都市圏全体で2.1％であるが，駒川が立地する東住吉区，その近隣の平野区の消費者に限れば65.3％であった。フロー阻止効果を組み込んだモデル4は，このような限られた特定の消費者の圧倒的な支持を集める「ニッチな商業集積」の魅力の検出と分析に適したモデルであるとも言える。

　モデル4と他の3モデルの比較から，仮説3を検討する。表8-7によれば，採択されなかったモデル1（$\lambda = -4.17$），モデル2（$\lambda = -4.92$），モデル3（$\lambda = -4.18, \lambda + \lambda c = -3.91$）の3モデルにおいて，$\lambda$の推定値はすべて$-3$より小さい。しかし，1996年の分析結果と同様，採択されたモデル4のλは

−2.42であり，大都市圏以外で飲食料品のデータを用いた既存研究におけるλの推定値と大きく変わらず[20]，先の婦人服の結果と同様，仮説3は支持された。

3-3 フロー阻止効果と固有魅力度のハイブリッド・モデルの開発──仮説5，仮説6の検証

　仮説5を検証するため，1991年の婦人服，飲食料品を別々にモデル4により分析し得られたフロー阻止効果の推定値の相関係数を検討する。2-1で議論した通り，モデル4のフロー阻止効果モデルにより推定されるフロー阻止効果は，買物出向を考える消費者の主たる買物品目によって変わるため，同一商業集積であってもフロー阻止効果は異なると考えられる。

　表8-8は，2品目についてモデル4により推定されたフロー阻止効果の値（指数変換後のγ）である。この2変数の相関係数は0.16（$p=0.61$）で，10%水準でも帰無仮説を棄却できず，ほとんど相関がないと言える値であった。この結果から，仮説5は支持された。

　仮説5は支持されたが，モデル4で推定されたフロー阻止効果には，業種別の「マーケティング要因によるフロー阻止効果」に加え，「立地点特性によるフロー阻止効果」，すなわち固有魅力度が含まれている。2つの異なる魅力度を弁別して推定するため，両効果を組み込んだハイブリッド・モデル（モデル7）を用い分析を行い，仮説6を検証する。固有魅力度の推定のためには，複

表8-8　モデル4により推定されたフロー阻止効果
（1991年の品目別のγの推定値を指数変換した数値）

		指数変換後の飲食料品γ	指数変換後の婦人服γ
梅田	γ_1	0.15	0.23
北浜・天満橋	γ_2	0.33	0.86
京橋	γ_3	0.56	0.32
心斎橋	γ_4	1.68	0.82
なんば	γ_5	0.12	0.54
上六	γ_6	0.16	0.66
天王寺	γ_7	0.44	0.37
千林・今市	γ_8	0.97	1.07
駒川	γ_9	0.03	0.83
九条	γ_{10}	0.75	0.86
野田	γ_{11}	3.38	0.18
天神橋筋	γ_{12}	0.80	0.44
十三	γ_{13}	2.69	1.41

（注）2変数の相関係数は0.16（$p=0.61$）。数値は小数点2位までを表記。相関係数は小数点2位以下も含め計算している。

数品目の目的地選択データが必要であるため，1991年の婦人服，飲食料品のデータをプールし，分析を行った。表8-9は2-2で提示した7つのモデル（4つの既存モデルと3つの本書独自のモデル）の分析結果である。

　仮説6はモデルの適合度比較から支持される。表8-9の7つのモデルの情報量基準を見ると，いずれの基準においても，モデル7の「品目間異質フロー阻止効果—固有魅力度ハイブリッド・モデル」が，他のモデルに比べ，適合度が高い。またモデル4のフロー阻止効果モデルとモデル7の品目間異質ハイブリッド・モデルの尤度比検定を行ったところ，$\chi^2 = 974.35$ ($df=12$) であり1％水準で統計的に有意な差が認められた。さらにモデル5の固有魅力度モデルとモデル7の品目間異質ハイブリッド・モデルの尤度比検定を行ったところ，$\chi^2 = 2395.16$ ($df=26$) であり1％水準で統計的に有意な差が認められた。つまり，フロー阻止効果モデル，固有魅力度の単独モデルよりも，それらのハイブリッド・モデルの方が，明らかに適合度が高い。以上の点から仮説6は支持された。

　またすでに検討した仮説5の検証結果も，表8-9の分析結果と一貫している。モデル6は2品目間で各商業集積のフロー阻止効果が同質であることを仮定したモデルであり，モデル7は異質であることを仮定したモデルである。情報量基準に基づけば，明らかにモデル7の適合度が高い。また，モデル7の2品目の指数変換後のフロー阻止効果値の間の相関係数は-0.12（$p=0.70$）であり，ほぼ相関はなかった。これは，フロー阻止効果が品目間で異質であることを示しており，仮説5を支持している。

　モデル7の品目間異質ハイブリッド・モデルのパラメター推定値に関して，若干検討を要する点もある。モデル4とモデル7の2品目のフロー阻止効果パラメター推定値を比較したとき，天王寺，駒川，の推定値にやや大きな変動が認められる。とくに，婦人服の駒川については2.25と大きな正の値となっており，フロー阻止効果の概念定義上やや問題があると考えられる。そこで，モデル7についてすべてのγについて$\gamma_{j'm} \leq 0$の制約条件を置き再計算した結果が表8-9の（参考）欄である。この参考モデルは，情報量基準に基づく適合度は当然モデル7より劣るが，他モデルより適合度は高い。制約条件を置いたためγの大きな正の値はないが，梅田や天王寺の飲食料品のフロー阻止効果にやや大きな変動が認められる。ハイブリッド・モデルにおけるいくつかのパラメター推定値の変動については，今後の課題としたい。

表 8-9　フロー阻止効果と固有魅力度のハイブリッド・モデルと他モデルの比較

			M1: 修正ハフ	M2: 全体魅力度モデル	M3: 2段階選択モデル	M4: フロー阻止効果モデル	M5: 固有魅力度モデル	M6: ハイブリッドモデル（品目間同質フロー阻止効果）	M7: ハイブリッド・モデル（品目間異質フロー阻止効果）	（参考）制約条件（全$\gamma_{jm} \leq 0$）付のM7ハイブリッド・モデル
規模（婦人服）		μ_1	1.14	—	1.04	1.18	1.13	1.12	1.28	1.28
規模（飲食料品）		μ_2	-1.00	—	-0.48	-1.09	-0.97	-0.74	-0.84	-0.81
CBD出向の規模（婦人服）		$\mu_1 + \mu_{c1}$	—	—	1.12	—	—	—	—	—
CBD出向の規模（飲食料品）		$\mu_2 + \mu_{c2}$	—	—	-0.67	—	—	—	—	—
距離抵抗（婦人服）		λ_1	-3.45	-3.58	-3.44	-1.34	-3.51	-1.40	-1.43	-1.18
距離抵抗（飲食料品）		λ_2	-4.17	-4.15	-4.18	-2.42	-4.64	-2.69	-2.67	-2.23
CBD出向の距離抵抗（婦人服）		$\lambda_1 + \lambda_{c1}$	—	—	-3.64	—	—	—	—	—
CBD出向の距離抵抗（飲食料品）		$\lambda_2 + \lambda_{c2}$	—	—	-3.91	—	—	—	—	—
全体魅力度（M2）固有魅力度（M5～7, 参考）	梅田	a_1	—	2.15	—	—	0.66	-0.02	-0.19	0.22
	北浜・天満橋	a_2	—	0.69	—	—	0.69	0.38	0.40	0.74
	京橋	a_3	—	0.64	—	—	0.84	0.08	0.09	0.41
	心斎橋	a_4	—	1.36	—	—	0.13	0.00	-0.34	0.04
	なんば	a_5	—	1.54	—	—	0.49	0.11	-0.01	0.43
	上六	a_6	—	0.39	—	—	0.34	-0.14	-0.14	0.25
	天王寺	a_7	—	0.55	—	—	0.07	-0.99	-1.03	-0.43
	千林・今市	a_8	—	0.30	—	—	0.24	-0.28	-0.34	-0.01
	駒川	a_9	—	0.97	—	—	1.19	1.46	1.50	1.30
	九条	a_{10}	—	0.68	—	—	1.27	0.37	0.24	0.54
	野田	a_{11}	—	0.00	—	—	0.00	0.00	0.00	0.00
	天神橋筋	a_{12}	—	-0.20	—	—	-0.07	-0.91	-0.92	-0.60
	十三	a_{13}	—	0.59	—	—	0.94	0.79	0.69	0.95
婦人服フロー阻止効果（M6のみ品目区別なし）	梅田	$\gamma_{1,1}$	—	—	—	-1.49	—	-1.59	-1.37	-1.40
	北浜・天満橋	$\gamma_{2,1}$	—	—	—	-0.15	—	-0.14	0.07	0.00
	京橋	$\gamma_{3,1}$	—	—	—	-1.15	—	-1.05	-1.28	-1.38
	心斎橋	$\gamma_{4,1}$	—	—	—	-0.19	—	-0.19	-0.42	-0.50
	なんば	$\gamma_{5,1}$	—	—	—	-0.62	—	-0.66	-0.37	-0.39
	上六	$\gamma_{6,1}$	—	—	—	-0.41	—	-0.85	-0.80	-0.79
	天王寺	$\gamma_{7,1}$	—	—	—	-1.00	—	-1.98	-1.92	-1.61
	千林・今市	$\gamma_{8,1}$	—	—	—	0.07	—	0.11	0.15	0.00
	駒川	$\gamma_{9,1}$	—	—	—	-0.18	—	1.93	2.25	0.00
	九条	$\gamma_{10,1}$	—	—	—	-0.15	—	-0.62	-0.73	-0.68
	野田	$\gamma_{11,1}$	—	—	—	-1.72	—	0.13	-1.83	-2.29
	天神橋筋	$\gamma_{12,1}$	—	—	—	-0.83	—	-0.95	-1.26	-1.35
	十三	$\gamma_{13,1}$	—	—	—	0.34	—	0.66	0.23	0.00
飲食料品フロー阻止効果	梅田	$\gamma_{1,2}$	—	—	—	-1.90	—	—	-1.85	-1.72
	北浜・天満橋	$\gamma_{2,2}$	—	—	—	-1.10	—	—	-0.72	-0.83
	京橋	$\gamma_{3,2}$	—	—	—	-0.57	—	—	-0.53	-0.72
	心斎橋	$\gamma_{4,2}$	—	—	—	0.52	—	—	0.43	0.00
	なんば	$\gamma_{5,2}$	—	—	—	-2.16	—	—	-1.78	-1.78
	上六	$\gamma_{6,2}$	—	—	—	-1.84	—	—	-1.96	-2.11
	天王寺	$\gamma_{7,2}$	—	—	—	-0.81	—	—	-2.19	-1.83
	千林・今市	$\gamma_{8,2}$	—	—	—	-0.03	—	—	0.12	-0.13
	駒川	$\gamma_{9,2}$	—	—	—	-3.67	—	—	-1.03	-2.10
	九条	$\gamma_{10,2}$	—	—	—	-0.29	—	—	-0.32	-0.53
	野田	$\gamma_{11,2}$	—	—	—	1.22	—	—	1.16	0.00
	天神橋筋	$\gamma_{12,2}$	—	—	—	-0.23	—	—	-0.36	-0.59
	十三	$\gamma_{13,2}$	—	—	—	0.99	—	—	1.27	0.00
最大対数尤度			-16783.26	-17972.61	-16679.80	-15660.82	-16371.22	-15367.95	-15173.64	-15272.79
AIC			33574.52	35973.22	33375.61	31381.64	32774.45	30793.90	30431.29	30629.58
CAIC			33574.54	35973.48	33375.70	31382.81	32774.79	30795.00	30433.59	30631.88
SBIC			33596.06	36048.62	33418.69	31543.19	32860.61	30950.08	30657.47	30855.76

（注）1991年の婦人服, 飲食料品データをプールし分析。全体魅力度, 固有魅力度は野田を基準として推定。

表 8-10　仮説検証結果のまとめ

	1996 年データ	1991 年データ		
	婦人服	婦人服	飲食料品	2 品目プール
仮説 1	○	○	○	○
仮説 2	○	○	○	○
仮説 3	○	○	○	○
仮説 4	○	○	○	○
仮説 5	—	○	—	○
仮説 6	—	—	—	○

3-4　分析結果に関する小結

　表 8-10 は，全分析結果をもとに仮説検証の結果をまとめた表である。仮説 1 ～ 4 に関して，単品目のモデル分析結果と複数品目の同時分析の結果が一貫している点は重要である。仮説 1 に関して，モデル 7 の分析結果によれば，中心商業地である梅田（飲食料品 $\gamma_{1,2} = -1.85$ 〔指数変換後 0.16〕，婦人服 $\gamma_{1,1} = -1.37$ 〔指数変換後 0.25〕）や天王寺（飲食料品 $\gamma_{7,2} = -2.19$ 〔指数変換後 0.11〕，婦人服 $\gamma_{7,1} = -1.92$ 〔指数変換後 0.15〕）はやはり高いフロー阻止効果を有している。この結果は仮説 1 を支持しており，単品目の分析結果と一貫している。仮説 2 に関して，中心商業地以外の駒川（飲食料品 $\gamma_{9,2} = -1.03$ 〔指数変換後 0.36〕），野田（婦人品 $\gamma_{11,1} = -1.83$ 〔指数変換後 0.16〕）はやはり高いフロー阻止効果を有しており，先の単品目の分析結果と一貫している。

　仮説 3 に関する複数品目の同時分析の結果が，単品目の分析結果と一貫している点は極めて重要である。表 8-9 において，フロー阻止効果を仮定しないモデル 1, 2, 3, 5 と仮定するモデル 4, 6, 7 では，距離抵抗 λ の推定値が大きく異なる。フロー阻止効果を仮定しないモデル 1, 2, 3, 5 では，婦人服で -3 より小さい推定値，飲食料品で -4 より小さい推定値となっており，大都市圏以外での一般的な推定値から大きく乖離している。これに対し，フロー阻止効果を仮定するモデル 4, 6, 7 の λ は婦人服で -1.4 程度，飲食料品で -2.5 程度であり，一般的な推定値に近い。フロー阻止効果を適切に推定することで，距離抵抗 λ も適切に推定され，モデル全体の適合度が高まる点は，単品目分析による仮説 4 の検証結果と一貫している。

　仮説 5 についても，単品目の分析，複数品目の同時分析の結果は一貫しており，フロー阻止効果は同一商業集積であっても品目により大きく異なることが分かった。仮説 6 が支持され，モデル 7 の適合度の高さが実証されたことは，

商圏予測のモデル開発上，成果であると考えられる。また，このモデルを通じて，商業集積の魅力度の多面的な分析も可能となる。

❖ 結　　論

まとめと考察

　小売吸引力モデル研究は理論面，実証面で大きな発展を遂げてきたが，大都市圏で推定を行った場合，距離抵抗のパラメター λ が異常な値を取ることが多く，この問題に悩まされることが多かった。本章ではこの原因を既存研究のレビューに基づき，消費者の居住地から目的地の商業集積に至るまでに介在する別の商業集積の通り過ぎられない効果，すなわちフロー阻止効果にあると考え，フロー阻止効果に関する6つの仮説を導出した。仮説検証のために7つのモデル（4つの既存モデルと3つの本書独自のモデル）を用い，大阪都市圏で収集された2時点の買物行動データ，商業統計データ，旅行時間データをもとに，仮説検証のため分析を行った。その結果，仮説はすべて支持された。つまり，フロー阻止効果は中心商業地にはもちろん，中心商業地以外の商業集積にも存在すること（仮説1，仮説2），フロー阻止効果を組み込むことで距離抵抗 λ の推定値は大都市圏でも適切な値となり（仮説3），モデルの適合度は上昇することが分かった（仮説4）。またフロー阻止効果は主たる買物品目（供給側にとっては業種構成）に大きく依存しており（仮説5），品目間での異質なフロー阻止効果と，品目に依存しない立地点に特有の固有魅力度の両方を組み込んだ「品目間異質フロー阻止効果―固有魅力度ハイブリッド・モデル（品目間異質ハイブリッド・モデル）」が，最も適合度の高いモデルであることが実証された（仮説6）。

　フロー阻止効果を組み込んだモデルの適合度が一貫して高いのはなぜであろうか。第1に，既存の小売吸引力モデルが想定する以上に消費者が起点から近い目的地をわざわざ通り過ぎられず選択する傾向があることが挙げられる。しかし，このような消費者意思決定の潜在的傾向だけではなく，第2の要因として，日本の商業の空間構造の特徴が挙げられる。日本の大都市圏では，中心商業地が複核化することが多い（田村，2008）。実際，大阪市内には円環状に梅田，なんば，天王寺，京橋があり，その内側に心斎橋，北浜・天満橋，上六などの商業集積がある。さらに，郊外からのこれらの商業集積に向かって鉄道が延び

ており，この鉄道沿線上にも商業集積が発達している。このような商業構造の
もとで，郊外から複核化している中心商業地に公共交通機関を利用して出向す
る場合，鉄道沿線の商業集積や円環上の最も近い商業集積などが居住地から順
に選択肢として挙がるため，追加的な出向費用を認識しやすくなると考えられ
る。同様の商業構造は東京でも見られる。このような商業構造の特徴と消費者
認知の相互作用がフロー阻止効果を組み込んだモデルの適合度の高さに少なか
らず影響していると考えられる。

愛着研究への貢献──新しい測定と空間依存に基づく愛着生成

　第3章1-4-3で確認した出向場所への愛着研究に対して2つ貢献がある。1
つ目は，測定方法である。既存の愛着研究の多くは，言語尺度を用いて場所へ
の愛着を属性分解的に調査していたが（たとえばBrocato et al., 2015など），この
ような手法で測定した愛着は信頼性に疑念があった。また，調査対象店舗は回
答者が愛着を持つ店舗のみで，競合店舗を考慮した分析はなされていなかった。
本章は，消費者の買物場所の選択データから，競合する買物場所への出向を妨
げる特定の買物場所の「通り過ぎられない魅力」を集計レベルで測定しており，
競合を考慮した行動データから愛着を測定している点で優れている。ただし，
本章で考慮しているのは，売場面積，旅行時間，固有魅力度であり，これらに
含まれない魅力も「通り過ぎられない魅力」に含まれている。考慮する変数を
増やし，こうした要因の影響を取り除いた測定を検討する必要がある。

　2つ目は，愛着の生成過程の仮説である。本章の結果は，買物場所への愛着
生成の初期段階において，商業の空間構造や交通体系が深く関わっていること
を示していると考えられる。売場面積から考えれば，消費者はもっと遠くの大
規模な商業集積への出向を目指すはずだが，空間構造や交通体系をきっかけに，
現実にはそれよりも手前の特定の商業集積に出向する。そこで，感情経験を蓄
積しながら，最もよく買物出向する場所が生まれる。これが，本研究から考え
られる「空間依存に基づく愛着生成」仮説である。われわれがその商業集積に
「愛着」と言えるほどの感情を有しているか否かは今後の残された研究課題で
ある。しかし，われわれは少なくとも既存モデルが仮定したような認知的な評
価属性だけでは選んでおらず，商業の空間構造や交通体系の縛りに暗に影響を
受けているという点で，自身が思っているほど自由に買物目的地を選択できて
いない。これは，小売企業が長期的に消費者の愛着を勝ち取るための最初の一

歩として，より良い立地を確保することが重要であることを示していると考えられる。

実務への示唆——ミニ「キタ」化するミナミ，強力なニッチャー「駒川」

　実務への示唆は大きく4つある。1つ目は，フロー阻止効果を組み込んだモデルにより精度の高い商圏予測が可能になることである。新設される商業集積，ショッピング・センターの商圏予測を行う際，大規模な住宅地からそこに至るまでにフロー阻止効果の高い商業集積や施設があるか否かで，集客数は大きく変わるはずである。本書のフロー阻止効果モデルや品目間異質ハイブリッド・モデルは，この問題を解決できる。また，本章は大都市圏での調査に基づく実証研究であったが，フロー阻止効果は，大都市圏以外の商業集積やショッピング・センターにも程度の差こそあれ存在することは容易に想像できる。地方都市や郊外のショッピング・センターは幹線道路沿いに立地することが多く，道路に並んだショッピング・センター群の介在の構造は，消費者から見れば大都市圏よりも一層明確なはずである。これらのことから，本章の成果は地方都市，郊外でも応用可能であると考えられる。さらに，フロー阻止効果と距離抵抗 λ を弁別して推定することは，λ の経験的一般化にも貢献する。これまで λ の地域差が大きな問題と指摘されていたが（山中・中西・阿部, 1981; 中西, 1983），この問題の解決にもつながると考えられる。

　2つ目は，フロー阻止効果モデルや品目間異質ハイブリッド・モデルを用いることにより，魅力度測定のための言語尺度評定が不要となること，および信頼性の高い魅力度の評価が可能となることである。これまで，売場面積以外の魅力度を把握する主な手法は，質問票で言語尺度を用いたイメージ測定法であった。確かにこの手法は，多様なイメージを測定することができるが，反面，各集積について膨大な項目（通常，集積数×品目（業種）×イメージ次元）を調査しなければならず，回答者負担が大きく，調査の労力も大きかった。また，膨大な項目に対する消費者の回答が信頼できる回答であるのか，疑念もつきまとった。本章の手法は，行動データや交通経路データから消費者の知覚する魅力度を推定する手法であり，労力の低さ，信頼性の点で優れていると考えられる。

　3つ目は，品目間異質ハイブリッド・モデルにより，単一のモデルから整合性をもって商業集積の魅力度を多面的に診断することが可能となることである。

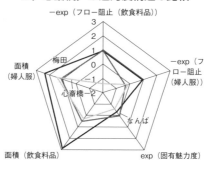

図8-6 キタ（梅田）とミナミ（なんば，心斎橋）の魅力度構造の比較

具体例を2つ示す。図8-6は，1991年データの制約条件付きの品目間異質ハイブリッド・モデルのパラメーター推定結果を標準化し（γは指数変換後の値の負をとり標準化したもの），梅田，なんば，心斎橋の魅力度の構造を示したレーダー・チャートである。キタと称されることも多い梅田は，固有魅力度は大きくないが（指数変換後 a_1 = 1.24, 標準化後 −0.33），2品目の売場面積の魅力とフロー阻止効果は大きく，商業自体の魅力に大きく依存した集積であることが分かる。「ミナミ」と称されるなんば，心斎橋もほぼ同様の構造を持つ。しかし，ミナミの2集積とキタの梅田を比較すると，ミナミはなんばの固有魅力度，飲食料品のフロー阻止効果（若干なんばが大きいがほぼ同値）を除き，梅田に対して優勢な次元はない。集積魅力度の構造に着目すれば，ミナミはキタにほぼ包摂されており，ミニ「キタ」化している側面が窺える。この点は，ミナミのポジショニングを考えるうえで重要な問題であろう。

もう一例，かなり異なる魅力の構造を持つ商業集積として，駒川を取り上げたい。図8-7で駒川は，面積では中心商業地に比べて大きくはないが，街全体の固有魅力度（指数変換後 a_9 = 3.68, 標準化後 2.52）と飲食料品のフロー阻止効果（指数変換後 $γ_{9,2}$ = 0.12, 標準化後 1.10）が大きい。駒川は飲食料品に関して強い魅力を持つだけでなく，品目に依存しない街自体の魅力度も高いことが分かる。品目間異質ハイブリッド・モデルはこのような商業集積の魅力度の診断にも利用できるだけでなく，品目に依存する魅力と街全体の魅力を弁別して評価できるため，政策（たとえば特定商業集積法[21]，中心市街地活性化法[22]）の効果検証の手段としても利用できる可能性がある。

4つ目は，商業施設の新規出店効果の多面的な把握である。出店前・後の2

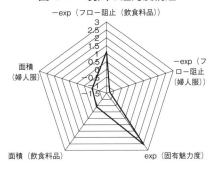

図 8-7 駒川の魅力度構造

時点のデータをフロー阻止効果モデルで分析することにより,「通り過ぎられない魅力」がどの程度発生しているのかを検討することができる。3-3 で言及した点に基づき,具体例を示す。1991 年 6 月から 1996 年 6 月にかけて心斎橋と天王寺で買回り品を中心とした大幅な面積増加が生じていたが(表 8-4 参照),2 つの集積でその効果は異なる。表 8-6 で 1991 年の心斎橋の婦人服購買におけるフロー阻止効果は −0.19 であったが,表 8-5 で 1996 年の結果を見ると −0.73 となり,通り過ぎられない魅力が大きく増加したことが分かる。しかし,天王寺は,1991 年で −1.00,1996 年に −1.07 とフロー阻止効果が若干上がったにすぎない。これは天王寺ターミナルビル・ミオの出店によって,売場面積の増分以上の魅力の増大は天王寺においてほとんど生じなかったことを示唆している。もちろん,この 2 集積の変化は独立ではないが,心斎橋が面積以上のプレミアムとしての「通り過ぎられない魅力」をうまく高めたことが窺える。

課 題

大きな課題が 5 つある。1 つ目は,適用範囲を広げ妥当性を検討する必要がある点である。本章は大阪都市圏の 2 時点のデータを用いて,仮説検証,モデル構築を行ったが,他地域,他時点においても検証を行う必要がある。2 つ目は,フロー阻止効果の決定要因についてさらなる研究が必要である点である。たとえば,飲食料品のフロー阻止効果は,集積全体の飲食料品の品揃えの幅,平均的な価格帯などどのような要因と関係しているのか,さらに研究が必要である。3 つ目は,品目間異質ハイブリッド・モデルの改良である。本研究では,モデル 7 の適合度は高かったが,推定値に関して若干不安定さが見られた。さらにモデル改良を検討したい。4 つ目は,個人レベルのデータへの適用である。

本研究は，起点単位で集計されたデータを用いて実証研究を行ったが，今後個人レベルのモデルでも研究を行う必要がある。5つ目は，通り過ぎられない魅力と愛着や感情経験との関係である。二次データを用いたため検証できなかったが，行動から推定された通り過ぎられない魅力と，既存研究の愛着や感情経験の関係を実証的に確認する必要がある。

* 本章の作成に際し，学会・研究会報告の際に，片平秀貴先生（丸の内ブランドフォーラム），池尾恭一先生（明治学院大学），青木幸弘先生（学習院大学），清水聰先生（慶應義塾大学），佐藤栄作先生（千葉大学）より大変貴重なコメントを頂戴した。とくに清水聰先生には，本章執筆に際し，大変丁寧なコメントを頂戴した。また，中西正雄先生（関西学院大学），井上哲浩先生（慶應義塾大学）より研究会などさまざまな機会に貴重なコメントと丁寧なご指導を頂いた。この場を借りて先生方に深く感謝を申し上げたい。

　また，本研究は，大阪流通業界の近未来予想調査研究会の調査研究を契機に始めた研究である。本研究では，その際のデータの一部を使用させて頂いた。研究会座長の石原武政先生（流通科学大学），委員の加藤司先生（大阪市立大学），森田博一氏（株式会社シティコード研究所），事務局の森清純氏（大阪商工会議所理事），堤成光氏（同中小企業振興部流通担当課長），長谷川有基氏・松澤朋美氏（同中小企業振興部流通担当）に深く感謝を申し上げます（役職はすべて当時）。なお，本章は，石淵（2014）を加筆修正したものである。

章末資料1. 買物行動調査データの概要

	標本数	調査	回答者	起点 (調査対象市区町)	目的地 (選択確率が分かるもの)	分析に用いる品目	選択確率の集計レベル
1991年データ (1991年6月調査)	3550世帯 (回答率100%)	訪問留置法	世帯主婦	62市区町 (大阪府内32市 (大阪市内は24区別),兵庫県6市,奈良県1市)	大阪市内13集積 (梅田,北浜・天満橋,京橋,心斎橋,なんば,上六,天王寺,千林・今市,駒川,九条,野田,天神橋筋,十三)	日常の飲食料品,婦人服	起点単位
1996年データ (1996年6月調査)	3600世帯 (回答率100%)	訪問留置法	世帯主婦	63市区町 (大阪府内32市 (大阪市内は24区別),兵庫県6市,奈良県1市,京都府1町)	大阪市内7集積 (梅田,北浜・天満橋,京橋,心斎橋,なんば,上六,天王寺)	婦人服	起点単位

章末資料2. 1996年婦人服データの最小自乗法による分析結果

		修正ハフ	フロー阻止効果モデル
規模	μ	0.76***	0.78***
距離抵抗	λ	-2.90***	-1.58***
梅田	γ_1	−	-1.02***
北浜・天満橋	γ_2	−	-0.52**
京橋	γ_3	−	-0.77***
心斎橋	γ_4	−	-0.63***
なんば	γ_5	−	-0.07
上六	γ_6	−	0.04
天王寺	γ_7	−	-0.80***
R^2		0.44	0.53
修正 R^2		0.44	0.52

(注) ***1%水準で有意, **5%水準で有意.

注
1) Nevin and Houston (1980) は,中心地の繁華街1つとショッピング・センター4つを目的地として分析を行ったが,4つのショッピング・センターの分析のうち,3つでは都市施設充実度は5%で統計的に有意ではなかった.
2) 6都市は豊中,徳島,浜松,所沢,川越,船橋である.
3) 自由度の問題で相関係数は統計的に有意ではなかった.
4) フロー阻止効果を直接組み込んではいない点に注意が必要である.
5) 山中 (1986) は大阪市の商業統計メッシュ・データを用いた商業集積の類型研究から,鶴橋,野田阪神など10商業集積をインターセプターとして挙げている.
6) ただし,両効果を組み込むことにより独立変数の数も大きく増加するため,適合度評価の際には変数増加のペナルティーも考慮したモデルの適合度評価が必要である.
7) 中西 (1983) は,複数品目のデータを用い,全体魅力度と品目別の売場面積を魅力度要因に入れた「全体魅力度—個別規模」モデルを構築し分析を行っている.モデルは完全に同一ではないが,全体魅力度部分の関数形は同一であるため,本章ではこの名称を用いる.
8) 実際の最短経路の特定方法については,3-3データ概要の旅行時間の項および注14を参照.

9) 買物行動調査データの詳細は章末資料1を参照。
10) 使用した年鑑は，百貨店調査年鑑，流通会社年鑑，全国大型小売店総覧である。
11) 具体的には，婦人外出着の売場面積として「55織物・衣服・身の回り品小売業」の売場面積，飲食料品の売場面積として「56飲食料品小売業」の売場面積を使用した。しかし，この産業中分類の売場面積には，各種小売業の婦人服，飲食料品の売場面積は含まれていない。実態に近付けるため，対応年度の市販の年鑑（注10参照）を用いて，当該メッシュに存在する各種小売業の総売場面積を，当該各種小売業店舗の品目別売上高で按分し，これを各メッシュの品目別売場面積に合算した。当該店舗の品目別売上が不明の場合は，その小売企業全体の品目別売上高比率を按分基準とした。
12) 最寄品，買回り品の定義は，次表の商業統計の「買回り品業種」，「最寄り品業種」の定義を採用した。業種比率は，商店数，売上高，売場面積の各変数で捉えることができるが，本研究では商店数比率を用いる。物理的な事実を重視するなら面積が望ましいかもしれないが，現実の消費者の情報処理能力を考慮すれば，消費者が連続変数である売場面積で商業集積全体の業種構成を認識していると考えるのはいささか無理があるだろう。むしろ，商店数でおおよその業種構成を認識し，集積特性を理解していると考えた方が現実の消費者認知に近いと考えられる。

	買回り品業種		最寄り品業種
551	呉服・服地・寝具小売業	561	各種食料品小売業
552	男子服小売業	562	酒小売業
553	婦人・子供服小売業	563	食肉小売業
554	靴・履物小売業	564	鮮魚小売業
559	その他の織物・衣服・身の回り品小売業	565	乾物小売業
572	自転車小売業	566	野菜・果実小売業
581	家具・建具・畳小売業	567	菓子・パン小売業
583	陶磁器・ガラス器小売業	568	米穀類小売業
584	家庭用機械器具小売業	569	その他の飲食料品小売業
589	その他のじゅう器小売業	582	金物・荒物小売業
592	農耕用品小売業	591	医薬品・化粧品小売業
594	書籍・文房具小売業		
595	スポーツ用品・がん具・娯楽用品・楽器小売業		
596	写真機・写真材料小売業		
597	時計・眼鏡・光学機械小売業		
598	中古品小売業（他に分類されないもの）		
599	他に分類されない小売業		

13) 調査時の標本抽出地点の資料は残っていなかったが，関係者へのヒアリングにより丁町字単位の抽出地点を無作為に決定し，その丁町字より標本抽出を行ったことが分かった。このため，当時の人口を参考に，各市区町内で最も人口の多い丁町字を代理起点とし，この起点丁町字の中心からの旅行時間を計算した。実際の調査において，確率比例抽出法により標本抽出が行われていれば，人口の多い丁町字が選ばれていた可能性が高いため，この手法を用いた。
14) 最短経路と別の次善経路が，最短経路と10分以内の差で，次善経路が最短経路より200円以上安いなら，現実の消費者の経路選択を近似するために，次善経路を最短経路とした。
15) 推定の際の従属変数は，起点ごとに対数中央化された実際の選択確率の対数である。使用した推定式は次式である。

$$\log(\frac{P_{ij}}{\bar{P}_{i.}}) = \mu \log(\frac{S_j}{\bar{S}_.}) - \lambda \log(\frac{T_{ij}}{\bar{T}_{i.}}) + \varepsilon_{ij}$$

P_{ij}＝起点 i に居住する消費者のうち目的地 j が最もよく婦人服を購入する場所であると回答した比率

S_j = 目的地 j の売場面積
T_{ij} = 起点 i から目的地 j までの旅行時間
$\bar{P}_{i.}$ = 起点 i における P_{ij} の j に関する幾何平均
$\bar{S}_{.}$ = 織物・衣服・身の回り品の売場面積に関する幾何平均
$\bar{T}_{i.}$ = 起点 i における T_{ij} の j に関する幾何平均
μ = 規模の影響度のパラメター
λ = 距離抵抗の影響度のパラメター
ε_{ij} = 誤差項

　　推定，予測値の計算には SAS を使用した．修正済 R^2 = 0.44 であり，売場面積パラメターの推定値 μ = 0.76，距離抵抗パラメターの推定値 λ = -2.90 であった．

16) 対数中央化変換後のデータを最小自乗法により推定を行う場合，P_{ij} = 0 が含まれていると推定ができない．対処方法として，小さな値を足す，0 のサンプルを削除するなどの方法が提案されているが（中西, 1983），本章では P_{ij} = 0 のサンプルを削除し，最小自乗法による推定を行った．このため，最尤推定法の推定結果とは当然異なる結果になる点に留意が必要である．
17) フロー阻止効果の組み込みの妥当性が推定方法に依存しないことを示すために，最小自乗法による修正ハフ・モデル，フロー阻止効果モデルの分析結果を章末資料 2 において示しておく．
18) 飲食料品の分析結果において規模のパラメター μ が負となることは既存研究でも生じているが（産業研究所, 1979; 中西, 1979），一因として飲食料品の主たる買物場所である「近くのお店」が目的地に含まれていないことにより生じている可能性が考えられる．
19) 業種分類については，注 12 を参照．
20) たとえば，岩崎（1995）の岩手県における食料品の λ の推定値は -2.03 であった．
21) 正式名称は「特定商業集積の整備の促進に関する特別措置法」である．この法律は 2006 年に廃止された．
22) 正式名称は「中心市街地における市街地の整備及び商業等の活性化の一体推進に関する法律」である．

第9章

消費者特性と感情
―― 感情重視のマーケティングは誰に有効か ――

❖ はじめに

　若年層はモノよりコトを重視し，消費において感情的な楽しみを重視する。この文章を読み，どのように思われるだろうか。強い違和感を覚える方は少ないはずで，たとえば消費者庁の『平成29年消費者白書』第1部第3章第1節(3)にも「『コト消費』の傾向は，デジタルネイティブと呼ばれる世代に当たる若者の消費行動において，他の年齢層より強く表れる」(p. 130) という記述がある。しかし，これは本当なのであろうか。

　経験価値マーケティングをはじめ，消費者の感情を重視するマーケティングは実務，学術研究双方において注目を集めているが，実効性を高めるための基礎的な研究が不足している。マーケティングの効果と効率を重視するなら，消費者の感情的側面を軸とするセグメンテーションを検討する必要があるが，セグメンテーションに必要となる消費者感情の異質性に関する基礎的研究は不足している。感情の異質性に関する基礎的研究がなければ，冒頭の文章の真偽を，科学的に判断することは難しいだろう。

　本章の目的は，心理学における社会情動選択理論に基づく理論的検討と，調査データに基づく実証的検討から，消費時快感情の強度・持続と年齢の関係を明らかにすることである。第1節で，経験価値マーケティングの概要と課題を整理し，課題解決の手がかりとして社会情動選択理論を中心に既存研究をレビューする。第2節で問題意識と仮説，調査設計，第3節で分析結果，最後に

まとめと今後の課題を述べる。

1 既存研究

1-1 経験価値マーケティングの概要と課題

　消費者の感情を重視したマーケティング戦略は近年注目を集めている。ブランディングにおける感覚，感情の重要性を指摘している実務家，研究者は多いが（Lindstrom, 2005; O'Shaughnessy and O'Shaughnessy, 2002），中でも感覚的，感情的な経験を重視する経験価値マーケティングはとくに注目を集めている。経験価値マーケティングに統一した見解はないが，既存研究（Pine II and Gilmore, 1999; Schmitt, 1999, 2003; 長沢, 2005）を参考にすると，製品の機能や物理的特性だけでなく，感覚，感情，感動など，消費者が消費経験時に知覚する価値に焦点を当て，消費者に提供する経験全体を設計し，提供のための仕組みを構築するマーケティングであるといえる。Schmitt（1999）によれば，このような経験価値は5つから構成されている。1つ目は，感覚的経験価値であり，五感（官）に訴えかけることから生まれる経験価値である。2つ目は情緒的経験価値であり，感情に訴えかけることから生まれる価値である。3つ目は認知的経験価値であり，認知や知性に訴えかけることから生まれる価値である。4つ目は行動的経験価値であり，肉体的，行動的側面に訴えかけることから生まれる価値である。5つ目は関係的経験価値であり，文化・グループに所属すること，他者との相互作用に訴えかけることから生まれる経験価値である。

　このような感覚的，感情的経験が注目されるようになった背景には，市場の成熟化，コモディティ化が関係していると考えられる。コモディティ化とは，ある製品カテゴリーにおいて，消費者がブランド間に違いを見出せない状態，あるいはその結果，消費者が価格に重きを置き購買行動を行う状態のことを指す（Pine II and Gilmore, 1999; 恩藏, 2007）。コモディティ化の原因としては，技術的水準の同質化（恩藏, 2007），企業のオーバー・セグメンテーション（恩藏, 2007），広告など過剰なマーケティングによる消費者の低関与化（Lindstrom, 2005）などが挙げられる。同質的な製品の増加と，製品を同質的と判断することとは同一ではないが，これらが相互作用し，後者の傾向がますます高まるなら，客観的な機能や特性だけの訴求は有効な差別化手段ではなくなるだろう。

　経験価値マーケティングは，このようなコモディティ化を抜け出すための1

つの方策として有効視されることも多い（PineⅡ and Gilmore, 1999; 恩藏, 2007）。経験価値マーケティングの大きな貢献の1つは，消費者の経験に注目し，認知的側面だけでなく，感情的，感覚的側面からも経験を捉え，経験提供の仕組みを構築する枠組みを提示した点であろう。実際に，この枠組みを用いて，企業の成功事例を検討した研究も多い（たとえば，Schmitt, 1999; 長沢, 2005, 2006; 井上, 2007）。

　しかし，経験価値マーケティングはどのような消費者にも有効な手法なのであろうか。Schmitt（1999）は，経験価値マーケティングと伝統的マーケティングの大きな違いを，認知だけでなく感情・感覚に注目することであると述べているが，快感情の平均水準の個人差は非常に大きい（Diener and Lucas, 2000）。マーケティングや消費者行動研究分野でも，本書第7章で見た通り，快感情の持続が，快感情の強度や顧客満足の評価に比べて，標準偏差が大きく，個人差が大きいことがすでに明らかになっている。では，この個人差に関してどのように考えればよいだろうか。個人差を捉える変数として，本章では識別・測定可能性（Kotler, 2000）の高いデモグラフィック変数に注目する。とくにその中でも心理学分野において，日常生活における感情経験との関係に関して研究蓄積が進んでいる年齢に注目する。

1-2　日常の感情経験と年齢

　心理学者のCarstensen（1993, 1995），Carstensen et al.（1999）は，年齢と目標や動機，感情経験の関係に関して，社会情動選択理論（Socioemotional Selectivity Theory）を提唱している。この理論は，目標や動機づけ，感情経験を規定する要因として，知覚された人生の残り時間（Perceived Time Left in Life）に注目し，これが人間の2つの軌道（Trajectory）選択に影響すると考える。もし，人生の残り時間が少ないと知覚するなら，感情的な満足や意味を達成しようとする動機づけが強くなる。また，そのような動機づけに基づき生活を送るため，感情経験が多くなると考える。これを情動軌道（Emotion Trajectory）と呼び，高齢者はこの傾向を強く有すると考えられる。また，もし，人生の残り時間が長いと知覚するなら，新しい知識の獲得，職業，学歴などの将来の成功を達成しようする動機づけが強くなる。場合によっては，現在の感情的幸福を犠牲にしても，将来の達成動機を優先する。このような動機づけに基づき生活を送るため，感情的経験は少なくなると考える。これを知識軌道

(Knowledge Trajectory) と呼び，思春期の人間はこの傾向を強く有すると考えられる[1]。

このような軌道選択は，単純に加齢や，脳や臓器などの物理的変化により生じるものではないようである。Carstensen and Fredrickson (1998) は，HIV患者を調査することにより，客観的年齢そのものではなく，残された時間の知覚が軌道選択に影響していることを示した。具体的には，HIVの進行度の異なる3つのグループより，各グループ40名の患者（合計120名）を調査し，HIVが進行し，残り時間の知覚が短い患者ほど情動軌道を選択する傾向が強いことを示した。

生態学的妥当性の観点から，非実験室環境での日常生活の認知や行動の研究が進んでいるが（Neisser, 1978; 森, 1995; 井上・佐藤, 2002），感情経験の研究についても例外ではない。Carstensen et al. (2000) は，社会情動選択理論から導かれる仮説を検証するため，大規模な調査を実施し，年齢と感情経験の関係を検討した。彼女はサンフランシスコにおいて，18歳から94歳の184名のアフリカ系，ヨーロッパ系のアメリカ人を1週間，毎日5回，ポケットベルを利用した経験サンプリング調査を行い，被験者1人から35の感情経験を抽出した。感情経験はポジティブ・ネガティブの両方を含む合計19種類の感情について，その時点で経験しているか否か，経験している場合は7点尺度で強度を回答させる調査で収集した。このデータから，個人ごとにポジティブ感情の頻度と平均強度，ネガティブ感情の頻度と平均強度を計算し，このデータを用いて，以下4つの点を実証した。1点目は，年齢が高い人ほど，ネガティブな感情の経験頻度が低くなる（2次関数の関係）が，ポジティブな感情経験の頻度は年齢とは関係しないという点であり，2点目は，ポジティブ・ネガティブいずれの感情経験の強度も年齢間で差がないという点である。3点目は，年齢が高い人ほど，良い情動状態を維持することを優先し，その制御能力も高いため，ポジティブ感情状態が持続し，ネガティブな感情状態が素早く終わるという点であり，4点目は年齢が高い人ほど感情経験は複雑になるという点である。

しかし，この研究成果と必ずしも一致しない研究結果も示されている。Mroczek and Kolarz (1998) は，ポジティブ感情を経験する頻度は年齢とともに増加する傾向があることを明らかにしている。具体的には，Random-Digit Dialingと郵送調査法を組み合わせ，アメリカに居住する25歳から74歳の2,727名の標本に対し，過去30日間にポジティブ感情，ネガティブ感情をどれ

くらいの頻度で感じたかを5段階尺度で回答させた。調査では，社会人口統計的変数（性別，婚姻状態，教育水準），人格，文脈的要因（ストレス，健康状態）についても回答させた。分析の結果，標本全体ではポジティブ感情と年齢の間には2次関数の関係があること，女性の場合はポジティブ感情と年齢の間の2次関数の関係がより強いこと，男性の場合は線形の増加関数の関係があること，この年齢の効果は社会人口統計的変数や人格，文脈的要因を考慮しても有意な影響があることなどを明らかにした。

2 仮説と調査設計

2-1 問題意識と仮説

先の Carstensen et al.（2000）と Mroczek and Kolarz（1998）の研究は，ポジティブ感情の頻度・強度と年齢の関係に関して異なる結果を示している。Carstensen et al.（2000）はポジティブ感情の頻度と強度は，年齢と関係がないと主張しているが，Mroczek and Kolarz（1998）はポジティブ感情の頻度と年齢の関係は男性の場合は線形の増加関数の関係，女性の場合は2次関数の関係であることを明らかにしている。また，強度については，Diener et al.（1991）の研究に基づき，主観的幸福とポジティブ感情の強度との関係がないことを理由に測定，検討をしていない。両研究成果の不一致は，調査手法の違い（前者は経験サンプリング，後者は回顧的調査），調査期間の違い（前者は2週間，後者は30日）など研究方法の相違に起因する部分が大きいと考えられる。

これらの日常心理研究や生涯発達研究分野におけるポジティブ感情と年齢の関係の成果を，消費者行動，マーケティング分野に適用する場合，どのように考えられるだろうか。とくに，マーケティング研究においては，ポジティブな感情経験の頻度も大切であるが，マーケティング活動の投資効率を考えたときポジティブ感情の平均強度はより重要である。2人の消費者が同じマーケティング活動に接しても，ポジティブ感情の弾力性の大きい消費者には，同じコストでより大きなポジティブ感情経験を与えることができると考えられるためである。また，このようなポジティブ感情経験の蓄積が，選択行動に影響を与えることは既存研究（本書第6章）でも明らかにされている。

前節で見た先行研究で，ポジティブ感情の頻度と年齢の関係を実証した研究はあったが，強度と年齢の関係についてはなかった。しかし，Carstensen et al. (2000) が主張するように，加齢とともに「知覚された残り時間」は少なくなり，情動軌道が採用され，感情的な動機づけが高まり，同時に感情制御能力も高まるなら，強度をより強く感じる，あるいはより強度の高い感情経験を求めることが考えられる。さらに，Mroczek and Kolarz (1998) の研究と上述の点を併せて考えると，ポジティブ感情の強度に関しても，女性を対象とした場合，年齢との間に2次関数の関係があることが考えられる。また本章では，ポジティブの中でもより具体的な製品消費時の快感情を取り上げる。以上の議論から，次の仮説1が導出される。

仮説1：女性の場合には，消費時の快感情の強度と年齢には2次関数の関係がある。

さらに，ポジティブ感情の持続について，Carstensen et al. (2000) は感情制御能力の高まりから年齢が高い人ほど，望ましい感情状態であるポジティブ感情状態を持続させることを実証している。本章で取り上げる快感情もポジティブ感情の1つである。また，生活場面全般における感情制御は，消費場面でも有効に機能すると考え，次の仮説2が導出される。

仮説2：消費時の快感情は，年齢が高くなるほど，より持続する。

2-2 調査設計

仮説検証のため，2005年8月に西日本リビング新聞社の主婦モニターを対象に行われた調査データを用いる。調査対象者は，福岡都市圏，北九州市に居住する20歳から69歳までの主婦で，年齢層で割当抽出された600名である。郵送調査法により，有効回答458サンプルを回収したが，分析変数に欠損値のある46サンプル，回答にランダム傾向が認められる25サンプルを削除し，387サンプルを分析に用いる。

後の検証で重要となる387サンプルの年齢層分布は，20～29歳は68名，30～39歳は88名，40～49歳は77名，50～59歳は85名，60～69歳は69名となっており，とくに大きな偏りはない。年齢の他に回答者属性として，職業，末子状況（子供なし，小学生など），世帯年収，主婦が月に自由に使える金額について質問を行った。

本章でいう快感情とは快-不快を表す次元（Mehrabian and Russell, 1974;

Russell and Barrett, 1999; Russell, 2003) であり，測定尺度には Mehrabian and Russell（1974）を参考に作成した井上・石淵（1997）の尺度を一部修正した3項目（商品を使っていて楽しいと感じる，商品を使っていてうれしいと感じる，商品を使っていて気分が晴れ晴れすると感じる）を5点 Likert 尺度で測定した。また快感情の持続についても，井上・石淵（1997）の尺度を一部修正した3項目（すぐに楽しいと感じなくなる，すぐにうれしいと感じなくなる，すぐに気分が晴れ晴れすると感じなくなる）を5点 Likert 尺度で測定したが，項目は不持続について質問しているため，分析時には逆転させ，持続の程度を表すよう変換を行った。質問票ではこれらの項目について，外出着・おしゃれ着，普段着・カジュアル着，日用雑貨・家庭用品，化粧品，家電製品，日々の食料品，靴・バッグ，下着の8品目別に質問を行った。

　この調査では，各品目の消費時の平均的強度，平均的持続について質問している。この方法は集計レベルが高すぎるという批判があるかもしれない。Diener and Larsen（1984）が経験サンプリング研究で指摘しているように，個人内の各状況での快感情の差は大きく，個人内の快感情の相関は低い。消費場面でも同様であるならば，集計レベルの高いデータは意味をなさないのかもしれない。しかし，場面ごとの変動が大きいだけに，ある品目における消費感情の特徴を見ようとするならば，1回1回の消費時点の感情を捉えるよりも，平均水準を捉える方が望ましいと考えられる（Diener and Lucas, 2000）。本章ではこのような考え方のもとに測定を行った。

2-3　分析プロセス

　仮説1の検証のため，快感情の強度を従属変数とする，独立変数の異なる4つのモデルを構築し，回帰分析を行った。具体的には，Model 1 は年齢以外の人口統計的変数（職業，末子状況，世帯年収，主婦が月に自由に使える金額）を独立変数としたモデルである。Model 2 は，人口統計的変数に加えて年齢を独立変数としたモデルである。Model 3 は人口統計的変数，年齢，年齢の自乗を独立変数としたモデルである。Model 4 は，独立変数は Model 3 と同様であるが Stepwise 法（投入・削除10％）により10％水準で有意な変数のみを独立変数としたモデルである。このように段階的に変数を投入し回帰分析を実施することにより，最適モデルの検討を行うだけでなく，他の人口統計的変数を考慮しても，快感情の強度に年齢の効果があるのかを検討したい。

仮説2の検証に関しても，仮説1の検証と同様に，快感情の持続を従属変数とする，独立変数が異なる4つのモデルを構築し，回帰分析を行う。これらの分析を通じて，快感情の強度と持続と年齢の間の関係を明らかにする。

3 分析結果

3-1 記述統計量および年齢層間平均差の分析

快感情の強度の品目別平均値，標準偏差，信頼性係数（Cronbach-α，以下 α と略す），および年齢層別の平均値は表9-1であり，平均値をグラフ化したものが図9-1である。αを見る限り尺度の信頼性に問題はない[2]。得点は尺度の合計点で最小3，最大15であり，15に近いほど快感情が高い。表9-1の全体平均から，外出着・おしゃれ着など比較的高関与な製品において高得点であること，図9-1から20歳代と60歳代で高得点である傾向が窺える。また，快楽強度得点に関して，年齢層を要因（20歳代～60歳代の5水準）として一元配置分散分析を行った結果，1％水準で有意であったのは外出着・おしゃれ着（$F(4,382) = 6.70$），普段着・カジュアル着（$F(4,382) = 5.83$），靴・バッグ（$F(4,382) = 5.38$）の比較的高関与な3品目であった。3品目のみの年齢層別平均値のグラフは図9-2であり，図9-1に比べてより明確に2次関数の関係が窺える。

次に，快感情の持続の品目別平均値，標準偏差，α，および年齢層別の平均値は表9-2であり，平均値をグラフ化したものが図9-3である。αを見る限り尺度の信頼性に問題はない[3]。図9-3から品目にかかわらず，ややS字曲線の

表9-1 快感情強度の平均値

	外出着・おしゃれ着	普段着・カジュアル着	日用雑貨・家庭用品	化粧品	家電製品	食料品	靴・バッグ	下着	N
20歳代	12.26	10.93	9.37	10.82	10.69	8.88	11.81	10.18	68
30歳代	11.19	10.35	8.76	10.27	10.51	9.43	11.00	9.64	88
40歳代	10.77	9.87	8.81	9.74	10.16	8.65	10.55	9.32	77
50歳代	10.66	9.19	9.35	10.31	10.12	9.35	10.30	9.59	85
60歳代	11.06	9.90	9.42	10.52	10.25	9.57	10.67	10.22	69
全体平均	11.16	10.02	9.12	10.32	10.34	9.19	10.84	9.76	
全体標準偏差	2.14	2.39	2.21	2.33	2.18	2.16	2.19	2.44	
全体α	0.93	0.95	0.95	0.95	0.93	0.96	0.91	0.94	

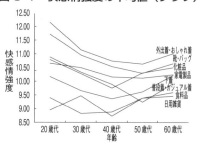

図 9-1　快感情強度の平均値（グラフ）

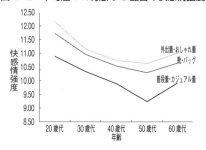

図 9-2　平均差 1％有意の 3 品目の快感情強度

表 9-2　快感情持続の平均値

	外出着・お しゃれ着	普段着・カ ジュアル着	日用雑貨・ 家庭用品	化粧品	家電製品	食料品	靴・バッグ	下着	N
20 歳代	9.81	9.54	10.31	9.93	9.94	10.04	9.62	9.56	68
30 歳代	10.33	10.27	10.23	10.49	10.17	10.17	10.31	10.42	88
40 歳代	10.08	9.99	10.08	10.42	10.08	10.42	10.32	10.43	77
50 歳代	10.13	9.65	9.91	9.98	10.14	10.19	9.92	9.88	85
60 歳代	10.81	10.03	10.55	10.42	10.29	10.55	10.42	10.32	69
全体平均	10.22	9.91	10.20	10.25	10.13	10.27	10.12	10.13	
全体標準偏差	2.71	2.51	2.35	2.58	2.54	2.35	2.60	2.52	
全体 a	0.95	0.95	0.95	0.95	0.94	0.95	0.94	0.95	

関係があることが窺えるが，年齢層に関して先の強度と同様に分散分析を行ったが，全品目で 10％水準でも有意差は認められなかった。また，末子状況，職業，世帯年収，主婦の自由に使える金額を用いて分散分析を行ったが，化粧品に関して末子状況について 5％水準で有意差が認められた以外は，有意差は認められなかった。

3-2　仮説 1 の検討

最初に，仮説 1 について検討する。2-3 で述べた 4 つのモデルについて，階層的に回帰分析を実施することで，最適モデルの選択，年齢との関係の検討を行う。8 品目別の 4 つのモデルの適合度をまとめたものが表 9-3 である。モデル適合度に関して 4 つ重要な点がある。

1 点目は，全品目に関して，R^2 は 0.020 〜 0.098，自由度調整済 R^2 は 0.015 〜 0.088 と決して高くないが，Model 4 の Stepwise モデルは，家電製品を除き，

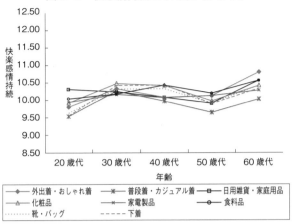

図 9-3　快感情持続の平均値（グラフ）

F検定は5％水準で有意であった点である（下着，家電製品以外は1％水準で有意）。既存研究においても，年齢，人口統計的変数に加え，パーソナリティ変数を投入しても，R^2は決して高くなく，Carstensen et al.（2000）のポジティブ感情の頻度を従属変数とした回帰分析でR^2は.14，強度を従属変数とした回帰分析で.28，Mroczek and Kolarz（1998）のポジティブ感情の頻度を従属変数とした回帰分析でR^2は 0.009 ～ 0.307（階層的回帰分析）であった。本章でも，R^2は決して高くなく説明・予測力に限界はあるが，モデルとして意味があることが分かる。2点目は，家電製品以外の品目で Stepwise モデルが最も適合度が良い点である。家電製品に関してはいずれのモデルでも自由度調整済R^2は極めて低く，F検定は10％水準でも有意でなかった。また家電製品のStepwise モデルでは10％水準で有意な変数は皆無であった。本章の範囲で原因は分からないが，夫，子供などに購買意思決定を任せ，主婦が積極的に関わっていないなどの理由が考えられる。3点目は，適合度には品目間で差がある点である。外出着・おしゃれ着，普段着・カジュアル服，靴・バッグの高関与な品目では自由度調整済R^2は 0.070 ～ 0.088 と相対的に高いが，その他の品目では 0.015 ～ 0.044 と比較的低い点である。これは，感情の強度が，年齢だけでなく，製品関与とも強く関係していることを示唆していると考えられる。4点目は，高関与な品目に関しては，年齢，年齢の自乗を投入することにより，自由度調整済R^2が約2～3倍大きく改善している点である。これらの品目に

表 9-3 快感情強度のモデル適合度比較

		Model 1 人口統計的変数	Model 2 人口統計的変数, 年齢	Model 3 人口統計的変数, 年齢,年齢自乗	Model 4 全変数 Stepwise(10%)
外出着・おしゃれ着	R^2	0.096	0.121	0.139	0.097
	adj-R^2	0.036	0.060	0.077	0.088
	F	1.60**	1.98***	2.24***	10.30***
	df	24,362	25,361	26,360	4,382
普段着・カジュアル服	R^2	0.086	0.122	0.130	0.098
	adj-R^2	0.025	0.061	0.068	0.081
	F	1.41*	2.01***	2.08***	5.88***
	df	24,362	25,361	26,360	7,379
日用雑貨・家庭用品	R^2	0.076	0.085	0.862	0.051
	adj-R^2	0.015	0.022	0.020	0.044
	F	1.25	1.35	1.31	6.88***
	df	24,362	25,361	26,360	3,383
化粧品	R^2	0.067	0.767	0.085	0.038
	adj-R^2	0.005	0.013	0.019	0.028
	F	1.08	1.20	1.28	3.80***
	df	24,362	25,361	26,360	4,382
家電製品	R^2	0.051	0.053	0.057	－
	adj-R^2	－0.012	－0.012	－0.011	－
	F	0.81	0.81	0.83	－
	df	24,362	25,361	26,360	－
日々の食料品	R^2	0.055	0.055	0.055	0.029
	adj-R^2	－0.008	－0.011	－0.013	0.024
	F	0.87	0.84	0.80	5.68***
	df	24,362	25,361	26,360	2,384
靴・バッグ	R^2	0.083	0.118	0.135	0.080
	adj-R^2	0.022	0.057	0.073	0.070
	F	1.36	1.93***	2.16***	8.28***
	df	24,362	25,361	26,360	4,382
下　着	R^2	0.079	0.080	0.088	0.020
	adj-R^2	0.018	0.016	0.022	0.015
	F	1.30	1.25	1.33	4.00**
	df	24,362	25,361	26,360	2,384

(注)　***は1%水準，**は5%水準，*は1%水準で有意を表す。Model 4 の Stepwise Model は投入，除去10%で分析を行った。家電製品の Model 4 は統計的に有意な変数はなかった。

関しては，他の人口統計的な変数を考慮しても，年齢の快感情の強度に与える影響が大きいことが確認できた。

次にパラメータ推定値を見る。先の適合度比較から，家電製品を除き，Model 4 が最も適合度が高かったため，表9-4にまとめたこの推定結果をもとに解釈を行う。家電製品に関しては，他の Model 1 〜 Model 3 も F 検定が有意でないため，以降解釈を行わない。推定値に関してとくに強調したい点が3

表 9-4 快感情強度の Model 4 のパラメータ推定値

		外出着・おしゃれ着		普段着・カジュアル服		日用雑貨・家庭用品		化粧品		日々の食料品		靴・バッグ		下着	
		β	標準化β	β	標準化β	β	標準化β	β	標準化β	β	標準化β	β	標準化β	β	標準化β
末子	1 乳幼児			-0.649*	-0.123										
	2 小学生							-0.836**	-0.116						
	3 中学生							-1.049**	-0.100						
	4 高校生														
	5 大学・専門学校生														
	6 社会人			0.689*	0.131	0.884***	0.181			0.604**	0.127				
	8 その他					-2.809*	-0.091	3.251**	0.100					-3.707**	-0.109
職業	1 専業主婦							-0.500*	-0.106						
	2 パート・アルバイト														
世帯年収	1 200万円未満					0.718**	0.099							0.718*	0.090
	2 200以上 300万円未満														
	3 300以上 400万円未満	-0.665**	-0.118	-0.889***	-0.136										
	4 400以上 500万円未満														
	5 500以上 600万円未満														
	6 600以上 700万円未満														
	7 700以上 800万円未満									-1.108**	-0.105				
	8 800以上 900万円未満											0.912*	0.085		
	9 900以上 1,000万円未満														
妻の自由に使うお金	1 5千円未満	-0.682***	-0.135	0.668*	0.108										
	2 5千円以上 1万円未満														
	3 1万円以上 2万円未満			-0.467**	-0.084										
	4 2万円以上 3万円未満														
	5 3万円以上 4万円未満														
	6 4万円以上 5万円未満											-0.653**	-0.126		
年齢		-0.295***	-1.783	-0.253***	-1.370							-0.245***	-1.447		
年齢自乗		0.003***	1.588	0.002***	1.045							0.002***	1.247		
R^2		0.097		0.098		0.051		0.038		0.029		0.080		0.020	
adj-R^2		0.088		0.081		0.044		0.028		0.024		0.070		0.015	
F		10.30***		5.88***		6.88***		3.80***		5.68***		8.28***		4.00**	
df		4,382		7,379		3,383		4,382		2,384		4,382		2,384	

(注) ***は1%水準、**は1%水準、*は5%水準で有意を表す。未子、職業、世帯年数、妻の自由に使うお金は2値変数のため (該当する場合1、そうでない場合0)、未子は「子供なし」、職業は「フルタイム勤務」、世帯年収は「1000万円以上」、妻の自由に使うお金は「5万円以上」をそれぞれ基準としている。家電製品はいずれのモデルもモデル自体が有意ではなく、また Model 4 でも有意な変数がなかったため推定結果を表示しない。

第9章 消費者特性と感情

点ある。1点目は，外出着・おしゃれ着，普段着・カジュアル服，靴・バッグの3つの比較的高関与な品目では年齢，年齢自乗の推定値が有意であった点である。他品目では，年齢，年齢自乗の推定値は有意ではなかったため，仮説1は一部支持されたと言える。さらに興味深い点は，3品目の非標準化推定値は極めて近い値であり，標準化推定値も比較的近い値であった点である。これは，年齢と快感情強度，製品関与の関係を理解するうえで重要である。2点目は，従属変数や調査手法が異なるが，本章の3品目の年齢，年齢自乗の推定値がMroczek and Kolarz（1998）の研究結果と類似している点である。Mroczek and Kolarz（1998）の研究は質問票により過去1ヵ月間の感情生起頻度を5段階尺度で調査したものを従属変数に用いていたが，回顧的に質問票で質問を行う点は本章と共通している。3点目は，3品目の推定値の安定性である。Model 3のパラメター推定値は示してはいないが，年齢，年齢自乗の推定値はほぼ同じである。また，当該品目の1ヵ月当たりの買物回数も独立変数に入れてStepwise法で分析した際の年齢，年齢自乗の推定値もほぼ同じであった。これらの結果から，人口統計的変数や買物頻度などの他の要因を考慮しても，比較的高関与な品目における年齢と快感情強度の関係は安定していることが分かった。

3-3 仮説2の検討

仮説2について検討する。仮説1の検証と同様に，4つのモデルを構築し，階層的に回帰分析を実施することで，最適モデルの選択，年齢との関係の検討を行う。8品目別の4つのモデルの適合度をまとめたものが表9-5である。モデル適合度に関して注目すべき点が2点ある。

1点目は，全品目における適合度の低さである。F検定の結果，全品目においてModel 4のStepwiseモデルのみ有意であった（普段着・カジュアル着，靴・バッグは10％水準，外出着・おしゃれ着，日々の食料品は5％水準，それ以外は1％水準で有意）。また，Model 4でも，R^2は0.007〜0.040，自由度調整済R^2も0.005〜0.030と低かった。適合度は全品目において，快感情の強度の分析結果と比べて低い。2点目は，年齢を投入したModel 2, 3のF検定の結果は，全品目において10％水準で有意ではなかった点である。この点は，先の強度の分析結果と大きく異なる。

次にパラメター推定値を見ていく。適合度比較の結果，Model 4のStepwise

表 9-5　快感情持続のモデル適合度比較

		Model 1 人口統計的変数	Model 2 人口統計的変数, 年齢	Model 3 人口統計的変数, 年齢, 年齢自乗	Model 4 全変数 Stepwise(10%)
外出着・おしゃれ着	R^2	0.045	0.056	0.057	0.017
	adj-R^2	−0.019	−0.010	−0.011	0.012
	F	0.70	0.85	0.84	3.29 **
	df	24,362	25,361	26,360	2,384
普段着・カジュアル服	R^2	0.033	0.033	0.037	0.007
	adj-R^2	−0.032	−0.034	−0.033	0.005
	F	0.51	0.49	0.53	2.79 *
	df	24,362	25,361	26,360	1,385
日用雑貨・家庭用品	R^2	0.056	0.059	0.062	0.034
	adj-R^2	−0.006	−0.006	−0.006	0.026
	F	0.90	0.90	0.92	4.42 ***
	df	24,362	25,361	26,360	3,383
化粧品	R^2	0.071	0.080	0.080	0.040
	adj-R^2	0.010	0.016	0.014	0.030
	F	1.16	1.25	1.20	3.95 ***
	df	24,362	25,361	26,360	4,382
家電製品	R^2	0.065	0.065	0.066	0.032
	adj-R^2	0.003	0.000	−0.001	0.025
	F	1.05	1.00	0.98	4.23 ***
	df	24,362	25,361	26,360	3,383
日々の食料品	R^2	0.060	0.062	0.062	0.016
	adj-R^2	−0.003	−0.004	−0.006	0.011
	F	0.96	0.95	0.91	3.11 **
	df	24,362	25,361	26,360	2,384
靴・バッグ	R^2	0.052	0.055	0.056	0.007
	adj-R^2	−0.011	−0.010	−0.012	0.005
	F	0.83	0.85	0.82	2.81 *
	df	24,362	25,361	26,360	1,385
下着	R^2	0.068	0.082	0.085	0.036
	adj-R^2	0.007	0.018	0.019	0.029
	F	1.11	1.29	1.28	4.81 ***
	df	24,362	25,361	26,360	3,383

（注）***は1%水準，**は5%水準，*は1%水準で有意を表す。Model 4 は投入，除去 10％で分析を行った。

モデルが最も適合度が高かったため，表 9-6 にまとめたこの推定結果をもとにパラメター推定値の解釈を行う。推定値に関してとくに強調したい点が 2 点ある。

1 点目は，全品目において，年齢も年齢の自乗も 10％水準で有意ではなかった点である。この結果，仮説 2 は支持されなかった。2 点目は，年齢以外の項目でも一貫した傾向を見つけることは難しいが，外出着・おしゃれ着，普段

表 9-6 快感情強度の Model 4 のパラメーター推定値

		外出着・おしゃれ着		普段着・カジュアル服		日用雑貨・家庭用品		化粧品		家電製品		日々の食料品		靴・バッグ		下着	
		β	標準化β	β	標準化β	β	標準化β	β	標準化β	β	標準化β	β	標準化β	β	標準化β	β	標準化β
末子	1 乳幼児																
	2 小学生																
	3 中学生																
	4 高校生																
	5 大学・専門学校生																
	6 社会人							−3.887**	−0.108								
	8 その他																
職業	1 専業主婦	0.533*	0.097							0.588**	0.114						
	2 パート・アルバイト																
世帯年収	1 200万円未満									1.160*	0.096						
	2 200以上300万円未満																
	3 300以上400万円未満						0.529*	0.086	−0.670*	−0.095			−0.658**	−0.103				
	4 400以上500万円未満							−0.802**	−0.111								
	5 500以上600万円未満											−0.777*	−0.087	0.581*	0.085	−1.040***	−0.152
	6 600以上700万円未満																
	7 700以上800万円未満																
	8 800以上900万円未満																
	9 900以上1,000万円未満																
妻の自由に使えるお金	1 5千円未満			0.983*	0.085												
	2 5千円以上1万円未満																
	3 1万円以上2万円未満					−0.809**	−0.118	−0.757**	−0.100							−0.645**	−0.110
	4 2万円以上3万円未満																
	5 3万円以上4万円未満																
	6 4万円以上5万円未満	1.154*	0.092			1.073*	0.099			1.254**	0.107					−0.916*	−0.099
年齢																	
年齢自乗																	
R^2		0.017		0.007		0.034		0.040		0.032		0.016		0.007		0.036	
adj.R^2		0.012		0.005		0.026		0.030		0.025		0.011		0.005		0.029	
F		3.29		2.79*		4.42***		3.95***		4.23***		3.11***		2.81*		4.81**	
df		2,384		1,385		3,383		4,382		3,383		2,384		1,385		3,383	

(注) ***は1%水準，**は1%水準，*は5%水準。末子は「子供で有意を表す。末子，職業，世帯年収，妻の自由に使えるお金は2値変数のため（該当する場合1，それ以外は0）。末子は「子供なし」，職業は「フルタイム勤務」，世帯年収は「1000万円以上」，妻の自由に使えるお金は「5万円以上」をそれぞれ外し，基準としている。

着・カジュアル着，日用雑貨・家庭用品では10％水準で，家電製品では5％水準で，妻の自由に使えるお金が4万円以上5万円未満が有意であった点である。これらの比較的高関与な品目においては，妻の自由に使えるお金が多い（4万円以上，5万円以上〔基準で0〕）だと，比較的関与の高い製品カテゴリーでは快感情がより持続することが窺える。この点は本章の仮説の範囲外であり理由は分からないが，主婦が比較的高関与な品目で比較的高額のお金を自由に使える場合は，主婦自身が長く楽しめるものを購入できている可能性が考えられる。

❖ 結　論

　経験価値マーケティングに代表される，消費者の感情や感覚，それらを含めた主観的経験全体を重視するマーケティングは，実務，学問の双方で注目を集めている。しかし，消費者の感情の異質性について取り上げ，ターゲットの有効性を議論したものは少ない。そこで本章では，より日常的な経験や動機づけに焦点を当てている心理学分野の社会情動選択理論を手掛かりに，年齢と感情経験に関する仮説を構築し，調査データに基づき検証を行った。その結果，発見物として2点が挙げられる。1点目は，衣類，靴・バッグなどの比較的高関与な品目においては，仮説通り，年齢と快感情経験の強度の間に2次関数の関係が認められた点である。しかし，上記以外の製品カテゴリーでは年齢と快感情経験の強度の間に関係は認められなかった。2点目は，年齢と快感情経験の持続の間には，全品目において関係が認められなかった点である。

　本章の実務への示唆として，経験価値マーケティングなど感情経験を重視するマーケティングにおいて，ターゲットとして有効なのは若年層だけでなく，60歳以上の年齢層にも大きな可能性がある点が挙げられる。本章冒頭で述べたように，一般的には高齢者より若年層の方が，コト消費，感情的な楽しみを重視すると考えられがちであるが，本章の検証に基づけば，それは正しくない。社会情報選択理論に基づけば，60歳以上の年齢層は，残された時間の知覚から情動軌道を選択する傾向が強く，感情的な面での充足に対する動機づけが強い。人口動態的観点から，高齢社会が進行する中で経験価値マーケティングなど感情経験を重視するマーケティングはその重要性と有効性を増す可能性がある。

　今後の課題を整理したい。1点目は，年齢以外の要因の考慮である。とくに，

快感情の持続の個人差をより明確に捉えるためにも，製品関与はもちろん，ポジティブ感情との関係が指摘されている人格（Gross et al., 1998; Lucas and Fujita, 2000）についても考慮していく必要がある点である。2点目は，調査方法の検討である。回顧的に感情体験を質問する場合，記憶の影響が問題となる。年齢が高くなるほど，ポジティブな材料をより想起することも指摘されているため（Carstensen et al.,1999），経験サンプリングなど他の調査方法との併用も検討する必要がある。

　　＊　本章は，石淵（2009）を加筆修正したものである。

注
1) 思春期より前の幼少期はそもそも残り時間の知覚がほとんどないため，この傾向は低い。
2) 紙面の都合上，掲載しないが，品目毎年代別にαをすべて計算した結果，最も低いもので0.86であり信頼性に問題はなかった。
3) 紙面の都合上，掲載しないが，品目毎年代別にαをすべて計算した結果，最も低いもので0.89であり信頼性に問題はなかった。

終章

本書の成果と
買物行動・感情研究の今後

1 本書のまとめ

　本書の目的は，買物プロセス全体における感情の働きを，感情のディスオーガナイザー（理性的判断の阻害者）の側面だけでなく，オーガナイザー（優れたまとめ役）の側面も公正に取り上げることにより，より正確に，より体系的に明らかにすることであった。そのために，本書は，既存研究の課題を踏まえ，買物動機の生成から，出向，店舗内での購買，退店後の評価に至る買物プロセス全体を通して，感情が消費者の買物意思決定・選択を支え，不確実な環境への柔軟で迅速な適応を支えている側面を理論的，実証的に明らかにしてきた。

　第１部の第１〜３章で，既存の主要な買物行動研究，感情研究の潮流を整理し，既存研究の成果と問題を確認した。第１章では，1920年代から1980年代初頭までの既存の買物行動研究を振り返り，買物行動の定義と分類，萌芽的な研究，衝動行動研究などの下位分野ごとの成果と問題を整理し，買物行動研究がどのように進められてきたか，その潮流を検討した。検討を通じ，伝統的な買物行動研究は認知，情報処理の側面に焦点を当て発展してきたこと，反面，感情的側面を無視あるいは軽視してきたこと，一部の感情的側面に着目した萌芽的研究は感情の理論に立脚していないことを確認した。第２章では，それまでの買物行動研究に欠落していた感情の心理学分野，脳科学・神経科学分野における既存研究を確認した。感情の定義，研究小史，捉え方，機能，測定，認

知との関係など，本書に必要な最低限の確認を行った。感情の既存研究の検討から，環境と自身の適合の程度を表す感情にはディスオーガナイザー（理性的判断の阻害者）の側面だけでなく，オーガナイザー（優れたまとめ役）の側面があることを確認した。第3章では，1980年代から現在まで展開されてきた買物行動と感情に関する既存研究を整理し，その成果を確認したうえで，問題点を4つ指摘した。第1に，既存研究は，感情が刹那的な衝動を作り出し，人を無思慮な行動に駆り立てるディスオーガナイザーの側面を過度に重視する偏った感情観を有していること，第2に既存研究は，感情の影響を短期的にしか捉えない時間軸での視野狭窄を起こしていること，第3に既存研究は買物プロセスごとに研究が分断されていること，第4に既存研究は感情に関する理論を軽視し，理論との相互作用も不足していることであった。これら4つの陥穽より抜け出せないと，買物プロセスにおける感情の働きを正確に理解できないばかりか，長期的視点に立つ小売マーケティングの計画・実行の妨げにもなることが指摘された。そのうえで，買物プロセスにおける感情の働きを整理した研究枠組みを示し，以降の章の研究の位置づけを示した。

　第2部の第4～7章で，買物プロセスの各段階における感情の働きに関する実証研究を示した。第4章では，買物出向前の買物動機を取り上げ，買物動機は「効率的な商品入手動機」と「感情的動機」に大別され，どちらの動機が強いかにより，買物プロセスの大きな方向づけが異なることを，買物日記データの分析による実証研究で示した。第5章では，特定品目カテゴリーの購入が主たる買物目的の場合，過去の買物経験に基づき蓄積された感情経験が，現在の買物目的地選択行動に影響することを示した。第6章では，店舗内での快感情が衝動購買をさせるだけでなく，創造的購買を促し，小売企業と消費者の長期的関係の構築に寄与することを，店舗内調査データの分析結果から明らかにした。第7章では，購入商品の消費時における感情の働きを，購入時の感情と，その後の感情の持続の観点に基づき，実証研究により明らかにした。

　第3部の第8～9章で，買物行動と感情に関する新しい展開を示した。第8章では，消費者は，買物目的地を選択する際，売場面積などの商品入手の買物動機を前提としたときの魅力要因や移動時間だけを考慮して選択するのではなく，過去の経験や交通体系などから発生する「通り過ぎられない魅力」の影響により選択している可能性があることを，フロー阻止効果モデルという独自のモデルで検証した。「通り過ぎられない魅力」は，いわば感情依拠的に生じた

魅力であると考えられ，最寄品だけでなく買回品においても，過去の経験や感情に基づき形成されたと考えられる「通り過ぎられない魅力」が目的地選択に影響することを示した。第9章では，消費者の感情経験の強度，持続期間の異質性に関する理論と実証研究の結果を示した。経験価値マーケティングをはじめ，消費者の感情を重視するマーケティングは実務分野，学問分野双方で注目を集めているが，セグメンテーションに必要となる消費者感情の異質性についての基礎的研究は不足している。そこで，心理学における社会情動選択理論を手掛かりとした理論的検討と調査データに基づく実証的検討から，消費時快感情の強度・持続と年齢の関係を明らかにした。

2 「人」らしい買物行動の研究——ディスオーガナイザーとオーガナイザーの相克と協奏

　本書は，買物行動における感情の働きを論じてきたが，とくに光を当ててきたのは感情のオーガナイザー（優れたまとめ役）の側面である。買物行動における感情の働きに着目した既存研究の多くは，第3章で見た衝動購買研究（たとえば Rook, 1987）のように，感情を，衝迫を作り出し，非合理で無思慮な衝動購買を生じさせる原因として捉えてきた。この感情をディスオーガナイザー（理性的判断の阻害者）として捉える視点は，その後の店舗感情研究や，店舗雰囲気研究にも深く浸透した。その結果，後継研究の多くが，店舗内の刺激を操作して五感に働きかけ，その買物出向中にいかに衝動購買や非計画購買を増加させるかに焦点を当ててきた。確かに感情には環境変化への迅速な対処機能があり（第2章参照），新奇性の高い店舗内の刺激に遭遇して，短期的に衝動購買が生じることは当然ある。また，小売企業にとっても，衝動購買を増加させることは，短期的な売上増加につながる有益な手段である。しかし，感情の機能，とくに快感情の機能には，不快感情からの回復，人の成長促進，創造力の向上がある（第3章参照）。本書が光を当てたいと考えていたのは，まさにこの側面である。

　第4章で見た，感情的な買物動機を持つ買物も，購入品目，買物状況に系統的な特徴があり，関与の高い商品を一人でじっくり購入し，楽しさを追求しようとする姿が，日記データの統計分析から窺えた。また，第5章では，過去の感情的な買物経験が，次回以降の買物目的地の選択に生かされており，その際，製品関与と買物動機が調整変数として働くことが確認された。第6章では，快

感情は，既存研究で主張されてきたように，衝動購買を促すだけでなく，創造的購買も促すこと，創造的購買が長期的な来店行動につながることが示された。また，第7章では，既存の顧客満足研究が主張したように，快感情の強度（程度）が満足に影響するだけでなく，快感情の持続も満足に影響すること，その際に購買品目が調整変数として働き，持続の満足に対する影響は品目により異なることが示された。

第3部の第8章では，感情と関わる愛着を取り上げ，買物場所としての商業集積への愛着を通り過ぎられない魅力として測定する試みと，愛着生成における空間依存の可能性が示された。また，第9章では，感情経験の個人差に着目し，年齢（及び残された時間の知覚）により，感情経験の強度，持続が異なることが示され，感情を重視するマーケティングの高齢者セグメントへの適用の有効性が示された。

また，本書はオーガナイザーとしての感情に光を当てるだけでなく，感情にはオーガナイザーとディスオーガナイザーの側面があり，両側面の働きを見ることによりはじめて「人」らしい買物行動の理解，説明，予測ができると考えている。本書は，感情のディスオーガナイザーとしての側面を決して否定するものではない。第2章で見たとおり，緊急事態に対処する恐怖などのネガティブ感情も，そのネガティブ感情の心身への害から身を守るために回復を促すポジティブ感情も互いに支え合う関係にある。買物行動においても，生活の中で感じたネガティブ感情を衝動購買によって低減させる行動は，一見感情のディスオーガナイザーの側面に見えながら，行動に先立つ動機や目的を考慮すれば，オーガナイザーの側面を持つ。感情のオーガナイザーの側面とディスオーガナイザーの側面は，相克するものであるように見えながら，実際には支え合い，協奏し，賢く豊かな「人」らしさを作り出している。これは，本書を通して，提示したい消費者像（モデル）であった。

本書の副題に挙げた「人」らしさの復権は，このような消費者像が実際の消費者の買物行動に当てはまるのか，実証研究で検討し，確認することであった。1950年代のモチベーション・リサーチの時代にも，購買動機の感情的な側面，とくに無意識性や非合理性は注目されることがあったが（第1章参照），「復権」が指すのはその時代への回帰ではない。感情のオーガナイザーとディスオーガナイザーの両側面に光を当て，現実の賢く豊かな買物行動を捉えることは，消費者の買物行動をより深く理解し，買物行動をより正確に説明・予測するため

に有用である。

3 私たちはどこまで来たか――「感情」がなくても買物はできるのか

　研究成果は先に述べた通りだが，ここからはその知見がどのような意味を持つのか，少し飛躍を交え，検討を行う。あなたの目の前に，実店舗に赴き，買物を行ってくれる優秀な2足歩行ロボットがあるとしよう。ただし，今から，あなたは，そのロボットにプログラムを入力しなければならない。ブランドの評価情報は，すべてではないが代表的なブランドについては属性別に5点中3点というような情報がすでに入力されているとする。あなたは，どのようなプログラムを入力するだろうか。

　このプログラム作成作業を考えてみたとき，私たちは，不確実性と情報検索およびその統合に関し，かなり複雑で膨大なプログラムが必要なことに気づくはずである。最初に，当然，出向前時点での購買予定の商品を決めて入力するはずだが，その商品がなかった場合，どうすればいいかをプログラムする必要がある。しかし，この場合，実際に店頭に行ってみなければ，「他の選択肢」として何があるのか分からない。だが，この言い方は適切でないかもしれない。なぜなら，「他の選択肢」は膨大にあるからである。ありえない選択肢は何なのか，処理負荷を避けながらふるいにかけて捨て去る作業や，ありうる選択肢を，店頭の商品を見つつ，経験に基づく「目印」が何もついてない商品情報（目印のある情報とは，前に買ったメーカーAのブランドBの商品はなかなか「良かった」という，感情経験がマークされた情報〔Damasio, 1994のソマティックマーカー〕である）を検索し，店頭にある情報と統合して，代わりに何を買うかを「決める」作業を「認知」のみで行っていると，おそらく買物はいつまでたっても終わらないのではないだろうか。

　また，購買を予定していた商品がないと判明したときに，売場の各地に散りばめられた，課題解決と関係なさそうな新製品にいちいち注意資源を振り分けていても，買物はいつまでも終わらないだろう。これらは，店舗内行動の例であるが，店舗選択行動においても同様であろう。

　買物には，常に不確実性があるうえ，意思決定や選択に際し，膨大な外部情報・内部情報に晒される。第2章で紹介したDamasio（1994）の仮説を前提にすれば，店舗選択，店頭での購買物選択において，自身が置かれた状況に俊敏

に反応して，過去の感情経験で色づけされた情報がある程度，自動的に浮かび上がってこないと，私たちは「決める」ことに膨大な時間を使ってしまうことになるだろう。第5〜6章で示した店舗・商業集積内での感情経験が長期的な来店行動と結びついているという結果や，第8章で示した，ある特定居住地の消費者がある品目の購買を考える際に，特定の目的地がモデル予測以上にポップアップしてくるという現象を「通り過ぎられない魅力」で捉えた結果は，消費者の感情による，ある程度自動化された柔軟な働きによるところが大きいと考えられる。

　さらに，状況に応じた，感情による大きな「かじ取り（全体の方向づけ）」も重要である。たとえば，出向先店舗に購買予定商品がなかった場合，自身と環境の不適合に基づき，私たちはネガティブな感情状態を経験するだろう。この時，代わりに何を購買するか買物課題に集中するために，課題解決と無関連な棚の商品情報や，長期記憶内にある関係のない情報の想起をいっさいシャットダウンすることは，感情の重要な働きである。第5章で示した感情的動機の強さより，目的地選択の基準が異なるという結果や，第6章の店舗内での快感情が高いときに拡散的思考が促進され，創造的購買が行われるという結果も，このような感情の働きによるところが大きいと考えられる。

　これらのことを考えれば，私たちは「感情」がなければ，まともに普段の買物を，時間・金銭・体力などのさまざまな制約条件の中で，成功裏に終えることができないと考えられる。Damasio は「純粋理性の限界（the Limits of Pure Reason）」（Damasio, 1994, p. 194）という言葉で，感情が存在しなければ理性が機能しない事態を表現しているが，買物行動においても，また買物行動を包含する消費者行動全般においても，同様であると考えられる。

4　これからどこへ行くべきか——買物行動と「感情」研究の今後

　最後に，今後の課題を5つ述べる。1つ目は，実店舗以外での，本書成果の応用である。本書は分量の限界もあり，実店舗における買物行動と感情の関係に焦点を絞り，議論を進めてきた。これらの研究成果がインターネット上での買物行動にも応用できるか検討を行う必要がある。

　2つ目は，研究対象としての「感情」の捉え方の問題である。マーケティング・消費者行動研究分野では，主観的な感情経験のみが焦点になっているが，

それはシステムとしての感情の一部である可能性が高い。本書では，主観的な感情とある程度自動化されて結びついていると考えられる側面にも目を向けてきたが，感情が消費者行動全体に与える影響を，心だけでなく身体全体を含め，見ていく必要があるだろう。

　3つ目は，生理指標を用いた研究である。本書では，言語による自由記述回答，言語尺度回答から感情的動機や感情状態を特定し，分析を行ったが，心拍，呼吸数，皮膚電位変化，発汗，目線など生理指標を用いた研究によっても同様の結果が得られるのか検討を行う必要がある。また，これは先の2点目とも関係するが，末梢説やLeDoux（1996）の低次経路説に基づけば，感情経験は評価や解釈を経て生成されるだけなく，身体の末梢からのフィードバックによっても生成されていると考えられる。感情システムの全体像を捉えるために，感情経験だけでなく，末梢の変化の生理指標も併用することはきわめて重要であろう。

　4つ目は，覚醒の働きである。快感情やポジティブ・ムードが消費者の意思決定や情報処理に与える影響の研究は進み始めているが，コア感情を形成するもう1つの感情次元である覚醒の働きについては，買物行動研究分野でまだまだ研究が不足している。今後さらなる研究が必要である。

　5つ目は，高次の感情と買物行動の関係の研究である。本書では，コア感情に焦点を絞り，買物行動における感情の働きを見てきたが，コア感情ではとらえきれない恥，自尊，罪悪感などの高次の感情もある。恥や自尊などの高次感情は，店頭での人的販売の場面でかなり機能していると考えられる。高次感情に関する研究も，今後さらに必要である。

あとがき

　最後になり大変恐縮だが，多くの先生方，関係者の皆様に心から感謝を申し上げたい。中西正雄先生（関西学院大学名誉教授）には，筆者が学部学生時代から大学院学生時代，教職についてから現在に至るまで，一方ならぬ御指導を賜った。中西先生は，筆者が学部学生時代に，買物行動，消費者行動，マーケティングに興味を持つきっかけを与えてくださった。また，大学院生となってから今に至るまで，遅々として進まない筆者の研究を根気よく指導してくださり，研究の大きな方向性から論文構成の細部に至るまで，大変丁寧な御指導を賜った。本書の執筆に際しても，内容，構成について大変丁寧な御指導，御助言を賜った。さらに，中西先生は，自身が今まさに取り組んでおられる研究について，よくお話くださった。お話の内容はもちろん，研究の内容と悩みを楽しそうにお話されるそのご様子を通じ，研究の面白さを肌身で教わった。買物行動研究を牽引してきた先生より，視点，理論，分析，面白さのすべてを教えて頂いたことは，買物行動を研究する私にとって最も大きな財産となっている。中西先生に出会っていなければ，私は研究者にはなっていなかった。この場を借りて，心より深く感謝を申し上げたい。

　石原武政先生（大阪市立大学名誉教授）には，理論の大切さ，商業・流通研究の奥深さ，現場の大切さなど多くのことをお教え頂いた。石原先生は，商業・流通についてまったく無知な私が，大学院生時代，不躾にも石原先生の大学院のゼミに押し掛けたにもかかわらず，温かく迎えて頂き，石原先生のゼミの皆様とご一緒に学ばせて頂いた。それ以降，科研費の研究プロジェクトなど今に至るまで絶えずご指導を頂いている。実証研究を中心とし，消費者，データ，分析に傾注し，研究室に引きこもりがちになる筆者に，消費者と向かい合う商業者の存在，理論の大切さ，理論の構築過程，現場の声，言葉の大切さ，流通・商業研究の面白さなど数多くのことをお教え頂いた。さらに，本書執筆にあたっても大変なお力添えを頂戴した。心より深く感謝を申し上げたい。

　中西正雄先生，石原武政先生には，研究者として，今自分が何を面白いと思い，どのような研究をしているのか，どのようなところで悩んでいるのか，本当によくお話頂いた。完成物としての論文や研究報告を見せて頂くことはもちろん勉強になるが，ゼミや研究会，懇親会，視察などの日常の場で，現在進行中の研究について，視点，思い，悩みを，飾ることなく，つまびらかにお聞か

せ頂いたことが，私にはとても大きかった。「知識」「理論」「モデル」を生み出していく研究過程の楽しさを示し，筆者の心に火をつけてくださった両先生に，重ねて心から感謝を申し上げたい。

また，井上哲浩先生（慶應義塾大学）には，筆者が大学院生時代から，授業に出席させて頂くことや，学会・研究会，共同研究などを通じ，絶えずご指導と温かい励ましを頂戴している。この場をお借りし，深く感謝を申し上げたい。

さらに，元関西学院大学商学部の和田充夫先生（慶應義塾大学名誉教授），池尾恭一先生（慶應義塾大学名誉教授・明治学院大学），青木幸弘先生（学習院大学），新倉貴士先生（法政大学）には，学会・研究会での報告の際にはいつもご指導と励ましを頂戴し，本当に感謝している。また，関西学院大学商学部の川端基夫先生，伊藤秀和先生，須永努先生，西本章宏先生，同経営戦略研究科の山本昭二先生，佐藤善信先生にも普段から大変お世話になっている。科研費のプロジェクトで一緒に研究をさせて頂き，絶えず刺激を頂いている渡辺達朗先生（専修大学），髙室裕史先生（甲南大学），角谷嘉則先生（桃山学院大学），濱満久先生（名古屋学院大学），渡邉孝一郎先生（九州産業大学），松田温郎先生（山口大学），新島裕基先生（専修大学）にも深く感謝を申し上げたい。また，日本商業学会，消費者行動研究学会，日本マーケティング・サイエンス学会，日本マーケティング学会で日頃よりお世話になっている先生方にも，深く感謝を申し上げたい。

勤務校にも感謝を申し上げたい。以前勤務していた福岡大学，現在勤務する関西学院大学の皆様に，筆者の研究生活を支えて頂いた。とくに，今回の出版にあたり，関西学院大学からは関西学院大学研究叢書の出版助成を頂戴した。この場をお借りし深く感謝申し上げる。

有斐閣の柴田守氏，藤澤秀彰氏には，出版事情が大変厳しい中，本書の出版をお引き受け頂いた。柴田氏，藤澤氏には，筆者の遅筆をご容赦頂いたうえ，原稿内容の確認，引用の確認など一方ならぬ御助力を賜った。御二人の御助力がなければ，本書を出すことはできなかった。心から感謝を申し上げたい。

最後に，筆者が学術研究の世界に進むことを赦し，支えてくれた家族に感謝したい。

　　　　2019年2月

　　　　　　　　　　　　　　　　　　　　　　　　　　　　石淵　順也

参考文献一覧

〈和 文 文 献〉

青木幸弘, (1989a), 「店舗内購買行動分析に関する既存研究のレビュー」, 田島義博・青木幸弘編著『店頭研究と消費者行動分析――店舗内購買行動分析とその周辺』第 5 章, 誠文堂新光社, 105-218。

青木幸弘, (1989b), 「店頭研究の展開方向と店舗内購買行動分析」, 田島義博・青木幸弘編著『店頭研究と消費者行動分析――店舗内購買行動分析とその周辺』第 3 章, 誠文堂新光社, 49-80。

青木幸弘, (1993), 「スキャナー・パネル・データと消費者行動分析」, 法政大学産業情報センター・小川孔輔編『POS とマーケティング戦略』第 8 章, 有斐閣。

青木幸弘, (1999), 「ブランド戦略の基本的枠組み――ブランド構築の視点, 枠組み, 方法論」, 青木幸弘・電通プロジェクトチーム『ブランド・ビルディングの時代――事例に学ぶブランド構築の知恵』, 電通。

青木幸弘, (2010), 『消費者行動の知識』, 日本経済新聞出版社。

青木幸弘, (2012a), 「消費者行動研究の系譜」青木幸弘・新倉貴士・佐々木壮太郎・松下光司『消費者行動論――マーケティングとブランド構築への応用』第 3 章, 有斐閣, 48-83。

青木幸弘, (2012b), 「消費者行動の分析フレーム」青木幸弘・新倉貴士・佐々木壮太郎・松下光司『消費者行動論――マーケティングとブランド構築への応用』第 2 章, 有斐閣, 27-47。

青木幸弘・斎藤通貴・杉本徹雄・守口剛 (1988), 「関与概念と消費者情報処理――概念規定, 尺度構成, 測定の妥当性」, 『日本商業学会年報 1988 年度』, 157-162。

阿部周造 (1980), 「大規模小売店舗の影響度測定について」, 『横浜経営研究』, 1 (2), 127-140。

阿部周造 (1994), 「マーケティングにおける経験的一般化特別セッション――小売吸引力の規定要因」, 『日本マーケティング・サイエンス学会第 55 回研究大会報告資料 (於関西学院大学)』, 1994 年 7 月 3 日。

阿部誠・近藤文代 (2005), 『マーケティングの科学――POS データの解析』, 朝倉書店。

粟田房穂 (2003), 「ディズニーリゾート――高品質で高価格, 値上げも通じる不況知らずの戦略」, 『週刊東洋経済』2003 年 1 月 11 日号, 62-67。

石原武政 (2003), 「商品分類再訪――専門品とブランド品の区別を中心として」, 『経営研究 (大阪市立大学経営学会)』, 53 (4), 35-60。

石原武政 (2006), 『小売業の外部性とまちづくり』, 有斐閣。

石淵順也 (1995), 「商業集積の魅力度の動態的変化に関する研究」, 『関西学院商学研究 (関西学院大学大学院商学研究科研究会)』, 38, 105-127。

石淵順也 (1997), 「様々な買物状況下における情動の商業集積への好意・意図に与える影響――Mehrabian and Russell モデルによる分析」, 『関西学院商学研究』, 42, 1-26。

石淵順也 (1998), 「都市小売構造と消費者行動の動態的変化――福岡市商業集積の 20 年」, 『流通研究 (日本商業学会)』, 創刊号, 67-83。

石淵順也 (2001), 「買物目的地選択行動と感情――買物目的地選択行動研究の拡張に向けて」, 『福岡大学商学論叢』, 46 (2), 265-311。

石淵順也 (2002), 「買物動機・買物状況と買物目的地選択行動――買物日記データを用いた分析」, 『福岡大学商学論叢』, 46 (3・4), 773-804。

石淵順也 (2003), 「買物行動と感情」, 『季刊マーケティングジャーナル (日本マーケティング協会)』, 22 (4) (通巻 88), 109-116。

石淵順也 (2005a), 『買物行動と感情』, 博士学位論文 (関西学院大学)。

石淵順也（2005b），「商業集積の魅力の構造——認知と感情から見た商業集積の個性」,『商学論究（関西学院大学）』, 52（4）, 173-194。
石淵順也（2005c），「感情体験と買物行動」,『日本マーケティング・サイエンス学会第77回研究大会報告資料（於東北大学）』, 2005年6月12日。
石淵順也（2006），「消費者意思決定に貢献する感情体験——離散変数と連続変数を含む構造方程式モデルによる買物調査データの分析」,『マーケティングジャーナル』, 25（3）（通巻99）, 14-30。
石淵順也（2007），「快楽感情の持続と顧客満足」,『商学論究』, 55（2）, 53-80。
石淵順也（2009），「経験価値マーケティングと快楽感情の年齢異質性——社会情動選択理論を手掛かりに」,『関西学院大学産研論集』, 36, 33-44。
石淵順也（2013），「消費者行動における覚醒の働き——感情研究に基づく検討」,『商学論究（関西学院大学）』, 60（4）, 343-373。
石淵順也（2014），「通り過ぎられない商業集積の魅力——フロー阻止効果を組み込んだ小売吸引力モデルの構築と実証」,『流通研究』, 16（2）, 19-47。
石淵順也（2016），「店舗内の快感情は衝動購買をさせるだけか」,『マーケティングジャーナル』, 35（4）（通巻140）, 27-51。
井上哲浩・石淵順也（1997），「構造方程式モデリングによるMehrabian and Russellモデルの検討」,『情報科学研究（関西学院大学）』, 12, 39-58。
井上哲浩・石淵順也（2003），「情動を包含した新しい商圏モデル」,『日本マーケティング・サイエンス学会第73回研究大会報告資料（於大阪大学）』, 2003年6月28日。
井上淳子（2007），「顧客価値の再定義と経験価値の構造化——訪販会社による『場』への挑戦［株式会社ポーラ化粧品本舗］」,『季刊マーケティングジャーナル』, 26（3）（通巻103）, 106-118。
井上毅・佐藤浩一（2002），「日常認知研究の意義と方法」, 井上毅・佐藤浩一編著『日常認知の心理学』第1章, 北大路書房, 2-16。
今田純雄（1999），「感情」, 中島義明・安藤清志・子安増生・坂野雄二・繁桝算男・立花政夫・箱田裕司編『心理学辞典』, 有斐閣, 141-142。
岩崎邦彦（1995），「購買目的地の空間的集積状況と消費者空間行動ルース型小売吸引力モデルによる消費者行動特定化の空間的制約」,『地域学研究』, 26（1）, 125-137。
上田隆穂（1988），「地域内複数店舗における店舗選択及び売場等部門別評価要因の検討」,『学習院大学経済論集』, 25（1）, 63-84。
上田隆穂（1989），「商業施設の床面積及び計画イメージに基づく商圏獲得シミュレーション——重力型モデルの利用」,『学習院大学経済論集』, 26（2）, 1-23。
上田隆穂・守口剛編（2004），『価格・プロモーション戦略——現代のマーケティング戦略〈2〉』, 有斐閣。
上田雅夫（2008），「消費者の購買行動の見方と基本的特徴」, 流通経済研究所編『インストア・マーチャンダイジング』第2章, 日本経済新聞出版社, 23-56。
内井惣七（1995），『科学哲学入門——科学の方法・科学の目的』, 世界思想社。
遠藤利彦（1996），「情動の生物学的基盤を問う——基本情動理論, 認知・社会的構成主義, 構成要素的アプローチ」, 土田昭司・竹村和久編『感情と行動・認知・生理——感情の社会心理学』第1章, 誠信書房, 1-27。
遠藤利彦（2010），「アタッチメント理論の現在——生涯発達と臨床実践の視座からその行方を占う」,『教育心理学年報』, 49, 150-161。
遠藤利彦（2013），『「情の理」論——情動の合理性をめぐる心理学的考究』, 東京大学出版会。
大阪商工会議所（1992），『大阪都市圏住民の買物行動（平成4年版）』, 大阪商工会議所。

大阪商工会議所(1997),『大阪都市圏住民の買物行動(平成9年版)』,大阪商工会議所。
大阪流通業界の近未来予想調査研究会(2010),『大阪流通業界の近未来予想調査研究報告書』,大阪商工会議所。
大槻博(1980),「スーパーと消費者行動」,『季刊消費と流通』, 4 (4), 37-45。
大槻博(1982),「衝動買いはなぜ起こるか──小売形態別にみる」,『消費と流通』日本経済新聞社, 6 (4), 153-160。
大平英樹(1997),「認知と感情の融接現象を考える枠組み」,海保博之編『「温かい認知」の心理学』第1章,金子書房, 9-36。
大平英樹(2002),「感情の生理指標」,高橋雅延・谷口高士編『感情と心理学──発達・生理・認知・社会・臨床の接点と新展開』第2章,北大路書房, 41-65。
大平英樹(2010a),「感情心理学事始め」,大平英樹編『感情心理学・入門』序章,有斐閣, 1-10。
大平英樹(2010b),「感情の理論」,大平英樹編『感情心理学・入門』第1章,有斐閣, 12-31。
小沢佳奈(2008),「近年のPOSデータ研究に関するレビュー」,『繊維機械学会誌』, 61 (5), 357-363。
恩蔵直人(2007),『コモディティ化市場のマーケティング論理』,有斐閣。
海保博之(1997),「今なぜ『温かい認知』か」,海保博之編『「温かい認知」の心理学──認知と感情の融接現象の不思議』プロローグ,金子書房。
笠原一人・古山正雄(1997),「介在機会モデルによる買い物行動の分析──京都市の第一種大型小売店舗を事例として」,『平成9年日本建築学会近畿支部研究報告集』, 309-312。
神谷渉(2008),「インストア・マーチャンダイジングの展開」,流通経済研究所編『インストア・マーチャンダイジング』第8章,日本経済新聞出版社, 225-243。
唐沢かおり(2010),「基本的情動理論」,海保博之・松原望監修,竹村和久・北村英哉・住吉チカ編『感情と思考の科学事典』,朝倉書店, 4-5。
川口潤(2002),「感情と認知をめぐる研究の過去・現在・未来」,高橋雅延・谷口高士編著『感情と心理学──発達・生理・認知・社会・臨床の接点と新展開』第4章,北大路書房, 81-97。
川瀬隆千(1996),「感情と記憶」,土田昭司・竹村和久編『感情と行動・認知・生理──感情の社会心理学』第9章,誠信書房, 203-227。
川瀬隆千(2000),「感情を語る理由──人はなぜネガティブな感情を他者に語るのか」,『宮崎公立大学人文学部紀要』, 7 (1), 135-149。
川瀬隆千(2005),「感情の社会的共有」,佐藤香編『感情現象の諸相』第4章,ナカニシヤ出版, 65-80。
岸志津江(1990),「広告への感情的反応と広告効果過程」,吉田秀雄記念事業財団研究助成報告書(第23次)。
北村英哉・木村晴(2006),「感情研究の新たな意義」,北村英哉・木村晴編『感情研究の新展開』第1章,ナカニシヤ出版, 3-19。
木下栄蔵(1991),「都市イメージの空間的階層性に関する研究」,『高速道路と自動車』, 34 (8), 25-33。
金顕哲(2004),「顧客満足のメカニズム──東芝のケース」,嶋口充輝・内田和成編著『顧客ロイヤルティの時代』第3章,同文舘出版, 50-63。
小磯貴史・関根直樹・高畠政実・伊久美智則(2010),「コンビニ店舗内での顧客行動計測実験及び相関分析について」,『流通情報』, 41 (6), 19-31。
小島健司(1977),「ストア・イメージ研究の現状と課題」,『アカデミア経済経営学編(南山大学経済経営学会)』, 57, 31-70。

小嶋外弘・杉本徹雄・永野光朗（1985），「製品関与と広告コミュニケーション効果」，『広告科学』，11, 34-44．

小林哲（1989），「動線分析による店舗内購買行動の把握」，田島義博・青木幸弘編著『店頭研究と消費者行動分析──店舗内購買行動分析とその周辺』第6章，誠文堂新光社，220-246．

斎藤参郎・山城興介・今西衞・佐藤貴裕・岩見昌邦（2011），「介在機会効果を考慮したJR博多シティ開業による福岡都心部商業地区への入込み来街者数の変化予測」，『日本マーケティング・サイエンス学会第89回研究大会報告資料（於関西学院大学）』，2011年6月18日．

佐伯胖（1980），『「きめ方」の論理──社会的決定理論への招待』，東京大学出版会．

阪本清美・浅原重夫・山下久仁子・岡見明（2011），「TV視聴における感情状態の生理心理計測」，『生活科学研究誌』，10, 97-104．

佐々木土師二（1988），『購買態度の構造分析』，関西大学出版部．

佐々木土師二（1999），「消費者心理学からみた専門店のコミュニケーション」，久保村隆祐編『中小流通業革新への挑戦──専門店がまちづくりを担う』第9章，日本経済新聞社，192-207．

佐藤栄作（2010a），「店舗内購買行動の理解と動線パターンの分析──スーパーマーケットにおける動線パターン分析を例として」，『流通情報』，42（3），52-70．

佐藤栄作（2010b），「店舗内購買行動研究における客動線分析の現状と課題」，『流通情報』，41（6），6-18．

産業研究所（1979），「大型小売店の出店によるその周辺の中小小売店への影響メカニズムに関する研究」，産業構造調査研究報告書（産53-3）．

繁桝算男（1995），『意思決定の認知統計学』，朝倉書店．

嶋口充輝（1994），『顧客満足型マーケティングの構図──新しい企業成長の論理を求めて』，有斐閣．

社団法人日本ショッピングセンター協会（1997），『ショッピングセンター名鑑'98』，日本ショッピングセンター協会．

消費者庁（2017），『平成29年版 消費者白書』，消費者庁．

鈴木直人（2001），「情動の心理学」，濱治世・鈴木直人・濱保久『感情心理学への招待──感情・情緒へのアプローチ』第3章，サイエンス社，105-136．

鈴木春菜・中井周作・藤井聡（2010），「買い物行動における「楽しさ」に影響を及ぼす要因に関する研究」，『土木計画学研究・論文集』，27（2），425-430．

鈴木春菜・藤井聡（2008），「「消費行動」が「地域愛着」に及ぼす影響に関する研究」，『土木学会論文集D』，64（2），190-200．

鈴木安昭（1995），「買物行動」，久保村隆祐・荒川祐吉監修，鈴木安昭・白石善章編『最新商業辞典』，同文舘出版．

清野奨太・池尻亮介・上淵寿（2014），「ポジティブ感情が衝動購買に及ぼす影響」，『東京学芸大学紀要・総合教育科学系』，65, 203-210．

『全国大型小売店総覧1992年度版』，東洋経済新報社．

『全国大型小売店総覧1997年度版』，東洋経済新報社．

『全国大型小売店総覧1998年度版』，東洋経済新報社．

総務省統計局「平成26年全国消費実態調査結果」，総務省．

高橋郁夫（1999），『消費者購買行動──小売マーケティングへの写像』，千倉書房．

高橋雅延（2002），「感情の操作方法の現状」，高橋雅延・谷口高士編著『感情と心理学──発達・生理・認知・社会・臨床の接点と新展開』第3章，北大路書房，66-80．

高橋雅延（2008），『認知と感情の心理学』，岩波書店．

竹村和久（1996），「ポジティブな感情と社会的行動」，土田昭司・竹村和久編『感情と行動・認知・

生理』第7章，誠信書房，151-177。
竹村和久（1997），「思考・判断と感情」，海保博之編『「温かい認知」の心理学——認知と感情の融接現象の不思議』第4章，金子書房，77-97。
田島義博（1989），「マーケティングの科学化と店頭研究」，田島義博・青木幸弘編著『店頭研究と消費者行動分析——店舗内購買行動分析とその周辺』第1章，誠文堂新光社，22-34。
田島義博・青木幸弘編（1989），『店頭研究と消費者行動分析』，誠文堂新光社。
谷口高士（1997），「記憶・学習と感情」，海保博之編『「温かい認知」の心理学——認知と感情の融接現象の不思議』第3章，金子書房，55-75。
谷口高士（2000），「記憶と感情」，太田信夫・多鹿秀継編著『記憶研究の最前線』第10章，北大路書房，212-217。
谷口高士（2002），「音楽と感情」，高橋雅延・谷口高士編著『感情と心理学——発達・生理・認知・社会・臨床の接点と新展開』第6章，北大路書房，122-139。
田村正紀（1976），『現代の流通システムと消費者行動』，日本経済新聞社。
田村正紀（1980），「消費者の買物行動」，鈴木安昭・田村正紀『商業論』第3章，有斐閣，83-121。
田村正紀（2008），『立地創造——イノベータ行動と商業中心地の興亡』，白桃書房。
土田昭司（1996），「感情と社会的判断——意思決定と態度構造」，土田昭司・竹村和久編『感情と行動・認知・生理』第5章，誠信書房，103-126。
『鉄道要覧 平成3年度』，電気車研究会・鉄道図書刊行会。
『鉄道要覧 平成8年度』，電気車研究会・鉄道図書刊行会。
寺井仁・三輪和久・浅見和亮（2013），「日本語版 Remote Associates Test の作成と評価」，『心理学研究』，84（4），419-428。
寺本高（2011），「なぜショッパーを捉える必要があるのか」，流通経済研究所編『ショッパー・マーケティング』第3章，日本経済新聞出版社，44-58。
寺本高（2012），『小売視点のブランド・コミュニケーション』，千倉書房。
戸田正直（1992），『感情——人を動かしている適応プログラム』，東京大学出版会。
長沢伸也編（2005），『ヒットを生む経験価値創造——感性を揺さぶるものづくり』，日科技連出版社。
長沢伸也編（2006），『老舗ブランド企業の経験価値創造——顧客との出会いのデザインマネジメント』，同友館。
中島一（1969），「デパート勢力モデル」，『マーケティング・サイエンス（日本マーケティング・サイエンス学会）』，3，31-48。
中島一（1971），「小売吸引力モデルの構築——デパート勢力モデルの拡張」，『マーケティング・サイエンス』，5，1-12。
中島一（1973），「小売吸引力モデル（続）」，『マーケティング・サイエンス』，7，1-20。
中島一（1974），「小売吸引力モデル（続）」，『マーケティング・サイエンス』，8，37-74。
中西正雄（1979），「買物客空間行動モデルの比較」，『マーケティング・サイエンス』，13，41-52。
中西正雄（1983），『小売吸引力の理論と測定』，千倉書房。
中西正雄（1984a），「消費者行動の多属性分析」，中西正雄編著『消費者行動分析のニュー・フロンティア——多属性分析を中心に』，第1章，誠文堂新光社，2-26。
中西正雄（1984b），「個人選択行動モデルの展開」，中西正雄編著『消費者行動分析のニュー・フロンティア——多属性分析を中心に』第6章，誠文堂新光社，217-286。
中西正雄（1992），「消費者空間行動と都市小売業の構造——シミュレーション」，『商学論究（関西学院大学商学研究会）』，39（3），31-47。
中西正雄（2011），「小売吸引力モデルにおける「距離」概念再考——抵抗度の直接推定」，『商学論

究』，58（4），1-21。
中野良樹（2005），「生理指標の基礎と感情研究への応用」，佐藤香編『感情現象の諸相』第1章，ナカニシヤ出版，1-25。
永野光朗（1988），「購買状況の計量分析」，『同志社心理』，35，61-66。
新倉貴士（2012），「情報処理の動機づけ」，青木幸弘・新倉貴士・佐々木壮太郎・松下光司『消費者行動論──マーケティングとブランド構築への応用』第7章，有斐閣，163-184。
新村出（2018），「感情的」「感情論」，新村出編『広辞苑』第7版机上版，岩波書店，661。
西村林（1998），「カスタマー・サティスファクション」，金子泰雄・中西正雄・西村林編『現代マーケティング辞典』，中央経済社。
日本人間工学会 PIE 研究部会編，三宅晋司監修（2017），『商品開発・評価のための生理計測とデータ解析ノウハウ──生理指標の特徴，測り方，実験計画，データの解釈・評価方法』，エヌ・ティー・エス。
濱治世・鈴木直人（2001），「感情・情緒（情動）とは何か」，濱治世・鈴木直人・濱保久『感情心理学への招待──感情・情緒へのアプローチ』第1章，サイエンス社，2-62。
林田正光（2007），「ザ・リッツ・カールトン，NO といわないサービスの奥義」，『金融財政事情』，58（31），8月20日発行，28-31。
阪神電気鉄道株式会社（2005），『阪神電気鉄道百年史』，阪神電気鉄道株式会社。
『百貨店調査年鑑1992年度版』，ストアーズ社。
『百貨店調査年鑑1997年度版』，ストアーズ社。
平木いくみ・石井裕明・恩藏直人（2010），「香りと店舗内行動」，『流通情報』，42（4），13-22。
牧田和久（1990），「商店街の景観のイメージ構造に関する研究」，『会津短期大学研究年報』，47，97-113。
三宅晋司（2017），「自律神経系指標の特徴と測り方・ノウハウ」，日本人間工学会 PIE 研究部会編，三宅晋司監修『商品開発・評価のための生理計測とデータ解析ノウハウ──生理指標の特徴，測り方，実験計画，データの解釈・評価方法』第Ⅰ編第2章，エヌ・ティー・エス，51-123。
森数馬（2017），「感情・嗜好・感性の評価」，日本人間工学会 PIE 研究部会編，三宅晋司監修『商品開発・評価のための生理計測とデータ解析ノウハウ──生理指標の特徴，測り方，実験計画，データの解釈・評価方法』第Ⅲ編第4章，エヌ・ティー・エス。
森敏昭（1995），「日常世界と認知心理学」，森敏昭・井上毅・松井孝雄『グラフィック認知心理学』第12章，サイエンス社，249-270。
守口剛・恩藏直人（1989），「プロモーションの質的効果──情報処理タイプと反応パターンの商品カテゴリーによる相違」，『マーケティング・サイエンス』，34，13-24。
森脇紀彦・大久保教夫・早川幹・佐藤信夫・福間晋一・矢野和男・小野貴司・妹尾大（2013），「人間行動ビッグデータを活用した店舗業績向上要因の発見」，『日本統計学会誌』，43（1），69-83。
山岸俊男（2011），『「しがらみ」を科学する──高校生からの社会心理学入門』，筑摩書房。
山崎晃男（1999），「ヒューリスティックス」，中島義明・安藤清志・子安増生・坂野雄二・繁桝算男・立花政夫・箱田裕司編『心理学辞典』，有斐閣，728。
山中均之（1968），『マーケティング・ロイヤルティ──消費者行動論』，千倉書房。
山中均之（1975），『流通経営論──小売計量分析』，白桃書房。
山中均之（1977），『小売商圏論』，千倉書房。
山中均之（1986），『小売商業集積論』，千倉書房。
山中均之・中西正雄・阿部周造（1981），「大規模小売店舗審議会の審査方法についての疑問点」，『消費と流通』，5，36-49。

余語真夫（2010），「感情の機能」，大平英樹編『感情心理学・入門』第3章，有斐閣，51-70。
『流通会社年鑑1993年度版』，日本経済新聞社。
『流通会社年鑑1998年度版』，日本経済新聞社。
流通経済研究所編（2008），『インストア・マーチャンダイジング――再配版コラボレーションによる売場作り』，日本経済新聞出版社。
流通経済研究所編（2011），『ショッパー・マーケティング』，日本経済新聞出版社。
和田充夫（1998），『関係性マーケティングの構図――マーケティング・アズ・コミュニケーション』，有斐閣。
渡辺隆之（2000），『店舗内購買行動とマーケティング適応――小売業とメーカーの協働側面』，千倉書房。

〈欧 文 文 献〉

Allard, Thomas, Barry J. Babin, and Jean-Charles Chebat (2009), "When Income Matters: Customers Evaluation of Shopping Malls' Hedonic and Utilitarian Orientations," *Journal of Retailing and Consumer Services*, 16 (1), 40-49.

Andersen, Clifton R. and Richard Scott (1970), "Supermarkets: Are They Really Alike?" *Journal of Retailing*, 46 (3), 16-24.

Andrews, Frank M. and Stephen B. Withey (1976), *Social Indicators of Well-Being: Americans' Perceptions of Life Quality*, New York: Plenum Press.

Applebaum, William (1951), "Studying Customer Behavior in Retail Stores," *Journal of Marketing*, 16 (2), 172-178.

Applebaum, William and Richard Spears (1950), "Controlled Experimentation in Marketing Research," *Journal of Marketing*, 14 (4), 505-517.

Arnold, Magda B. (1960a), *Emotion and Personality: Volume I, Psychological Aspects*, New York : Columbia University Press.

Arnold, Magda B. (1960b), *Emotion and Personality: Volume II, Physiological Aspects*, New York: Columbia University Press.

Arnold, Mark J. and Kristy E. Reynolds (2003), "Hedonic Shopping Motivation," *Journal of Retailing*, 79 (2), 77-95.

Arnold, Mark J. and Kristy E. Reynolds (2009), "Affect and Retail Shopping Behavior: Understanding the Role of Mood Regulation and Regulatory Focus," *Journal of Retailing*, 85 (3), 308-320.

Averill, James R. (1980a), "A Constructivist View of Emotion," in Robert Plutchik and Henry Kellerman (eds.), *Emotion, Theory, Research, and Experience*, 1, New York: Academic Press, 305-339.

Averill, James R. (1980b), "Emotion and Anxiety: Sociocultural, Biological, and Psychological Determinants," in Amelie O. Rorty (ed.), *Explaining Emotions*, Berkeley: University of California Press, 37-72.

Babin, Barry J. and Jill S. Attaway (2000), "Atmospheric Affect as a Tool for Creating Value and Gaining Share of Customer," *Journal of Business Research*, 49 (2), 91-99.

Babin, Barry J., William R. Darden, and Mitch Griffin (1994), "Work and/or Fun: Measuring Hedonic and Utilitarian Shopping Value," *Journal of Consumer Research*, 20 (4), 644-656.

Backlund, Erik A. and Daniel R. Williams (2003), "A Quantitative Synthesis of Place Attachment Research: Investigating Past Experience and Place Attachment," in *Proceedings of the 2003 Northeastern Recreation Research Symposium*, 320-325.

Bagozzi, Richard P., Mahesh Gopinath, and Prashanth U. Nyer (1999),"The Role of Emotion in Marketing," *Journal of Academy of Marketing Science*, 27 (2), 184-206.

Baker, Julie, Dhruv Grewal, and Ananthanarayanan Parasuraman (1994), "The Influence of Store Environment on Quality Inferences and Store Image," *Journal of the Academy of Marketing Science*, 22 (4), 328-339.

Baker, Julie, Michael Levy, and Dhruv Grewal (1992), "An Experimental Approach to Making Retail Store Environmental Decisions," *Journal of Retailing*, 68 (4), 445-460.

Baker, Julie, Ananthanarayanan Parasuraman, Dhruv Grewal, and Glenn B. Voss (2002), "The Influence of Multiple Store Environment Cues on Perceived Merchandise Value and Patronage Intentions," *Journal of Marketing*, 66 (2), 120-141.

Barclay, William D. (1969), "Factorial Design in a Pricing Experiment," *Journal of Marketing Research*, 6 (4), 427-429.

Baron, Reuben M. and David A. Kenny (1986), "The Moderator-Mediator Variable Distinction in Social Psychological Research: Conceptual, Strategic, and Statistical Considerations," *Journal of Personality and Social Psychology*, 51 (6), 1173-1182.

Barrett, Lisa Feldman (2005), "Feeling is Perceiving: Core Affect and Conceptualization in the Experience of Emotion," in Lisa Feldman Barrett, Paula M. Niedenthal, and Piotr Winkielman (eds.), *Emotion and Consciousness*, New York: Guilford Press, 255-284.

Barrett, Lisa Feldman (2006), "Solving the Emotion Paradox: Categorization and the Experience of Emotion," *Personality and Social Psychology Review*, 10 (1), 20-46.

Barrett, Lisa Feldman (2015), "Ten Common Misconceptions about Psychological Construction Theories of Emotion," in Lisa Feldman Barrett and James A. Russell (eds.), *The Psychological Construction of Emotion*, New York: Guilford Press, 45-79.

Barrett, Lisa Feldman and James A. Russell (2015), "An Introduction to Psychological Construction," in Lisa Feldman Barrett and James A. Russell (eds.), *The Psychological Construction of Emotion*, New York: Guilford Press, 1-17.

Barsky, Jonathan and Leonard Nash (2003),"Customer Satisfaction: Applying Concepts to Industry-Wide Measures," *The Cornell Hotel and Restaurant Administration Quarterly*, 44 (5/6), 173-183.

Bass, Frank M. and William L. Wilkie (1973), "A Comparative Analysis of Attitudinal Predictions of Brand Preference," *Journal of Marketing Research*, 10 (3), 262-269.

Beatty, Sharon E. and M. Elizabeth Ferrell (1998), "Impulse Buying: Modeling Its Precursors," *Journal of Retailing*, 74 (2), 169-191.

Beck, Robert C. and Wendy McBee (1995), "Mood-Dependent Memory for Generated and Repeated Words: Replication and Extension," *Cognition and Emotion*, 9 (4), 289-307.

Belk, Russell W. (1974), "An Exploratory Assessment of Situational Effects in Buyer Behavior," *Journal of Marketing Research*, 11 (2), 156-163.

Belk, Russell W. (1975), "Situational Variables and Consumer Behavior," *Journal of Consumer Research*, 2 (3), 157-164.

Belk, Russell W. (1976), "Situational Mediation and Consumer Behavior: A Reply to Russell and Mehrabian," *Journal of Consumer Research*, 3 (3), 175-177.

Belk, Russell W. (1988), "Possessions and the Extended Self," *Journal of Consumer Research*, 15 (2), 139-168.

Belk, Russell W. (1992), "Attachment to Possessions," in Irwin Altman and Setha M. Low (eds.), *Place*

Attachment, New York: Plenum Press, 37-62.
Bell, David R., Daniel Corsten, and George Knox (2011), "From Point of Purchase to Path to Purchase: How Preshopping Factors Drive Unplanned Buying," *Journal of Marketing*, 75 (1), 31-45.
Bell, David R., Teck-Hua Ho, and Christopher S. Tang (1998), "Determining Where to Shop: Fixed and Variable Costs of Shopping," *Journal of Marketing Research*, 35 (3), 352-369.
Bell, Simon J. (1999) "Image and Consumer Attraction to Intraurban Retail Areas: An Environmental Psychology Approach," *Journal of Retailing and Consumer Services*, 6 (2), 67-78.
Bellenger, Danny N., Dan H. Robertson, and Elizabeth C. Hirschman (1978), "Impulse Buying Varies by Product," *Journal of Advertising Research*, 18 (6), 15-18.
Bellizzi, Joseph A. and Robert E. Hite (1992), "Environmental Color, Consumer Feelings, and Purchase Likelihood," *Psychology and Marketing*, 9 (5), 347-363.
Bellizzi, Joseph A., Ayn E. Crowley, and Ronald W. Hasty (1983),"The Effects of Color in Store Design," *Journal of Retailing*, 59 (1), 21-45.
Berkowitz, Leonard (2000), *Causes and Consequences of Feelings*, New York: Cambridge University Press.
Berkowitz, Leonard and Bartholomeu T. Troccoli (1990), "Feelings, Direction of Attention, and Expressed Evaluations of Others," *Cognition and Emotion*, 4 (4), 305-325.
Berry, Leonard L. (1969), "The Components of Department Store Image: A Theoretical and Empirical Analysis," *Journal of Retailing*, 45 (1), 3-20.
Bettman, James R. (1974),"A Threshold Model of Attribute Satisfaction Decisions," *Journal of Consumer Research*, 1 (2), 30-35.
Bettman, James R. (1979), *An Information Processing Theory of Consumer Choice,* Boston: Addison Wesley.
Blaney, Paul H. (1986), "Affect and Memory: A Review," *Psychological Bulletin*, 99 (2), 229-246.
Bless, Herbert, Gerd Bohner, Norbert Schwarz, and Fritz Strack (1990), "Mood and Persuasion: A Cognitive Response Analysis," *Personality and Social Psychology Bulletin*, 16 (2), 331-345.
Bone, Paula Fitzgerald and Pam Scholder Ellen (1999), "Scents in the Marketplace: Explaining a Fraction of Olfaction," *Journal of Retailing,* 75 (2), 243-262.
Boomsma, Anne (1987), "The Robustness of Maximum Likelihood Estimation in Structural Equation Models," in Peter Cuttance and Russell Ecob (eds.), *Structural Modeling by Example: Applications in Educational, Sociological, and Behavioral Research*, Cambridge: Cambridge University Press, 160-188.
Bower, Gordon H. (1981), "Mood and Memory," *American Psychologist,* 36 (2), 129-148.
Bower, Gordon H. (1991), "Mood Congruity of Social Judgements," in Joseph P. Forgas (ed.), *Emotion and Social Judgements,* Pergamon Press, 31-53.
Bower, Gordon H., Stephen G. Gilligan, and Kenneth P. Monteiro (1981), "Selectivity of Learning Caused by Affective States," *Journal of Experimental Psychology: General*, 110 (4), 451-473.
Bower, Gordon H. and John D. Mayer (1991), "In Search of Mood-Dependent Retrieval," in Don Kuiken (ed.), *Mood and Memory: Theory, Research and Applications*, Newbury Park: Sage, 133-168.
Bowlby, John (1969), *Attachment and Loss: Vol 1. Attachment*, New York: Basic Books.
Brocato, E. Deanne, Julie Baker, and Clay M. Voorhees (2015), "Creating Consumer Attachment to Retail Service Firms through Sense of Place," *Journal of the Academy of Marketing Science*, 43 (2), 200-220.

Burns, David J. and Lewis Neisner (2006),"Customer Satisfaction in a Retail Setting: The Contribution of Emotion," *International Journal of Retail & Distribution Management*, 34 (1), 49-66.

Burroughs, James E. and David Glen Mick (2004), "Exploring Antecedents and Consequences of Consumer Creativity in a Problem-Solving Context," *Journal of Consumer Research*, 31 (2), 402-411.

Cahill, Larry, Richard J. Haier, James Fallon, Michael T. Alkire, Cheuk Tang, David Keator, Joseph Wu, and James L. McGaugh (1996), "Amygdala Activity at Encoding Correlated with Long-Term, Free Recall of Emotional Information," *Proceedings of the National Academy of Sciences of the United States of America*, 93 (15), 8016-8021.

Cannon, Walter B. (1927), "The James-Lange Theory of Emotion: A Critical Examination and an Alternative Theory," *American Journal of Psychology*, 39 (1/4), 106-124.

Cannon, Walter B. (1932), *The Wisdom of the Body*, New York: W.W. Norton & Company. (舘鄰・舘澄江訳 (1981), 『からだの知恵』, 講談社。)

Carlzon, Jan (1987), *Moments of Truth* (English ed.), Harper and Row. (堤猶二 (1990), 『真実の瞬間——SASのサービス戦略はなぜ成功したか』, ダイヤモンド社。)

Carstensen, Laura L. (1993),"Motivation for Social Contact across the Life Span: A Theory of Socioemotional Selectivity," in J. E. Jacobs (ed.), *Nevraska Symposium on Motivation*, Lincoln: University of Nebraska Press, 209-254.

Carstensen, Laura L. (1995),"Evidence for a Life-Span Theory of Socioemotional Selectivity," *Current Directions in Psychological Science*, 4 (5), 151-156.

Carstensen, Laura L. and Barbara L. Fredrickson (1998),"Influence of HIV Status and Age on Cognitive Representations of Others," *Health Psychology*, 17 (6), 494-503.

Carstensen, Laura L., Derek M. Isaacowitz, and Susan T. Charles (1999),"Taking Time Seriously: A Theory of Socioemotional Selectivity," *American Psychologist*, 54 (3), 165-181.

Carstensen, Laura L., Monisha Pasupathi, Ulrich Mayr, and John R. Nesselroade (2000),"Emotional Experience in Everyday Life Across the Adult Life Span," *Journal of Personality and Social Psychology*, 79 (4), 644-655.

Chaudhuri, Arjun (2006), *Emotion and Reason in Consumer Behavior*, Amsterdam: Elsevier. (恩蔵直人・平木いくみ・井上淳子・石田大典訳 (2007), 『感情マーケティング——感情と理性の消費者行動』, 千倉書房。)

Chebat, Jean-Charles and Maureen Morrin (2007), "Colors and Cultures: Exploring the Effects of Mall Décor on Consumer Perceptions," *Journal of Business Research*, 60 (3), 189-196.

Chevalier, Michel (1975), "Increase in Sales Due to In-Store Display," *Journal of Marketing Research*, 12 (4), 426-431.

Christaller, Walter (1966), *Central Places in Southern Germany*, Englewood Cliffs: Prentice Hall.

Christianson, Sven-Åke and Elizabeth F. Loftus (1987), "Memory for Traumatic Events," *Applied Cognitive Psychology*, 1 (4), 225-239.

Clark, Margaret S. and Alice M. Isen (1982),"Toward Understanding the Relationship between Feeling States and Social Behavior," in Albert H. Hastorf and Alice M. Isen (eds.), *Cognitive Social Psychology*, New York: Elsevier, 73-108.

Clover, Vernon T. (1950), "Relative Importance of Impulse-Buying in Retail Stores," *Journal of Marketing*, 15 (1), 66-70.

Cobb, Cathy J. and Wayne D. Hoyer (1986), "Planned Versus Impulse Purchase Behavior," *Journal of Retailing*, 62 (4), 384-409.

Converse, Paul D. (1949), "New Laws of Retail Gravitation," *Journal of Marketing*, 14 (3), 379-384.
Copeland, Melvin T. (1923), "Relation of Consumers' Buying Habits to Marketing," *Harvard Business Review*, 1 (2), 282-289.
Cosmides, Leda and John Tooby (2000), "Evolutionary Psychology and the Emotions," in Michael Lewis and Jeannette M. Haviland-Jones (eds.), *Handbook of Emotions*, 2nd edition, New York: Guildford Press, 91-115.
Cotton, John L. (1981), "A Review of Research on Schachter's Theory of Emotion and the Misattribution of Arousal," *European Journal of Social Psychology*, 11 (4), 365-397.
Cox, Keith (1964), "The Responsiveness of Food Sales to Shelf Space Changes in Supermarkets," *Journal of Marketing Research*, 1 (2), 63-67.
Cox, Keith (1970), "The Effect of Shelf Space upon Sales of Branded Products," *Journal of Marketing Research*, 7 (1), 55-58.
Csikszentmihalyi, Mihaly (1975), *Beyond Boredom and Anxiety: Experiencing Flow in Work and Play*, San Francisco: Jossey-Bass.
Damasio, Antonio R. (1994), *Descartes' Error: Emotion, Reason, and the Human Brain*, New York: G. P. Putnam's Sons. (田中三彦訳 (2000), 『生存する脳——心と脳と身体の神秘』, 講談社。)
Damasio, Antonio R. (2003), *Looking for Spinoza: Joy, Sorrow, and the Feeling Brain*, New York: A Harvest Book Harcourt. (田中三彦訳 (2005), 『感じる脳——情動と感情の脳科学：よみがえるスピノザ』, ダイヤモンド社。)
de Sousa, Ronald (1987), *The Rationality of Emotion*, Cambridge: MIT Press.
Dember, William N. and Robert W. Earl (1957), "Analysis of Exploratory, Manipulative and Curiosity Behaviors," *Psychological Review*, 64 (2), 91-96.
Deng, Xiaoyan and Barbara E. Kahn (2009), "Is Your Product on the Right Side? The 'Location Effect' on Perceived Product Heaviness and Package Evaluation," *Journal of Marketing Research*, 46 (6), 725-738.
Dhar, Ravi, Joel Huber, and Uzma Khan (2007), "The Shopping Momentum Effect," *Journal of Marketing Research*, 44 (3), 370-378.
Diener, Ed and Randy J. Larsen (1984),"Temporal Stability and Cross-Situational Consistency of Affective, Behavioral, and Cognitive Responses," *Journal of Personality and Social Psychology*, 47 (4), 871-883.
Diener, Ed and Richard E. Lucas (2000),"Subjective Emotional Well-Being," in Michael Lewis and Jeannette M. Haviland-Jones (eds.), *Handbook of Emotions*, 2nd edition, New York: Guildford Press, 325-337.
Diener, Ed, Ed Sandvik, and William Pavot (1991),"Happiness is the Frequency, not the Intensity, of Positive versus Negative Affect," in Fritz Strack, Michael Argyle, and Norbert Schwarz (eds.), *Subjective Well-Being: An Interdisciplinary Perspective*, Elmsford: Pergamon Press, 119-139.
Donovan, Robert J. and John R. Rossiter (1982), "Store Atmosphere: An Environmental Psychology Approach," *Journal of Retailing*, 58 (1), 34-57.
Donovan, Robert J., John R. Rossiter, Gilian Marcoolyn, and Andrew Nesdale (1994), "Store Atmosphere and Purchasing Behavior," *Journal of Retailing*, 70 (3), 283-294.
Dowson, Scott, Peter H. Bloch, and Nancy M. Ridgway (1990),"Shopping Motives, Emotional States, and Retail Outcomes," *Journal of Retailing*, 66 (4), 408-427.
Doyle, Peter and Ian Fenwick (1974-1975), "How Store Image Affects Shopping Habits in Grocery

Chains," *Journal of Retailing*, 50 (4), 39-52.
Dubé, Laurette and Michael S. Morgan (1996),"Trend Effects and Gender Differences in Retrospective Judgments of Consumption Emotions," *Journal of Consumer Research*, 23 (2), 156-162.
Duffy, Elizabeth (1962), *Activation and Behavior*, New York: John Wiley & Sons.
Duncker, Karl (1935), *Zur Psychologie des Produktiven Denkens*, Berlin: Springer. (小見山栄一訳 (1952), 『問題解決の心理――思考の実験的研究』, 金子書房。)
Durante, Kristina M. and Juliano Laran (2016), "The Effect of Stress on Consumer Saving and Spending," *Journal of Marketing Research*, 53 (5), 814-828.
Easterbrook, James A. (1959), "The Effects of Emotion on Cue Utilization and the Organization of Behavior," *Psychological Review*, 66 (3), 183-201.
Edell, Julie A. and Marian C. Burke (1987),"The Power of Feelings in Understanding Advertising Effects," *Journal of Consumer Research*, 14 (3), 421-433.
Eich, Eric (1995), "Searching for Mood Dependent Memory," *Psychological Science*, 6 (2), 67-75.
Eich, Eric and Dawn Macaulay (2000), "Fundamental Factors in Mood-Dependent Memory," in Joseph P. Forgas (ed.), *Feeling and Thinking: The Role of Affect in Social Cognition*, Cambridge University Press, 109-130.
Eich, Eric, Dawn Macaulay, and Lee Ryan (1994), "Mood Dependent Memory for Events of the Personal Past," *Journal of Experimental Psychology: General*, 123 (2), 201-215.
Eich, Eric and Janet Metcalfe (1989), "Mood Dependent Memory for Internal Versus External Events," *Journal of Experimental Psychology: Learning, Memory, and Cognition*, 15 (3), 443-455.
Ekman, Paul (1972), "Universals and Cultural Differences in Facial Expressions of Emotion," in James K. Cole (ed.), *Nebraska Symposium on Motivation 1971*, Lincoln: University of Nebraska Press, 207-283.
Ekman, Paul(1984), "Expression and the Nature of Emotion," in Klaus. Scherer and Paul. Ekman (eds.), *Approaches to Emotion*, Hillsdale: Erlbaum.
Ekman, Paul (1992a), "An Argument for Basic Emotions," *Cognition and Emotion*, 6 (3/4), 169-200.
Ekman, Paul (1992b), "Strong Evidence for Universals in Facial Expressions: A Reply to Russell's Mistaken Critique," *Psychological Bulletin*, 115 (2), 268-287.
Ekman, Paul and Wallace V. Friesen (1971), "Constants across Cultures in the Face and Emotion," *Journal of Personality and Social Psychology*, 17 (2), 124-129.
Ekman, Paul and Wallace V. Friesen (1975), *Unmasking the Face: A Guide to Recognizing Emotions from Facial Clues*, Englewood Cliffs: Prentice-Hall.
Ekman, Paul, Wallace V. Friesen, and Phoebe Ellsworth (1982), "What Emotion Categories or Dimensions Can Observers Judge from Facial Behavior?," in Paul Ekman (ed.), *Emotion in the Human Face*, 2nd edition, New York: Cambridge University Press, 39-55.
Ellsworth, Phoebe C. (2007), "Appraisals, Emotions, and Adaptation," in Joseph P. Forgas, Martie G. Haselton, and William von Hippel (eds.), *Evolution and the Social Mind: Evolutionary Psychology and Social Cognition*, New York: Psychology Press, 71-88.
Engel, James F., Roger D. Blackwell, and Paul W. Miniard (1993), *Consumer Behavior,* 7th edition, Fort Worth: Dryden Press.
Engel, James F., Roger D. Blackwell, and Paul W. Miniard (1995), *Consumer Behavior,* 8th edition, Fort Worth: Dryden Press.
Engel, James F., David T. Kollat, and Roger D. Blackwell (1968), *Consumer Behavior*, New York: Holt,

Rinehart and Winston.

Erber, Ralph and Maureen Wang Erber (1994), "Beyond Mood and Social Judgement: Mood Incongruent Recall and Mood Regulation," *European Journal of Social Psychology*, 24 (1), 79-88.

Erevelles, Sunil (1998),"The Role of Affect in Marketing," *Journal of Business Research*, 42 (3), 199-215.

Eroglu, Sevgin A. and Gilbert D. Harrell (1986), "Retail Crowding: Theoretical and Strategic Implications," *Journal of Retailing*, 62 (4), 347-363.

Eroglu, Sevgin A. and Karen A. Machleit (1990), "An Empirical Study of Retail Crowding: Antecedents and Consequences," *Journal of Retailing*, 66 (2), 201-221.

Eroglu, Sevgin A. and Karen A. Machleit (1993), "Atmospheric Factors in the Retail Environment: Sights, Sounds and Smells," in Leigh McAlister and Michael L. Rothschild (eds.), *Advances in Consumer Research*, 20, Provo: Association for Consumer Research, 34.

Eroglu, Sevgin A., Karen Machleit, and Terri Feldman Barr (2005), "Perceived Retail Crowding and Shopping Satisfaction: The Role of Shopping Values," *Journal of Business Research*, 58 (8), 1146-1153.

Ershadi, Mahsa, Thalia R. Goldstein, Joseph Pochedly, and James A. Russell (2018), "Facial Expressions as Performances in Mime," *Cognition and Emotion*, 32 (3), 494-503.

Eysenck, Michael W. (1982), *Attention and Arousal*, New York : Springer -Verlag.

Farley, John U. and L. Winston Ring (1966), "A Stochastic Model of Supermarket Traffic Flow," *Operations Research*, 14 (4), 555-567.

Farrell, Kenneth R. (1965), "Effects of Point-of-Sale Promotional Material on Sales of Cantaloupes," *Journal of Advertising Research*, 5 (4), 8-12.

Fiedler, Klaus (1990), "Mood-Dependent Selectivity in Social Cognition," in Wolfgang Stroebe and Miles Hewstone (eds.), *European Review of Social Psychology*, Chichester: Wiley, 1-32.

Fishbein, Martin and Icek Ajzen (1975), *Belief, Attitude, Intention, and Behavior: An Introduction to Theory and Research*, Reading: Addison-Wesley.

Fisher, Robert J. and Dubé Laurette (2005), "Gender Differences in Responses to Emotional Advertising: A Social Desirability Perspective," *Journal of Consumer Research*, 31 (4), 850-858.

Flight, Richard L., Melissa Markley Rountree, and Sharon E. Beatty (2012), "Feeling the Urge: Affect in Impulsive and Compulsive Buying," *Journal of Marketing Theory and Practice*, 20 (4), 453-465.

Forgas, Joseph P. (1991), "Affective Influences on Partner Choice: Role of Mood in Social Decisions," *Journal of Personality and Social Psychology*, 61 (5), 708-720.

Forgas, Joseph P. (1993), "On Making Sense of Odd Couples: Mood Effects on the Perception of Mismatched Relationships," *Personality and Social Psychology Bulletin*, 19 (1), 59-71.

Forgas, Joseph P. (1995),"Mood and Judgment: The Affect Infusion Model (AIM)," *Psychological Bulletin*, 117 (1), 39-66.

Forgas, Joseph. P., Denis K. Burnham, and Carmelina Trimboli (1988), "Mood, Memory, and Social Judgements in Children," *Journal of Personality and Social Psychology*, 54 (4), 697-703.

Fournier, Susan (1998), "Consumers and Their Brands: Developing Relationship Theory in Consumer Research," *Journal of Consumer Research*, 24 (4), 343-373.

Frank, Ronald E. and William F. Massy (1970), "Shelf Position and Space Effects on Sales," *Journal of Marketing Research*, 7 (1), 59-66.

Fredrickson, Barbara L. (2001), "The Role of Positive Emotions in Positive Psychology," *American Psychologist*, 56 (3), 218-226.

Fredrickson, Barbara L. and Christine Branigan (2001), "Positive Emotion," in T. J. Mayne and G. A. Bonnano (eds.), *Emotion: Current Issues and Future Directions*, New York: Guilford Press, 123-151.

Fredrickson, Barbara L. and Robert W. Levenson (1998), "Positive Emotion Speed Recovery from the Cardiovascular Sequelae of Negative Emotions," *Cognition and Emotion*, 12 (2), 191-220.

Frijda, Nico H. (1994), "Emotions are Functional, Most of the Time," in Paul Ekman and Richard Davidson (eds.), *The Nature of Emotion*, New York: Oxford University Press, 112-122.

Frijda, Nico H. (2000), "The Psychologists' Point of View," in Michael Lewis and Jeannette M. Haviland (eds.), *Handbook of Emotions*, 2nd edition, New York: Guildford Press, 59-74.

Garaus, Marion, Udo Wagner, and Sandra Manzinger (2017), "Happy Grocery Shopper: The Creation of Positive Emotions through Affective Digital Signage Content," *Technological Forecasting & Social Change*, 124 (C), 295-305.

Gardner, Meryl P. (1985), "Mood States and Consumer Behavior: A Critical Review," *Journal of Consumer Research*, 12 (3), 281-300.

Gardner, Meryl P. and Dennis W. Rook (1988), "Effects of Impulse Purchasing on Consumers' Affective States," in Micheal J. Houston (ed.) *Advances in Consumer Research*, 15, Provo: Association for Consumer Research, 127-130.

Gauri, Dinesh K., Brian Ratchford, Joseph Pancras, and Debabrata Talukdar (2017), "An Empirical Analysis of the Impact of Promotional Discounts on Store Performance," *Journal of Retailing*, 93 (3), 283-303.

Gil, Jorge, Eime Tobari, Maia Lemlij, Anna Rose, and Alan Penn (2009), "The Differentiating Behaviour of Shoppers: Clustering of Individual Movement Traces in a Supermarket," *Proceedings of the 7th International Space Syntax Symposium*, 036. Stockholm: KTH.

Goldberg, Marvin E. and Gerald J. Gorn (1987), "Happy and Sad TV Programs: How They Affect Reactions to Commercials," *Journal of Consumer Research*, 14 (3), 387-403.

Gross, James J., Steven K. Sutton, and Timothy Ketelaar (1998), "Relations between Affect and Personality: Support for the Affect-Level and Affective-Reactivity Views," *Personality and Social Psychology Bulletin*, 24 (3), 279-288.

Guadagni, Peter M. and John D. C. Little (1983), "A Logit Model of Brand Choice Calibrated on Scanner Data," *Marketing Science*, 2 (3), 203-238.

Haines, George H., Leonard S. Simon, and Marcus Alexis (1972), "Maximum Likelihood Estimation of Central-City Food Trading Areas," *Journal of Marketing Research*, 9 (2), 154-159.

Hama, Yasuhisa (2001), "Shopping as a Coping Behavior for Stress," *Japanese Psychological Research*, 43 (4), 218-224.

Harrè, Rom (1986), *The Social Construction of Emotions*, New York: Blackwell.

Harrell, Gilbert D., Michael D. Hutt, and James C. Anderson (1980), "Path Analysis of Buyer Behavior under Conditions of Crowding," *Journal of Marketing Research*, 17 (1), 45-51.

Havlena, William J. and Morris B. Holbrook (1986), "The Varieties of Consumption Experience: Comparing Two Typologies of Emotions in Consumer Behavior," *Journal of Consumer Research*, 13 (3), 394-404.

Hawkins, Del I. and Gerald Albaum (1975-1976), "Reliability of Retail Store Images Measured by the Staple Scale," *Journal of Retailing*, 52 (4), 31-38, 92-93.

Hawkins, Edward R. (1957), "Methods of Estimating Demand," *Journal of Marketing*, 21 (4), 428-438.

Heilman, Carrie M., Kent Nakamoto, and Ambar G. Rao (2002), "Pleasant Surprises: Consumer

Response to Unexpected In-Store Coupons," *Journal of Marketing Research*, 39 (2), 242-252.
Hirsch, Alan R. (1995),"Effects of Ambient Odors on Slot-Machine Usage in a Las Vegas Casino," *Psychology and Marketing*, 12 (7), 585-594.
Hirschman, Elizabeth C. (1980), "Innovativeness, Novelty Seeking, and Consumer Creativity," *Journal of Consumer Research*, 7 (3), 283-295.
Hirschman, Elizabeth C. (1983), "Consumer Intelligence, Creativity, and Consciousness: Implications for Consumer Protection and Education," *Journal of Public Policy & Marketing*, 2, 153-170.
Hirschman, Elizabeth C. (1984),"Experience Seeking: A Subjectivist Perspective of Consumption," *Journal of Business Research*, 12 (1), 115-136.
Hirschman, Elizabeth C. and Barbara B. Stern (1999), "The Roles of Emotion in Consumer Research," in Eric J. Arnould and Linda M. Scott (eds.), *Advances in Consumer Research*, 26, Provo: Association for Consumer Research, 4-11.
Holbrook, Morris B. and Rajeev Batra (1987), "Assessing the Role of Emotions as Mediators of Consumer Responses to Advertising," *Journal of Consumer Research*, 14 (3), 404-420.
Holbrook, Morris B., Robert W. Chestnut, Terence A. Oliva, and Eric A. Greenleaf (1984), "Play as a Consumption Experience: The Roles of Emotions, Performance, and Personality in the Enjoyment of Games," *Journal of Consumer Research*, 11 (2), 728-739.
Holbrook, Morris B. and Elizabeth C. Hirschman (1982),"The Experiential Aspects of Consumption: Consumer Fantasies, Feeling, and Fun," *Journal of Consumer Research*, 9 (2), 132-140.
Holbrook, Morris B. and John A. Howard (1977), "Frequently Purchased Nondurable Goods and Services," in Robert Ferber (ed.), *Selected Aspects of Consumer Behavior*, National Science Foundation.
Holton, Richard H. (1958),"The Distinction between Convenience Goods, Shopping Goods, and Specialty Goods," *Journal of Marketing*, 23 (1), 53-56.
Howard John. A. and Jagdish N. Sheth (1967),"A Theory of Buyer Behavior," in Reed Moyer (ed.), *Changing Marketing Systems: Consumer, Corporate and Government Interfaces, Proceedings of the 1967 Winter Conference of the AMA*, 253-262.
Howard, John A. and Jagdish N. Sheth (1969), *The Theory of Buyer Behavior*, New York: John Wiley & Sons.
Huff, David L. (1962), *Determination of Intra-Urban Retail Trade Areas*, Publication of Real Estate Research Program, Graduate School of Business Administration, Division of Research.
Huff, David L. (1963a),"A Probabilistic Analysis of Consumer Spatial Behavior," in W. S. Decker (ed.), *Emerging Concepts in Marketing*, Chicago: American Marketing Association, 443-461.
Huff, David L. (1963b), "A Probabilistic Analysis of Shopping Center Trade Areas," *Land Economics*, 39 (1), 81-90.
Huff, David L. (1964), "A Defining and Estimating a Trading Area," *Journal of Marketing*, 28 (3), 34-38.
Huff, David L. and Richard R. Batsell (1974), "Conceptual and Operational Problems with Market Share Models of Consumer Spatial Behavior," in Mary Jane Schlinger (ed.), *Advances in Consumer Research*, 2, Association for Consumer Research, 165-172.
Hui, Michael K. and John E. Bateson (1991), "Perceived Control and the Effects of Crowding and Consumer Choice on the Service Experience," *Journal of Consumer Research*, 18 (2), 174-184.
Hui, Sam K., Eric T. Bradlow, and Peter S. Fader (2009a), "Testing Behavioral Hypotheses Using an Integrated Model of Grocery Store Shopping Path and Purchase Behavior," *Journal of Consumer*

Research, 36 (3), 478-493.

Hui, Sam K., Peter S. Fader, and Eric T. Bradlow (2009b), "Path Data in Marketing: An Integrative Framework and Prospectus for Model Building," *Marketing Science*, 28 (2), 320-335.

Hui, Sam K., J. Jeffrey Inman, Yanliu Huang, and Jacob Suher (2013), "The Effect of In-Store Travel Distance on Unplanned Spending: Applications to Mobile Promotion Strategies," *Journal of Marketing*, 77 (2), 1-16.

Hunter, Gary L. (2006), "The Role of Anticipated Emotion, Desire, and Intention in the Relationship between Image and Shopping Center Visits," *International Journal of Retail and Distribution Management*, 34 (10), 709-721.

Hutter, Katharina and Stefan Hoffmann (2014), "Surprise, Surprise. Ambient Media as Promotion Tool for Retailers," *Journal of Retailing*, 90 (1), 93-110.

Isen, Alice M. (1984a),"Toward Understanding the Role of Affect in Cognition," in Robert S. Wyer and Thomas K. Srull (eds.), *Handbook of Social Cognition*, 3, Hillsdale: Lawrence Erlbaum, 179-236.

Isen, Alice M. (1984b),"The Influence of Positive Affect on Decision-Making and Cognitive Organization," in Thomas Kinnear (ed.), *Advances in Consumer Research*, 11, Prove: Association for Consumer Research, 534-537.

Isen, Alice M. (1987), "Positive Affect, Cognitive Processes and Social Behavior," in Leonard Berkowitz (ed.), *Advances in Experimental Social Psychology*, 20, San Diego: Academic Press, 203-253.

Isen, Alice M. (2000), "Positive Affect and Decision Making," in Michael Lewis and Jeannette M. Haviland (eds.), *Handbook of Emotions,* 2nd edition, New York: Guildford Press, 417-435.

Isen, Alice M. (2002), "Missing in Action in the AIM: Positive Affect's Facilitation of Cognitive Flexibility, Innovation, and Problem Solving," *Psychological Inquiry*, 13 (1), 57-65

Isen, Alice M. and Kimberly A. Daubman (1984), "The Influence of Affect on Categorization," *Journal of Personality and Social Psychology*, 47 (6), 1206-1217.

Isen, Alice M., Kimberly A. Daubman, and Gary P. Nowicki (1987),"Positive Affect Facilitates Creative Problem Solving," *Journal of Personality and Social Psychology*, 52 (6), 1122-1131.

Isen, Alice M., M. M. S. Johnson, E. Mertz, and G. F. Robinson (1985), "The Influence of Positive Affect on the Unusualness of Word Associations," *Journal of Personality and Social Psychology*, 48 (6), 1413-1426.

Isen, Alice M. and Barbara Means (1983),"The Influence of Positive Affect on Decision Making Strategy," *Social Cognition*, 2 (1), 18-31.

Isen, Alice M., Paula M. Niedenthal, and Nancy Cantor (1992), "An Influence of Positive Affect on Social Categorization," *Motivation and Emotion*, 16 (1), 65-78.

Isen, Alice M., Andrew S. Rosenzweig, and Mark J. Young (1991),"The Influence of Positive Affect on Clinical Problem Solving," *Medical Decision Making*, 13 (3), 221-227.

Isen, Alice M., Thomas E. Shalker, Margaret Clark, and Lynn Karp (1978), "Affect, Accessibility of Material in Memory, and Behavior: A Cognitive Loop?" *Journal of Personality and Social Psychology*, 36 (1), 1-12.

Isen, Alice M. and Thomas E. Shalker (1982), "The Effect of Feeling State on Evaluation of Positive, Neutral, and Negative Stimuli: When You "Accentuate the Positive," Do You "Eliminate the Negative"?" *Social Psychology Quarterly*, 45 (1), 58-63.

Iyer, Easwar S. (1989), "Unplanned Purchasing: Knowledge of Shopping Environment and Time Pressure," *Journal of Retailing*, 65 (1), 40-57.

Iyer, Ganesh and Dmitri Kuksov (2012), "Competition in Consumer Shopping Experience," *Marketing Science*, 31 (6), 913-933.
Izard, Carroll E. (1971), *The Face of Emotion*, New York: Appleton-Century-Crofts.
Izard, Carroll E. (1977), *Human Emotions*, New York: Plenum Press.
Izard, Carroll E. (1991), *The Psychology of Emotions*, New York: Plenum Press. (荘厳舜哉監訳, 比較発達研究会訳 (1996),『感情心理学』, ナカニシヤ出版。)
Jain, Arun K. and Michael Etgar (1976-1977), "Measuring Store Image through Multidimensional Scaling of Free Response Data," *Journal of Retailing*, 52 (4), 61-70.
James, Richard L., M. Durand, and Robert A. Dreves (1976), "The Use of a Multi-Attribute Attitude Model in a Store Image Study," *Journal of Retailing*, 52 (2), 23-32.
James, William (1884), "What Is an Emotion?" *Mind*, 9, 188-205.
James, William (1890), *The Principles of Psychology*, New York: Holt. (本書執筆に際し, 1981 年 Harvard University Press 版を参照)
Johnson, Kim K. P., Hye-Young Kim, Jung Mee Mun, and Ji Young Lee (2015), "Keeping Customers Shopping in Stores: Interrelationships among Store Attributes, Shopping Enjoyment, and Place Attachment," *The International Review of Retail, Distribution and Consumer Research*, 25 (1), 20-34.
Kahn, Barbara E. and Alice M. Isen (1993), "The Influence of Positive Affect on Variety-Seeking among Safe, Enjoyable Products," *Journal of Consumer Research*, 20 (2), 257-270.
Kelly, Janice R. and Steven J. Karau (1993), "Entrainment of Creativity in Small Groups," *Small Group Research*, 24 (2), 179-198.
Keltner, Dacher and Jonathan Haidt (1999),"Social Functions of Emotions," in J. Mayne and G. A. Bonanno (eds.), *Emotions: Current Issues and Future Directions*, New York: Guilford Press, 192-213.
Keltner, Dacher and Jonathan Haidt (2001), "Social Functions of Emotions at Four Levels of Analysis," *Cognition and Emotion*, 13 (5), 505-521.
Kennedy-Moore, Eileen and Jeanne C. Watson (1999), *Expressing Emotion: Myths, Realities and Therapeutic Strategies*. New York: Guilford Press.
Kim, Sooyun, Geebum Park, Yeonjoo Lee, and Sunmee Choi (2016), "Customer Emotions and Their Triggers in Luxury Retail: Understanding the Effects of Customer Emotions Before and After Entering a Luxury Shop," *Journal of Business Research*, 69 (12), 5809-5818.
Knoeferle, Klemens M., Vilhelm Camillus Paus, and Alexander Vossen (2017), "An Upbeat Crowd: Fast In-Store Music Alleviates Negative Effects of High Social Density on Customers' Spending," *Journal of Retailing*, 93 (4), 541-549.
Kollat, David T. (1966), "A Decision-Process Approach to Impulse Purchasing," in Raymond M. Haas (ed.), *Science Technology Marketing: 1966 Fall Conference Proceedings*, Bloomington: American Marketing Association, 626-639. (本書執筆に際し, 再掲された次の文献を確認。 Kollat, David T. (1968), "A Decision-Process Approach to Impulse Purchasing," in James F. Engel (ed.), *Consumer Behavior: Selected Readings*, Homewood, Illinois: Richard D. Irwin, 186-199.)
Kollat, David T. and Ronald P. Willett (1967), "Customer Impulse Purchasing Behavior," *Journal of Marketing Research*, 4 (1), 21-31.
Kotler, Philip (1973), "Atmospherics as a Marketing Tool," *Journal of Retailing*, 49 (4), 48-64.
Kotler, Philip (1991), *Marketing Management: Analysis, Planning, Implementation, and Control*, 7th ed., Englewood Cliffs: Prentice-Hall. (村田昭治監修, 小坂恕・疋田聰・三村優美子訳 (1996),『マーケティングマネジメント――持続的成長の開発と戦略展開 (第7版)』, プレジデント社。)

Kotler, Philip (2000), *Marketing Management, Millennium Edition*, Upper Saddle River: Prentice-Hall.

Kotler, Philip and Kevin Lane Keller (2009), *Marketing Management*, 13th edition, Upper Saddle River: Pearson Education International.

Krippendorff, Klaus (1981), *Content Analysis: An Introduction to Its Methodology*, Beverly Hills: Sage Publications. (三上俊治・椎野信雄・橋元良明訳 (1989), 『メッセージ分析の技法――「内容分析」への招待』, 勁草書房。)

Krishna, Aradhna (2012), "An Integrative Review of Sensory Marketing: Engaging the Senses to Affect Perception, Judgement and Behavior," *Journal of Consumer Psychology*, 22 (3), 332-351.

Krishna, Aradhna (2013), *Consumer Sense: How the 5 Senses Influence Buying Behavior*, New York: Palgrave Macmillan. (平木いくみ・石井裕明・外川拓訳 (2016), 『感覚マーケティング――顧客の五感が買い物にどのような影響を与えるのか』, 有斐閣。)

Kunkel, John H. and Leonard L. Berry (1968), "A Behavioral Conception of Retail Image," *Journal of Marketing*, 32 (4), 21-27.

Laaksonen, Pirjo (1994), *Consumer Involvement: Concepts and Research*, Van Nostrand Reinhold. (池尾恭一・青木幸弘監訳 (1998), 『消費者関与――概念と調査』, 千倉書房。)

Lambert-Pandraud, Raphaëlle and Gilles Laurent (2010), "Why Do Older Consumers Buy Older Brands? The Role of Attachment and Declining Innovativeness," *Journal of Marketing*, 74 (5), 104-121.

Lang, Peter J. (1980), "Behavioral Treatment and Bio-Behavioral Assessment: Computer Applications," in Joseph B. Sidowski, James H. Johnson, and Thomas A. Williams (eds.), *Technology in Mental Health Care Delivery Systems*, Norwood: Ablex Publishing Corporation, 119-137.

Lange, Carl G. (1885), *Om Sindsbevaegelser : Et Psyko-Fysiologisk Studie*, Copenhagen: Jacob Lund. (Reprinted in Carl G. Lange and William James (eds.) (1922), *The Emotions*, Baltimore: Williams and Wilkins.)

Larsen, Randy J. and Edward Diener (1992), "Promises and Problems with the Circumplex Model of Emotion," in Margaret S. Clark (ed.), *Review of Personality and Social Psychology*, 13, Newbury Park CA: Sage, 25-59.

Larson, Jeffrey S., Eric T. Bradlow, and Peter S. Fader (2005), "An Exploratory Look at Supermarket Shopping Paths," *International Journal of Research in Marketing*, 22 (4), 395-414.

Lazarus, Richard S. (1966), *Psychological Stress and the Coping Process*, New York: McGraw-Hill.

Lazarus, Richard S. (1968), "Emotions and Adaption: Conceptual and Empirical Relations," in William J. Arnold (ed.), *Nebraska Symposium on Motivation*, Lincoln: University of Nebraska Press, 175-266.

Lazarus, Richard S. (1982), "Thoughts on the Relations between Emotion and Cognition," *American Psychologist*, 37 (9), 1019-1024.

Lazarus, Richard S. (1984), "On the Primacy of Cognition," *American Psychologist*, 39 (2), 124-129.

Lazarus, Richard S. (1991), *Emotion and Adaptation*, New York: Oxford University Press.

LeDoux, Joseph (1996), *The Emotional Brain: The Mysterious Underpinnings of Emotional Life*, New York: Simon & Schuster. (松本元・小幡邦彦・湯浅茂樹・石塚典生・川村光毅訳 (2003), 『エモーショナル・ブレイン――情動の脳科学』, 東京大学出版会。)

LeDoux, Joseph and Elizabeth A. Phelps (2000), "Emotional Networks in the Brain," in Michael Lewis and Jeannette M. Haviland-Jones (eds.), *Handbook of Emotions*, 2nd edition, New York: Guildford Press, 157-172.

Lee, Sik-Yum, Wai-Yin Poon, and Peter M. Bentler (1992), "Structural Equation Models with Continuous

and Polytomous Variables," *Psychometrika*, 57（1）, 89-105.
Levenson, Robert W.（1988）, "Emotion and the Autonomic Nervous System: A Prospectus for Research on Autonomic Specificity," in Hugh L. Wagner（ed.）, *Social Psychophysiology and Emotion: Theory and Clinical applications*, Chichester: John Wiley & Sons, 17-42.
Levenson, Robert W.（1994）, "Human Emotion: A Functional View," in Paul Ekman and Richard J. Davidson（eds.）, *The Nature of Emotion: Fundamental Questions*, New York: Oxford University Press, 123-126.
Levenson, Robert W.（1999）, "The Interpersonal Functions of Emotion," *Cognition and Emotion*, 13（5）, 481-504.
Levenson, Robert W., Paul Ekman, and Wallace V. Friesen（1990）, "Voluntary Facial Action Generates Emotion-Specific Autonomic Nervous System Activity," *Psychophysiology*, 27（4）, 363-384.
Lewin, Kurt（1935）, *A Dynamic Theory of Personality*, New York: McGraw-Hill.
Lewinsohn, Shai and Haim Mano（1993）,"Multi-attribute Choice and Affect: The Influence of Naturally Occurring and Manipulated Moods on Choice Processes," *Journal of Behavioral Decision Making*, 6（1）, 33-51.
Lewis, Michael and Jeannette M. Haviland（2000）, *Handbook of Emotions*, 2nd edition, New York: Guildford Press.
Lindquist, Jay D.（1974）, "Meaning of Image: A Survey of Empirical and Hypothetical Evidence," *Journal of Retailing*, 50（4）, 29-38.
Lindstrom, Martin（2005）, *Brand Sense: Build Powerful Brands through Touch, Taste, Smell, Sight and Sound*, New York: Free Press.（ルディー和子訳（2005）,『五感刺激のブランド戦略――消費者の理性的判断を超えた感情的な絆の力』, ダイヤモンド社。）
Low, Setha M. and Irwin Altman（1992）, "Place Attachment: A Conceptual Inquiry," in Irwin Altman and Setha M. Low（eds.）, *Place Attachment, Human Behavior & Environment: Advances in Theory and Research*, 12, 1-12.
Lucas, Richard E. and Frank Fujita（2000）, "Factors Influencing the Relation between Extraversion and Pleasant Affect," *Journal of Personality and Social Psychology*, 79（6）, 1039-1056.
Luce, Mary Frances, John W. Payne, and James R. Bettman（1999）, "Emotional Trade-Off Difficulty and Choice," *Journal of Marketing Research*, 36（2）, 143-159.
Luxton, Sandra and Lachlan Drummond（2000）, "What Is This Thing Called 'Ambient Advertising'?" in *Visionary Marketing for the 21st Century: Facing the Challenge*, Proceedings of ANZMAC 2000, 734-738.
Machleit, Karen A. and Sevgin A. Eroglu（2000）, "Describing and Measuring Emotional Response to Shopping Experience," *Journal of Business Research*, 49（2）, 101-111.
Machleit, Karen A., James J. Kellaris, and Sevgin A. Eroglu（1994）, "Human Versus Spatial Dimensions of Crowding Perceptions in Retail Environments: A Note on Their Measurement and Effect on Shopper Satisfaction," *Marketing Letters*, 5（2）, 183-194.
Machleit, Karen A. and Susan P. Mantel（2001）, "Emotional Response and Shopping Satisfaction Moderating Effects of Shopper Attributions," *Journal of Business Research*, 54（2）, 97-106.
Mackie, D. M. and L. T. Worth（1989）, "Processing Deficits and the Mediation of Positive Affect in Persuasion," *Journal of Personality and Social Psychology*, 57（1）, 27-40.
Mackie, D. M. and L. T. Worth（1991）, "Feeling Good but not Thinking Straight: The Impact of Positive Mood on Persuasion," in J. P. Forgas（ed.）, *Emotion and Social Judgements*, Oxford: Pergamon

Press, 201-220.

Maier, Norman R. F. (1931), "Reasoning in Humans. II. The Solution of a Problem and Its Appearance in Consciousness," *Journal of Comparative Psychology*, 12 (2), 181-194.

Mano Haim (1999),"The Influence of Pre-Exiting Negative Affect on Store Purchase Intentions," *Journal of Retailing*, 75 (2), 149-172.

Mano, Haim and Richard L. Oliver (1993),"Assessing the Dimensionality and Structure of the Consumption Experience: Evaluation, Feeling, and Satisfaction," *Journal of Consumer Research*, 20 (3), 451-466.

Manzo, Lynne C. (2001), "The Role of Place Attachment and Sense of Place in Community Development and Participation," in Martin Edge (ed.), *Old World/New Ideas: Environmental Cultural Change and Tradition in a Shrinking World*, Edinburgh: Proceedings of the Environmental Design Research Association Conference (EDRA 32/001), 224.

Marcus, Burton H. (1972), "Image Variation and the Multi-Unit Retail Establishment," *Journal of Retailing*, 48 (2), 29-43.

Marshall, Gary D. and Philip G. Zimbardo (1979), "Affective Consequences of Inadequately Explained Physiological Arousal," *Journal of Personality and Social Psychology*, 37 (6), 970-988.

Martineau, Pierre (1957), *Motivation in Advertising: Motives That Make People Buy*, New York: McGraw-Hill.

Martineau, Pierre (1958a), "The Personality of the Retail Store," *Harvard Business Review*, 36 (1), 47-55.

Martineau, Pierre (1958b), "Sharper Focus for the Corporate Image," *Harvard Business Review*, 36 (6), 49-58.

Maslach Christina (1979), "Negative Emotional Biasing of Unexplained Arousal," *Journal of Personality and Social Psychology*, 37 (6), 953-969.

Massy, William F., David B. Montgomery, and Donald G. Morrison (1970), *Stochastic Models of Buying Behavior*, Cambridge; MIT Press.

Mathews, Andrew M. and Colin D. MacLeod (1994), "Cognitive Approaches to Emotion and Emotional Disorders," *Annual Review of Psychology*, 45, 25-50.

Mattson, Bruce E. (1982), "Situational Influences on Store Choice," *Journal of Retailing*, 58 (3), 46-58.

Mazursky, David and Jacob Jacoby (1986),"Exploring the Development of Store Images," *Journal of Retailing*, 62 (2), 145-165.

McCabe, Deborah Brown, Mark S. Rosenbaum, and Jennifer Yurchisin (2007), "Perceived Service Quality and Shopping Motivations," *Services Marketing Quarterly*, 29 (1), 1-21.

Mckinnon, Gary F., J. Patrick Kelly, and E. Doyle Robison (1981), "Sales Effects of Point-of-Purchase In-Store Signing," *Journal of Retailing*, 57 (2), 49-63.

Mecklenbräuker, Silvia and Willi Hager (1984), "Effects of Mood on Memory: Experimental Tests of a Mood-State-Dependent Retrieval Hypothesis and a Mood-Congruity Hypothesis," *Psychological Research*, 46 (4), 355-376.

Mednick, Sarnoff A. (1962), "The Associate Basis of the Creative Process," *Psychological Review*, 69 (2), 220-232.

Mehrabian, Albert (1980), *Basic Dimensions for a General Psychological Theory: Implications for Personality, Social, Environmental, and Development Studies*, Cambridge: Oelgeschlager, Gunn & Hain.

Mehrabian, Albert and James A. Russell (1974), *An Approach to Environmental Psychology*, Cambridge: MIT Press.

Mehta, Ritu (2013), "Understanding Perceived Retail Crowding: A Critical Review and Research Agenda," *Journal of Retailing and Consumer Services*, 20 (6), 642-649.

Miller, John A. (1976),"Store Satisfaction and Aspiration Theory (A Conceptual Basis for Studying Consumer Discontent),"*Journal of Retailing*, 52 (3), 65-84.

Miller, Kenneth E. and James L. Ginter (1979), "An Investigation of Situational Variation in Brand Choice Behavior and Attitude," *Journal of Marketing Research*, 16 (1), 111-123.

Milligan, Melinda J. (1998), "Interactional Past and Potential: The Social Construction of Place Attachment," *Symbolic Interaction*, 21 (1), 1-33.

Milliman, Ronald E. (1982), "Using Background Music to Affect the Behavior of Supermarket Shoppers,"*Journal of Marketing*, 46 (3), 86-91.

Milliman, Ronald E. (1986),"The Influence of Background Music on the Behavior of Restaurant Patrons,"*Journal of Consumer Research*, 13 (2), 286-289.

Moffitt, Kathie H. and Jefferson A. Singer (1994), "Continuity in the Life Story: Self-Defining Memories, Affect, and Approach/Avoidance Personal Strivings,"*Journal of Personality*, 62 (1), 21-43.

Mohan, Geetha, Bharadhwaj Sivakumaran, and Piyush Sharma (2013), "Impact of Store Environment on Impulse Buying Behavior," *European Journal of Marketing*, 47 (10), 1711-1732.

Moor, Agnes (2009), "Theories of Emotion Causation: A Review," *Cognition and Emotion*, 23 (4), 625-662.

Moreland, Richard L. and Robert B. Zajonc (1979), "Exposure Effects May not Depend on Stimulus Recognition," *Journal of Personality and Social Psychology*, 37 (6), 1085-1089.

Mroczek, Daniel K. and Christian M. Kolarz (1998),"The Effect of Age on Positive and Negative Affect: A Developmental Perspective on Happiness," *Journal of Personality and Social Psychology*, 75 (5), 1333-1349.

Mueller, John H., Tim R. Grove, and W. Burt Thompson (1991), "Mood-Dependent Retrieval and Mood Awareness," *Cognition and Emotion*, 5 (4), 331-349.

Nakanishi, Masao (1976), "Attitudinal Influence on Retail Patronage Behavior," in Beverlee B. Anderson (ed.), *Advances in Consumer Research*, 3, Cincinnati: Association for Consumer Research, 24-29.

Nakanishi, Masao and Lee G. Cooper (1974), "Parameter Estimation for a Multiplicative Competitive Interaction Model-Least Squares Approach," *Journal of Marketing Research*, 11 (3), 303-311.

Nakanishi, Masao and Hitoshi Yamanaka (1980), "Measurement of Drawing Power of Retail Centers: Regression Analysis," *Kwansei Gakuin University Annual Studies*, 29, 161-174.

Nasby, William and Regina Yando (1982), "Selective Encoding and Retrieval of Affectively Valent Information," *Journal of Personality and Social Psychology*, 43 (6), 1244-1253.

Neisser, Ulric (1978),"What are the Important Questions?" in Michael M. Gruneberg, Peter E. Morris, and Robert N. Sykes (eds.), *Practical Aspects of Memory*, New York: Academic Press, 3-24.

Nesse, Randolph and Phoebe C. Ellsworth (2009), "Evolution, Emotions, and Emotional Disorders," *American Psychologist*, 64 (2), 129-139.

Nevin, John R. and Michael J. Houston (1980), "Image as a Component of Attraction to Intra- urban Shopping Areas," *Journal of Retailing*, 56 (1), 77-93.

Newman, Andrew J., Daniel K. C. Yu, and David P. Oulton (2002), "New Insights into Retail Space and Format Planning from Customer-Tracking Data," *Journal of Retailing and Consumer Service*, 9 (5),

253-258.

Newman, Philip L. (1964), ""Wild Man" Behavior in a New Guinea Highlands Community," *American Anthropologist*, 66 (1), 1-19.

Nishiji, Tatsuo (1960), "Areal Distribution of Customers: A Case Study on a Dry-Goods Store," *Kwansei Gakuin University Annual Studies*, 9, 93-103.

Norman, Donald A. and Daniel G. Bobrow (1975), "On Data-Limited and Resource-Limited Processes," *Cognitive Psychology*, 7 (1), 44-64.

Oatley, Keith and Philip N. Johnson-Laird (1987), "Towards a Cognitive Theory of Emotions," *Cognition and Emotion*, 1 (1), 29-50.

Oliver, Richard L. (1980), "A Cognitive Model of the Antecedents and Consequences of Satisfaction Decisions," *Journal of Marketing Research*, 17 (4), 460-469.

Oliver, Richard L. (1993), "Cognitive, Affective, and Attribute Bases of the Satisfaction Response," *Journal of Consumer Research*, 20 (3), 418-430.

Oliver, Richard L. and John E. Swan (1989), "Consumer Perceptions of Interpersonal Equity and Satisfaction in Transactions: A Field Survey Approach," *Journal of Marketing*, 53 (2), 21-35.

Ortony, Andrew, Gerald L. Clore, and Allan Collins (1988), *The Cognitive Structure of Emotions*, Cambridge: Cambridge University Press.

Ortony, Andrew and Terence J. Turner (1990), "What's Basic about Basic Emotions?," *Psychological Review*, 97 (3), 315-331.

O'Shaughnessy, John and Nicholas J. O'Shaughnessy (2002), *The Marketing Power of Emotion*, New York: Oxford University Press.

Packard, Mark G., Larry Cahill, and James L. McGaugh (1994), "Amygdala Modulation of Hippocampal-Dependent and Caudate Nucleus-Dependent Memory Processes," *Proceedings of the National Academy of Sciences of the United States of America*, 91 (18), 8477-8481.

Packard, Vance (1957), *The Hidden Persuaders*, New York: Simon & Schuster. (本書執筆に際し, 2007年 Mark Crispin Miller 版を参照)

Panksepp, Jaak (1982), "Toward a General Psychobiological Theory of Emotions," *The Behavioral and Brain Sciences*, 5 (3), 407-467.

Parrott W. Gerrod (1994), "An Association between Emotional Self-Control and Mood-Incongruent Recall," in Nico H. Frijda (ed.), *Proceedings of VIIIth Conference of the International Society for Research on Emotions*, Storrs: International Society for Research on Emotion, 313-317.

Parrott W. Gerrod and Matthew P. Spackman (2000), "Emotion and Memory," in Michael Lewis and Jeannette M. Haviland-Jones (eds.), *Handbook of Emotions*. 2nd edition, New York: Guildford Press, 476-490.

Petty, R. E. and J. T. Cacioppo (1986), *Communication and Persuasion: Central and Peripheral Routes to Attitude Change*, New York: Springer-Verlag.

Pine II, B. Joseph and James H. Gilmore (1999), *The Experience Economy*, Boston: Harvard Business School Press. (岡本慶一・小高尚子訳 (2005), 『[新訳] 経験経済——脱コモディティ化のマーケティング戦略』, ダイヤモンド社。)

Plutchik, Robert (1962), *The Emotion: Facts, Theories and a New Model*, New York: Random House.

Plutchik, Robert (1980a), *Emotion: A Psychoevolutionary Synthesis*, New York: Harper & Row.

Plutchik, Robert (1980b), "A General Psychoevelutionary Theory of Emotion," in Robert Plutchik and Henry Kellerman (eds.), *Emotion: Theory, Research, and Experience: Vol. 1, Theories of Emotion*,

New York: Academic Press, 3-33.

Pons, Frank, Michel Laroche, and Mehdi Mourali (2006), "Consumer Reactions to Crowded Retail Settings: Cross-Cultural Differences between North America and the Middle East," *Psychology and Marketing*, 23 (7), 555-572.

Prasad, V. Kanti (1975), "Unplanned Buying in Two Retail Setting," *Journal of Retailing*, 51 (3), 3-12.

Puri, Radhika (1996), "Measuring and Modifying Consumer Impulsiveness: A Cost-Benefit Accessibility Framework," *Journal of Consumer Psychology*, 5 (2), 87-113.

Ramanathan, Suresh and Geeta Menon (2006), "Time-Varying Effects of Chronic Hedonic Goals on Impulsive Behavior," *Journal of Marketing Research*, 43 (4), 628-641.

Ramanathan, Suresh and Patti Williams (2007), "Immediate and Delayed Emotional Consequences of Indulgence: The Moderating Influence of Personality Type on Mixed Emotions," *Journal of Consumer Research*, 34 (2), 212-223.

Reilly, William J. (1929), "Methods for Study of Retail Relationships," *University of Texas Bulletin*, No. 2944, Bureau of Business Research, Research Monograph, No. 4.

Reilly, William J. (1931), *The Law of Retail Gravitation*, New York: William J. Reilly.

Richins, Marsha L. (1997), "Measuring Emotions in the Consumption Experience," *Journal of Consumer Research*, 24 (2), 127-146.

Rook, Dennis W. (1987) "The Buying Impulse," *Journal of Consumer Research*, 14 (2), 189-199.

Rook, Dennis W. and Robert J. Fisher (1995), "Normative Influences on Impulse Buying Behavior," *Journal of Consumer Research*, 22 (3), 305-313.

Rook, Dennis W. and Meryl P. Gardner (1993), "In the Mood: Impulse Buyings' Affective Antecedents," in Janeen Arnold-Costa and Russell W. Belk (eds.), *Research in Consumer Behavior*, 6, Greenwich: JAI Press.

Roschk, Holger, Sandra Maria Correia Loureiro, and Jan Breitsohl (2017), "Calibrating 30 Years of Experimental Research: A Meta-Analysis of the Atmospheric Effects of Music, Scent, and Color," *Journal of Retailing*, 93 (2), 228-240.

Rosenberg, M. J. and C. I. Hovland (1960), "Cognitive, Affective, and Behavioral Components of Attitudes," in M. J. Rosenberg, C. I. Hovland, W. J. McGuire, R. P. Abelson, and J. W. Brehm (eds.), *Attitude Organization and Change*, New Haven: Yale University Press, 1-14.

Russell, James A. (1980), "A Circumplex Model of Affect," *Journal of Personality and Social Psychology*, 39 (6), 1161-1178.

Russell, James A. (1991), "Culture and the Categorization of Emotions," *Psychological Bulletin*, 110 (3), 426-450.

Russell, James A. (1994), "Is There Universal Recognition of Emotion From Facial Expression? A Review of Cross-Cultural Studies," *Psychological Bulletin*, 115 (1), 102-141.

Russell, James A. (2003), "Core Affect and the Psychological Construction of Emotion," *Psychological Review*, 110 (1), 145-172.

Russell, James A. (2009), "Emotion, Core Affect, and Psychological Construction," *Cognition and Emotion*, 23 (7), 1259-1283.

Russell, James A. (2015), "My Psychological Constructionist Perspective, with a Focus on Conscious Affective Experience," in Lisa Feldman Barrett and James A. Russell (eds.), *The Psychological Construction of Emotion*, New York: Guilford Press, 183-208.

Russell, James A. and Lisa Feldman Barrett (1999), "Core Affect, Prototypical Emotional Episodes, and

Other Things Called Emotion: Dissecting the Elephant," *Journal of Personality and Social Psychology*, 76 (5), 805-819.

Russell, James A. and Albert Mehrabian (1976),"Environmental Variables in Consumer Research," *Journal of Consumer Research*, 3 (1), 62-63.

Russell, James A. and Geraldine Pratt (1980), "A Description of the Affective Quality Attributed to Environments," *Journal of Personality and Social Psychology*, 38 (2), 311-322.

Scarantino, Andrea (2016), "The Philosophy of Emotions and Its Impact on Affective Science," in Lisa Feldman Barrett, Michael Lewis, and Jeannette M. Haviland-Jones (eds.), *Handbook of Emotions*, 4th edition, New York: Guildford Press, 3-48.

Schachter, Stanley and Jerome Singer (1962), "Cognitive, Social, and Physiological Determinants of Emotional State," *Psychological Review*, 69 (5), 379-399.

Scherer, Klaus R. (1984a), "On the Nature and Function of Emotion: A Component Process Approach," in Klaus R. Scherer and Paul Ekman (eds.), *Approaches to Emotion*, Hillsdale: Lawrence Erlbaum Associates, 293-317.

Scherer, Klaus R. (1984b), "Emotion as a Multicomponent Process: A Model and Some Cross-Cultural Data," in Phillip Shaver (ed.), *Review of Personality and Social Psychology: Emotions, Relationships, and Health*, 5, Beverly Hills: Sage, 37-63.

Scherer, Klaus R. (1995), "In Defense of a Nomothetic Approach to Studying Emotion-Antecedent Appraisal," *Psychological Inquiry*, 6 (3), 241-248.

Scherer, Klaus R. (2001), "Appraisal Considered as a Process of Multilevel Sequential Checking," in Klaus R. Scherer, Angela Schorr, and Tom Johnstone (eds.), *Appraisal Processes in Emotion: Theory, Methods, Research*, New York: Oxford University Press, 92-120.

Scherer, Klaus R. (2009), "The Dynamic Architecture of Emotion: Evidence for the Component Process Model," *Cognition and Emotion*, 23 (7), 1307-1351.

Schlosberg, Harold (1954), "Three Dimensions of Emotion," *Psychological Review*, 61 (2), 81-88.

Schmitt, Bernd H. (1999), *Experiential Marketing: How to Get Customers to Sense, Feel, Think, Act, Relate*, New York: The Free Press. (嶋村和恵・広瀬盛一訳 (2000), 『経験価値マーケティング——消費者が「何か」を感じるプラスαの魅力』, ダイヤモンド社。)

Schmitt, Bernd H. (2003), *Customer Experience Management: A Revolutionary Approach to Connecting with Your Customers*, Hoboken: John Wiley & Sons. (嶋村和恵・広瀬盛一訳 (2004), 『経験価値マネジメント——マーケティングは、製品からエクスペリエンスへ』, ダイヤモンド社。)

Schreier, Fred T. and Alvert J. Wood (1948), "Motivation Analysis in Market Research," *Journal of Marketing*, 13 (2), 172-182.

Schwarz, Norbert (1990), "Feeling as Information: Informational and Motivational Functions of Affective States," in Edward T. Higgins and Richard M. Sorrentino (eds.), *Handbook of Motivation and Cognition: Foundations of Social Behavior*, 2, New York: Guilford Press, 527-561.

Schwarz, Norbert and Herbert Bless (1991), "Happy and Mindless, but Sad and Smart?: The Impact of Affective States on Analytic Reasoning," in Joseph P. Forgas (ed.), *Emotion and Social Judgement*, Oxford: Pergamon Press, 55-71.

Schwarz, Norbert and Gerald L. Clore (1983),"Mood, Misattribution, and Judgments of Well-Being: Informative and Directive Functions of Affective States," *Journal of Personality and Social Psychology*, 45 (3), 513-523.

Sedikides, Constantine (1992), "Changes in the Valence of the Self as a Function of Mood," in Margaret

S. Clark (ed.), *Review of Personality and Social Psychology, 14, Emotion and social behavior*, Thousand Oaks: Sage, 271-311.

Sedikides, Constantine (1994), "Incongruent Effects of Sad Mood on Self-conception Valence: It's a Matter of Time," *European Journal of Social Psychology*, 24 (1), 161-172.

Sharma, Piyush, Bharadhwaj Sivakumaran, and Roger Marshall (2006), "Investigating Impulse Buying and Variety Seeking: Towards a General Theory of Hedonic Purchase Behaviors," in Connie Pechmann and Linda Price (eds.), *Advances in Consumer Research*, 33, Duluth: Association for Consumer Research, 388-389.

Shaver, Phillip R. and Cindy Hazan (1988), "A Biased Overview of the Study of Love," *Journal of Social and Personal Relationships*, 5 (4), 473-501.

Sherman, Elaine, Anil Mathur, and Ruth Belk Smith (1997), "Store Environment and Consumer Purchase Behavior: Mediating Role of Consumer Emotions," *Psychology and Marketing*, 14 (4), 361-378.

Shiv, Baba and Alexander Fedorikhin (1999), "Heart and Mind in Conflict: The Interplay of Affect and Cognition in Consumer Decision Making," *Journal of Consumer Research*, 26 (3), 278-291.

Singer, Jefferson A. and Peter Salovey (1988), "Mood and Memory: Evaluating the Network Theory of Affect," *Clinical Psychology Review*, 8 (2), 211-251.

Singer, Jefferson A. and Peter Salovey (1993), *The Remembered Self: Emotion and Memory in Personality*, New York: Free Press.

Söderlund, Magnus and Sara Rosengren (2004), "Dismantling "Positive Affect" and Its Effects on Customer Satisfaction: An Empirical Examination of Customer Joy in a service Encounter," *Journal of Consumer Satisfaction, Dissatisfaction and Complaining Behavior*, 17, 27-41.

Spangenberg, Eric R., Ayn E. Crowley, and Pamela W. Henderson (1996), "Improving the Store Environment: Do Olfactory Cues Affect Evaluations and Behavior?," *Journal of Marketing*, 60 (2), 67-80.

Spies, Kordelia, Friedrich Hesse, and Kerstin Loesch (1997), "Store Atmosphere, Mood and Purchasing Behavior," *International Journal of Research in Marketing*, 14 (1), 1-17.

Stanley, Thomas J. and Murphy A. Sewall (1976), "Image Input to a Probabilistic Model: Predicting Retail Potential," *Journal of Marketing*, 40 (3), 48-53.

Stern, Hawkins (1962), "The Significance of Impulse Buying Today," *Journal of Marketing*, 26 (2), 59-62.

Stouffer, Samuel A. (1940), "Intervening Opportunities: A Theory Retailing Mobility and Distance," *American Sociological Review*, 5 (6), 845-867.

Swinyard, William R. (1993), "The Effects of Mood, Involvement, and Quality of Store Experience on Shopping Intentions," *Journal of Consumer Research*, 20 (2), 271-280.

Tauber, Edward M. (1972), "Why Do People Shop?," *Journal of Marketing*, 36 (4), 46-49.

Thayer, Robert E. (1967), "Measurement of Activation Through Self-report," *Psychological Reports*, 20 (2), 663-678.

Thayer, Robert E. (1970), "Activation States as Assessed by Verbal Report and Four Psychophysiological Variables," *Psychophysiology*, 7 (1), 86-94.

Thompson, Jack G. (1988), *The Psychobiology of Emotions*, New York: Plenum.

Tomkins, Silvan S. (1962), *Affect, Imagery, Consciousness: Vol. I The Positive Affects*, New York: Springer-Verlag.

Tomkins, Silvan S. (1963), *Affect, Imagery, Consciousness: Vol. II The Negative Affects*, New York: Springer-Verlag.

Tomkins, Silvan S. (1980), "Affect as Amplification: Some Modifications in Theory," in Robert Plutchik and Henry Kellerman (eds.), *Emotion: Theory, Research, and Experience: Vol. 1 Theories of Emotion*, New York: Academic Press, 141-164.

Tomkins, Silvan S. (1984), "Affect Theory," in Klaus R. Scherer and Paul Ekman (eds.), *Approaches to Emotion*, Hillsdale: Erlbaum, 163-195.

Tooby, John and Leda Cosmides (1990), "The Past Explains the Present: Emotional Adaptations and the Structure of Ancestral Environments," *Ethology and Sociobiology*, 11 (4-5), 375-424.

Torrance, E. Paul (1966), *Torrance Tests of Creative Thinking: Directions Manual and Scoring Guide*, Princeton: Personnel.

Turley, L. W. and Ronald E. Milliman (2000), "Atmospheric Effects on Shopping Behavior: A Review of the Experimental Evidence," *Journal of Business Research*, 49 (2), 193-211.

Ucros, Claudia G. (1989), "Mood State-dependent Memory: a Meta-Analysis," *Cognition and Emotion*, 3 (2), 139-167.

Vizcaíno, Franklin V. (2018), "Beyond Window Signs: Understanding the Affect-Based Effects of Window Signs on Store Patronage Intentions," *Psychology and Marketing*, 35 (7), 542-552.

Wakefield, Kirk L. and Julie Baker (1998), "Excitement at the Mall: Determinants and Effects on Shopping Response," *Journal of Retailing*, 74 (4), 515-539.

Ward, Scott and Thomas S. Robertson (1973), "Consumer Behavior Research: Promise and Prospects," in Scott Ward and Thomas S. Robertson (eds.), *Consumer Behavior: Theoretical Sources*, Englewood Cliffs: Prentice-Hall, 3-42.

Watson, David (2000), *Mood and Temperament*, New York: Guilford Press.

Watson, David, Lee Anna Clark, and Auke Tellegen (1988),"Development and Validation of Brief Measures of Positive and Negative Affect: The PANAS Scale," *Journal of Personality and Social Psychology*, 54 (6), 1063-1070.

Watson, David and Auke Tellegen (1985),"Toward a Consensual Structure of Mood," *Psychological Bulletin*, 98 (2), 219-235.

West, John (1951), "Results of Two Years of Study into Impulse Buying," *Journal of Marketing*, 15 (3), 362-363.

Westbrook, Robert A. (1981), "Sources of Consumer Satisfaction with Retail Outlets," *Journal of Retailing*, 57 (3), 68-85.

Westbrook, Robert A. (1987),"Product/Consumption-Based Affective Responses and Postpurchase Processes," *Journal of Marketing Research*, 24 (3), 258-270.

Westbrook, Robert A. and William C. Black (1985), "A Motivation-Based Shopper Typology," *Journal of Retailing*, 61 (1), 78-103.

Westbrook, Robert A. and Richard L. Oliver (1991),"The Dimensionality of Consumption Emotion Pattern and Consumer Satisfaction," *Journal of Consumer Research*, 18 (1), 84-91.

Wilkie, William L. (1994), *Consumer Behavior,* 3rd edition, New York: John Wiley & Sons.

Wilkie, William L. and Elizabeth S. Moore (2003), "Scholarly Research in Marketing: Exploring the '4 Eras' of Thought Development," *Journal of Public Policy and Marketing*, 22 (2), 116-146.

Williams, Patti and Jennifer L. Aaker (2002),"Can Mixed Emotions Peacefully Coexist?," *Journal of Consumer Research*, 28 (4), 636-649.

Wilson-Mendenhall, Christine D., Lisa Feldman Barrett, and Lawrence W. Barsalou (2013), "Neural Evidence That Human Emotions Share Core Affective Properties," *Psychological Science*, 24 (6), 947-956.

Witvliet, Charlotte V. and Scott R.Vrana (1995), "Psychophysiological Responses as Indices of Affective Dimensions", *Psychophysiology*, 32 (5), 436-443.

Woodside, Arch G. and Sims J. Taylor (1974), "Retail Experiment in Pricing a New Product," *Journal of Retailing*, 50 (3), 56-65.

Woodside, Arch G. and Gerald L. Waddle (1975), "Sales Effects of In-Store Advertising," *Journal of Advertising Research*, 15 (3), 29-33.

Yalch, Richard F. and Eric Spangenberg (1990), "Effects of Store Music on Shopping Behavior," *Journal of Consumer Marketing*, 7 (2), 55-63.

Yalch, Richard F. and Eric Spangenberg (1993), "Using Store Music for Retail Zoning: A Field Experiment," in Leigh McAlister and Micheal L. Rothschild (eds.), *Advances in Consumer Research*, 20, Provo: Association for Consumer Research, 632-636.

Yerkes, Robert M. and John D. Dodson (1908), "The Relation of Strength of Stimulus to Rapidity of Habit Formation," *Journal of Comparative Neurology and Psychology*, 18 (5), 459-482.

Yoo, Changjo, Jonghee Park, and Deborah J. MacInnis (1998),"Effect of Store Characteristics and In-Store Emotional Experiences on Store Attitude," *Journal of Business Research*, 42 (3), 253-263.

Zajonc, Robert B. (1980),"Feeling and Thinking: Preferences Need No Inferences," *American Psychologist*, 35 (2), 151-175.

Zeithaml, Valarie A., Leonard L. Berry, and Ananthanarayanan Parasuraman (1996), "The Behavioral Consequences of Service Quality" *Journal of Marketing*, 60 (2), 31-46.

Zhang, Xiaoling, Shibo Li, Raymond R. Burke, and Alex Leykin (2014), "An Examination of Social Influence on Shopper Behavior Using Video Tracking Data," *Journal of Marketing*, 78 (5), 24-41.

Zimmer, Mary R. and Linda L. Golden (1988), "Impressions of Retail Stores: A Content Analysis of Consumer Images," *Journal of Retailing*, 64 (3), 265-293.

索　引

事項索引

◇ アルファベット

AIC　280
Buy Now Marketing（今すぐ買え型マーケティング）　215
CAIC　280
CCTVシステム　210, 211
Circles測定　131, 239
DES-Ⅱ尺度　131, 132, 240
DT尺度　50, 131, 239
EQS　198
James-Lange説　63
Just Supposeテスト　217, 224
Likert尺度　118, 133, 136, 138, 215, 222, 223, 227, 229, 230
Likert法　83, 197, 198, 246
Mehrabian and Russellモデル　100, 101, 110, 120, 149, 194
PADモデル　148, 213, 234
Random-Digit Dialing　301
RAT　226
Reillyの法則　18
RFID　210, 211
SAS　198
SBIC　280
SD尺度　133, 227
SD法　83, 197, 223
Stepwise法　230, 304, 310
Stepwiseモデル　306, 310
Stoufferモデル　266

◇ あ　行

愛　着　5, 135-139, 158, 260, 261, 290, 294, 318
アメリカ・マーケティング協会　15
意思決定　5, 11, 12, 67

────プロセス　22
異質性　5, 298, 313, 317
一元配置分散分析　305
一般計画購買　15
一般小売店　53
イメージ測定法　291
因子得点　262
────回帰分析　190, 203, 213
因子分析　262
インターセプター（インターセプト型商業集積）　268
売場吸引力　31
売場面積　290, 292
遠隔連想テスト　224, 225
円環尺度　50
オーガナイザー　4, 70, 71, 95, 96, 142, 143, 145, 146, 153, 156, 157, 186, 208, 315, 317, 318

◇ か　行

快　28, 50, 58, 59, 82, 84, 85, 93, 96, 100, 101, 109, 121, 146-149, 151, 155, 168, 194, 197, 213
快感情　5, 32, 62, 69, 85, 112, 113, 117-124, 126, 127, 129-135, 140-142, 147, 149, 150, 152, 153, 156, 157, 189, 191-193, 196, 197, 203-205, 208, 209, 213-217, 219-223, 225-227, 231-233, 236, 237, 239-246, 249, 250, 252-257, 298, 300, 303-306, 308-314, 316, 317, 320, 321
────経験　241
介在機会モデル　265
介在変数　160
階層的OLS法　239
回　避　59, 61, 100, 101, 105, 120, 126, 128, 143, 159, 192

352

買回品　　14, 15, 20, 158, 246, 250, 252-256, 262-264, 268, 276, 283, 293, 296, 317
買物意思決定プロセス　　4, 5, 13, 157, 316
買物行動プロセス　　315
買物動機　　10, 11, 13, 15, 17, 18, 26, 28, 53, 102-106, 112, 141, 144, 156, 164-173, 175-182, 184-187, 189, 195-198, 200, 202, 316, 317, 320
買物プロセス　　51, 53, 99, 100, 102-105, 146, 156-158, 164, 168, 315, 316
買物目的地　　189, 266, 290, 316, 317
　　――意思決定　　263
　　――選択　　21, 260, 261, 266, 267, 275, 320
　　――選択行動　　5, 11, 18, 51, 52, 105, 109, 157, 187, 195, 196, 256, 262, 316
　　――選択行動研究　　186
　　――選択行動分析　　190, 205
　　――選択モデル　　266
快　楽　　104, 110, 140, 190
快楽的買物価値　　214, 217, 221
快楽的製品評価　　240
学習理論　　192
覚　醒　　28, 58, 62, 82, 84, 85, 93, 100, 101, 104, 109, 110, 112, 120-125, 132, 141, 145-151, 153-155, 168, 190, 191, 194, 196, 197, 205, 213, 321
カテゴリー・レベル　　32
感覚的経験価値　　299
感覚マーケティング　　9, 111
関係的経験価値　　299
感情オーガナイザー観　　142
感情価　　147
感情経験　　5, 30, 32, 52, 58, 60-62, 64, 65, 69, 71, 74-76, 82, 95, 99, 100, 104, 109-111, 133, 143, 147, 150, 156-158, 168, 189-198, 200-203, 205, 206, 208, 213, 214, 218, 232, 236, 241, 256, 257, 260, 294, 300-303, 313, 316, 318-321
感情混入モデル　　242
感情生起　　58, 65, 66, 69, 73, 74
感情ディスオーガナイザー観　　140, 141
感情的関与　　198

感情的側面　　252
感情的動機　　5, 157, 189, 192, 195, 202, 205, 316, 321
感情的（な）買物動機　　192, 202
感情的要因　　238
感情ネットワーク理論　　240, 242
感情の円環モデル　　148
感情ノード　　191
感情抑制理論　　244
感　動　　241, 242, 255, 257
関連購買　　34, 39, 219, 220, 222, 227, 228, 231, 233, 234
機会数　　266
帰属された感情　　189
期待水準仮説　　257
軌道選択　　300, 301
規模変数　　195, 198
基本感情　　74-84, 94, 95, 127, 150
客観的特性　　26
吸引力　　19, 20, 180, 261, 262
強　度　　193
距離抵抗　　20, 170, 180, 195, 198, 260, 262, 264, 265, 267-270, 272, 274, 278, 288, 289, 291
クラスター分析　　239
計画購買　　16, 33, 36, 129, 133, 134, 212, 218, 220, 230, 231
計画的衝動購買　　34, 54
経験価値　　9, 111, 299
　　――マーケティング　　111, 158, 298-300, 313, 317
経験指向動機　　165, 168
経験追求動機　　195
経験的動機　　169
系統抽出法　　223
言語尺度　　49, 83-86, 94, 100, 103, 117, 130, 136-138, 143, 153, 167, 197, 263, 290, 291, 321
コア感情　　58, 60, 62, 82, 83, 146-151, 152, 156, 194, 197, 223, 321
高次感情　　145, 321
高次経路　　67-69, 74, 87

索引　353

構造方程式モデル　73, 108, 110, 117, 123, 124, 126, 128, 130, 136, 137, 139, 140, 190, 191, 195, 201, 203, 205, 214, 238, 246, 250, 252, 256
　──分析　244, 249
行動的経験価値　299
購買意思決定プロセス　1, 2, 35
購買後プロセス　236, 241, 242
購買生起　222
購買動機　17, 112, 114, 318
公平性　237, 238
効用主義的動機　195
効用的製品評価　240
小売環境　213
小売吸引力　21, 183, 262
　──モデル　20, 22, 180, 182, 190, 201, 202, 205, 261, 263, 265-268, 289
効率的商品入手の動機　5, 157, 189, 192, 195, 196, 198, 202, 205, 316
功利の買物価値　214
功利的価値　221
小売マーケティング　316
顧客コミットメント仮説　37
顧客満足　236-238, 241, 244-246, 255-257
顧客満足型経営　241
顧客ロイヤルティ　257
個人差要因仮説　257
コモディティ化　299
固有魅力度　24, 263, 269, 275, 284, 285, 287, 289, 290, 292
　──モデル　20, 271, 274, 286
混雑度　125-127, 133

◇ さ 行

罪悪感　321
最尤推定法　203, 249, 250, 275, 279, 281, 283
時間圧　27, 30, 38, 223, 225-227
示唆的衝動購買　34, 54
支出意思額　114
持続時間　193
自　尊　321

支　配　28, 84, 100, 101, 120, 121, 148, 194, 196, 198, 200, 205, 206, 213, 223, 224, 230
社会情動選択理論　5, 158, 298, 300, 301, 313, 317
尺度構築法　103, 167
修正ハフ・モデル　20, 22, 110, 180, 191, 262-265, 271-273, 278, 280, 282, 284
集積魅力度　292
主観的感情経験　115, 116, 149, 194
準拠集団や文化との関連づけ　9
純粋衝動購買　34, 54, 116
純粋想起　39
純粋理性の限界　320
商業集積　11, 20, 22-24, 30, 53, 106, 108, 110, 136, 167, 174, 178, 180, 187, 191, 197, 198, 202, 214, 217, 261, 262, 265, 266, 268-273, 276-278, 280-282, 284-286, 288-292, 318, 320
商業中心地　187
商業統計メッシュ・データ　275, 276, 284
条件購買　34, 39, 219, 220, 222, 227, 228, 231, 234
商圏シミュレーション研究　20, 267
商圏分岐点の公式　18
情緒的経験価値　299
情　動　62, 67, 193, 221
情動2要因説（理論）　64
情動軌道　300, 303, 313
衝動購買　2, 3, 5, 16, 31-34, 38-43, 51-53, 112, 113, 115-119, 139-141, 156, 157, 208, 215, 220-224, 226, 227, 229, 233, 234, 316, 318
　──研究　317
衝　迫　2, 3, 116-119, 140, 141, 317
消費者意思決定　99
消費者購買習慣研究　15
消費者密度　125, 127
商品選択　222, 235
商品入手指向動機　165, 168, 169
商品分類　14
商品変更　222, 235
ショップ変更　222, 235

ストア・イメージ 20, 22-24, 26, 51, 53, 105-110, 138, 145, 215, 260, 267
生起原因 193
製品カテゴリー・レベル 40
製品関与 195, 196, 198, 200
生理指標 321
接近 59, 61, 100, 101, 105, 120, 126, 129, 143, 153, 159, 194
接近行動 192
全体魅力度 281, 284
──モデル 271, 272
選択 11, 12
専門品 14, 15
想起 217
──購買 34, 39, 203, 219, 220, 222, 227, 228, 231, 234
──衝動購買 34, 54
創造的購買 209, 217, 220-223, 226, 227, 230-233, 316, 318, 320
創造的・認知的経験価値 9
属性不満足 240
属性満足 239, 240

◇ た 行

代替購買 16, 54
対比効果 238
多次元尺度構成法 262
探索的因子分析 200, 203, 249, 250
知覚された人生の残り時間 300, 303
知識軌道 300
中心商業地 179, 180, 184, 203, 272, 273, 280-282, 284, 286, 289, 292
調整変数 160
──モデル 220, 221, 226, 227
直接観察法 31, 209-211
直接投入研究 263
低次経路 67-69, 74, 87
──説 321
ディスオーガナイザー 2-4, 71, 95, 96, 139, 142, 143, 146, 315, 317, 318
デモグラフィック変数 300
店舗感情 109, 144, 209, 231, 232

──研究 213, 215
店舗選択行動 232
店舗内環境 214
店舗内感情 212, 213, 215, 218, 219
店舗内感情経験 120, 212, 213
店舗内行動 232
店舗内動線 208, 209, 219
店舗雰囲気 213
店舗満足 48
同化効果 238
統制の所在 217
動線研究 16
動線長 16, 31, 209, 210, 212, 218, 220-222, 224, 226, 227, 231, 233
通り過ぎられない魅力 5, 158, 261, 278, 290, 293, 294, 316, 318, 320
特定計画購買 15
特定品目カテゴリー 316
特恵 237

◇ な 行

中島モデル 266
肉体的経験価値 9
2水準因子分析モデル 191
2段階MCIモデル 263, 272
2段階選択モデル 271, 272
認知的イメージ 195-198, 200-203, 205
認知的関与 198
認知的経験価値 299
認知的側面 252
認知的評価 213, 214
認知的要因 238
ネガティブ感情 47, 52, 69-72, 85, 90, 92, 94-96, 112, 113, 128, 141, 149, 233, 301, 318, 320
ネガティブ・ムード 90, 93, 94, 243

◇ は 行

ハイブリッド・モデル 287
恥 321
発生プロセス仮説 237
ハフ・モデル 19-21, 262

販売監査法　43
非計画購買　16, 32, 34-40, 104, 106, 114, 115, 119, 125, 129, 130, 141, 144, 190, 192, 197, 198, 203, 205, 209, 212, 213, 215, 218-222, 226-228, 230-234, 317
非計画購買額　214
非計画購買率　54
非計画時間消費　101, 121, 125, 192, 197, 198, 203, 205, 213
非計画支出　101
ヒューリスティック・シミュレーション　266
ヒューリスティックス　152, 153
品目間異質ハイブリッド・モデル　271, 274, 286, 289, 291-293
ファサード（店舗外観）　108, 138
フェイス数　42, 43, 46, 51
不快　50, 58, 59, 85
　──感情　17, 118, 121, 131, 132, 141, 152, 214, 216, 239-241, 317
不満足　238
ブランド・コミットメント　198
ブランド・レベル　32, 40
フロー阻止効果　267-273, 277-279, 281-285, 287-293
　──モデル　5, 261, 271, 273, 274, 279-281, 285, 286, 291, 293, 316
フロー阻止効果固有魅力度・ハイブリッド・モデル　261
並列モデル　219-221, 226, 227
ポジティブ感情　69-72, 85, 89, 90, 92, 94-96, 117, 128, 149, 191, 192, 197, 233, 301-303, 307, 314, 318
ポジティブ・ムード　90, 92, 93, 112, 147, 243, 321
ホメオスタシス　70, 152

◇ま行

マクロ理論　266
マーケティング要因による（品目別）フロー阻止効果　269
末梢説　321

満　足　49-51, 95, 127, 128, 131-135, 167, 214, 237-241, 245, 246, 249, 252, 254, 255, 257
魅力因子　197
魅力度　20, 51, 170, 180, 187, 263, 268-271, 280, 291
　──要因　262
ムード　62, 148, 193, 214, 222, 242, 243
　──依存再生　88, 89
　──一致（不一致）学習　88
　──一致（不一致）再生　88, 90, 93
　──一致学習仮説　89
　──一致仮説　87
　──一致現象　92
　──一致効果　92, 187
　──・コントロール　53, 103, 181, 187, 244, 257
銘柄選択　222, 235
銘柄変更　222, 233, 235
目的地介在ダミー　272, 273, 275, 276
目的地選択　269, 286, 317
　──行動　14, 53, 136, 164, 170
　──モデル　260, 261
モチベーション・リサーチ　13, 17, 18, 318
最寄品　14, 15, 20, 158, 246, 252-257, 264, 276, 283, 284, 296, 317

◇や行

ヤーキーズ・ダッドソンの法則　155, 156
郵送調査法　301, 303
尤度比検定　280, 282, 284, 286
要素処理論　81-83
抑　制　244
　──仮説　257

◇ら行

来店前カテゴリー決定　222, 230, 235
立地点特性　269, 271, 275, 285
利便性　27
旅行時間　19, 20, 22, 23, 262, 272, 275, 276, 289, 290
連想ネットワーク・モデル　91

ロジスティック回帰分析　190, 195, 228

◇ わ　行

ワンストップ・ショッピング　265

人名索引

◇ 外国人名

Allard, T.　137
Andrews, F. M.　131, 239
Applebaum, W.　32, 41
Arnold, M. J.　65, 66, 73, 97, 103, 105, 159, 167
Attaway, J. S.　214
Averill, J. R.　81, 98
Babin, B. J.　103, 168, 198, 214
Baker, J.　24, 108, 122-125, 146
Barclay, W. D.　41, 42
Baron, R. M.　160
Barrett, L. F.　58, 82, 83, 95, 96
Bateson, J. E.　126-129, 160, 214
Batsell, R. R.　20, 262
Beatty, S. E.　117, 140, 223
Belk, R. W.　26-29, 51, 169, 170
Bell, D. R.　104, 105, 146
Bell, R. W.　21
Bell, S. J.　108, 109
Bellenger, D. N.　38
Bellizi, J. A.　121, 214
Bettman, J. R.　132, 240
Black, W. C.　102, 103, 165-168, 170
Blaney, P. H.　89
Bless, H.　152
Bone, P. F.　122, 214
Bower, G. H.　71, 88, 90, 91, 240
Branigan, C.　142, 153, 216
Brocato, E. D.　136, 137, 139
Burns, D. J.　134, 135
Burroughs, J. E.　217, 234
Cannon, W. B.　63, 70
Carstensen, L. L.　300-303, 307

Chaudhui, A.　132, 241
Chebat, J.-C.　121
Chevalier, M.　44
Christaller, W.　266
Clore, G. L.　243
Clover, V. T.　16, 32, 33, 54
Cobb, C. J.　38
Converse, P. D.　18
Copeland, M. T.　14, 15
Cosmides, L.　75, 76
Cox, K.　42, 55
Csikszentmihalyi, M.　159
Damasio, A. R.　66, 67, 95, 97, 142, 319, 320
de Sousa, R.　161
Diener, E.　302, 304
Dodson, J. D.　155
Donovan, R. J.　52, 100-102, 105, 111, 118, 120, 125, 127, 140, 143, 160, 190-192, 206, 213-215
Dowson, S.　103, 105, 168, 170
Duffy, E.　161
Duncker, K.　142, 216
Durante, K. M.　113, 114
Eich, E.　98
Ekman, P.　64, 76-78, 80, 83, 85, 98
Ellen, P. S.　122, 214
Ellsworth, P. C.　98
Eroglu, S. A.　47, 127-129, 159, 161, 234
Ershadi, M.　80
Farley, J. U.　31, 209
Farrell, K. R.　44, 45, 54
Ferrell, M. E.　117, 140, 223
Fisher, R. J.　118
Flight, R. L.　117

索　引　357

Forgas, J. P. 93, 195
Frank, R. E. 43
Fredrickson, B. L. 72, 142, 143, 152, 153, 216, 301
Friesen, W. V. 76
Frijda, N. H. 59
Garaus, M. 130
Gardner, M. P. 112, 113, 117, 131
Gauri, D. K. 42
Gil, J. 211
Ginter, J. L. 27, 169
Golden, L. L. 107, 109, 145
Guadagni, P. M. 54
Haidet, J. 71
Hama, Y. 113, 141
Harrè, R. 81
Harrell, G. D. 47, 48
Havlena, W. J. 149
Hawkins, E. R. 41, 55
Heilman, C. M. 129
Hirschman, E. C. 216, 217
Hite, R. E. 121, 214
Hoffmann, S. 129, 130, 160
Holbrook, M. B. 149
Holton, R. H. 15
Houston, M. J. 53, 110, 146, 201, 262, 295
Hoyer, W. D. 38
Huff, D. L. 10, 19, 20, 22, 261, 262
Hui, M. K. 126-129, 160
Hui, S. K. 32, 211, 212, 214, 220
Hunter, G. L. 109
Hutter, K. 129, 130, 160
Isen, A. M. 91-93, 142, 152, 192, 197, 203, 216, 225
Iyer, E. S. 38
Iyer, G. 21
Izard, C. E. 64, 75, 77, 78, 83, 84, 98, 131, 134, 149, 161, 239
Jacoby, J. 24, 106, 108-110, 145, 159
James, R. L. 23
James, W. 58, 63, 67, 97, 147
Johnson, K.-K. P. 137

Kakkar, P. 29
Keltner, D. 71
Kenny, D. A. 160
Kim, S. 114, 115
Knoeferle, K. M. 121
Kolarz, C. M. 301-303, 307, 310
Kollat, D. T. 15, 16, 34-38, 40, 41, 51, 54
Kotler, P. 26, 53, 146, 234
Krishna, A. 159
Kuksov, D. 21
Lambert-Pandraud, R. 139
Lang, P. J. 84
Lange, C. G. 63
Laran, J. 113
Lararus, R. S. 98
Larsen, R. J. 304
Larson, J. S. 211
Laurent, G. 139
Lazarus, R. S. 59, 65-67, 73, 74, 82, 92, 94, 97, 113
LeDoux, J. 60, 66-69, 74, 87, 97, 150, 321
Levenson, R. W. 5, 6, 59, 69-72, 76, 85, 95-98
Lewin, K. 26
Lewinsohn, S. 154
Lindquist, J. D. 24
Little, J. D. C. 54
Lutz, R. J. 29
Macaulay, D. 98
Machleit, K. A. 47, 128, 133-135, 159-161, 234
Mackie, D. M. 152
Mano, H. 93, 113, 132, 141, 154, 159, 240
Mantel, S. P. 133-135, 160
Massy, W. F. 43
Mattson, B. E. 27, 169
Mazursky, D. 24, 106, 108-110, 145, 159
McCabe, D. B. 104, 105
Mckinnon, G. 45
Means, B. 92, 142, 152, 192, 216
Mednick, S. A. 142, 216, 225
Mehrabian, A. 28-30, 51, 84, 97, 100, 101,

108, 121, 148, 149, 152, 153, 160, 161, 168, 169, 190, 197, 206, 213, 215, 223, 224, 234, 304
Mehta, R. 128
Menon, G. 119
Mick, D. G. 217, 234
Miller, J. A. 48
Miller, K. E. 27, 169
Milliman, R. E. 125, 214
Moffitt, K. H. 91
Mohan, G. 117-119, 140
Moors, A. 96
Moreland, R. L. 73
Morrin, M. 121
Mroczek, D. K. 301-303, 307, 310
Nakanishi, M. 20, 262, 263, 269
Neisner, L. 134
Nevin, J. R. 53, 110, 146, 201, 262, 295
Newman, A. J. 211
Newman, P. L. 98
Nishiji, I. 19
Oliver, R. L. 48, 50, 131, 132, 134, 237, 239, 240, 245
Ortony, A. 60, 78
Packard, M. G. 87
Parrott, W. G. 90-92, 98
Phelps, E. A. 60, 150
Plutchik, R. 76, 84, 98, 161, 215
Pons, F. 128
Prassad, V. K. 38
Pratt, G. 148
Puri, R. 119
Ramanathan, S. 119
Reilly, W. J. 18, 19
Reynolds, K. E. 103, 159, 167
Ring, L. W. 31, 209
Rook, D. W. 2, 3, 112, 113, 116-119, 139-141, 159, 160
Roschk, H. 125
Rosengren, S. 132, 240
Rossiter, J. R. 52, 100, 102, 105, 111, 118, 120, 121, 125, 127, 140, 143, 160, 190, 192,
206, 213-215
Russell, J. A. 28-30, 51, 58, 60, 80, 82-84, 93, 96, 97, 100, 101, 108, 121, 147-151, 153, 160, 161, 169, 190, 197, 206, 213, 215, 223, 224, 234, 304
Salovey, P. 91
Scarantino, A. 57
Schachter, S. 64, 65, 147
Scherer, K. R. 66, 81-83, 98
Schlosberg, H. 82, 161
Schmitt, B. H. 9, 111, 299, 300
Schwarz, N. 93, 152, 243
Sedikides, C. 92
Sewall, M. A. 20, 262
Shalker, T. E. 93
Sharma, E. 140
Sharma, P. 119
Sherman, E. 124, 125, 140, 146, 160
Singer, J. A. 91
Söderlund, M. 132, 240
Spackman, M. P. 91, 92, 98
Spangenberg, E. R. 121, 125, 214
Spears, R. 41
Spies, K. 214
Stanley, T. J. 20, 262
Stern, H. 15, 16, 34, 40, 54, 116
Stouffer, S. A. 265, 278
Swan, J. E. 50, 134, 237, 240, 245
Swinyard, W. R. 113, 214
Tauber, E. M. 17, 52, 102, 146, 165, 167
Taylor, S. 42
Thayer, R. E. 84, 153
Thompson, J. G. 76
Tomkins, S. S. 64, 74, 75, 78, 80
Tooby, J. 75, 76
Turley, L. W. 125, 214
Turner, T. J. 78
Ucros, C. G. 89
Vizcaíno, F. V. 138, 146, 160
Waddle, G. L. 45, 47
Wakefield, K. L. 124, 125, 146
Watson, D. 82, 84

索　引　359

West, J.　16, 32, 33, 40
Westbrook, R. A.　48, 50, 102, 103, 131, 165-168, 170, 239
Wilkie, W. L.　11
Willett, R. P.　16, 34-38, 40, 41, 51
Williams, P.　119
Wilson-Mendenhall, C. D.　85
Withey, S. B.　131, 239
Woodside, A. B.　42
Woodside, A. G.　45
Worth, L. T.　152
Yalch, R. F.　121, 314
Yamanaka, H.　20, 263, 269
Yerkes, R. M.　155
Yoo, C.　214
Zajonc, R. B.　73, 74, 94, 97
Zhang, X.　211
Zimmer, M. R.　107, 109, 145

◇ 日本人名

青木幸弘　10, 12, 13, 16, 31, 34, 40, 54, 55, 206, 209, 212, 220, 222, 223, 231, 234, 235
阿部　誠　54
粟田房穂　241
石原武政　15, 253
石淵順也　53, 110, 111, 170, 188, 191, 195, 197, 198, 214, 217, 234, 246, 257, 263, 304, 314
井上哲浩　110, 191, 195, 197, 198, 246, 304
岩崎邦彦　297
上田隆穂　20, 26, 42, 267, 273
遠藤利彦　72, 78, 96, 98, 143, 161
大槻　博　16, 31, 32, 38-40, 209
大平英樹　85, 153
小沢佳奈　54
恩藏直人　42

川瀬隆千　88, 98
金　顕哲　238
清野奨太　118, 141
小磯貴史　211
小島健司　24, 26, 234
小嶋外弘　198
小林　哲　32, 210, 212, 220, 222
近藤文代　54
阪本清美　85
佐々木土師二　167
佐藤栄作　211, 212
産業研究所　265
嶋口充輝　50, 238
鈴木直人　96
鈴木春菜　137
鈴木安昭　10
高橋郁夫　103, 166, 170
竹村和久　86, 189, 228
谷口高士　91, 153
田村正紀　156
寺井　仁　225
寺本　高　44, 54
戸田正直　59, 160
中西正雄　10, 12, 13, 21-23, 263, 266, 268, 270, 271, 295
永野光郎　169
濱　治世　96
平木いくみ　214
藤井　聡　137
牧田和久　26
三宅晋司　85
守口　剛　42, 44
森脇紀彦　211
山中均之　20, 24, 31, 53, 172, 201, 209, 234, 262-265, 273, 295
渡辺隆之　212, 220

◆著者紹介

石淵 順也（いしぶち じゅんや）

現職：関西学院大学商学部教授，博士（商学）
専門分野：消費者行動論，マーケティング・リサーチ，商業論
受賞：日本商業学会 優秀論文賞（2015年）
　　　日本マーケティング学会 マーケティングジャーナル
　　　ベストペーパー賞（2016年）
主著：「消費者行動における覚醒の働き——感情研究に基づく検討」（『商学論究』60(4)，343-373，2013年），「通り過ぎられない商業集積の魅力——フロー阻止効果を組み込んだ小売吸引力モデルの構築と実証」（『流通研究』16(2)，19-47，2014年），『小売マーケティング研究のニューフロンティア』（共編著，関西学院大学出版会，2015年）ほか

買物行動と感情――「人」らしさの復権　　　［関西学院大学研究叢書第201編］
Shopping Behavior and Emotion

2019年3月30日　初版第1刷発行

著　者	石　淵　順　也	
発行者	江　草　貞　治	

発行所	株式会社　有　斐　閣	郵便番号 101-0051 東京都千代田区神田神保町 2-17 電話 (03) 3264-1315〔編集〕 　　 (03) 3265-6811〔営業〕 http://www.yuhikaku.co.jp/

印刷・萩原印刷株式会社／製本・大口製本印刷株式会社
©2019, Junya ISHIBUCHI. Printed in Japan
落丁・乱丁本はお取替えいたします。

★定価はカバーに表示してあります。
ISBN 978-4-641-16543-4

[JCOPY] 本書の無断複写（コピー）は、著作権法上での例外を除き、禁じられています。複写される場合は、そのつど事前に、(一社)出版者著作権管理機構（電話03-5244-5088, FAX03-5244-5089, e-mail:info@jcopy.or.jp）の許諾を得てください。

本書のコピー，スキャン，デジタル化等の無断複製は著作権法上での例外を除き禁じられています。本書を代行業者等の第三者に依頼してスキャンやデジタル化することは，たとえ個人や家庭内での利用でも著作権法違反です。